中国

地域文化

研究

主编　史守林　祝立业

社会科学文献出版社
SOCIAL SCIENCES ACADEMIC PRESS (CHINA)

前　言

　　中华文化因历史时间的悠久和地理空间的广袤而形成了各具鲜明特色的地域文化。中华文化发展和传承的特点，也造就了各地域文化在地理上的交错分布、经济上的相互依存以及情感上的相互亲近，形成了你中有我、我中有你的多元一体格局。理论上，《尚书·禹贡》关于九州的划分，最早体现了地域文化分野的思想；实践中，至少在春秋战国时期，就形成了特色各异的地域文化圈，如吴越文化、巴蜀文化、齐鲁文化、楚文化、秦文化、燕赵文化、中原文化等。在中华文化多元一体的格局中，"多元"不仅指的是地理上的多元，还包括经济、文化等方面的多元。"一体"指的是各地域文化在长期的交往交流交融过程中形成的对中华文化的共同认知。因此，加强对多元一体的地域文化的研究，促进地域文化的交流和碰撞，是中国地域文化研究的题中应有之义。

　　我国的地域文化研究热潮是改革开放以后兴起的，经过 40 年的时间，地域文化研究有了较大的发展，主要体现在四个方面：一是依托高校和社科院成立了一批专门的研究机构；二是诞生了一批学术团体；三是出版了一批地域文化研究成果；四是提出了一些新的地域文化研究概念。此外，近些年广受重视的丝绸之路文化带、藏彝走廊文化带、茶马古道文化带、长城文化带等，这些命名有的是于古有据、古已有之，有的是今人的整合归纳，应该说都体现了近些年我们对于地域文化思考和研究的深入。同时，以不同地理形态为分类依据，也出现了草原文化、山地文化、海洋文化、高原文化等提法，广义上也都是地域文化研究的领域。不同的分类依据，恰恰说明了地域文化研究的多样性和复杂性。分类依据和分类标准等问题，未来都需要研究者好好进行梳理总结。

《地域文化研究》杂志以全面繁荣中国各地域特色文化研究为己任，以构建中国地域文化研究的学术平台、引领中国地域文化研究的主流方向、深耕中国人的文化家园为目标，致力于办具有"中国风格"和"中国气派"的"国内权威、国际知名"的专业期刊、特色期刊、品牌期刊。

此次，我们辑选出创刊以来的30余篇文章，按照一定的栏目设置，题名《中国地域文化研究》，期待更多优秀的研究成果能成为"中国话语"的重要来源、"中国故事"的重要内容，能够服务于中华优秀传统文化的弘扬和对外传播，服务于新时代中国特色社会主义文化事业和中国经济社会发展的需要。但在这里应该指出的是，受办刊年限和可选文章限制，本书肯定不能涵盖中国地域文化的所有板块和所有优秀内容，当然，我们会把它作为《地域文化研究》杂志长期追求的目标。

党的十八大以来，以习近平同志为核心的党中央高度重视中华优秀传统文化的传承发展，始终从中华民族最深沉精神追求的深度看待优秀传统文化，从国家战略资源的高度继承优秀传统文化，从推动中华民族现代化进程的角度创新发展优秀传统文化。党的二十大报告指出："中华优秀传统文化源远流长、博大精深，是中华文明的智慧结晶，其中蕴含的天下为公、民为邦本、为政以德、革故鼎新、任人唯贤、天人合一、自强不息、厚德载物、讲信修睦、亲仁善邻等，是中国人民在长期生产生活中积累的宇宙观、天下观、社会观、道德观的重要体现，同科学社会主义价值观主张具有高度契合性。我们必须坚定历史自信、文化自信，坚持古为今用、推陈出新，把马克思主义思想精髓同中华优秀传统文化精华贯通起来、同人民群众日用而不觉的共同价值观念融通起来，不断赋予科学理论鲜明的中国特色，不断夯实马克思主义中国化时代化的历史基础和群众基础，让马克思主义在中国牢牢扎根。"

"多元互补、多元一体"的地域文化作为中华文化的组成部分，其中不乏优秀传统。在中华优秀传统文化空前受到重视的今天，与之相关的地域文化研究也必将实现新的跃升。

党的十八大以来，习近平总书记关于继承和发扬中华优秀传统文化的系列重要论述、论断，为我们办好《地域文化研究》这本杂志提供了根本遵循，未来我们将按照党的二十大报告提出的"坚守中华文化立场，提炼展示中华文明的精神标识和文化精髓，加快构建中国话语和中国叙事体系，讲好中国故事、传播好中国声音，展现可信、可爱、可敬的中国形象。加强国际传播能力建设，全面提升国际传播效能，形成同我国综合国力和国际地位相匹配的国际话语权。深化文明交流互鉴，推动中华文化更好走向世界"的总体要求，全力地办好这本刊物。

编　者

2022 年 11 月

目 录 ...
CONTENTS

1

徽文化研究

湖湘文化研究

吴越文化研究

巴蜀文化研究

滇黔文化研究

岭南文化研究

闽台文化研究

地域文化探索

中华文化的地域分野

冯天瑜[*]

人类物质文明和精神文明综合创造性质的文化，因时间向度的演进而具有时代性，又因空间向度的展开而具有地域性。人们把研讨文化时代性演进的学科称为文化史学，把研讨文化空间性分布的学科称为文化地理学，这两门学科都有独立存在的价值和独立发展的历史。然而，时间和空间又是运动着的物质的两种密不可分的存在形式，时代性与地域性当然也是文化的两种相互依存的属性，我们只有全面观照这两种属性，并考察其互动关系，方能实在地把握人类创造的文化的纵深度和广阔度。在这一意义上，历史学与地理学的"联姻"势在必行，而地域文化研究便是文化史学与文化地理学相结合的产物。

中国既是一个文明传统悠久深厚的国度，又是一个广土众民的国度，其文化的时代性演进和地域性展开均呈现婀娜多姿的状貌，因而切忌作简单化的描述与概括。已故历史地理学家谭其骧先生指出："把中国文化看成一种亘古不变且广被于全国的以儒学为核心的文化，而忽视了中国文化既有时代差异，又有其他地区差异，这对于深刻理解中国文化当然极为不利。"[①] 谭先生的这一论说显然是有感而发的，因为笼统地界定中国文化，

* 冯天瑜，武汉大学中国传统文化研究中心主任、人文社科资深教授，教育部社会科学委员会委员，《荆楚文化》总编辑，研究方向：中国文化史、辛亥革命史等。

① 谭其骧：《中国文化的时代差异和地区差异》，复旦大学历史系编《中国传统文化的再估计——首届国际中国文化学术讨论会（一九八六年）文集》，上海人民出版社，1987，第41页。

已是一种司空见惯的做法，此类做法有碍于人们从共相与殊相辩证统一的高度把握中国文化，不利于开掘中国文化无比丰厚的内蕴。

要想获得对中国文化的深刻理解，必须纠正空泛、粗疏的学风，多做具体分析和实证研究，方能为综合与抽象提供坚实的基础，而此类工作的一个重要方面，便是对中国文化加以分区考析。应当说，在这方面我们有着宏富的遗产。

一　文化生态与地理人文

人类创造文化依托的生态条件由自然环境、经济环境、社会环境和政治环境四大因素综合而成。文化是人类在自然、经济、社会、政治诸生态因子综合的基础上做出的能动创造。文化与其生态基础之间，既有依存关系，又保持着相对独立性。文化生态由自然要素与社会-人文要素综汇而成，自然要素包括宇宙的、地质的、气象的、水文的、地文的、生物的等方面，它们共同组成人类生存的物质基石——"地理环境"。

黑格尔说，"助成民族精神的产生的那种自然的联系，就是地理的基础"，由地理要素构成的"自然的联系"，也即文化生成的空间条件，是民族精神"表演的场地"和"必要的基础"。[①] 人类是在与地理环境互动的过程中进行文化创造的，地理环境的多样性是文化多样化发展的基础。

中国作为一个幅员辽阔的泱泱大国，各地的自然条件千差万别，经济、政治水平也参差不齐，因此，各地文化的发展极不平衡。这种由地区多样性形成的文化多元倾向，与文化"大一统"倾向相辅相成，共同构成中国这个东方大国的显著特点。黄河流域是中国文化重要的发祥地之一，奠定了中华文明的根基，但中华文化的发源地又绝不限于黄河流域。近百年的考古发掘证明，180多万平方公里的长江流域以及辽河流域、珠江流域乃至西南崇山峻岭间，都有悠久的文明史。

---

① 黑格尔：《历史哲学》，王造时译，三联书店，1956，第121页。

自殷商起，中国正式进入有文字记载的时代，先民的活动地域愈益扩张。商人最早居住在山东半岛，大约在公元前 14 世纪，长期流动不定的商族在商朝第十代君主盘庚的率领下，从奄（今山东曲阜）迁徙并定都于殷（今河南安阳西北小屯村），商人的居住中心转移到黄河中游。

周人崛起于陕甘高原，又在泾渭平原得到发展，进而向东挺进，克殷并经营洛邑，从偏处西土的部落发展为雄视中原的王族。

秦汉以后，各区域文化融合为汉文化；经继续开疆拓土，实行民族交会，形成广土众民的大帝国；又经唐、宋、元、明、清历代的发展，形成今日中国的领土，领域广远，腹里纵深，回旋天地开敞，是一种足可创造恢宏文化的博大空间，为中华文化的滋生繁衍提供了宏阔的天地。

中国处于北半球，大部属温带，亚热带区域也不小，最南部伸入热带，最北部伸入亚寒带，占有相当完备的气候带，提供了农业经济多样发展的地理基础。如秦岭-淮河以北成为以小麦、粟米为主要作物的旱地农业区，秦岭-淮河以南成为以稻米为主要农作物的水田农业区。另外，降水量的大势是东部充沛而西部稀少，这是东部为农业区、西部为游牧区的自然基础。中华文化内部的南北之别、东西之异，正植根于这种与地理环境有密切依存关系的经济生活的土壤之中。

中国文化在漫长的发展历程中，因其腹地开阔，南北东西各路相激相荡，北方的孔墨与南方的老庄既相批判又相吸纳，西部的商韩与东部的管邹则互为应援，呈现区域文化多样化发展的局面：

> 长城饮马，河梁携手，北人之气概也；江南草长，洞庭始波，南人之情怀也。散文之长江大河，多一泻千里者，北人为优；骈文之镂云刻月，善移我情者，南人为优。盖文章根于性灵，而受四围社会之影响特甚焉。①

---

① 梁启超：《中国地理大势论》，《饮冰室全集》第 2 卷，上海中央书店，1935，第 252 页。

几千年来，中国文化的中心多有转换，大体沿着自东向西（从河洛到关中），继之又由西北而东南的方向转移。从王朝的中心——七大古都——安阳、西安、洛阳、开封、南京、杭州和北京的迁徙轨迹中，可略见端倪。七大古都散布于中华大地的中西南北东，以宋代分界，此前中国都城主要在东西轴线上流转，此后主要在南北轴线上移动，然其位置的更替，透露出中国经济重心的转移、政治集团的更迭、民族关系的弛张，隐含着文化生态的规则与意义深远的历史机缘。

殷商以来，黄河中下游，即中原一带，是全国最富饶的区域，又接近王朝版图的中心，是兵家必争之地，把握中原意味着把握住天下，因此，从殷周至隋唐，国都始终都在中原徘徊。汉唐以降，由于西北游牧民族的军事威胁和东部地区富庶程度的提升，都城有东移倾向。从北宋开始，契丹、女真等半农半牧或半农半渔猎民族兴起，农耕民族与游牧、渔猎民族冲突交往的重点区段已由长城西段转至长城东段，河洛已丧失控扼天下的地位。宋室南渡后，长安、洛阳、开封不再具备昔日制内御外的强劲功能，以致元、明、清三朝，国都与黄河中下游无缘。

与此同时，南方也在历史的流转中逐渐崛起，以晋唐、两宋为关键时期。唐代已有"赋出天下而江南居什九"①之说，宋代有"苏湖熟，天下足"②的谚语，明代又有"湖广熟，天下足"③的民谣，显示出南方开发面从长江下游上溯中游的深度拓展。经济重心的南移也带来了文化中心"由北而南"总趋势上的改变。

商朝时，中华先民就开始了黄河以南的开发。春秋战国时巴蜀文化、荆楚文化、吴越文化在长江上游、中游和下游并起，直追中原。汉唐以降，中原王朝面临北方游牧民族的军事压迫，不断向南拓殖。南方优越的自然禀赋和广大空间，为其南向发展提供了条件。西晋末"永嘉之乱"、唐中叶"安史之乱"、北宋末"靖康之变"，都导致大批中原人南下，加速了长江流

---

① 章潢撰《图书编》卷34《统论南北形胜》，文渊阁《四库全书》本。
② 高斯得：《耻堂存稿》卷5"宁国府劝农文"条，文渊阁《四库全书》本。
③ 李釜源：《地图综要》内卷。

域、珠江流域、闽浙沿海及云贵高原的开发。

明清至近代，经济文化中心进一步向东南转移，东南沿海成为中国近代文化的能量发散中心。同东南沿海相比，近代中国的北方和西北较为落后、保守，而长江中游诸省，尤其是湖北、湖南，正处在较开化的东南与较封闭的西北的中间地带，成为近代中国风云际会的旋涡中心。

就近代中国社会变革而论，确乎是发端于东南沿海，而收功于华中腹地，进而又推向华北、西北、东北，又由华北、西北、东北推及全国，呈现一种"东方不亮西方亮"，此起彼伏、不平衡的发展状态。这也正是一个幅员辽阔、地理环境繁复多样、经济文化发展不平衡的东方大国的特色之所在。

二 "画九州"与文化域分

中华先民很早便在东亚大陆建立起幅员辽阔的国家，并对这片国土的自然风貌和人文状态做过真切的分区把握。成书于晚周[①]的《左传》，在"襄公四年"对于大禹"画九州"传说的记述为："茫茫禹迹，画为九州。"沿袭此说，周秦之际的《尚书·禹贡》简练而准确地描述当时的国土——"东渐于海，西被于流沙，朔南暨声教，迄于四海"。对纵横于东亚大陆的广袤国土，《禹贡》分作"冀、兖、青、徐、扬、荆、豫、梁、雍"等九州，并对每州的土壤做出分类和等级划分。而土壤分类和等级划分，实际上是对农耕文明国度所做的经济、文化水平的地区等级判定。其他古籍之"九州"与《禹贡》略同，又各有差异，反映了不同时代域分的区别。如《周礼·职方》有幽州、并州，无徐州、梁州；《尔雅·释地》有幽州、营州，无青州、梁州；《吕氏春秋·有始览》有幽州，无梁州。"九州"约略反映了春秋末期以来中华先民栖息生养的地理范围的行政区划。

---

① 徐中舒认定为战国，参见徐中舒《〈左传〉的作者及其成书年代》，《宋代文化研究》2006年第2期。

战国末期成书的《吕氏春秋·有始览》对九州的地望有较具体的划分，大体与晚周列国对应："何谓九州？河汉之间为豫州，周也；两河之间为冀州，晋也；河济之间为兖州，卫也；东方为青州，齐也；泗上为徐州，鲁也；东南为扬州，越也；南方为荆州，楚也；西方为雍州，秦也；北方为幽州，燕也。"①《尚书·禹贡》及《周礼·职方》、《尔雅·释地》、《吕氏春秋·有始览》所划分的"九州"，大体上包括燕山山脉以南、五岭以北、青藏高原以东的广大区间，面积在300万平方公里左右。这是自上古以来中华先民所着力开发的地段，在同期的世界文明古国中，领域的辽阔罕见其匹。

中国地势西高东低，山地、高原和丘陵约占三分之二，盆地和平原约占三分之一，山川纵横，气象阔大。其地域特征如楚文化专家张正明所称：北方中原文化，雄浑如触砥柱而下的黄河；南方楚文化，清奇如穿三峡而出的长江。②此说暗合梁启超对南北自然风貌、文化精神大异其趣的描述："北峻南巉，北肃南舒，北强南秀，北僿南华。"③这种关于区域文化特征的把握，既着眼于自然环境之分，更观照了社会生活、人文传统之别。

此后，西汉史学家司马迁在《史记·货殖列传》中对当时南北东西各地的物产和人文特色有传神的描绘。西汉末年学者刘向则将汉朝全境划分为若干区域，丞相张禹又令僚属朱赣按区域介绍风俗。东汉史学家班固所撰《汉书·地理志》集上述之大成，并记录各地风俗，绘制出文化地域特征的生动画卷。以《汉书》为开端，历代正史皆设地理志，以各朝疆域为范围，以政区建制为纲目，分条记述山川、物产、风俗，形成文化区域研究的良好传统，奠定了我们今日理当深入开展的文化区域研究的前进地基。

中华文化自其发生期，即因环境的多样性而呈现多元状态，到晚周，各具特色的区域文化已大体成形：东临沧海、山海兼备的齐鲁文化歧异于处在"四塞之地"的秦文化；地居中原的三晋文化不同于南方的楚文化；

---

① 吕不韦：《吕氏春秋·有始览第一》，线装书局，2007，第245页。
② 参见张正明《楚文化史》导言，上海人民出版社，1987，第1页。
③ 梁启超：《中国地理大势论》，《饮冰室全集》第2卷，第253页。

同在长江流域而分处上游、中游、下游的羌藏文化、巴蜀文化、荆楚文化与吴越文化各有特色。至于在湿润的东部发展起来的农耕文化与在干燥的西部发展起来的游牧文化，更是大相径庭。

今之地域研究涉及的一个基本概念是"文化区"。作为文化的空间分类，文化区由自然、社会、人文三重因素所决定，三者在历史进程中综合成某种地域性文化特色。古史专家徐旭生提出中国远古部落三大集团说：西北的华夏集团（黄帝、炎帝、颛顼、舜、祝融等族），东方的东夷集团（太昊、少昊、蚩尤等族），南方的苗蛮集团（三苗、伏羲、女娲等族）。[①]

跨入文明门槛后，东夷和苗蛮渐有汇入华夏的趋势，组成中原文化。与由殷人和周人所代表的中原文化相并列，楚人在长江流域发展楚文化，使中华文化的范围进一步扩展。

自春秋以至战国，大体形成六大文化区——三晋、齐鲁、秦、荆楚、巴蜀、吴越。六大文化区地理范围大约包括秦长城以南，黄河上下、长江南北。另有历史地理学者所分六区——黄河中游区、黄河下游区、江汉区、长江三角洲区、赣粤区、陇东塞外区，即所谓"六瓣梅花形"，汇聚成华夏文明。

当然，文化区并非静态、凝固的空间存在，而是因时演变的。一般而言，构成文化区的自然因素变化较慢，社会、人文因素迁衍较快。明清之际哲人王夫之在论及文化中心转移的态势时说："三代以上，淑气聚于北，而南为蛮夷。汉高祖起于丰、沛，因楚以定天下，而天气移于南。"[②] 王夫之常用"天气移于南""地气南徙"诸说法，而他所谓的"天气""地气"，显然并非专指自然之气，而是自然、社会、人文的综合，更多地包蕴社会、人文因素。事实上，自从具有理性的人类介入，造成文化世界，我们这个星球上的变化便不再是单纯的自然运动，仅以各地土壤肥瘠的变迁而论，就深深地打上了人类活动的印记。曾被反映周秦之际状况的《禹贡》列为

---

① 徐旭生：《中国古史的传说时代》，广西师范大学出版社，2003。
② 王夫之：《读通鉴论》卷12，世界书局，1936，第227页。

下中、下下的长江流域，至近古已成上上之地，如宋人王应麟说："今之沃壤，莫如吴越闽蜀。"① 至于各地风俗、学术的异动，更是古今起伏，时有更迭。这是在做区域研究时应予注意的。

当下我们所做的地域文化研究，在观照历史的前提下，更要着眼于当下。今日中国，北起漠河，南达南沙群岛的曾母暗沙，西起帕米尔高原，东及黑龙江与乌苏里江汇合处。对领土面积约与整个欧洲相当、包括 56 个民族的中国做合理的文化域分，是地域文化研究的使命。

鉴于中国领土的辽阔和文化类型的复杂，有必要做多级次的文化域分。按照自然条件和经济文化类型，中国首先可分作东、西两部。从黑龙江的爱辉到云南的腾冲之间做一连线，东半壁是向太平洋倾斜的低度高原、丘陵和平原，季风气候使之干湿交替、季节分明，数千年来形成发达的农耕经济、繁复的典章制度和精深的艺文哲思；西半壁以草原、沙漠、高山、高寒高原为主，属大陆性气候，自古以来繁衍着粗犷奔放、富于流动性和生命活力的游牧文明。东西两大文化区的互动，构成中国历史的重要内容，并为中国现代文化的丰富性和多样化发展提供了无尽的源泉。

东部农业文化区可分为以汉族为主体的中原农业文化亚区和以西南少数民族为主体的农业文化亚区。中原农业文化亚区，自北而南又可分为燕赵文化副区、三晋文化副区、齐鲁文化副区、中州文化副区、荆楚文化副区、吴越文化副区、巴蜀文化副区、安徽文化副区和江西文化副区。中原农业文化亚区向北延展为松辽文化副区，向南延展为闽台文化副区和岭南文化副区。西南文化亚区又分为滇云文化副区和贵州文化副区。西部游牧文化区可分为蒙新草原-沙漠游牧文化亚区（其内又分作塞北文化副区、甘宁文化副区、西域文化副区）与青藏高原游牧文化亚区。

三 扬弃：地理环境决定论和"世界中心"意识

地理环境与人类社会发展的关系，是一个"永恒的主题"和"无可回

---

① 王应麟：《玉海》卷 17。

避的主题"，中外先哲都对这一切关宏旨的论题做过深沉的思考。

古希腊历史学家希罗多德在《历史》一书中指出，全部历史都必须用地理观点来研究，地理提供了历史和文化的自然背景和舞台场景，历史事实与地理环境联系在一起才具有意义。[①] 古希腊名医希波克拉底所著《论空气、水和环境的影响》一书，认为人的身体和性格大部分因自然环境的不同而有所不同，从而强调地理环境对人性的影响。

古希腊最渊博的学者亚里士多德提出，地理的各种可居住性和不同的纬度有关。他创立环境地理学，认为地理环境既是人类生存的物质环境，又是制约社会存在的相互关系体系，从而把地理环境纳入人类历史和文化考察的范围之内。文艺复兴晚期学者、法国人让·博丹认为"某个民族的心理特点决定于这个民族赖以发展的自然条件的总和"，表现了人文主义者对地理因素与人文因素之间关系的重视。

18 世纪欧洲启蒙思想家孟德斯鸠是社会地理学派的代表。这个学派认为，国家制度和文化类型取决于地理环境，尤其是气候。孟德斯鸠声称：

> 墨西哥和秘鲁的那些专制帝国是接近赤道的，而几乎一切自由的小民族都靠近两极。
>
> 海岛民族比大陆民族更重视自由。[②]

他把纬度和滨海性等地理要素视为人性与制度的决定因素。

将"地理唯物论"正式引入文化研究领域的是英国历史学家巴克尔。他认为，气候、土地、食物等是文化发达的决定性因素。赋予"地理唯物论"以完整理论形态的，是德国地理学家拉采尔，他把人看作环境的产物，认为人和其他生物一样，其活动、发展和分布受环境的严格限制，环境以盲目的残酷性决定着人类的命运。他把地理环境对人类文化的影响归结为

[①] 希罗多德：《历史》，王以铸译，商务印书馆，1959。
[②] 孟德斯鸠：《论法的精神》，张雁深译，商务印书馆，1961。

四个方面：第一，直接的生理影响；第二，心理的影响；第三，对社会组织和经济的影响；第四，支配人类迁徙及其最后分布。

中国古代也有相当丰富的"地理唯物论"内容，《周礼·冬官·考工记》载：

> 橘逾淮而北为枳，鸲鹆不逾济，貉逾汶则死，此地气然也。郑之刀，宋之斤，鲁之削，吴越之剑，迁乎其地而弗能为良，地气然也。①

明人王士性在论及关中和川中水土与人性的关系时说，由于关中土厚水深，"故其人禀者博大劲直而无委屈之态……川中则土厚而水不深，乃水出高原之义，人性之禀多与水推移也"。②

这些言论都强调地理环境对文化及人性的影响，与近代西方的孟德斯鸠、拉采尔异曲同工。

中国近代思想家梁启超、杜亚泉、李大钊等人在清末民初探究中西文化差异的原因时，主要便是运用"地理唯物论"的理论和方法。如梁启超1902年发表于《新民丛报》的《地理与文明之关系》一文，集译西方的"地理唯物论"诸说（如亚里士多德、洛克等人的言论）兼及中国古代哲人（如管子）的相关言论而阐述之，认为气候、地势之别，是亚洲文明与欧洲文明大相径庭的原因。

"地理唯物论"强调气候、地形等自然条件对人类历史文化的影响，包含若干合理的、有价值的思想成分。然而，把"地理唯物论"扩张成"地理环境决定论"，则有重大失误。首先，此论把地理环境对人类文化的影响从特定的时间范畴中抽象出来，加以无限制的发挥，因而难免偏颇；其次，此论忽视若干中介，把自然对人类社会及其文化的作用加以直线化、简单化、夸大化描述，从而陷入单因素决定论；最后，此论把地理环境全然看

---

① 《周礼·冬官·考工记》。
② 王士性：《广志绎》卷3，中华书局，1981，第44页。

作人类社会的外力，认为是自然环境这种外力决定着社会的进程，左右着人性和文化的特征，陷入了"外力决定论"和"自然宿命论"的泥淖。

人类历史的进程和文化的发展不能摆脱人类在时间与空间上所处的特定的自然条件。一则，人类本身是自然的产物，其生存和发展要受到自然法则的制约。二则，人类的生活资料取之于自然，人类劳动的对象也是自然，自然和人的劳作结合在一起才能构成财富（物质的和精神的），才能造就文化。人类的文化成就，不论是房屋、机械还是书籍、绘画，都是自然因素与人文因素的综合。三则，人类发展到任何阶段，都须臾不得脱离地理环境的恩惠，并不可避免地受其制约。今天，在这个问题上有必要复归中道：既要高度重视地理环境对历史文化的深远影响，又要扬弃"地理环境决定论"，坚持文化生成的主体客体辩证统一的观点。

半封闭的大陆-海岸型环境为中国文化提供了独立发展的地理前提，而这种文化发展的独立性在历史上发挥过双重功能：其一，较完整地保留了文化传统，获得前后递进、层层相因的延续性；其二，形成"世界中心"意识。

中国文化虽然与中亚、西亚的草原-绿洲文化进行过成效卓著的交流，并在相当的深度和广度上采纳了南亚次大陆佛教文化的精华，明清之际又与欧洲近代早期文化有所沟通，但截至鸦片战争之前，中国文化并未经受过外来文化的根本性挑战，从而一直保持着自身的风格和统系。这种在数千年间文化统绪延绵不断，各主要文化门类代有高峰、此起彼伏的现象，在世界文化史上是绝无仅有的。学术界把七个古代文明（埃及文明、苏美尔文明、米诺斯文明、玛雅文明、安第斯文明、哈拉巴文明和中国文明）称作现代文明的"母文明"，而这七个"母文明"中唯有中国文明历经四五千年，持续到现在，未见中辍。中国文化这种无与伦比的延续力当然是综合原因的结果，但东亚大陆特殊的地理环境造成的隔绝机制，无疑是一个重要缘由。

中华古代文化始终保持着独立的、一以贯之的发展系统，而且长久以来其文化的总体水平明显高于周边地区，这使得中国人把黄河、长江滋润的那片沃土视作唯一拥有高度文明的"化内之区"，把周边及远方则视作荒僻、简陋的教化不及的"化外之地"。作为农耕民族的中原人虽然多次在军事上被"夷狄"所征服，但由于中原人拥有高度发达的农耕经济、典章制度和艺文哲思，因而在文化上一次又一次演出"征服者被征服"的戏剧。这无疑一再强化了华夏-汉人文化上的优越感，他们即或在武功上暂处劣势，也仍拥有通过自己的声明文物"光被四表"的信心。

中国与外部世界相对隔离，其文明水平又长期高于周边地区，这使得华人在长达数千年的时间里养成一种"世界中心"意识。由于古代华夏族及后来的汉族多建都于黄河南北，"外薄四海"（《尚书·益稷》），处在"四夷"之中，故自称"中国"，与"四方"对称。华人自古就认为中国不仅是世界中心，还是世界主体。明末来华的意大利耶稣会士利玛窦说："中国人认为，他们的辽阔领土的范围实际上是与宇宙的边缘接壤的。"① 外人的这一评说，大体上反映了古代中国人的疆域地理观念。

认为本民族生活在世界的中心，并非古代华人独具的观念，许多古民族都有过类似看法。法显在《佛国记》中指出，印度人自认本国为"中国"（世界中心之国），而将包括中国在内的东亚诸国视作"边地"。此外，希腊人、罗马人、阿拉伯人都曾将自己的国度看作世界中心。不过，由于中国远离其他文化圈，保持封闭状态历时特别久远，因而这种自认处于世界中心的观念也保持得格外强固、悠长。战国以降，中国人的"九州"观、"天下"观、"四海"观渐有变更，但直至19世纪中叶以前，一直把自己的国度看作世界的主体和"天朝上国"，外域不过罗列着若干"蕞尔小国""蛮夷之邦"这套见解，在中国古人绘制的世界地图上体现得十分鲜明。

中国人自认处于"世界中心"，并非单指地理位置上的中心，还指文化上的中心地位。汉代扬雄在界定"中国"这一概念时，便强调其因政治-经济要素而赢得中心地位："或曰，孰为中国？曰，五政之所加，七赋之所

---

① 利玛窦、金尼阁：《利玛窦中国札记》上册，何高济等译，中华书局，1983，第63页。

养，中于天地者为中国。"① 这就把"中国"视为文明的渊薮、世界的中心。

此类意识在中国人心目中几乎是毋庸置疑的。古代中原人一向以"礼仪之邦"自居，认定"人而无礼，虽能言，不亦禽兽之心乎"。② 在他们看来，一切不知"礼"、没有文化的外域人都非"蛮"即"夷"，理应如众星拱月、百川归海般地聚向中华帝国。"万国来朝"正是自认居于世界文化中心的华人的理想境界；"是以声名，洋溢乎中国，施及蛮貊"，③ 表明华人乐于以文化布道者的身份，将教化充溢于中国，进而扩及野蛮无文化的四面八方。

自认文化领先并雄踞世界文化的中心位置，是中国人的一个古老信念。鸦片战争的失败让中国人渐渐从"天朝上国"的迷梦中醒来，艰难地开启了探索现代化的进程。直至近现代，只要出现某种内外条件，有些国人还会产生自居"世界文化中心"的幻觉。这是需要我们自警自戒的。

在言及中国文化的地域性时，应当申述的另一要义，是中国文化的共通性。这种共通性是中华民族在数千年历史进程中磨合而成的，表现为一种兼收并蓄的宏阔气象，对多元文化"有容乃大"的统摄与综汇。诸如晚周南北文化的交合，成就了战国文化的空前辉煌；汉唐中原文化对西域及周边文化的吸纳、魏晋南北朝诸族文化的融会，以及此后多次民族文化及地域文化的沟通，加之对南亚佛教文化的采借与再造，成就了以宋文化为代表的中古文化高峰；元、明、清更是奠定了多民族国家的雄伟格局，而多元一体的文化政策的确立，则是其保障。

今日异彩纷呈、生机盎然的中华文化，是诸地域、诸民族共同创造的，是文化的"多"与"一"互动的结果。这种和而不同、刚健自强的文化机制，是中国作为一个广土众民的泱泱大国长久地屹立在世界东方的重要原因。

---

① 扬雄：《法书》卷4《问道》。
② 《礼记·曲礼上》。
③ 《礼记·中庸》。

关于中国地域文化研究的几个问题

虞和平[*]

如何推动区域文化（也可称"地域文化"）的研究？我觉得需要开展一些互动，要互相沟通交流，要加强区域与区域之间的互动，避免孤立性的甚至碎片性的研究。我们成立区域文化研究专业委员会的一个主要动机就是为区域文化研究搭建一个交流平台，这与吉林省社会科学院创办《地域文化研究》的动机是一样的，我们应该有很好的合作基础。我觉得区域文化研究在学理上主要的问题有这样三个。

第一，区域文化与文化区域的关系问题。所谓区域文化，顾名思义是一种与某一地理区域内的人类社会相关的文化，或产生于某一区域社会内，或覆盖流行于某一区域社会。从区域范围方面来说，历史上有许多以行政区域为依托的区域文化产生。有的论者认为，区域文化不能以行政区域进行划分，而要以人文状况的不同特性进行区分，这种说法当然有一定道理，但也不可绝对而论，应该是两者均可。纯粹以人文状况的不同特性进行区域文化划分，实际上更主要的不在于区域文化的划分，而在于文化区域的划分。区域文化与文化区域虽有一定的内在关系，但两者还是有区别的。区域文化主要是从它的产生源头上进行划分，其后来因自身行政区域的扩展或影响力的扩散等原因而扩大或覆盖到其他地区，则是其发展壮大的表

* 虞和平，中国社会科学院近代史研究所研究员、华中师范大学特聘教授、中国现代文化学会区域文化研究专业委员会会长，研究方向：中国近代社会经济史、中国现代化。

现，但这不是普遍的情况。而文化区域的划分，则主要是指以不同的区域文化来划分社会区域，即以某一区域文化为主体文化的地区范围，这种文化区域既有与本行政区域相吻合的，也有跨越本行政区域的，后者的形成是在某一区域文化形成之后，因其影响力所及而覆盖到本行政区域之外的其他地区，并成为这一新覆盖地区的主体文化，从而将该新区域纳入本区域文化之中。因此，从区域文化的产生发展过程来说，在其形成之后，特别是在近代之后，某些区域文化随着自身的发展和行政区域划分的变化，所覆盖区域与行政区域就不完全相一致了。区域文化和文化区域这两种概念，都是区域文化研究需要注意和包含的。

第二，内涵与外延的问题。区域文化产生、存在于一定的区域范围之内，那么它的内涵当然主要是指本区域里边的同质因素、同化现象。我觉得需要注意的是各个区域文化的个性与共性的关系问题，各个区域文化，特别是相邻的，或者有一定渊源关系的区域之间的文化，它们除了有自己的特性以外，也有一定的共性，这些共性的东西也需要研究。在以前，我们研究文化里边有趋同性、同质性，那么其实这种趋同性就是双方的共性，虽然有区域的不同，但是它们的共性是存在的，不能排斥这种共性，除了特性需要特别去研究、挖掘之外，这个共性也是需要研究的，是将来形成更大区域文化，以至形成中华文化的一个因素，如果只有特性，没有共性，那怎么样形成文化一统性？与此相关，还要研究区域文化的自守性和开放性。一个区域的文化，它以所在的这个区域范围为本土，但是它也有开放的一面，其他区域的文化都可以进来。从春秋战国时期开始，或者更早时期，各个区域文化都是流来流去的，有流动才有改变，所以区域文化一方面是自守，一方面是开放，这样就有它的独立性和包容性，允许外来文化存在。自守在本土的区域文化可以说是它的内涵，流动到其他区域的区域文化可以说是它的外延。

第三，就是多元与一统的关系。这既有区域内的多元与一统的关系，还有整个中华文化的多元与一统的关系。只有多元，没有一统，这会影响到中华民族的凝聚力。多元与一统的关系问题就是区域文化与主流文化的关系问题，特别是与国家层面主流文化之间的源与流的关系问题。区域文化、地方性文化因为是跟地方风土人情、地理环境相适应的，形成以后就很难改变，但主流文化随着政权的改变而不停地变化，是意识形态性的。地方文化是主流文化的根系，是中华文化的根系，养育着中华文化这棵大树。同时，主流文化也是主导、引导区域文化的，只有在主流文化的引导下，区域文化、地方性文化才能取得比较好的发展，有比较明确的发展方向。

地域文化与流人文化

李兴盛*

　　20 世纪 80 年代以后，中国学术界兴起了文化研究热潮，在引进西方文化学理论、构筑文化学框架的同时，出现了一批文化学方面的理论探讨之作。近年来，随着研究的深入，文化研究已由理论探讨延伸到实证研究，地域文化、民族文化、社会群体文化、历史文化以及基于此的从一元论到多元论的中华文化也已成为研究的重点。其中，地域文化的研究更是蔚然成风，论著很多，如以特定的地域命名的地域文化之作，已出版者有《岭南文化》《齐鲁文化》《巴蜀文化》《三秦文化》《楚文化》《荆楚文化》《三晋文化》等，至于综合整体研究之作则有《中国地域文化研究》乃至"中国地域文化丛书"等之出版。尤其是由中央文史研究馆主编的一千七八百万字的《中国地域文化通览》34 卷，规模之大，涵盖范围之广，为前所未有，从而将这种研究推向高潮。但是，目前我国各地区各自为战的地域文化的纵向研究比较充分与深入，而横向研究与理论探讨则相对薄弱，即微观研究重于宏观研究。关于这一点，在 8 年前黑龙江省文史研究馆领导责成我筹编《中国地域文化通览·黑龙江卷》时，就有较深的感受。可见，在地域文化理论探讨与比较研究上，即宏观研究方面，还有深入探讨的余地。基于此，本人想就相关问题及其与本人 37

---

　　* 李兴盛，黑龙江省社会科学院历史研究所研究员，黑龙江省文史研究馆馆员，研究方向：流人史、流人文化。

年来所研究的流人文化之关系，谈一下自己的不成熟之见，以就正于广大专家学者。

一　地域文化

什么是地域文化？近年来，许多专家学者对于这一学术命题进行了深入探讨，并做出了多种诠释，成就显然。其中有代表性者约为下列数种。

有的认为它"专指先秦时期中华大地不同地区的文化"。这实质是将我国先秦时期的文化按不同空间（即地区），并采用其相对应的诸侯国名或古地名而划分成多种不同的地域文化，如巴蜀文化、吴文化、越文化、齐鲁文化等。这可称是先秦文化说。有的从考古学角度出发，认为它是指"中华大地特定区域的人民在特定的历史阶段所创造的具有鲜明特征的考古文化"。如苏秉琦先生就曾将我国考古学文化分为北方、东方、中原、东南部、西南部与南方等六大区系。这可称是考古文化说。[1] 有的认为"地域文化是按地区分的中国文化的若干分支。研究地域文化，实际上就是研究文化的空间分布及其特征"，主张地域文化应以当前的行政区划（即省、自治区、直辖市，以及港、澳、台）为标准，将全国分成35个区域，并以各该省、区、市的名称命名。[2] 这可称是文化空间分布说。还有的认为它是"中华大地特定区域、源远流长、独具特色、传承至今仍然发挥作用的文化传统"。此外，还有些其他说法，在此从略。

这些答案与划分方式，或大同小异，或大相径庭，但都是相关学者认真研究、深入探讨的产物，都是见仁见智、可资借鉴的结论，值得重视与深思。这里我想先谈一下我对这些说法的看法。

第一种先秦文化说。这种说法实质是将我国地域文化局限在先秦文化之中，认为只有先秦时期文化经过不同地区的划分，才能产生不同的

---

[1] 苏秉琦：《中国文明起源新探》，三联书店，1999，第35~36页。
[2] 袁行霈先生即主张此说，见袁行霈、陈进玉主编《中国地域文化通览·黑龙江卷》总绪论，中华书局，2014。

地域文化。这种说法有一定根据，因为在先秦时期，我国许多地区曾建立过诸侯国，从而产生了不同的文化类型，这些诸侯国灭亡后遗下了古国名称与古地名称，以这些名称来命名当时不同地区的文化顺理成章。可是，先秦文化能够全部包括先秦之后历朝历代不同地区的地域文化吗？显然是不可能的。两汉以来，各地区的文化也各有其独具的特色，与先秦地域文化并不相同。如明代王守仁在流放地贵州创立的阳明学说，南宋朱熹长期在福建、江西讲学，苏轼之于黄州、惠州、儋州，杨慎之于云南，都是在我国哲学史或文学史产生过重大影响的文化现象或文化名人，你能因为没有产生在先秦，就否定这些文化现象或文化名人是贵州、福建、江西、湖北、海南、云南地域文化的重要组成部分？可见此说有其不足之处。

第二种考古文化说。这种说法从以考古发现研究文化起源来说，自然有其根据，并强调了地域文化的"鲜明特征"，均是可取的。但它仅就我国人口密集之地区进行划分，而忽略了某些地广人稀的边疆地区，如新疆、西藏、内蒙古与黑龙江等中国领土，可见也有其不足之处。

第三种文化空间分布说。这种说法以当前的行政区划为标准来划分中国的地域文化，由于它是立足现代、追溯历史、贯穿古今的一种地域文化类型，既可避免第一种说法只顾先秦、忽略秦后的不足，又可填补第二种说法只顾人口密集地区、忽略地广人稀的边疆地区的缺憾，可称是一种更为严谨的学术观点。但是，由于行政区划是一个历史的概念，不同的历史时期，同一行政区划大小分合的变化与变革，增加了地域文化研究的难度。而文化空间分布说，由于它强调了当前行政区划这一标准，忽略了历史上行政区划的变革，从而产生了某些不足。如以东北地区为例，今松花江以东的哈尔滨至牡丹江、佳木斯市等大片土地，清代隶属于吉林将军，其地域文化似应由吉林卷来写，但按当前行政区划的标准，只能由黑龙江卷来写，这就产生了一定的矛盾。又如，黑龙江以北、乌苏里江以东一百余万平方公里的土地，原为我国黑龙江、吉林行政区划之地，但在1858年与1860年被沙皇俄国以武力逼迫清政府签订不平等的中俄《瑷珲条约》与《北京条约》而强行割占，黑龙江、吉林丧失了三分之二以上的土地。这片土地上产生的各种文化现象，是黑龙江、吉林地域文化的有机组成部分，按理应由黑龙江卷、吉林卷来写，可是由于文化空间分布说过分强调以当前的行政区划为标准的观点，黑龙江、吉林的地域文化成为残缺文化。可见，这种说法也有其不足。我认为，某一行政区域，今隶甲省，历史上却隶相邻的乙省，这种情况，甲、乙两省的地域文化都应讲述，这样可能导致一些重复，但甲、乙两省各从不同的角度来论述，论述的重点又各不相同，这样既可相对减少重复，又可还原历史的真实，一举两得，何乐而不为之？又如，边疆省份（黑龙江、吉林与新疆）在清末被沙俄强行割占了大片领土，这片领土上的历史文化，我们不能不讲，不能割弃，这样不仅能还原边疆地域文化的真貌，而且能借助边疆乡土文化的传播，培养人们热爱家乡，进而热爱祖国的观念。

第四种说法认为，中华大地某一特定区域的文化，只要具备以下三个条件，即可称为地域文化，这就是源远流长、独具特色、传承至今仍在发挥作用。其中独具特色一点抓住了事物的本质，因为各地的地域文化的根本属性就是其风格的差异与内涵的不同，这种差异与不同，正体现为各地区地域文化独具的特色。如果各地区的文化没有这种差异与不同，也就是说没有独具的特色，那么就等于没有地域文化，可见"独具特色"是判断地域文化最重要的标志。当然一个地区的地域文化有了独具的特色，同时又是源远流长、传承至今仍在发挥作用，可称是尽善尽美。这种情况内地各省份是存在的。如山东文化（齐鲁文化）中的儒家文化，可称是特色独具。它产生于先秦，此后成为整个封建社会的正统思想，直到现在，其某些观点仍然作为人们的行动准则，可见是源远流长，传承至今仍在发挥作用。但是，这三者具备的现象在边疆各省份并非全然如此。以黑龙江为例，黑龙江地域文化的一个特点是断层与接替。"我们说黑龙江地域文化有 17.5 万年的历史，是指 17.5 万年都存在不同的民族文化，但就某一个民族文化说，没有哪一个民族在黑龙江地域能够从古至今贯穿到底，而是一个民族迁走了，另一个民族补充进来，形成一次次的文化断层与接替。"① 如独具特色的金源文化，由于金海陵王的毁都南迁，黑龙江地域文化出现断层。又如西晋末永嘉年间中原诸王混战，肇兴于黑龙江大兴安岭畔的鲜卑举族南迁，入主中原，建立北魏，也导致了黑龙江鲜卑文化断层。金源文化与鲜卑文化都是独具特色，但都非源远流长、传承后世仍在发挥作用，我们能因其缺少后二者就否认它们是黑龙江的地域文化吗？显然是不可以的。基于此，我认为判断是否为地域文化，仅"独具特色"一点即可，不必非强调也要兼备其他二者。

总之，上述四种说法均有学术根据，成就斐然，可资借鉴，但都略有不足。那么，究竟什么是地域文化呢？下面谈一下我的浅见。

我认为，地域文化一词从结构上看，是地域与文化的有机结合体，既与地域密不可分，又与文化息息相关，可见它是产生于一定地域并反映一定地域社会生活的一种文化现象。另外，由于文化的创造者是人，而一定地域内的居民都是由土著人与客籍人构成的，因此地域文化也是由当地的土著人与客籍人共同创造的。可见，地域文化实质是由一个地域的土著及客籍人共同创造的反映本地域社会生活的文化现象。

但是，这种反映本地域社会生活的文化现象，并非全都是地域文化的组成部分，具体问题要做具体分析。也就是说，对这些文化现象必须进行鉴别与抉择。为什么呢？这是因为，一个地区各种人所创造的反映本地域社会生活的文化现象，种类是很多的。尤其是当今，种类更多。这正如赵杏根教授所言："当今社会，到处在说文化，除了旅游文化之外，还有企业文化、电视文化、社区文化，甚至菜文化、酒文化、鱼文化、汽车文化、装饰文化之类，五花八门，可谓空前繁荣。不过，我认为，其中绝大部分充其量也是'鲢鱼文化'……都像鲢鱼处于水的表层一样，处于文化的表层而不自知。"② 可见这种文化现象的种类繁多，但是它们会有主次之分，

---

① 袁行霈、陈进玉主编《中国地域文化通览·黑龙江卷》总绪论。
② 赵杏根：《李兴盛先生流人文化研究管窥》，李兴盛编《流人学的脚步》，黑龙江教育出版社，2009。

轻重之别。那些重要的、特殊的、闪光的文化现象自然是该地区地域文化的组成部分，而那些一般的、普通的，甚至似是而非的文化现象能否成为该地区地域文化的组成部分，则就需要鉴别与抉择。

另外，由于文化的产生、发展及其所呈现的文化现象不仅要受到全国与当地政治形势、经济状况的影响，还要受到当地地理环境与自然条件的制约，不同的地理环境与自然条件又会产生不同类型的文化现象，因此，每个地区的地域文化基于不同的地理环境与自然条件，都会拥有与其他地区不同的特点。这种有别的特点正体现在文化风格的差异与内涵的不同上。正是这种差异与不同，中国才出现了中原文化、齐鲁文化、吴越文化、巴蜀文化、岭南文化等多种不同的地域文化，使中华文化形成异彩纷呈、群芳斗艳的格局。可见独具特色是何等重要与关键，因为它是地域文化的灵魂，没有这种特色，地域文化也就不复存在。

根据以上的分析，地域文化就是一定地域之中历代土著与客籍人在与自然、社会相互作用的各种关系中所创造的反映当地社会生活并独具特色的一种文化现象。简言之，就是一定地域中历代各种人所创造的特色文化。既然它是独具特色的文化，自然与其他地区的地域文化不同，也与本地区不具特色的一般文化有别（如上所述，本地区所有的文化不一定是特色文化，更不一定都是本地区地域文化的组成部分）。它是由土著与客籍两种文化类型构成，因此我们要论证、探讨某一地区的地域文化，必须从这两种类型文化着手，从中找出重要的、特殊的、闪光的东西，即找出其重点、特点、亮点，才能挖掘出这一地域文化的特色。

由于中国各地区的地域文化各有差异，各具特色，因此其内涵也各不相同，每个地区地域文化内涵究竟如何，需要对具体问题做具体分析。这里还涉及另一问题，就是各地区地域文化命名标准的问题。笔者的意见，既然名称不过是一个符号，命名的标准与原则不必统一，可以不拘一格，由本地区相关人员研究酌定。如我国许多地区先秦曾建立过诸侯国，不妨就以这些古国名或古地名命名，而边疆各地，先秦并没有建立过诸侯国，即使有的有古地名，但也没有先秦久远。如东北地区之吉林、黑龙江两省，

《金史·本纪·序》谓："生女直地有混同江、长白山，混同江亦号黑龙江，所谓白山、黑水是也。"① 这里白山、黑水可以说是东北之古地名，但它的出现已在先秦之后。另如东北又有"关东"之称，但此词最早见于清初杨宾等人著述中，比白山、黑水出现更晚。这样，东北地域文化是采用白山黑水文化或关东文化（事实上，近年已有学者称东北地域文化为"关东文化"），或者另拟他名，有待相关学者的探讨、研究与广泛认同。

至于袁行霈先生主张立足于当前行政区划，每一个省、自治区、直辖市（包括港、澳、台）的地域文化名称，即以该省、区、市的名称命名也是一种非常有意义的尝试。因为"今日的行政区划是历史沿革的结果"，"大体说来，所谓齐鲁文化就是山东文化，燕赵文化就是河北文化，三秦文化就是陕西文化"。而且，"要对包括全国各地的文化分别加以描述，并且从古代一直讲下来，则按照当前的行政区划更为便利。何况，内蒙古、新疆、西藏是中国领土不可分割的一部分，研究中国的地域文化必须包括在内，按照当前的行政区划就不会将这些地区忽略了"。② 这种较前面两种地域文化划分标准，更为严谨客观，虽然仍略有不足，但其命名标准是可取的。

总之，每个地区的地域文化命名标准，没有必要强求一致，可以根据本地历史状况、文化特点及当前实际情况等，采取古国名或古地名乃至当前行政区划名，均无不可。

二　流人文化

上面谈过了对地域文化的界定、划分标准、命名标准等，下面要谈一下地域文化与笔者长期研究的流人文化之关系。而要说明这一问题，就涉及什么是流人、流人史、流人文化等一系列理论问题。不过由于流人过去

---

① 《金史》卷1《本纪第一》，中华书局，1975，第2页。
② 袁行霈、陈进玉主编《中国地域文化通览·黑龙江卷》总绪论。

被视为罪犯而受到学术界冷遇，因此这种研究在新中国成立前发展甚缓，虽然产生过一些论著，但多属传记之作，而且作者研究的出发点（即主观动机）多为文人或学者传记而非流人传记，只不过在客观上体现为流人的研究。其中综合研究之作，国内仅有谢国桢先生《清初流人开发东北史》一书，可称是当时我国第一部断代区域性流人史专著。新中国成立后，尤其是打倒"四人帮"后，流人问题研究才得到长足进步，论著数量大增，研究广度、深度也远逾前期。其中，本人数十年如一日、全力以赴地从事了这一研究。

本人 1978 年调入黑龙江省社科院历史所工作，重点是研究以黑龙江为主的东北历史文化。1980 年秋，为了走出一条自己的研究之路，在谢国桢先生启迪、指点及鼓励之下，改为研究与边疆文史有着血肉联系的中国流人问题。37 年来，对中国（尤其是东北）流人这一特殊的社会群体与社会现象，做了全方位、多层次、系统化、理论化的研究与论述，首次向中国学术界提出了流人文化这一新的名称、概念与命题，同时，作了一定的理论探讨，还撰写并出版了中国第一部流人通史《中国流人史》、第一部区域性流人通史《东北流人史》（以上二书均有增订版，后者已由 110 万字增订为 220 万字）、第一部与流人问题有关的理论探讨之作《中国流人史与流人文化概论》[①] 等。近年来，又编纂并出版了"东北流人文库"，并且在来新夏先生的大力支持下，为将流人史、流人文化的研究升华为流人学的研究而不断努力。

在长期的流人研究中，我对被统治阶级认为有罪而强制迁徙的广大流人，面对荒寒僻远、虎豹纵横的险恶环境与当差为奴、饱受凌辱的悲惨处境，却能发扬艰苦奋斗、艰难创业的精神，惊叹不已。对于身处逆境的流人，能够产生杰出人才与千古绝唱（如屈原及其《离骚》，苏轼及其《赤壁赋》、"大江东去"词作，王守仁在贬所创立阳明学说等可称典型），也深为

---

① 此书已收录在《中国流人史与流人文化论集》（黑龙江人民出版社，2000）中，目前由 9 万字增订至 11 万字左右，收录在 6 卷本的《李兴盛文集》中，并于 2018 年由黑龙江人民出版社出版。

震惊。他们及其子孙到边疆后，泪洒冰天，血沃塞土，为祖国边疆的开发与保卫、民族的团结与融合、经济的进步与文化的繁荣等，都起到了不可低估的作用。

如前所述，流人问题研究长期处于滞后状态，因此这种研究从未形成较完整的体系，尤其是根本没有相关的理论支撑。仅仅唐代学者陆德明在《经典释文·庄子》中对流人一词作过解释："流人，有罪见流徙者也。"相关的理论，仅此一则而已。直到1990年拙著《东北流人史》出版，在序言中，我对流人的定义做了新的解释，①并阐明流人产生的原因、历史作用及其与流刑的关系。此后在1995年出版的拙著《中国流人史》序言中，又做了进一步的探讨。1997年在香港的一次学术研讨会上，首次提出了流人文化这一名称、概念与命题，并对此命题做了一些理论诠释。至2000年出版的《中国流人史与流人文化论集》上编"中国流人史与流人文化概论"，将此前相关理论汇总改写，增订为八章二十六节，首为"引言"，以后八章相继为"流寓者、流寓史与流寓文化""流人与流人史""流人文化""中国流人的悲惨处境""中国流人的反抗斗争""中国流人的贡献与历史作用""怎样看待流人的犯罪""结束语"。②其中对从前个别的学术观点做了更正（如过去我认为流人就是一种移民，目前学术界一直这样看待，我认为不符历史真实，其实二者是两个不同的概念）。此书可称是中国流人问题研究真正有理论支撑之始。

基于此前流人问题研究是无学、无史，没有史学理论为依据，仅仅由本人做了较深入的探讨，因此有必要对本人的相关论点做一简单介绍，以证明流人文化与地域文化之关系。

一个地区的开发史是该地世居民族与客籍民族的共同开发史。就边疆

---

① 陆德明把流人全部视为有罪，不符合历史的真实，如宋金战争中被金掠至东北的大批兵民与使金被扣留不返的宋使，何罪之有？林则徐、邓廷桢等被流放新疆，又何罪之有？我曾写过《如何看待流人的犯罪》等文，载于《中国流人史与流人文化论集》等书之中，可参看。此外，近二十年来，我对流人的定义曾修订过四五次。

② 此概论后来又收入《流人史流人文化与旅游文化》（黑龙江人民出版社，2008）等书中，某些论点也进行了修订。

地区而言，世居民族是当地住民——各少数民族之人，客籍是后来陆续迁徙过来以汉族为主体的其他民族之人。中国封建社会中的客籍人大致可以分为流人、流民、移民及其他四类。流民是在封建社会中，因土地兼并而丧失土地无以为生，或为躲避天灾人祸等社会或自然因素而流亡或迁居外地之人。流人是由于以惩罚、实边戍边或掳掠财富为目的的统治者认为有罪而被强制迁徙（流放或贬逐）边远之地，采取一定管制措施的一种客籍之人。在阶级社会，是阶级专政的产物。简言之，就是统治阶级认为有罪而被强制迁徙之人。在这里，我们用了"统治阶级认为有罪"这种表述，即谓实际上流人并非全部有罪，是否有罪，应具体人做具体解释。移民是指由政府或社会团体发起，有组织、有计划迁徙之人。其他类是指除了上述三类之外的各种客籍人，如因经商、仕宦、公出、探亲、访友、旅游等因素而短期或长期迁居外地之人。这四种客籍人是隶属于不同民族、阶级、阶层的社会群体，而流人由于其特殊的社会地位，则是一种特殊的社会群体，他们对当地的开发、经济的发展、文化的繁荣，都起了程度不同、大小各异的促进作用。基于此，中国流人是指历代在中国疆域上或中国藩属国领土上，被中国政权流放的各种类型的人，其中包括外国（如日本、朝鲜、越南）国籍之人被中国政府流放在中国领土上。而中国流人史则是研究阐述中国流人这一个体或社会群体产生、发展及其历史作用与规律的学科。此外还有其他一些相关理论，这里从略。但是，与地域文化关系极为密切的流人文化不能不稍作展开。

流人文化是指流人这一社会群体所特有的文明现象的总和，也就是历代流人在与自然、社会相互作用的各种关系中所创造与传播的知识（精神与物质财富）的总和。这种文化是汉民族中原文化与流人队伍中其他民族文化互相碰撞、交流、融合的产物，同时又是汉民族中原文化与边疆固有的少数民族文化互相碰撞、交流、融合的产物。流人初至边疆时所持的汉民族中原文化在与多种少数民族文化碰撞、交流、融合后，形成了流人文化。事实正是如此。流人初至边疆时所持有的中原文化与多种少数民族文化的碰撞、交流、融合，必然伴随着相互之间的影响。中原文化给予少数民族文化以影响的同时，本身也受到了少数民族文化的影响。如李德裕死于崖州后，其弟德禧留居该地，后来德禧后裔"俱化为黎"。民族成分既已化为黎族，则其所原有的中原文化自然也被黎族文化融合。苏轼在海南穿戴笠屐的轶事，也是受黎族文化影响的产物。另以黑龙江为例，流人至黑龙江后，创造了与中原文化有所不同的流人文化，这表明中原文化与少数民族文化在碰撞、交流、融合过程中相互影响。中原文化对少数民族文化的影响与作用这里从略，至于少数民族文化对中原文化的影响与反作用也是可考而知的。清初流放宁古塔的诗人吴兆骞曾自言："久沉异域，语言习俗，渐染边风，大雅惛惛，磨灭尽矣。"① 这里的"大雅"在诗人的心目中显然是指初至戍所时所持的中原文化，而"边风"则指该地的少数民族文化。此外，如清初流放辽东的陈之遴有"殊方风俗渐相安"之诗句，流放宁古塔的方拱乾有"起居渐觉土风贤"之诗句。这里的"殊方风俗"与"土风"自然是指当地少数民族文化。正因为存在中原文化与少数民族文化的相互影响，所以才形成了流人文化。总之，它产生于流人与自然、社会相互作用的各种复杂关系之中，又产生于流人的创造与传播活动之中。它有广义与狭义之分，广义的流人文化包括物质文化与精神文化，狭义的流人文化专指精神文化而言。

那么流人文化的实质是什么呢？由于流人队伍是以汉民族为主体的多民族的综合体，流人文化自然就是以汉民族中原文化为主体的多民族文化的综合体，是汉民族中原文化与流人队伍中其他民族文化及边疆固有的少数民族文化相碰撞、交流、融合之后的新质文化。这样，就涉及流人文化与地域文化到底有什么关系。如果简单概括，流人文化就是地域文化，尤其是边疆各地区地域文化的重要组成部分。其原因可从以下两方面考知。

首先，从地域文化来讲，如前所述，地域文化是一个地区土人与客籍人共同创造的，也就是说，它是当地本土文化与客籍文化的综合体。既然如此，作为客籍人重要组成部分的流人，其所创造的流人文化自然也就成

---

① 吴兆骞：《与计甫草书》，《秋笳集》卷 8。

为地域文化的一个组成部分。

其次，从流人文化来讲，如前所述，流人的历史作用是多方面的，尤其在文化方面的作用，更为明显、直接。因为他们创造了以汉民族中原文化为主体的多民族文化综合的流人文化。这种文化开拓了边疆地域文化研究的新领域，填补了边疆地域文化研究的许多空白，作为一种社会群体文化的客籍文化也成为边疆特色文化的一个重要组成部分。这是因为边疆是少数民族的故乡，少数民族文化相对落后于同一时期的中原文化，甚至有的民族连本民族的文字都没有，其文化的表现形式主要是民族风俗及口头文学与歌舞等无形文化，而以文字书写的学术及文学著作等有形文化十分缺乏，但流人中大量饱读儒家诗书的知识分子在边疆却创作或撰写了许多原创性的各种类型的著作，如黑龙江第一部地方史专著为宋代洪皓的《松漠纪闻》，第一部诗集为清初方拱乾的《何陋居集》，第一部散文集为张缙彦的《域外集》，第一部书信集为吴兆骞之《归来草堂尺牍》，第一部戏剧集为程焵之《龙沙剑传奇》，黑龙江乃至东北第一部为山水作传的山水记著作系张缙彦之《宁古塔山水记》等，这些都是流人文化填补边疆地域文化空白之力证。又如中国文学史上最早的以抗俄斗争为题材的诗歌是清初宁古塔流人方拱乾所写的组诗《海上凯歌》。黑龙江第一个诗社"七子诗会"，是清初流人张缙彦发起，并全部是由流人参加的。黑龙江历史上一些重要的史地名著也都是流人写的，如吴桭臣的《宁古塔纪略》、方拱乾的《绝域纪略》、杨宾的《柳边纪略》、方式济的《龙沙纪略》等。由此可见，流人文化确实填补了边疆地域文化研究的空白。2009 年，我曾写《清代黑龙江地域文化中的流人诗词》一文，所征引的大量流人诗歌从多侧面、多角度展示了黑龙江的地域文化，该文分"抗俄诗歌""猎俗诗歌""葬俗诗歌""婚俗诗歌""器物诗歌"等部分，生动而形象地反映了清代黑龙江地域的社会生活及自然风光，① 尤其是再现了独具特色的民族风俗及物产等当地少

---

① 自然风光虽然不等于社会生活，但毕竟是与人类生活有着血肉联系的因素，因此也可视为社会生活的一个组成部分。基于此，流人文学多有描绘自然风光之作，实质也是对社会生活的反映。

数民族生活生产方式。可见，流人文化对东北地域文化填补空白、开拓研究新领域的作用功不可没；流人文化不仅是地域文化的一个组成部分，而且是边疆地域文化的一个重要组成部分。

综上所述，不论从地域文化角度还是从流人文化角度来看，流人文化都是地域文化的组成部分，而且是边疆地域文化的一个重要组成部分。从狭义流人文化来讲，流人在文化方面的这种作用，比流民、移民、其他三类客籍人更为明显、突出。以上主要是就黑龙江而言，如就全国而言，试想，古代的海南岛如果没有李德裕、苏轼及"海外四逐客"李纲、胡铨、赵鼎、李光等人，岭南没有韩愈、柳宗元、刘禹锡、苏轼、黄庭坚、秦观等人，湖北、湖南没有屈原、柳宗元等人，四川没有李白、欧阳修、苏轼、程颐等人，云南没有杨慎，贵州没有王守仁，新疆没有纪晓岚、祁韵士、徐松、林则徐等人，那么这些地区的地域文化是不是显得过于苍白？① 在这些相关地区，正是上述流放名人或大师的引领作用，才使该地的地域文化别具一格、异彩纷呈。可见，流人文化对弘扬地域文化的作用是不可低估的。基于此，颇有特色的流人文化，应该也必须列入地域文化行列中去，这是本人的希望与建议，这正如章太炎先生所言："则仆所馨香祷祝以求之者也。"

---

① 参见李兴盛《中国流人史》（增订版）相关部分，黑龙江人民出版社，2012。

在两个文明史背景下把握地域文化

江林昌[*]

我长期在山东工作，结合东夷文化就地域文化研究谈四点体会。

第一，研究地域文化，要有两种文明眼光，或者说两个背景。

我经常跟同事们强调，讨论东夷文化，应该有一个宽广的时空眼界。这就是，研究地域文化要有中华文明的眼光；研究中华文化，要有世界文明的眼光。或者说，要在世界文明史背景下，研究中华文化；在中华文明史背景下，研究地域文化。有了这两个背景尺度，就可以较好地给地域文化定位，而不至于盲目拔高或谦卑拉低；也可以较好地抓住地域特色，否则容易将本地域与其他地域都有的共性误认为是自己的特性。

第二，要瞄准地域文化中事关整个中华主流文化的重大课题，使地域文化研究上升为国家文化战略，体现民族文化意义。

东夷文化时空跨度很大，内容极其丰富，要解决的问题很多。这就需要我们有战略眼光，抓大问题，而不至于陷入研究碎片化。近年来，我们一直在考虑东夷文化在中华文化多元一体化进程中的作用、地位问题。20世纪上半叶，蒙文通《古史甄微》、徐旭生《中国古史的传说时代》将五帝时代的部族文化区分为三大块：河洛地区的华夏部族、海岱地区的东夷部族、江汉地区的苗蛮部族。1933年，傅斯年先生分析五帝时代晚期至夏商

---

* 江林昌，山东师范大学齐鲁文化研究院院长、首席专家、教授，研究方向：中国古代文明史、古代学术史、古代文学史。

周三代的中华古族关系，作《夷夏东西说》。

这三位先生都是根据传世文献作综合分析后认识到，从五帝时代到夏商周三代近三千年的历史发展进程中，东夷文化与中原文化一直保持密切交往，并对中原文化有重要影响。到了 20 世纪后半叶，考古发现新材料，进一步印证了这一认识。海岱地区东夷部族所创造的大汶口文化、龙山文化、岳石文化，曾被大量地、成系统地在中原考古遗址里发现。而且海岱地区的埋葬习俗、灵龟崇拜、陶器制度等，也都影响了中原地区，是夏商周三代礼制的重要源头。大家知道，从五帝时期到夏商周三代，中华文明开始了第一阶段的多元一体化进程。在这个进程中，我们可以看到，东夷文化发挥着极其独特的作用。作为山东的学者有责任把这个重大课题研究好。

第三，研究地域文化，应高度重视考古发现新材料，考古研究新成果。

商代甲骨文及西周以后的文献，关于五帝时代、夏代、商代的追忆，往往不够具体，而且越往前越粗略。这就是《荀子·非相》所说："五帝之中无传政，非无善政也，久故也。禹、汤有传政而不若周之察也，非无善政也，久故也。传者久则论略，近则论详，略则举大，详则举小。"司马迁作《史记》，由"五帝本纪"到"夏本纪""殷本纪""周本纪"，也正是由粗略逐渐到具体的。这都是因为时代久远，资料不足。

有幸的是，自 20 世纪 20 年代现代考古学在中国诞生后，考古发现所提供的地下遗址与遗物，已经可以弥补上述不足了。我们应该充分利用这有利条件，主动根据王国维先生所倡导的传世文献与地下资料相印证的"二重证据法"展开研究。例如，党的十九大报告指出：中国特色社会主义文化有三个来源。其中第一个来源就是"五千多年文明历史所孕育的中华优秀传统文化"。过去我们讲文明史，一般称五千年。而党的十九大报告则在五千年中加了一个"多"字。不仅如此，习近平总书记在"建党 95 周年""文艺工作座谈会"等多种场合的讲话中，凡讲到中华文明史，都在五千年中加一个"多"字。

这"五千多年"的"多"，就是因为 20 世纪中国考古大发现，有了大量实物证据。在此基础上，国家又组织多学科专家联合攻关，从 1995 年至 2015 年先后实施"夏商周断代工程""中华古文明探源工程"，最后得出了这样的一个结论。这个"多"字，还有具体数据支撑：前 3800~前 3300 年，文明起源；前 3300~前 2500 年，古族文明；前 2500~前 2070 年，古国文明；前 2070~前 221 年，王国文明。也就是说，距今 5800 年至 5300 年，中国文明就已经起源了，而从距今 5300 年开始，中国文明进入早期发展阶段了。研究地域文化，应该充分了解这些考古发掘与研究前沿。我们应该将地域文化放在这个五千多年文明史从起源到不同发展阶段的框架下，进行比较考察。这样就能更清楚地认识地域文化在中华古文明发展中的地位与作用。

第四，地域文化研究，要注重理论总结，为建构中国古代文明理论体系，为实现马克思主义史学理论中国化，而做出地域文化研究应有的贡献。

中国的考古学、历史学、文献学以及相关的甲骨学、青铜铭文学、简帛学等，经过近几十年来的努力，已经比较成熟了。按照习近平总书记的"5·17"重要讲话精神，构建中国特色的文史学科体系，条件已经具备。中华文明史，表现为多元一体化绵延发展的过程。地域文化是整个中国文明发展中最具体生动的多元资料。现在需要突破的难题是，如何将传世历史文献记载中的地域部族的发展史与考古学区系类型文化、考古学聚落形态文化有机对应统一起来，又如何将地域文化的发展规律与整个中华古文明发展规律有机结合起来，由点到面，做出科学完整的理论分析。最后在世界古文明的背景下，在马克思主义史学理论指导下，总结出中国古文明起源发展的特殊性，实现马克思主义史学理论的中国化，从而发展马克思主义。我们把这些工作都做好了，文化自信、道路自信的时代课题也就落到了实处。

◎ 江河文化研究

中国大河文明探略[*]

冯天瑜^{**}

一

水是有机生命的源泉，而文化由人这一高级有机体创造，因此，水（尤其是人类饮用、农作物灌溉需要的淡水）是文化生成的必备条件。人类有了稳定的淡水供应，方可经营定居农业，进而跨入文明门槛（以城市出现、文字发明及金属工具使用为标志）。能够为人类生存及发明发展源源不绝地提供淡水的，主要是河流。

河流，指陆地表面经常或间歇流动的天然水体。汉字的河流拟名甚多，大者如"江、河、川"，小者如"沟、涧、溪"，统称"水"。① 江河纵横奔腾的流域，因有充沛的淡水供应和便利的水运条件，成为文明的发祥地。四大文明古国，皆仰赖大河的恩惠，如幼发拉底河、底格里斯河之于美索不达米亚文明，尼罗河之于埃及文明，印度河、恒河之于印度文明，黄河、长江之于中华文明。正如古希腊"历史学之父"希罗多德所说，"埃及是尼罗河的赠礼"，此语适用于诸大河文明，巴比伦、印度、中国等文明古国，也都是江河的赠礼。

---

　　* 　本文为冯天瑜主编《中华大河文化书系》总序。

　　** 　冯天瑜，武汉大学中国传统文化研究中心主任、人文社科资深教授，教育部社会科学委员会委员，《荆楚文化》总编辑，研究方向：中国文化史、辛亥革命史等。

　　① 　《水经注》称黄河为"河"或"河水"，称长江为"江"或"江水"。

二

梁启超讲：

> 中国何以能占世界文明五祖之一？则以黄河、扬子江之二大川横于温带、灌于平原故也。①

黄河纵横于北温带约 80 万平方公里的黄土高原和冲积平原，曾经是林茂草盛、自然生态良好的地域，先民在黄河诸支流（如洛水、渭水、汾河等）流经的台地采集、狩猎，进而发展农耕业，奠定文明根基。现代意义的中国考古学展开于 20 世纪初，首批田野考古用力于黄河中下游，仰韶、龙山、大汶口等新石器文化遗址，以及安阳殷墟等商周故城的发掘，与《尚书》《左传》《史记》等传世史典对先夏及夏商周三代文化在黄河流域繁衍的记述相印证，学界据此确认"黄河流域是中华文化发祥地"。

长江流域广及 180 万平方公里，恰在北纬 30 度线这一"人类文明发生线"两侧。20 世纪 70 年代，浙江余姚发现河姆渡文化，其人工驯育稻谷推定距今 8000 年到 7000 年左右，随后又在长江下游的良渚、马家浜，中游的屈家岭、石家河，上游的大溪等遗址发现"稻作文化"遗存，湖南省道县更发现了距今万余年的人工驯育稻谷。故长江流域"稻作文化"历史之久远，绝不让于黄河流域"粟作文化"。"黄河流域和长江流域是中华文化的两大发祥地"成为学界共识。

三

黄河流域和长江流域同为中华民族的摇篮。

---

① 梁启超：《中国史叙论》，《饮冰室合集》第 1 册，中华书局，1989。

就古人类栖息和农业文明的时间而言，长江流域似早于黄河流域。然而，黄河流域的黄土层结构均匀、松散，具有良好的保水与供水性能，蕴含较高的自然肥力，为木石—铜石农具时期的垦殖提供了便利。虽然年降水量较少，但雨水集中在夏季，有利于粟、稷、菽、麻等旱作物生长，黄河流域率先成为定居农业文化发达地区，古史所载之五帝（黄帝、颛顼、帝喾、唐尧、虞舜）以及海岱地区的太昊、少昊所代表之族群，多活动于黄河流域，夏、商、周，秦、汉、唐的都城及经济、文化繁盛地带，皆在黄河流域。以《诗经》为代表的商周文学，儒、墨、法等学术流派，主要展开于黄河流域，形成了齐鲁、三晋、三秦等繁多丰富的文化区。

古时长江流域瘴气弥漫，土壤黏结，以木石器及初级金属器开垦不易。故先夏及夏商周时期农耕经济落后于黄河流域。当金属器（尤其是铁器）普及为农具后，长江流域优越的水热条件渐次得以发挥。春秋战国时巴蜀、荆楚、吴越等文化区在长江上游、中游、下游竞起，以"屈骚"为代表的楚文学及道家等学术流派，主要在长江流域滋衍。

自东周以降，黄河长江双峰并峙，风骚竞辉，儒道相济，构造了中华文化"和而不同"的多元一体格局。

自汉武帝经营南方，尤其是东晋、晚唐、两宋之际中原士女南渡，铁制农具与牛耕的普及，在黄河流域继续发展的同时，使长江流域得以开辟和熟化，演进为物产丰富、人文兴盛的地区。隋唐以迄宋元明清，先是长江下游，继而扩及长江中游，成为粮米、布帛的主要供应地。唐代有"赋出天下而江南居什九"[①] 之说，南宋有"苏湖熟，天下足"之谣，明清更流行"湖广熟，天下足"之谚。总之，自秦汉起，在黄河流域以政治经济中心雄踞中华之际，长江流域的开发也取得长足进展，后来居上。以户口论，西汉北方与南方呈 3 比 1 的优势；到东汉则变为 6 比 5，已大体持平；至北宋则为 4 弱比 6 强，南方呈反超之势。[②]

---

① 章潢：《图书编》卷 34《统论南北形胜》，文渊阁《四库全书》本。
② 谭其骧：《论两汉两晋户口》，《禹贡》（半月刊）第 1 卷第 7 期，1934 年。

明清之际学者王夫之《读通鉴论》议及文化南移："三代以上，淑气聚于北，而南为蛮夷。汉高祖起于丰、沛，因楚以定天下，而天气移于南。"黄宗羲更具体述评中古至近古文化的南北变迁：

> 秦汉之时，关中风气会聚，田野开辟，人物殷盛；吴、楚方脱蛮夷之号，风气朴略，故金陵不能与之争胜。今关中人物不及吴、会久矣……而东南粟帛，灌输天下，天下有吴、会，犹富室之有仓库匮箧也。①

然而，经济重心的南移，并不意味着政治、军事重心随之南移，因为军政重心的确立除经济因素外，还有别种缘故，如地理位置居中以驭四方、择都的习惯性标准、抗御北方胡人的战略考虑等，使得经济重心已经南移的诸王朝，大多仍将都城设置北方。不过，位于黄河流域的军政重心，须依凭东南财赋的支撑。为调适这种"政北—经南"的格局，启动了隋唐至宋元南北运河的开掘，以繁庶的长江经济支撑地处北方的政治、军事中心。"西北甲兵"与"东南财赋"构成唐宋元明清各朝赖以立国的两大支柱，而两大支柱所依托的正是黄河与长江。

四

轴心时代形成的世界诸古文明，多已消逝在历史长河之中，如尼罗河文明被罗马化、阿拉伯化，美索不达米亚文明被波斯征服，印度河文明先后雅利安化、穆斯林化，唯有中华文明于起伏跌宕间传承不辍，其重要原因之一，是中国领域广阔、地理形势错综，存在平行互补且有自然屏障相间的两大文化：雄浑的黄河文化、清奇的长江文化。所谓"北峻南孅，北

---

① 黄宗羲：《明夷待访录·建都》。

肃南舒，北强南秀，北僿南华"。① 当黄河流域因垦殖过度、气候转向干冷、胡马南征等而文明渐趋衰落之际，长江流域后来居上，展现其优越的自然禀赋，成为粮食、衣被、财赋的主要供应区和人文胜地。又因黄河流域邻近游牧区，长城被突破，就可能被游牧人群占据，而"长江天堑"便成为一道防卫线，拥有巨大经济、文化潜力的长江流域为华夏文明提供了退守、复兴的基地（东晋、南宋为显例）。经由长江文化对黄河文化的承接与创造性发挥，自强不息、厚德载物的中华精义得以保持与光大。

得两条大河的滋养与回护，是中华文明于数千年间延绵伸展、从未中绝的原因之一。

五

中国广土众民，历史悠久，其文化的时代性演进和地域性展开均呈现婀娜多姿状貌，切忌做简单化描述与概括。历史地理学家谭其骧指出：

> 把中国文化看成一种亘古不变且广被于全国的以儒学为核心的文化，而忽视了中国文化既有时代差异，又有其他地域差异，这对于深刻理解中国文化当然极为不利。②

要获得对中国文化完整而深刻的理解，须多做具体的分区考察，包括对大河流域文化做专题研究，以为综合与抽象提供坚实的基础。而中国文化史在这方面有着深厚的积淀。西汉史学家司马迁在《史记·货殖列传》中对当时南北东西各地的物产和人文特色有传神的描绘。西汉末年学者刘向则将汉朝全境划分为若干区域，丞相张禹又令僚属朱赣按区域介绍风俗。东汉史家班固所撰《汉书·地理志》集上述之大成，对当时的中国做出

---

① 梁启超：《饮冰室文集》之十，中华书局，1936，第87页。
② 谭其骧：《中国文化的时代差异和地区差异》，复旦大学历史系编《中国传统文化的再估计——首届国际中国文化学术讨论会（一九八六年）文集》，上海人民出版社，1987，第41页。

"域分"，记录各地风俗，绘制出文化地域特征的生动画卷。以《汉书》为端绪，历代正史皆设地理志，以各朝疆域为范围，以政区建制为纲目，分条记述山川、物产、风俗，形成文化区研究传统。近人梁启超《中国地理大势论》以诗化语言描述南北文化的特色：

> 长城饮马，河梁携手，北人之气概也；江南草长，洞庭始波，南人之情怀也。散文之长江大河，多一泻千里者，北人为优；骈文之镂云刻月，善移我情者，南人为优。[①]

至于流域考察，战国成篇的《管子·水地》已开其端，而自《史记·河渠书》始，诸正史及地方志多有记述河流及其整治的专篇，还出现北魏郦道元《水经注》那样的考析江河的专著，详述以黄河、长江为重点的一千余条河流，及相关的郡县、城市、物产、风俗、传说、历史等。这些史书奠定了流域研究的坚实基础。

六

黄河流域分为"甘青""三秦""三晋""燕赵中原""齐鲁"等文化区，长江流域分为"青藏""滇黔""巴蜀""荆楚""皖赣""吴越"等文化区。

作为文化的空间分类，文化区由自然、社会、人文三重因素所决定，三者在历史进程中综合形成地域文化特色。文化区并非静态、凝固的存在，而是因时演变的。一般而言，构成文化区的自然因素变化缓慢，社会、人文因素迁衍较快，正所谓"江山依旧，人面全非"。王夫之常用"天气南移""地气南徙"表述文化重心的区间移动，而他所谓的"天气""地气"，并非专指自然之气，而是自然、社会、人文的综合，更多地包蕴社会、人

---

① 梁启超：《中国地理大势论》，《饮冰室文集》之十。

文因素。

　　自从具有理性的人类介入，创造文化世界，我们这个星球上的变化就不再是单纯的自然运动。即以各地土壤肥瘠的变迁而论，便深深地打上了人类活动印记。曾被《禹贡》（反映周秦之际状况）列为下中、下下的长江流域，至近古已成上上之地，如宋人王应麟所说："今之沃壤，莫如吴越闽蜀。"① 至于各地风俗、学术的移动，更是古今起伏，时有更迭，"江山代有才人出，各领风骚数百年"。这是在作流域及文化区研究时应予注意的。

---

　　①　王应麟：《玉海》卷 17，上海书店，1987 年影印本。

黄河文化的标识与家国情怀

杨海中　杨　曦[*]

任何民族的文明都有自己的精神标识与文化精髓，一般来说，文化的标识须借助于某种具象才能表现出来。呈现文化标识的载体和方式是多种多样的，既有物质的，也有非物质的；既可以是文字、图形或符号，也可以是某种事物或人物。比较而言，文化标识最好的表现形式应是文字表述与词语概括：它语言准确，内涵丰富。如已成为中华民族思想观念、人文精神、道德规范标识的"天人合一""以民为本""孝悌忠信""自强不息"等观念，虽历数千年之久，至今仍深深地植根于人的内心，潜移默化地影响着中国人的思想方式和行为方式，成为人们日用而不觉之文化基因。

一　黄河文化

2019 年 9 月 18 日，习近平总书记在黄河流域生态保护和高质量发展座谈会上指出："黄河文化是中华文明的重要组成部分，是中华民族的根和魂。要推进黄河文化遗产的系统保护，守好老祖宗留给我们的宝贵遗产。要深入挖掘黄河文化蕴含的时代价值，讲好'黄河故事'，延续历史文脉，

---

* 杨海中，河南省社会科学院研究员，研究方向：中原古代文化史、河洛文化；杨曦，漯河职业技术学院教授，研究方向：马克思主义理论、民族文化。

坚定文化自信，为实现中华民族伟大复兴的中国梦凝聚精神力量。"①

研究黄河文化，认识黄河文化之标识，不仅必须准确地廓清黄河文化的基本概念，而且还要从其博大精深的内涵中提炼出能够代表"根"与"魂"的时代价值要素。

我国幅员辽阔，有56个民族。在中华文明多元一体的发展格局中，文化品类繁多。就地域文化而言，既有宏观、中观之说，也有微观之义。就中观而言，已形成的地域划分，目前文化界、学术界公认的有中原文化、齐鲁文化、燕赵文化、三秦文化、三晋文化、荆楚文化、巴蜀文化、湖湘文化、八闽文化、赣鄱文化、岭南文化、徽文化、陇文化、藏文化等。这些地域文化，虽然内容互有交叉，但各自因主要内涵不同而地域特点鲜明。中原地处天下之中，不仅是中华民族最早跨入文明门槛之地，更由于夏商周三代在此建都，两千多年中一直是全国的政治、文化与经济中心。其他地域文化在吸收中原文化中不断丰富与繁荣，同时，其中的一些地域文化因子也被国家文化所融合。在相互碰撞、交流与融合中，各地域文化也先后融入了国家主流文化之中，爱国主义成了中华民族文化鲜明的主线。

就微观地域文化而言，由于山川隔阻、气候差异、民族不同等原因，也形成了各方面互有差异的小区域性文化，"三里不同风，五里不同俗，十里改规矩"之谚，就是对微观地域文化的生动写照。

宏观地域文化的概念则更为宽泛与粗线条，其不因山川阻隔而异，却以文化精神不同相区别。黄河文化源远流长，其形成是一个漫长的历史过程。目前，要为"黄河文化"下一个确切的、为社会各界认可的定义尚有一定困难；虽然如此，但从宏观上作一概括还是很必要的。

黄河全长约5464公里，源于巴颜喀拉山，流经青海、四川、甘肃、宁夏、内蒙古、陕西、山西、河南、山东等九个省区。黄河以内蒙古自治区呼和浩特市托克托县的河口镇为界，以上为上游，其下至河南郑州市惠济区的桃花峪为中游，郑州以下为下游。黄河文化就是黄河流域的文化，包

---

① 习近平：《在黄河流域生态保护和高质量发展座谈会上的讲话》，《求是》2019年第20期。

括上游、中游和下游各流域的文化。黄河文化的核心是中原文化，或即河洛文化。概括地说，黄河文化就是黄河流域文化，即起源于远古、产生于夏、成熟于商周、发达于汉魏唐宋、传承于今之民族文化，其包括以农耕经济为中心的物质文明和由此产生的政治、经济、社会诸方面的制度和精神文明。

二　黄河文化的标识

黄河文化源远流长，内涵丰厚，特色鲜明，既集中体现了中华优秀传统文化的人文理念和伦理规范，又具有地域色彩与特征，其在发展过程中从辐射周边到影响天下，孕育了伟大的中华民族精神。

黄河文化的标识十分丰富，所体现的是中华民族传统文化的内核与精髓，具有根本性、基因性之特点，一定程度上展现的是中华民族的总体风貌。

1. 黄河文化的载体标识——凝聚民族文化的汉字

仓颉造字之说在黄河流域广为流传。史传仓颉为河南人，其在黄河支流的洛水玄扈因得洛书受启发而作书，今河南洛宁县兴华乡有仓颉造字台，不远处有其墓。除洛宁外，南乐县梁村乡吴村有仓颉故里、仓颉祠和仓颉墓，新建有仓颉学校；虞城县古王集乡堌堆坡村有仓颉墓；鲁山县仓头镇有仓颉墓、祠；开封市柳园口乡刘庄有仓颉墓和造字台；新郑市城南有"凤凰衔书台"，相传为仓颉造字之处。又传仓颉为陕西人，今白水县城东北史官乡有仓颉庙和墓园，距庙不远处的武庄村为仓颉故里。另一传说仓颉为山东人，今寿光市城西和东阿县王宗汤村均有仓颉墓、祠等遗迹。

传说中国上古时期"结绳记事"。汉字之发明，结束了口耳相传在时间和空间上的局限；既往之史可载记，重要信息可传递，千古之事、万里之闻，可呈现于眼前，可寄寓于典册。许慎对文字之作用感触至深，他在《说文解字·序》中说："盖文字者，经艺之本，王政之始，前人所以垂后，后人所以识古。故曰：本立而道生。"仓颉造字如开天辟地使人脱离混沌一样了不起，故而刘安《淮南子·本经训》称其惊天地，泣鬼神："天下有能持之者，有能治之者也。昔者仓颉作书而天雨粟，鬼夜哭"。①

汉字不仅为中华文明的承载、延续与弘扬打造了坚实的基础，而且为"天下"大一统做出了永不磨灭的贡献。

中国自古就是一个多民族、多语言的国家。方言不同会导致文字的分裂，而文字的不同将导致文化的异化，最终成为影响民族团结、国家统一的直接障碍。秦始皇统一天下之后，采纳了汝南上蔡（今河南上蔡）人李斯的建议，推行了"车同轨""书同文""度同制""行同伦"之策，对实现和巩固国家的大一统起到了至关重要的作用。汉字作为表意体系的文字，其形态没有精确的表音功能，不同的方言区均可使用，这就增强了不同地域之间的交往与沟通。中国文字的统一，从根本上维护了中华文化的统一，从而维护并巩固了国家的统一。历史上中国曾多次陷于南北分裂和地方割据，但最终又一次次地归于一统，虽然原因繁多，但汉字所起的作用至为重要。著名作家柏杨在谈到文字与国家一统的关系时，将拼音文字与汉字进行了比较，其结论是："中国字像一条看不见的魔线一样，把言语不同，风俗习惯不同，血统不同的人民的心声，缝在一起，成为一种自觉的中国人。虽然长久分裂，却一直有一种心理状态，认为分裂是暂时的，终必统一。"②

汉字产生于黄河流域，黄河哺育了中华文明，并以汉字作为母语，标志着一个伟大民族的成熟。汉字创造了中华民族，汉字是中华文化之根。

2. 黄河文化的物质标识——辉煌的王朝古都

都市的出现是人类跨进文明门槛的重要标志，都市的发展引领着社会的发展与进步。

黄河流域的古代都城有两种，一为考古学范畴的都城，一为历史学范畴的都城。前者无文字记载，后者则有丰富的文献可稽。考古发现表明，

---

① 刘安：《淮南子·内编》卷8，陈广忠译注，《诸子集成》第7册，上海书店，1986，第116页。
② 柏杨：《中国人史纲》，浙江文艺出版社，2020，第122页。

我国最早的都城为 8000 年前之良渚莫角山王城，其出土的玉琮重达 6.5 公斤，还有精美的瓷器和丝绸等，可见其文化的辉煌。遗憾的是，由于缺乏文献记载，尚不知其属于何部落或何王国；又由于其中断，也不知其上承于何，下启于何。

黄河流域是中华民族的发祥地，以河洛文化为代表的中原古代文化无比灿烂丰硕。2002 年启动的国家科技攻关项目"中华文明探源工程"选点 8 处，除山西襄汾陶寺遗址外，其余 7 处遗址均在郑州和洛阳。通过大面积发掘，并将出土精美文物与文献比照，专家们认为，陶寺为尧都，偃师二里头为夏都。陶寺为远古部落王国之都，二里头则为夏王朝国家政权之都。

二里头夏都使人更为震惊的是城市规划与设计。井字形的道路规划，地下的排水设施，殿宇建筑"前朝后寝""左祖右社"的方位布局，宫殿居于中轴线之上所体现的"以中为尊"的布局理念等，直接影响了其后商、周、秦、汉、隋、唐及明清的都城建设——安阳殷墟、汉唐长安、隋唐洛阳以及明清的北京，三千年来一脉相承。

我国有文字记载且现在仍存遗迹或旧貌的历史古都有 8 座，分别是郑州、安阳、洛阳、西安、开封、杭州、南京和北京。其中位于黄河流域的有 5 座，分别是西安、洛阳、郑州、开封和安阳。

古都具有强烈的代表性。黄河流域的古都是黄河文化物质文明的典型标识，它们不仅代表着不同历史时期黄河文明的成就，也是数千年中国王朝文化的缩影与载体。要认识远古文化、先秦文化、汉魏文化、唐宋文化，要认识中华民族的形成与发展，要了解黄河流域的物质文明与精神文明成就，只需读懂这几个古都。政治家、史学家司马光曾感慨万分地说："若问古今兴废事，请君只看洛阳城。"一语道破了古都蕴含丰富、代表国家的深邃之理。一个民族，一个国家，都有自己的缩影，从这个意义上说，无洛阳则不华夏，无西安则不中华。两古都相辅相成，是黄河文化物质文明的集中缩影。

古都具有时代的引领性。古都不仅是时代的政治中心，更是经济中心和文化中心。古都又是各类精英的聚集地，易于促进各种增长极的萌生，从而形成发展新引擎，因而在各方面对"天下"的发展均具有引领和导向作用。我国古代不同时期的政治理念、思想观念、生产技术、艺术成就等丰富多彩，但其灿烂之花都是首先绽放在都城，这样的范例不胜枚举。

古都具有强大的辐射力。古都的地理方位，不仅在军事上具有相对优势，在对"天下"的统辖与管理上也具有优势，加之便利的交通条件和设施建设，使得古都人员辐辏、物流便利，无一不是人流、物流之枢纽，从而形成了强大的辐射能力。历史上的先进思想、精神理念、科学技术、文化艺术以及各种新生事物，几乎全是通过古都而辐射全国各地和域外的。丝绸之路就是古都辐射、聚散功能强大的最有力证明。

3. 黄河文化的源头标识——神秘的河图洛书

一谈到中华民族悠久的历史，人们总会提起远古创世神盘古、三皇五帝等。遗憾的是，由于远古没有文字，当时并没有留下任何文字记载。然而，前人毕竟留下了一些契刻符号与岩画，尽管很少，却传达出了十分丰富的信息，使后人看到了远古先民的智慧与辉煌的文化。其中，最为典型的莫过于诞生于黄河流域的河图洛书。

《易·系辞上》云："河出图，洛出书，圣人则之。"这里所说的"圣人"，即伏羲（包牺）与大禹。伏羲作为部落首领，心忧天下。《易·系辞上》云，包牺氏受河图洛书启发，"仰则观象于天，俯则观法于地……于是始作八卦，以通神明之德，以类万物之情"。《易·系辞下》又云，"包牺氏没，神农氏作"，教人耕作与贸易；"神农氏没，黄帝、尧、舜作。通其便，使民不倦。神而化之，使人宜之。《易》，穷则变，变则通，通则久。使以自天佑之，吉无不利。黄帝、尧、舜垂衣裳而天下治，盖取诸《乾》《坤》"。《尚书·洪范》云，禹治水而得天下，"天乃锡洪范九畴"。洪范九畴就是治理天下的九大方略与举措，包括五行、五事、八政、五纪、皇极、三德、稽疑、庶征、五福六极。禹据以划天下为九州而治之。

由此可知，没有河图洛书，就没有六经之首的《易》，就没有太极、阴阳、八卦、五行、天道、地道、人伦等观念，也就没有古代自然哲学、伦理哲学以及统御社会的宗法礼制、道德规范等。河图洛书是华夏文化之源头，作为古代黄河流域先民智慧的结晶，更是黄河文化无可替代的源头标识。

4. 黄河文化的传播标识——闽粤赣客家民系

先进的文化总是不断地向四周辐射。黄河文化辐射周边及"天下"的途径虽多，但最主要的方式则是分封、征战、人员交流和人口播迁。如周初实行分封制，姜太公封齐致齐国兵学兴而成霸业，周公封鲁以致鲁国礼乐盛，孔子洛阳问礼而儒学兴；秦国赵佗 50 万大军征岭南而融百越为汉，汉代张骞通西域和日本"遣唐使"到长安，使来自东西南北的各种文化与黄河文化相互交流、吸收。

历史上我国北方汉人向南播迁一直不断，较大规模的有四次，即西晋永嘉之变、唐代安史之乱、黄巢起义以及北宋的靖康之难等。北方汉人南向播迁，多在闽粤赣交界的广袤地域聚族而居。他们不仅带去了先进的生产技术，促进了当地经济发展与繁荣，也带去了先进的中原文化，并以耕读传家，代代相守。南迁汉人及其后代在与当地土著居民的融合中，经过数百年的积淀，于明代形成了一个特殊的民系——客家人。

客家民系最为突出的特点是客家方言。客家先民原本居中原，使用的是北方官话。在漫长的迁徙过程中，客家先民们不断吸收所在地方言，从而产生了有别于母语的次方言。这种次方言又不断吸收古越语、瑶语、畲语以及闽方言、赣方言和粤方言等，从而形成了新的方言——客家话。

客家话不仅保留了中原音韵，而且保留了中原词汇。音韵学大师章太炎在《客方言·序》中说："广东称客籍者，以嘉应诸县为宗……大抵本之河南，其声音亦与岭北相似。"[①] 黄遵宪在《己亥杂诗》中写道："筚路桃弧辗转迁，南来远过一千年。方言足证中原韵，礼俗犹留三代前。"[②] 这里不仅明确说其"方言"来自中原，而且还明确地指出客家文化源自三代。

① 陈修点校《〈客方言〉点校》，华南理工大学出版社，2009，第 1 页。
② 黄遵宪著，钱仲联笺注《人境庐诗草笺注》，古典文学出版社，1957，第 289 页。

客家方言不仅伴随着客家人的一生，而且也是客家人相互认同的基本准则。他们视客家方言为母语，为命脉，为根，故有"宁卖祖宗田，不忘祖宗言"之训。

明清时期，客家人和闽南人又东渡至台湾地区和东南亚各地发展，由于其先民来自中原，故而至今仍自豪地以"河洛郎"自居，念念不忘"根在河洛"。

5. 黄河文化的精神标识——先秦的元典观念

黄河文化不仅是中华民族文化的重要组成部分，更是中华民族的"根"和"魂"，因此从一定意义上说，黄河文化的精神标识就是中华民族优秀传统文化的核心内涵。

在世界史上，历史学家称公元前6～公元前2世纪为轴心时代。在轴心时代，东西方皆涌现出一批影响深远的思想家，他们所提出的一些思想和观念，不仅开创了东西方哲学人文伦理文化之先河，而且如同智慧的灯塔，至今仍闪耀着光芒。

这一时期，中华传统文化中的诸多思想和观念，成了其后许多学术与政治思想的源头，朴素的唯物主义思想、辩证思想由萌动而发展，诸子百家学派的出现与争鸣，标志着封建文化的形成。

轴心时代的诸子，如周公、姜太公、老子、庄子、孔子、孟子、墨子、荀子、韩非子等，皆诞生在黄河流域，其政治及学术活动也多在中原，他们是黄河文化的重要奠基者，也是黄河元典文化的开创者。黄河文化中的元典精神，是构成中华文明精神基础的重要部分，直到今天，许多观念还在影响着人们的思想与行为。

黄河文化（或中原文化）包含了中华民族的人生观、价值观和世界观，也反映了中华民族和中国人民对整个世界以及社会理想和政治治理的基本理念，同时反映了中华民族在社会、国家和个人层面上多重而和谐的价值追求与理想愿景。这些观念，对今天的社会发展、国家治理、文化建构、民族团结以及践行社会主义核心价值观均具有极大的启迪与滋养。

三 黄河文化的家国情怀

所谓家国情怀，是指一个人对国家、对民族、对人民表现出来的深切关注，对国家富强、人民福祉所展现出的理想、追求和奉献，是对国家的高度认同感、归属感、责任感、使命感并将个人命运与国家紧密相连的体现，是一种深层次的文化表达和心理认知。

黄河文化的家国情怀是黄河流域各民族在不懈奋斗的征程以及苦难的辉煌中形成的，是宗法文化与耕读文化融合发展的结晶，其核心就是《礼记·大学》中概括的"八目"："格物"、"致知"、"诚意"、"正心"和"修、齐、治、平"。"修齐治平"既是中国古代圣贤智慧的结晶，也成为中国古代个人一生最高的追求，它滋养哺育了世世代代的志士仁人。尤其是"勇于担当，以天下为己任"的精神，已经成为中华民族最基本的文化基因，具有跨越地域和时代的价值。

◎ 丝路文化研究

东北亚草原丝绸之路概说

王绵厚*

东北亚草原丝绸之路这一学术命题，早在 20 世纪 80 年代，笔者启动《东北古代交通》编写时就已经涉论，但至今没有系统全面思考和专题研究。这里将自己几十年对该问题学习研究过程的宏观思考加以概述。

一 在宏观历史时空视域下审视东北亚草原丝绸之路

本文认为，研究东北亚草原丝绸之路，同研究中国北方和欧亚大陆丝绸之路一样，必须放在整个中国甚至亚洲的历史时空中考察。因为草原丝路是传统丝绸之路的组成部分。作为世界性的研究课题，一般认为"丝绸之路"概念是由德国学者李希霍芬在 1877 年首次提出的，至今已有一个半世纪。在中国，如果从 1900 年敦煌藏经洞的发现和 20 世纪前期西北考察团算起，对丝绸之路的研究也有百年以上的历史。传统丝绸之路的研究，向来有狭义和广义之分，而广义上又有陆上丝绸之路和海上丝绸之路之别。狭义的丝绸之路，主要指汉武帝开辟"河西四郡"后，由汉都长安西去甘肃至新疆，连接中亚一直到地中海沿岸波斯等国的通道。广义的丝绸之路，除海上丝绸之路外，还包括陕、甘、青、川、黔、滇、藏地区的茶马古道以及北方草原丝绸之路等边域交通。相对于其他丝绸之路而

---

* 王绵厚，辽宁省博物馆研究员，研究方向：东北历史、考古与文化。

言，草原丝绸之路虽然历史上早已存在，但文献记载相对罕缺且研究滞后，以往多在涉及边域少数民族时，作为民族迁徙的背景来记述。显然，这与历史上的草原丝绸之路的广阔覆盖面和文化内涵极不相称。因为广义的草原丝绸之路与广义的丝路一样，至少存在两个交通线路，所以有必要在历史时空视域下，对本文立题的东北亚草原丝绸之路，作以下几点概述。

其一，东北亚草原丝绸之路是从燕山以北、大兴安岭以南的东蒙古草原，通向下游黑龙江和长白山南北直至日本海西岸的部族草原交通路线，与蒙古草原迤西的草原丝绸之路衔接。这东、西两大草原丝路，都是古代中国和亚洲北方少数民族的世居和迁徙故地。如果说西部草原丝路是跨越戈壁、大漠直达地中海沿岸的商贸通道，那么，东北亚草原丝路是连接东部蒙古草原和长白山区系少数部族直达日本海的民族文化走廊。

其二，东北亚草原丝绸之路从一开始就是东北亚两大生态和民族区的文化廊道，即北亚蒙古草原与东北亚以长白山区系为标志的山林渔猎采集民族文化区的部族通道。按照笔者《中国东北与东北亚古代交通史》的提法，如果人类交通史曾经历了自然交通、部族交通、社会交通三个阶段，草原丝绸之路应开始在部族交通时期。因此，草原丝路的研究，主要是北方民族社会历史和文化研究。这是东北亚丝路研究的本质内涵。

其三，燕山和大兴安岭，是中国北方东西两大区段草原丝绸之路的衔接处和分野。而秦汉古长城沿线，大体成为北方草原丝路与长城内陆丝路和郡县区的分界。东北亚草原丝绸之路在燕山以北与西部草原丝绸之路交会的节点，是最具有人文史迹意义的辽西大凌河中游地区的朝阳。正如研究丝路交通的北京大学教授罗新所说：西有敦煌，东有朝阳。

其四，在宏观研究东北亚草原丝路交通文化中，佛教在东北亚的传播历史路径是重要的载体之一。特别是南北朝，禅宗开始传入中国，并与三燕等鲜卑民族结合，东传至高句丽和新罗。自东魏始，禅宗派进入幽州（今北京），经隋唐和辽金，渤海、辽、金五京的佛教传播及大量寺塔的修建和遗产的传世，都是与东北亚这几大时段草原民族交通有关的重要历史节点，应当在东北亚草原陆路交通研究中记上浓重一笔。

以上诸论，正是笔者与学术同道，准备探讨的主要内容之一。

二 东北亚草原丝绸之路的宏观历史分期

如前文指出，作为中国北方民族形成时期具有"超自然交通形态"的、指向性明确而延续的民族通道，东北亚草原丝绸之路应开始在部族交通阶段。据笔者在《东北亚走廊考古民族与文化八讲》[①] 等中的判断，这一历史阶段，应是中国东北和东北亚三大地域文化——辽海文化、草原文化、长白山文化的形成时期。如此论可持一说，则东北亚草原丝绸之路早期形成的基础，正是东北三大地域文化，特别是草原文化和长白山文化的互动和民族流徙。但由于这一阶段的初期缺乏文献记载，只有从当代考古发现的细石器文化痕迹中略见端倪。所以，对于科学意义上的东北亚草原丝绸之路的历史分期，本文拟划定在有正史和明确文献记载的秦汉时期以后，并大体划分以下五个主要时期。

1. 东北亚丝绸之路的奠基期——从秦开却胡到两汉时期

这时由战国以前东北亚分散的部族混居状态，进入部族相对集中的状态，并形成了沿燕秦汉长城外缘环形分布的格局。"却胡"以后形成的东北（含东北亚）部族，从西向东，依次有匈奴、东胡、鲜卑、夫余、高句丽、肃慎、沃沮等。这一时期，东北亚草原丝路上两大族群的流动具有代表性。一是东胡由西部草原进入辽西形成早期鲜卑、乌桓；二是长白山北系的北濊、夫余向长城近边移动。这两大族群的迁徙，带来新的文化交融，由此形成了最早的延续至后世的夫余—鲜卑草原古道。

2. 东北亚丝绸之路的开拓期——魏晋南北朝时期

这一时期，曹操北征三郡乌桓，在留下新的历史空白后，南下和东进的鲜卑草原民族，进一步发展并先后建立三燕，同时开拓了辽西鲜卑东北

① 王绵厚：《东北亚走廊考古民族与文化八讲》，黑龙江人民出版社，2017。

向连接大兴安岭和松嫩平原以东的诸如早期室韦、乌洛侯、肃慎、挹娄、沃沮的古道。这一东北亚草原丝绸之路在开拓期的亮点有三：一是龙城的枢纽地位提高，在北方草原、中原内地与白山黑水之间形成了大凌河两岸东西交通的辐射中心，堪称东北亚交通第一名镇；二是真正意义上贯通了东北亚地区燕山、大小兴安岭、长白山至日本海西岸的民族通道，实现了东北亚草原、平原、森林乃至海洋交通的对接；三是东北亚草原丝绸之路南北二线形成，南线即唐代以前的夫余—契丹道，北线即鲜卑—室韦—挹娄—沃沮古道。这南北两条草原交通线，由西部节点朝阳发轫后，个别段落有重叠，其具体路径在《东北亚草原丝绸之路论稿》中将专题记述。

3. 东北亚草原丝绸之路的发展期——隋唐时期

这一时期东北亚草原丝绸之路有两条路线。其一是以辽西营州（今朝阳）为中心，向西连接吐谷浑、柔然，向东通契丹、高句丽、渤海。其二是海东盛国渤海的"边州入四夷道"，特别是继承汉魏的夫余—鲜卑—契丹古道，位于当时"安东都护府"和"营州"北缘的传统草原地区，至今在辽海大地尚有诸多史迹遗存。

4. 东北亚草原丝绸之路的成熟期——辽金时期

东北亚草原丝绸之路的成熟期，有三项文化表征。一是辽、金二朝把大部分前代分散的带有原始邑落制的部族，转变为固定的草原州县或猛安谋克馆站，在国家层面上进一步完善了草原交通制度。二是连接辽、金二朝的五京交通，特别是由辽中京、辽上京到大兴安岭南北的乌骨敌烈部和金源及女真五国部的交通，其交通路线、交通工具、交通管理均为国家行为，并为其后蒙元交通奠定了基础。三是辽、金二朝沿袭的四时捺钵制度，把传统的游猎聚众交通，变成最高层次的国体文化和集游猎、营卫、议政为一体的皇家制度，开创了草原文化与群牧制度一体的国体文脉。

5. 东北亚草原丝绸之路的鼎盛期——蒙元时期

把蒙元时期的东北亚草原丝绸之路发展看作鼎盛时期，主要反映在三个方面。第一，蒙元汗国和帝国是中国历史上唯一一个从草原崛起，并沿草原之路最终统一中国的王朝，蒙古汗国成为草原历史上政治、军事、经济发展的高峰。第二，蒙元时代的草原丝路交通，从附属或边域发展为连接汗国和帝国中枢的地位，纵观蒙元百余年，连接汗国旧都和林与上都、中都、大都的草原干道，一直是牵动和决定国家命运的主脉。第三，蒙元帝国时期草原交通规模最为庞大，辐射亚欧大陆的范围空前，在定都大都后，其中心集中在岭北和辽阳两个行省，这两个行省几乎涵盖了辽金两代所有草原州县，而元代在辽金基础上，对草原经营的核心就是草原站赤，这在传世的残本《析津志·天下站名》和《经世大典》等中均有记载，在站赤的数量、路线和管理制度诸方面，都实现了草原交通的空前发展。

在梳理东北亚草原丝绸之路的五个主要发展阶段后，应当指出的是，同许多历史现象一样，东北亚草原丝绸之路在经历了顶峰后，走向了衰落。草原交通在经历了蒙元帝国的高峰后，随着以 1492 年哥伦布发现新大陆为代表的近代世界航海技术的发展，古老的以马匹、骆驼为主的草原大漠交通发生了历史巨变。东北亚草原丝绸之路交通逐渐退出历史舞台中心，居于边缘和补充地位。这或许是历史发展的合理归宿。

三 决定和影响东北亚草原丝绸之路全局的两个节点和南北两条主线

前文分别从东北亚大的时空视域和历史分期两个方面，总结、梳理了东北亚草原丝绸之路的历史定位和发展脉络。具体研究这一问题的交通地理和人文地理布局，应当重点把握两个重要交通地理节点和两条延续 2000 年以上的主要交通干线。

第一个交通节点，是前文所引罗新教授"西有敦煌，东有朝阳"的辽西重镇朝阳，即历史上曾以柳城、龙城、营州、兴中府等为名的彪炳史册的历史名城。翻开历史地图可以发现，敦煌和朝阳这东西两处丝绸之路上的历史明珠，有何其相似的历史地位：西部敦煌控制黄河古道和河西走廊，西出阳关而通西域，东达长安而入汉唐腹地；而东部的朝阳，地处大凌河与辽河支流老哈河（古称紫蒙川）之间，世属大凌河古道的中枢，其北出努鲁儿虎山可进入东蒙古草原，南逾燕岭可连古幽州重镇北京，西去辽东可深入白山黑水的东北亚腹地。就东北亚交通史来看，可能朝阳的文脉比敦煌更久远。从考古发现看，以朝阳为节点的大凌河南北交通道，早在5000年前的红山文化"古国"和4000年以降夏家店下层文化的"燕亳方国"时期，就已经形成历史基础。特别是燕亳方国的聚落遗址，在以朝阳为中心的大凌河沿岸，分布密度甚至不亚于现在村落。进入历史时期后，如前述以龙城为代表的辽西枢纽地位，直到明初划朝阳为兀良哈三卫之地以前，一直无可取代。

东北亚草原丝绸之路的另一个节点，应是松花江中游的吉林市（古濊城）。与朝阳相比，吉林的历史地位可能知悉者较少。但从前文所述东北亚草原丝绸之路是连接蒙古草原和长白山区系的民族和文化走廊看，吉林的历史地位尤需关注。至少从秦汉之际松花江流域的北夷——橐离国南下吉林东团山一带建立夫余王国开始，就已经是长白山区系的民族文化中心。此后历代的夫余—鲜卑道和夫余—契丹道等，吉林都是发轫的中心。直到明代，专设有船厂的吉林，仍是由辽东向东北行松花江水路并连接松花江和黑龙江下游的交通枢纽，在长白山北系连接日本海西岸的东北亚交通中同样处于翘楚地位。需要特别指出的是，交通地理研究的节点，是交通史迹的标识，而诸多节点上的枢纽，又是主线交通的圭臬。朝阳和吉林就是这样的枢纽。

在论述东北亚草原丝绸之路上的两大节点后，对其南北两条主干线的索证，就有了更明确的历史依据。

第一条是所谓的南路，主要指上述由夫余故都吉林（古濊城），沿松花江上游西经东、西辽河和大凌河北支，过大青山进入老哈河的草原古道。这是最早沿秦汉辽东长城北缘形成的东北亚草原交通路线。历史上无论是夫余—鲜卑道或夫余—契丹道，还是直至清初皇太极西征蒙古的路线，所循的都是这条草原丝绸之路。直到清代，在这条由松花江至辽西北的交通廊道上，从法库门、彰武门、清河门至朝阳以北大凌河东西均为草原牧场，这反映了古代草原文化的历史传承。

第二条是所谓的北线，主要指由辽西朝阳西北出大青山关隘，进入老哈河流域蒙古草原，北渡西拉木伦河和洮儿河，进入大兴安岭和松嫩两江交汇的鲜卑故地，然后东北经松花江下游，进入长白山系及日本海西岸滨海区的通道。这条草原和山林交通路线，历史文献中多记载为东胡、鲜卑、室韦、挹娄、沃沮等草原古道，如前所述，这是历经千年的连接大小兴安岭以西蒙古草原、长白山区系及日本海的东北亚重要部族交通之道。

综上所述，从东北亚草原丝绸之路的历史地位、历史分期、节点与主要路径等三个方面，点睛式地概述了东北亚草原丝绸之路的内容和走向。回顾几十年的从业所感，与传统的丝绸之路研究相比，迄今东北亚交通包括丝绸之路的研究，滞后和边缘化仍明显突出。令人欣慰的是，刚刚成立的燕山大学东北亚古丝路文明研究中心与已有十年以上研究基础的渤海大学东北亚走廊研究院，都已经把东北亚交通与民族文化的研究列为重要的发展战略，这预示着依托交通文化的东北亚区域文明的多学科研究，必然将迈上一个历史新阶段！

对早期华南海上丝路民间贸易的
重新审视

周永卫[*]

　　长期以来，因为材料相对缺乏，隋唐以前，即 7 世纪以前华南地区海上丝路早期的民间贸易在中外文化交流史上的重要地位，没有受到学术界应有的重视。

　　岭南在先秦时期主要是越人的活动区域。越人"以舟为车，以楫为马，往若飘风，去则难从"，① 以善于造舟、习于海上活动著称。公元前 214 年，秦南海尉赵佗利用中原战乱的机会，拥兵自立，建立了南越国，并定都番禺（今广州），使得番禺成为岭南地区的政治、经济、文化、商贸中心。南越国存在的 93 年时间里，番禺的港口优势得到了充分体现和发挥，对外贸易口岸的显赫地位初见端倪。考古证明，当时的番禺不仅与比邻的东南亚地区有民间贸易往来，且与更为遥远的南亚、西亚、非洲也产生了直接或间接的交往关系。20 世纪 80 年代，在广州发现的公元前 2 世纪的西汉南越王墓出土了 5 枚原支象牙，经科学鉴定，这 5 枚象牙，并非来自岭南地区常见的亚洲象，而是来自原产于非洲的非洲象；出土的列瓣纹银盒与波斯文化有关，属于来自西亚的舶来品。②

---

　　* 周永卫，华南师范大学历史文化学院教授，博士生导师，研究方向：秦汉史、岭南历史文化。
　　① 袁康：《越绝书·记地传》，上海古籍出版社，1985，第 58 页。
　　② 广州市文物管理委员会等编《西汉南越王墓》，文物出版社，1991，第 466~467 页。

一 "外接南夷，宝货所出"——早期华南海上丝路民间贸易主要商品种类

"杨雄箴曰：'交州荒递，水与天际。'外接南夷，宝货所出，山海珍怪，莫与为比。"① 比邻南夷，地多"宝货"，是古代史家总结出的早期华南地区海外贸易的显著特点。种类繁多的"宝货"构成海上丝路贸易商品的主要内容。试举较为重要的"宝货"如下。

1. 珍珠

自古以来，珍珠在中国就是财富的象征。先秦以来，岭南地区就是著名的珍珠产地。汉代的合浦郡（今以雷州半岛为中心，西起广西防城港，东到广东阳江市，包含整个海南岛）是闻名全国的珍珠生产基地，采珠业和商业贸易十分活跃。西汉合浦郡的首县，即郡治所在地徐闻县，因为珍珠生产和贸易的兴旺而富甲一方，闻名海内。《汉书·王章传》记载，西汉末年，京兆尹王章遭权臣汉成帝之舅、大司马大将军王凤诬陷而被处死，其家眷被流放至合浦郡。9 年后王章冤案得以昭雪，而他的妻子儿女因在流放合浦期间进行珍珠贸易，家产已多达数百万。据唐李吉甫《元和郡县图志》记载，西汉在合浦郡徐闻县南七里的地方，设置了左右两个侯官。这里的侯官是郡都尉属下的一级军事组织。侯官的长官称为"侯"，秩比六百石，相当于县令级别。在侯官的治所，堆积了大量的货物和商品，从而使侯官所在地成为商品交易的场所，许多人因此而获利。在西汉民间流传着"欲拔贫，诣徐闻"的谚语，这句谚语分明就是两千年前的"东西南北中，发财到广东"，充分显示出徐闻在汉代的繁华景象。采珠业利润丰厚，经常被官府垄断，导致官民之间反复博弈。"合浦有民善游。采珠儿年十余便教入水求珠。官禁民采珠，巧盗者蹲水底剖蚌，得好珠吞之而出。"②

---

① 《南齐书》卷 14《州郡志上》，中华书局，1972，第 266 页。
② 《太平御览》卷 803《珍宝部·珠下》引万震《南州异物志》，中华书局，1960，第 3568 页。

2. 香料

香料在早期华南地区的民间贸易及古代中外文化交流史上扮演了十分重要的角色。华南地区既是中国本土香料的重要产地，又是异域进口香料的海路必经之地，使得这里的香料贸易从两汉时期开始就异常繁荣。在珠江流域的广大地区，香料的种类繁多。先秦以来，华南地区香料的生产和使用比北方地区发达得多。中国饮食调料中的"五香"之一桂皮，是本土香料的典型，在江南和华南地区曾被广泛种植，并在2000多年前的汉代，沿着海上丝路出口到波斯和罗马帝国。《史记·货殖列传》曰："江南出桂。"《说文解字》云："桂，江南木，百药之长。"桂又分丹桂、牡桂和菌桂三种。《神农本草经》中提到365种药物，牡桂和菌桂都被列入其中。晋朝稽含《南方草木状》云："桂出合浦……交趾置桂园。"秦始皇平定岭南后设立三郡，其中一郡以"桂林郡"命名，绝非偶然，正是因为桂树是当地的重要特产，在秦帝国的社会经济中扮演着非常重要的角色。1世纪末的西方名著《厄立特里亚海航行记》"以令人不容置疑的方式指出：'赛里斯'国（中国）的丝绸在印度港口装船，同时装船的还有同是来自中国的皮货、胡椒、桂皮、香料、金属、染料和医药产品"。[①] 法国学者布尔努瓦指出，桂皮原产印度、缅甸和中国，波斯古史学家称之为"中国的树皮"，是美容品、医药品、香膏、香脂、油脂和香精中大量使用的原料，在罗马价格十分昂贵。[②] 乳香则是进口香料的典型，又名薰陆，主要产于中东地区，在东南亚地区也有出产，属于树脂类香料，是《魏略·西戎传》中提到的大秦国（古罗马帝国）出产的12种香料之一。稽含《南方草木状》曰："薰陆香，出大秦。"晋郭义恭《广志》曰："薰陆出交州，又大秦海边人，采与贾人易谷。若无贾人，取食之。"[③] 在西汉南越王墓西耳室的漆盒内，就发现有乳香。通过海上丝路还输入了鸡舌香、苏合香、藿香、流黄香、青木香和栈蜜香等。东汉末年，士燮家族统治岭南。汉灵帝末年至吴黄武五年

---

① 戈岱司编《希腊拉丁作家远东古文献辑录》，耿昇译，中华书局，1987，第17~18页。
② 布尔努瓦：《丝绸之路》，耿昇译，新疆人民出版社，1982，第51页。
③ 《太平御览》卷982《香部·薰陆》引《广志》，第4347页。

（226），士燮担任交趾太守长达40余年之久。"（士）燮兄弟并为列郡，雄长一州，偏在万里，威尊无上。出入鸣钟磬，备具威仪，笳箫鼓吹，车骑满道，胡人夹谷焚香者常有数十。"① 这里"胡人"自然不是交趾的土著居民，而是中亚或波斯人。当时的交趾聚集了大量躲避战乱的中原人及胡商和佛教徒。"佛教与外来的印度文化为中国的寺庙带来大量的新香料，而众多的有关焚香和香料的习俗也随之传入了中国，从而加强和丰富了中国古老的焚香传统。"② 华南地区一直是中国重要的香料产地，也是消费和使用香料最多的地方之一，当然也是民间香料贸易十分活跃的地方。华南地区生产的香料不仅输入内地，也沿着海上丝路出口到印度、中东、非洲和欧洲地区。广州西汉南越王墓出土的乳香，只是显露出早期华南地区异常活跃的民间香料贸易的冰山一角。

3. 犀角、象牙

犀角、象牙是我国古人所爱珍品，常常被并称为"犀象之器"。《淮南子·人间训》甚至将秦始皇经略岭南的原因归结为"利越之犀角、象齿、翡翠、珠玑"。历史上，华南地区是盛产犀牛和大象的地区，与内地以及海外的犀象贸易十分活跃。西汉南越王墓中出土5枚平均长度达120厘米的象牙，经鉴定，确认属于非洲象。③ 这一重大考古发现证明，早在公元前2世纪，华南地区就已与非洲大陆有了间接的文化贸易往来。这些非洲象牙应以印度为中转站，辗转传入岭南地区。大象在印度，比在中国岭南地区更为普遍。印度在汉代史家笔下被称为"乘象之国"。而象与佛教也有着极其密切的关系。陈寅恪早就指出，家喻户晓的"曹冲称象"实际上属于佛教故事，只不过"迹象隐晦，不易发觉其为外国输入者耳"。④ 山东滕州曾出土有"六齿象牙"的东汉画像石。六牙白象题材在印度佛教壁画或雕刻艺

---

① 《三国志·吴志·士燮传》，中华书局，1959，第1192页。
② 爱德华·谢弗：《唐代的外来文明》，吴玉贵译，中国社会科学出版社，1995，第343页。
③ 《西汉南越王墓》，第138、139、466、467页。
④ 陈寅恪：《〈三国志·曹冲华佗传〉与佛教故事》，《寒柳堂集》，上海古籍出版社，1980，第157页。

术中十分普遍。劳干考证这些画像石属于东汉章帝时期，是早期佛教对中国艺术产生影响的产物。① 滕州南距徐州不过 120 公里，而徐州正是东汉章帝时期信奉佛教的楚王刘英的都城所在地。徐州以东 200 公里的连云港东汉孔望山佛教摩崖石刻和大型石像圆雕，成为佛教在东汉流行于东海地区的历史见证。② 海上丝路既是贸易之路、宗教文化传播之路，也是和平交往之路。

犀象也是早期朝贡贸易的重要内容，在中外文化交流史上发挥了重要的作用。史载，从西汉末年到东汉时期，外国使团沿着海上丝路来华朝贡贸易共 4 次，分别是 2 年，"黄支国献犀牛"；③ 84 年，"日南徼外蛮夷献生犀、白雉"；94 年，"永昌徼外夷遣使译献犀牛、大象"；④ 166 年，"大秦国王安敦遣使自日南徼外献象牙、犀角、玳瑁"。⑤ 这 4 次贡献，不仅被史家写进正史列传之中，也载入本纪之中，足见史官的高度重视。班固《西都赋》云："其中乃有九真之麟，大宛之马，黄支之犀，条支之鸟，逾昆仑，越巨海，殊方异类，至三万里。"⑥ "大宛之马""条支之鸟"，显然在班固笔下是翻越昆仑山沿陆上丝路来华的，而"九真之麟""黄支之犀"是跨越巨海，沿海上丝路来华的。

4. 其他"宝货"

贝，也是重要的"宝货"。《说文解字》卷 6 云："海介虫也……古者货贝而宝龟。"贝因为其稀有珍贵，在上古先秦时期被长期用作货币。而华南沿海是海贝的重要产地。贝有大小，颜色各异，而以大为贵，以紫色为珍。"贝凡有八，紫贝最为美者，出交州。大贝出巨延州，与行贾贸易。"⑦ "乃

---

① Lao Kan, "Six-Tusked Elephants on a Han Bas-Relief,"《劳干学术论文集》（甲编），台北：台湾艺文印书馆，1976，第 1391～1395 页。
② 俞伟超、信立祥：《孔望山摩崖造像的年代考察》，《文物》1981 年第 7 期。
③ 《后汉书》卷 3《章帝纪》，中华书局，1965，第 145 页。
④ 《后汉书》卷 4《和帝纪》，第 177 页。
⑤ 《后汉书》卷 7《桓帝纪》，第 318 页。
⑥ 《后汉书》卷 40《班固传》，第 1338 页。
⑦ 《太平御览》卷 807《珍宝部六·贝》引《广州志》，第 3588 页。

有大贝，奇姿难俦。大贝，文贝也。交趾以南海中皆有之。素质紫饰，文若罗朱。不磨不莹，彩辉光浮。思雕莫加，欲琢靡逾。"① "交趾北南海中，有大文贝，质白而文紫色，天资自然不假，雕琢莹而光色焕烂。"②

"玳瑁形似龟，出南海巨延州。"③ 日南郡卢容县（今越南顺化）附近的南海是重要的玳瑁产地。传说玳瑁有解毒和辟邪的功能，所以深受古人喜爱。"玳瑁解毒兼云辟邪，余寄居广南，日见卢亭（海岛夷人）获活玳瑁龟一枚，以献连帅嗣薛王。王令生取背甲小者二片，带于左臂上以辟毒。"④ 166 年，大秦王安敦遣使朝贡东汉桓帝，所携带贡品除了犀角、象牙之外，就是玳瑁。

华南沿海是珊瑚重要产地。"珊瑚洲，在县南五百里。昔有人于海中捕鱼得珊瑚。"⑤ "珊瑚生大秦国，有洲在涨海中，距其国七八百里，名珊瑚树洲。底有磐石，水深二十余丈，珊瑚生于石上。初生白，软弱似菌。国人乘大船，截铁网，先没在水下，一年便生网目中，其色尚皇，枝柯交错，高三四丈，大者围尺余。三年色赤，便以铁钞发其根，击铁网于船，绞车举网还载鉴凿，恣意所作。"⑥ 西晋贵族王恺和石崇斗富的典故广为人知。晋武帝赐给王恺高二尺许的珊瑚树，"世所罕比"。王恺以此在石崇面前炫耀，石崇却顺手击碎，进而出示自己高三四尺的珊瑚树六七株，使王恺"恍然自失"。⑦ 而这些珊瑚是石崇在担任荆州刺史时，抢劫通过海上丝路北上的"远使商客"而来。

琉璃、玻璃、水精。琉璃又称为流离。《汉书·地理志》中记载，西汉汉武帝曾派出汉使"黄门译长"从徐闻、合浦出发，沿海上丝路出使海外，

① 《太平御览》卷 807《珍宝部六·贝》引万震《南州异物志》，第 3588 页。
② 《太平御览》卷 807《珍宝部六·贝》引万震《南州异物志》，第 3588 页。
③ 《太平御览》卷 807《珍宝部六·贝》引《广志》，第 3567 页。
④ 《太平御览》卷 943《鳞介部一五·玳瑁》引《本草经》，第 4190 页。
⑤ 《太平寰宇记》卷 157《岭南道·广州》，文渊阁《四库全书》本。
⑥ 刘义庆撰，余嘉锡笺疏《世说新语笺疏》下卷《汰侈》注引《南州异物志》，中华书局，1983，第 883 页。
⑦ 《晋书》卷 33《石崇传》，中华书局，1974，第 1007 页。

求明珠、"璧流离"和奇石异物。这里的"璧流离"当属琉璃的一种。"琉璃出黄支、斯调、大秦、日南诸国。"[1] 琉璃碗在魏晋时期仍然十分珍贵，被列入皇帝赏赐朝臣的物品名单之中。晋朝皇帝曾赏赐大臣诸葛恢琉璃碗一件。曹魏鱼豢《魏略》记载："天竺国人商贩至京，自云能铸石为五色琉璃。于是采砺山石，于京师铸之。既成，光泽美于西方来者。乃诏为行殿，容百余人。光色映彻，观者见之莫不惊骇，以为神明所作。自此国中琉璃遂贱，人不复珍之。"[2] 唐传奇小说《梁四公子记》亦载："扶南大舶从西天竺国来，卖碧颇黎镜，面广一尺五寸，重四十斤，内外皎洁，置五色物于其上，向明视之，不见其质。"[3] 其说法当有一定依据。"大秦国，一名黎难，宫室皆水精，为柱，食器亦然。"[4] 晋葛洪的《抱朴子》记载："外国作水精碗，实是合五种灰以作之。今交、广多有得其法以铸作之者。"[5]

著名考古学家张光直认为世界文明形成的方式主要有西式和非西式两种，非西式即世界式，其贸易活动主要是宝货贸易。[6] 可见，珍珠、香料、犀角、象牙等宝货贸易在当时是多么重要。

二 "州郡以半价就市，又买而即卖，其利数倍"
——早期华南海上丝路商贸的管理

对于早期海上丝路的贸易活动，历代地方政府都深度参与其中，成为最大获益者。"（南海）郡常有高凉生口及海舶每岁数至，外国贾人以通货易，旧时州郡以半价就市，又买而即卖，其利数倍，历政以为常。"[7] "半价

① 《太平御览》卷807《珍宝部六·琉璃》引《广志》，第3591页。
② 《太平御览》卷807《珍宝部六·琉璃》引《魏略》，第3591页。
③ 《太平御览》卷808《珍宝部七·颇黎》引《梁四公子记》，第3592页。
④ 《太平御览》卷808《珍宝部七·水精》引《魏略》，第3592页。
⑤ 葛洪：《抱朴子·内篇》卷2《论仙》，王明校释，中华书局，1985，第22页。
⑥ 张光直：《中国文明的形成及其在世界文明史上的地位》，《燕京学报》新6期，1999年5月。
⑦ 《梁书》卷33《王僧孺传》，中华书局，1973，第470页。

就市""买而即卖""其利数倍""政以为常",寥寥数语,准确概括出地方政府在海外贸易中的角色和地位。在这种政治生态和经济环境下,担任地方最高长官的刺史或者太守,很难独善其身。"旧交址(趾)土多珍产,明玑、翠羽、犀、象、玳瑁、异香、美木之属,莫不自出。前后刺史率多无情行,上承权贵,下积私赂,财计盈给,辄复求见迁代,故吏民怨叛。"① "广州包带山海,珍异所出,一箧之宝,可资数世,然多瘴疫,人情惮焉。唯贫窭不能自立者,求补长史,故前后刺史皆多黩货。"② 这种现象早已引起史家的注意。吕思勉先生曾敏锐地指出:"宦于南方者,遂多贪墨之徒。"③ 公元前54年,西汉宣帝时期"(湘成)侯益昌嗣,五凤四年,坐为九真太守盗使人出买犀、奴婢,赃百万以上,不道,诛",④ 成为史书明确记载的华南地区因为贪腐被惩处的地方长官。继湘成侯益昌之后,魏晋南朝时期,华南地区不断有地方守牧身陷贪腐丑闻,轻者被贬官,重者被处死。试举数例,东晋"褚叔度(378~424)为广州刺史,在任四年,广营资货,贿财丰积,坐免官,禁锢终身"。⑤ 南朝宋广州刺史"韦朗,苞全虐法,暴浊是彰,于州所造镂银铭二枚,朱牙楯二十幡,朱画青绫盾三十五幡,犀皮铠六领,杂白莞席三百二十二领,银涂漆(一作'泥')屏风二十三床,又绿沈屏风一床,铜镜台一具",⑥ 被罢黜。南朝宋文帝时期刘道锡为广州刺史,"坐贪纵过度,自杖"。⑦ 刘道锡担任广州刺史期间,为报答权臣庾仲文的提携之恩,送给庾仲文一辆白檀牵车当座驾,其装饰之奢侈豪华,甚至惊动了宋文帝。⑧ 南齐尚书令王晏之弟王诩任广州刺史期间,"多纳赇货",被"不惮权家"的御史中丞袁昂依法弹劾。⑨ 这些贪腐行为,

① 《后汉书》卷31《贾琮传》,第1111页。
② 《晋书》卷90《吴隐之传》,第2341页。
③ 《吕思勉读史札记》(增订本),上海古籍出版社,2005,第580页。
④ 《汉书》卷17《景武昭宣元成功臣表》,中华书局,1962,第656页。
⑤ 《册府元龟》卷700《牧守部·贪黩》,台北:台湾中华书局,1996,第8346页。
⑥ 《全宋文》卷49《奏劾韦朗》,商务印书馆,1999,第484页。
⑦ 《册府元龟》卷700《牧守部·贪黩》,第8346页。
⑧ 《南史》卷35《庾仲文传》,中华书局,1975,第913页。
⑨ 《南史》卷26《袁昂传》,第710页。

不仅对华南地区的对外贸易造成了极为不利的影响，严重者甚至导致社会动乱，危及地方政权。"初，徼外诸国尝赍宝物自海路来贸货，而交州刺史、日南太守多贪利侵侮，十折二三。至（晋）刺史姜壮时，使韩戢领日南太守，戢估较太半，又伐船调枓，声云征伐，由是诸国恚愤。且林邑少田，贪日南之地，戢死绝，继以谢擢，侵刻如初。及览至郡，又耽荒于酒，政教愈乱，故被破灭。"①

华南地区的社会稳定，政通人和，经贸繁荣，需要有作为、清正廉洁的地方长官，名臣孟尝、贾琮、吴隐之、王劢堪称典范。"中平元年（184），交址（趾）屯兵反，执刺史及合浦太守，自称'柱天将军'。灵帝特敕三府精选能吏，有司举（贾）琮为交址（趾）刺史。琮到部，讯其反状，咸言赋敛过重，百姓莫不空单，京师遥远，告冤无所，民不聊生，故聚为盗贼。琮即移书告示，各使安其资业，招抚荒散，蠲复徭役，诛斩渠帅为大害者，简选良吏试守诸县，岁间荡定，百姓以安。巷路为之歌曰：'贾父来晚，使我先反；今见清平，吏不敢饭。'在事三年，为十三州最，征拜议郎。"② 吴隐之载于《晋书·良吏传》："朝廷欲革岭南之弊，隆安（397~401）中，以隐之为龙骧将军、广州刺史、假节，领平越中郎将。未至州二十里，地名石门，有水曰贪泉，饮者怀无厌之欲。隐之既至，语其亲人曰：'不见可欲，使心不乱。越岭丧清，吾知之矣。'乃至泉所，酌而饮之，因赋诗曰：'古人云此水，一歃怀千金。试使夷齐饮，终当不易心。'及在州，清操逾厉，常食不过菜及干鱼而已，帷帐器服皆付外库，时人颇谓其矫，然亦终始不易。帐下人进鱼，每剔去骨存肉，隐之觉其用意，罚而黜焉。"③ 南朝梁武帝时期，王劢任广州刺史，"广州边海，旧饶，外国舶至，多为刺史所侵，每年舶至不过三数。及（王）劢至，纤豪不犯，岁十余至。俚人不宾，多为海暴，劢征讨所获生口宝物，军赏之外，悉送还台。前后刺史皆营私蓄，方物之贡，少登天府。自劢在州，岁中数献，军国所

---

① 《晋书》卷97《林邑传》，第2546页。
② 《后汉书》卷31《贾琮传》，第1111~1112页。
③ 《晋书》卷90《吴隐之传》，第2341~2342页。

须，相继不绝。（梁）武帝叹曰：'朝廷便是更有广州。'"①《陈书·王劢传》载："时河东王为广州刺史，乃以劢为冠军河东王长史、南海太守。王至岭南，多所侵掠，因惧罪称疾，委州还朝，劢行广州府事。越中饶沃，前后守宰例多贪纵，劢独以清白著闻。入为给事黄门侍郎。"② 广州刺史的盘剥侵吞，使得外国货船每年到广州者不超过三批次，而"纤豪不犯""清白著闻"的王劢担任南海太守期间，外国货船每年到达广州的数量有十余批次。

朝廷也逐渐认识到，华南沿海地方长官深度参与外贸管理，会产生诸多弊端，到了唐朝终于出现了专司外贸管理的官员——司舶使。珍珠业一直是合浦郡的支柱产业。合浦地方长官对珍珠业和珍珠贸易的管理，是合浦郡社会经济健康发展的关键所在。东汉循吏孟尝担任合浦太守时，采取了有力措施促进合浦采珠业的健康发展。"郡不产谷实，而海出珠宝，与交址（趾）比境，常通商贩，贸籴粮食。先时宰守并多贪秽，诡人采求，不知纪极，珠遂渐徙于交址（趾）郡界。于是行旅不至，人物无资，贫者饿死于道。尝到官，革易前敝，求民病利。曾未逾岁，去珠复还，百姓皆反其业，商货流通，称为神明。"③ 西晋陶璜担任交州刺史期间，也为合浦珍珠贸易的健康发展做出了重要贡献。陶璜曾上书朝廷："合浦郡土地硗确，无有田农，百姓唯以采珠为业，商贾去来，以珠贸米。而吴时珠禁甚严，虑百姓私散好珠，禁绝来去，人以饥困。又所调猥多，限每不充。今请上珠三分输二，次者输一，粗者蠲除。自十月讫二月，非采上珠之时，听商旅往来如旧。"④ "凡采珠，常三月。用五牲祈祷。若祠祭有失，则风搅海水，或有大鱼在蚌左右。自蚌珠，长二寸半，在涨海中。其一寸五分，其光色，一旁小平，形似覆釜，为第一。珰珠凡三品，其一寸三分，虽有光

---

① 《南史》卷51《王劢传》，第1262页。
② 《陈书》卷17《王劢传》，中华书局，1972，第238页。
③ 《后汉书》卷76《循吏传》，第2473页。
④ 《晋书》卷57《陶璜传》，第1561页。

色，形不员正，为第二。"① 陶璜主张依据珍珠品质，将其分为三等，上等珍珠的三分之二上交官府，次等的三分之一上交官府，三等及以下听任民间经营，政府免除相关税收，明确划定官府与民间经营珍珠业的范围和比例，保证民间珍珠贸易的生存空间，被晋武帝采纳。

三 "蛮州市用银"——华南地区以金银为本位的贸易区域的形成

"海国战骑象，蛮州市用银。"唐代诗人张籍的诗，描绘出一幅华南沿海地区独特人文风貌的历史画卷。早在西汉时期，汉使出南海就是"赍黄金杂缯而往"，这很值得注意。黄金在东西方贸易中的作用与丝绸一样重要。谢弗指出，岭南和安南地区是唐朝重要的金银产地，"唐朝本土主要的黄金产地在四川……但是比四川更重要的黄金产地是岭南、安南的金矿。这些金矿往往分布在只有土著人居住的崎岖深险的地方。唐朝的银的生产集中在岭南和安南地区"。② 岭南地区成为重要的金银产地，应在汉代就已初见端倪。九真郡境内的居风山是著名的黄金产地，日南郡卢容县有采金浦。东汉初年征侧、征贰起义，为躲避马援汉兵追捕，曾躲藏在交趾郡麓泠县的采金矿洞之中。南朝沈怀远的《南越志》载南海县有金山，"金沙自是而出"。③《汉书·地理志》曾将银列为粤地著名特产。

在与华南比邻的广大的东南亚地区，金银的使用更为广泛。古代东南亚地区是著名的金银产地，有崇尚和使用金银器皿的传统。2 世纪末，在中南半岛上出现的林邑和扶南两个国家的最高统治者都曾向中国皇帝贡献过银钵、金盘、金碗、金铤等。1942 年，在湄公河的支流巴萨克河与泰国湾之间的平原上发现著名的奥开奥（Oc-eo）遗址，被认为是扶南国的海港，其中出土了以金制品为主的文物，如金戒指、金耳饰、罗马金币等，其中 1

---

① 《太平御览》卷 803《珍宝部·珠下》引徐衷《南方草物状》，第 3568 页。
② 爱德华·谢弗：《唐代的外来文明》，第 548～555 页。
③ 《太平寰宇记》卷 157 引《越南志》，文渊阁《四库全书》本。

枚罗马金币的年代是 152 年。[①]

1984 年在广东遂溪县发现了一批南朝时期窖藏的金银器，其中包括刻有阿拉美字体的银碗、萨珊波斯的银币，无疑是华南沿海与伊朗之间海上贸易的物证，证实了外国银币在岭南地区的流通，说明南朝时期岭南地区已经成为一个以金银为本位的特殊地区。[②] 东晋时期"广州市司用银易米"。[③] "梁初，唯京师及三吴、荆、郢、江、湘、梁、益用钱，其余州郡，则杂以谷帛。交、广之城，全以金银为货。"[④] 华南地区在南朝时期以金银为本位，是诸多因素共同作用的结果，而最重要的因素无疑是海外贸易。魏晋南朝时期，华南地区的海外贸易呈现出繁荣发展的态势。"至于南夷杂种，分屿建国，四方珍怪，莫此为先，藏山隐海，环宝溢目。商舶远届，委输南州，故交、广富实，牣积王府。"[⑤] "火耕水耨，弥亘原野；盗贼皆偃，工贾竞臻，鬻米商盐，盈衢通肆；新垣既筑，外户无扃，脂脯豪家，钟鼎为乐。扬祛洒汗，振雨流风；市有千金之租，田多万箱之咏。"[⑥]

四 "世界体系"的雏形——早期华南海上丝路民间贸易历史地位的重新审视

海上丝路和南海贸易的重要性，在两汉时期已经逐渐凸显。"到基督教纪元初期，这些贸易路线继续延长，把原先东南亚各地孤立的交易体系联结起来，纳入一个巨大的网络，这个网络从西欧通过地中海盆地、波斯湾

---

① 冈崎敬：《民族文化和东西文化的交流——石寨山遗址和奥开奥遗址》，周红译，云南省博物馆、中国古代铜鼓研究会编印，1985。

② 参阅姜伯勤《广州与海上丝绸之路上的伊兰人：论遂溪的考古新发现》，《广州与海上丝绸之路》，1991。

③ 《太平御览》卷 812 引《广州记》，第 3609 页。

④ 《隋书》卷 24《食货志》，中华书局，1973，第 689 页。

⑤ 《南齐书》卷 58《东南夷》，第 1018 页。

⑥ 《广州刺史欧阳頠德政碑》，《广东通志·金石略》，广东人民出版社，1994，第 46 页。

和红海延伸到印度、东南亚和中国……这个网络被人们称为世界体系。"① 贡德·弗兰克的这段论述，对于我们理解早期海上丝路民间贸易的重要性极具启发意义。番禺、交趾以及华南沿海地区在这个"网络"或"世界体系"中曾经扮演了举足轻重的角色。

与官方的朝贡贸易相比，海上丝路的民间贸易历史更为悠久，影响更为深远。吕思勉云："以海道论，《史记·货殖列传》谓南海为珠玑、犀、玳瑁、果、布之凑，即后世西、南洋物也，则秦汉未并南越时，中国与西、南洋久相往来矣。是知民间之交通，必先于政府。"② 南洋史专家许云樵言："中国与南洋之交通也，官民异趣：官方虽出政治作用，民间则受经济支配。"③ 在海上丝路沿线，如印度尼西亚、马来西亚等地出土了大量汉代陶器和陶片，器形和纹饰图案风格与广东沿海汉墓出土的陶器完全一致。20世纪90年代，考古学家对越南中部广南省的茶丘布召遗址进行发掘，经碳14测定，最早属于1世纪。距东汉日南郡的南部边境只有数十公里的布召遗址所出土的器物，反映出其深受中国文化影响，同时又有罗马文化的影子。这些无疑是早期海上丝路民间贸易的历史见证。

印度是中西方交往的桥梁，在古代中西方的交往中扮演了十分重要的角色。据《后汉书·西域传》记载，天竺国（今印度）在东汉和帝时期（89～105），曾多次派遣使者，历经千难万险，经过西域地区，沿着丝绸之路来到洛阳朝贡。后来因为西域发生动荡，东汉失去了对西域的控制权，双方的关系被迫中断。直到东汉桓帝时期（147～167），天竺使者另辟蹊径，取道南海，即由陆上丝绸之路改为海上丝绸之路，再次来华，才使得双方的交往得以恢复。159年、161年，天竺使者两次经南海，沿海上丝路来华朝贡。邢义田在《汉代中国与罗马帝国关系的再检讨（1985～95）》一文中指出，由于中间势力的阻隔，罗马和印度的关系主要是经由海路构建，

① 贡德·弗兰克：《白银资本——重视经济全球化的东方》，刘北成译，中央编译出版社，2008。
② 《吕思勉读史札记》（增订本），第630页。
③ 许云樵：《南洋史》上卷，新加坡：新加坡星洲世界书局，1961，第13页。

罗马钱币极少出现在印度北方与西方往来的要道上，而几乎全部出现在南方海路的贸易点上。[1] 一语道出海上丝路的重要性。

历史上的陆上丝路和海上丝路，就像一对孪生兄弟，相伴而生，珠联璧合，相得益彰，共同构成我国对外交往的两大通道。汉武帝在经略西域、开辟陆上丝路的同时，也派出"汉使"，探索海上丝路。《汉书·地理志》对此有记载：属于黄门的"汉使"船队，携带丝绸和黄金，从汉朝南部海疆"日南障塞、徐闻、合浦"，即今天的北部湾和越南中部一带出发，在沿途土著人的护送下，用了一年多的时间，先后到达都元国、邑卢没国、谌离国、夫甘都卢国、黄支国和已程不国，为汉朝皇室采购明珠、璧琉璃等海外奇珍异品。一般认为，这里提到的都元国、邑卢没国、谌离国，大致在今天东南亚中南半岛、马来半岛一带，夫甘都卢国在今缅甸境内，已程不国在今斯里兰卡，黄支国在今印度南部。印度南部的坦焦尔和迈索尔都曾出土过西汉前期的中国古钱币，成为中国与印度海上交往的历史见证。笔者曾撰写论文指出，南印度出土的西汉前期的古钱币，应该与西汉前期在西南地区异常活跃的巴蜀商人集团有关。[2] 西南丝路与海上丝路是一个不可分割的有机整体。换句话说，广义的海上丝路是可以包含西南丝路的。从云南出境，经缅甸抵达孟加拉湾，或沿伊洛瓦底江、怒江（境外称萨尔温江）、澜沧江（境外称湄公河）顺流而下，抵达安达曼海、暹罗湾，再向西穿越印度洋，不正是海上丝路吗？西南地区的学者又把西南丝绸之路称为南方丝绸之路，[3] 某种意义上，也透露出海上丝路与南方丝路关系密切的信息。

97 年，东汉西域都护班超派遣副使甘英出使大秦（罗马帝国）。甘英在抵达波斯湾后，望海止步，无功而返，失去了最早的中西方直接接触的大好机会。约 70 年之后，即 166 年，大秦王安敦遣使自日南徼外贡献，终于完成了中西方两大文明的直接对话。这是公认的有史以来中西方文明的首

---

① 邢义田：《汉代中国与罗马帝国关系的再检讨（1985~95）》，《汉学研究》1997 年第 1 期。

② 周永卫：《西汉前期的蜀商在中外文化交流史上的贡献》，《史学月刊》2004 年第 9 期。

③ 段渝：《南方丝绸之路研究论集》，巴蜀书社，2008，前言，第 1 页。

次直接接触。大秦使者（或假冒使者名义的罗马商人）第一次来华是沿海上丝路，而非陆上丝路，其原因令人深思，无疑与海上丝路民间贸易的繁荣有关。吊诡的是，载入史册并被海内外学者广泛认可的中西方的最早直接接触，是由西方人而非中国人完成的，是经由南方的海上丝路，而非北方的陆上丝路。"大秦国……常利得中国丝，解以为胡绫，故数与安息诸国（今伊朗境内）交市于海中。"① 究其原因，汉使出海主要是为了"求宝"，而非寻觅商机。张骞西域之行是为了寻找对付匈奴的战略伙伴，甘英出使大秦，同样是出于政治目的，而非经济目的。因此，早期华南海上丝路民间贸易的重要地位和作用，需要重新审视，深入研究。

---

① 《三国志》卷30注引《魏略·西戎传》，第861页。

中原文化概说

张新斌*

中原文化是中华文化的组成部分，从历史的角度而言，在某一特定时段，中原文化就是中华文化的核心。因为在讨论中国与中华文化时，可以感知"中"是历史中国最具价值的词汇。2010 年 8 月 1 日，登封"天地之中"历史建筑群申遗成功。登封"中岳嵩山"历史建筑群之所以冠以"天地之中"，是因其集中反映了中华民族对"中"文化的厚爱、信仰与崇拜，由此我们发现，最能体现和代表中国与中华文化者，应该是中原以及相关的中原文化。

一

（一）中原文化内涵的解析

中原是个地域概念。与中原相关的词汇，如中国、中土、中州、中夏等，在早期文献中具有极为相似的意义。"中"字，在甲骨文、金文中均已出现，字形上是一个飘扬的旗帜，实际上是指空间上居"中"的位置；"国"字则最早见于金文，即有天子所居之城的意义。"中国"作为词组，见于文献者，如《尚书·周书》所言，"皇天既付中国民，越厥疆土于先

---

* 张新斌，河南省社会科学院历史与考古研究所所长、研究员。中国先秦史学会副会长，河南省炎黄文化研究会常务副会长，研究方向：先秦历史与考古、河洛文化、中原文化。

王"，意指上天将居中的土地与民人交由周的先王去治理。《诗经·大雅》亦有"惠此中国，以绥四方"的记载。属于西周初年的青铜器"何尊"，其铭文"余其宅兹中国"，则明确地将建都的选址确定在以洛邑为中心的"河之南"一带。《史记·周本纪》则提出周初"营周居于洛邑"的原因，是"此天下之中，四方入贡道里均"。许宏认为，"最接近'中国'一词本来意义的是'王国都城及京畿地区'"。而从考古发现看，"二里头遗址就是洛阳盆地这一最早的'中国'区域内的最早的一座大型都邑"。① "中原"作为词组见于文献，如《诗经·小雅》云，"中原有菽""瞻彼中原"，这里所指为"原野之中"。《诗经·小雅》云"四夷交侵，中国微点"，说明中原也即成为与中国相关的地理概念。冯天瑜分析文献得出了中国的初义是周天子所居京师的结论，他又引申中国为"诸夏列邦，即黄河中下游这一文明早慧、国家早成的中原地带"。② 从文献所记中原的地理范畴，也可以看出，中原实际可分为广义与狭义。广义的中原，是以河南为核心向周边扩展的地区，其范围包括今河南省，还有山西、河北、山东、安徽和江苏的部分地区；狭义的中原，也即今河南。

中原文化，就是古今中原地区物质文化、精神文化等方面的总和。中原文化还可分为两个层面：一是从时间上讲，中原文化是一个自古至今的发展过程，其由史前孕育，直到现在还在传承与发展，但一般而言，中原文化是指历史时期中原地区的文化，或称中原历史文化，又可简称为中原文化；二是从形态上讲，历史时期的中原文化，即从夏商至宋金的三千余年间，为中国的政治中心和文化中心，在某种意义上就代表了中华文化，中原文化实际上也就是中华文化的象征。

（二）中原文化时段的划分

关于中原文化的发展阶段，学术界多有讨论，③ 但我们在对中原文化的

---

① 许宏：《最早的中国》，科学出版社，2009，第2~5页。
② 冯天瑜：《文化守望》，武汉大学出版社，2006，第2页。
③ 王彦武：《中原文化与现代化》，大象出版社，2002，第2、83~86页。

发展历程进行梳理后认为，中原文化的发展经历了六个阶段。[①] 一是中原文化的孕育期，主要是夏代之前的史前时期，尤其是进入新石器时代，经历了裴李岗文化、仰韶文化、河南龙山文化等阶段。这一阶段，农业较为发达。上古时期的代表人物如伏羲、炎帝、黄帝、颛顼、帝喾等"三皇五帝"大都在中原生活，建功立业。二是中原文化的形成期，包括夏、商和西周三个时期。中原地区政治中心的地位得到确认，青铜器与甲骨文代表了这一时段中原文化在中华文化中的领先性与核心性。三是中原文化的繁荣期，包括东周、秦汉、魏晋南北朝三个时期。这一阶段，道、儒、法、杂家等诸子文化，汉传佛教文化在中原地区形成与本土化，中原地区政治中心的地位得以强化，南北文化的融合促进了中华民族主体的形成。四是中原文化的鼎盛期，为隋唐、五代和宋金三个时期。这一阶段，中原地区的政治中心实现了由洛阳到开封的转移，但中原作为全国的政治中心的地位依然没有改变。北宋时期，城市繁荣，文化发达，已达到了当时世界的先进水平。五是中原文化的衰微期，包括元明清、民国两个时期。这一阶段，政治中心向外转移，河南丧失了都城的优势。天灾不断，战争频仍，天灾与人祸成为中原的主轴。人才缺失，文化落后，丧失了话语权。六是中原文化的振兴期，即新中国成立至今。自1949年，尤其是1978年以来，改革开放的中原大地，各个方面都呈现了振兴与发展的大好局面，中原文化的振兴也是中华民族振兴的具体体现。

二

（一）河南基本情况概说

中国古代地理讲究"风水"。依据地理"风水"的原理，以西部的秦岭和昆仑山为靠背，"左青龙"为太行山，"右白虎"为大别山，前边的"案山"为泰山，形成了以洛阳盆地为核心的中国最佳的风水吉祥宝地，这就

[①] 张新斌主编《中原文化解读》，文心出版社，2007，第1~2页。

是《中国国家地理》所称"中国最大的风水宝地"。[①] 这块宝地是被古人誉为"天下之中"的建都地，也即狭义中原——河南省。

河南，简称"豫"，位于中国的中部，因大部分地区位于黄河之南，故称"河南"。面积 16.7 万平方公里，2016 年末，人口数量 10788.14 万人，常住人口 9532.42 万人。全省现辖郑州、开封、洛阳、平顶山、安阳、鹤壁、濮阳、新乡、焦作、三门峡、商丘、许昌、漯河、驻马店、周口、南阳、信阳、济源共 18 个市，省会郑州市。

（二）河南称谓两个重要词的演变

从河南政区沿革的角度看，有两个重要的词，一个是"豫"，河南的简称。豫是一个象形字，为人牵象。[②] 商代甲骨文也有捕象的记载，反映当时气候温暖湿润。《禹贡》将当时划分为九州，而居中者为豫州，西汉时设置十三刺史部，河南中部偏南则属于豫州，东汉时豫州的范围较之西汉已扩至豫东。三国时也设有豫州，西晋时仍设豫州，并管辖河南的大部分地区。唐初所置豫州，主要在今驻马店市及其周围。自东汉以来，先后有安城（今正阳县北）、陈（今淮阳县）、洛阳、上蔡（今汝南县）、汝阳（今汝南县）为豫州治所。这反映了与河南关系密切的"豫"由地理概念向政区概念的转变，以及豫州辖区之变化。另一个是"河南"。河南最早也是一个地理概念，《尔雅·释地》载："河南曰豫州。"反映出河南与早期豫州的范围相近。河南县，自西汉至金时设置，其间或有短暂的合并与改名，但大的朝代没有缺环，其治所在今洛阳市区涧水东岸。以洛阳县为中心，秦末时曾短暂设有河南国；西汉至隋设有河南郡；唐代设有河南道；元代设河南路；唐宋与明清设置有河南府，至民国初方废止。而自元代设置河南省，明代为河南承宣布政使司（省），清代至今亦称河南省。以河南为名称的建制由小到大，与河南关系最为密切者为洛阳。

---

① 单之蔷：《大中原——大风水》，《中国国家地理》2008 年第 5 期。
② 河南省地方史志编纂委员会编《河南省志·区域建置志》，河南人民出版社，1994，第 2 页。

三

河南居于"天下之中"的优势位置与环境，使得其从上古时期开始，便成为中国的政治中心，也使得河南长期成为人才的摇篮，以及天下人士梦想成才之地。

（一）中原文化的第一个亮点：古都名城文化

上古时的"三皇五帝"时代，伏羲、炎帝都陈（今淮阳县），黄帝都于有熊（今新郑市），颛顼与帝喾都于帝丘（今濮阳县）。河南也发现了黄河流域年代最早的史前古城，即郑州西山古城，其年代距今约5300年。中国的八大古都中河南有郑州、安阳、洛阳、开封四个。郑州作为大古都，主要是商都，郑州商城为"夏商周断代工程"所推定的"汤所居之亳"，郑州小商桥遗址为"仲丁迁隞之都"，前后累积为商都共历十二王，约180年；与之相关的新郑郑韩故城，为分裂割据时的王都，加上郑韩之都175年，则郑州大古都的积年为355年。[①] 考古发现表明，郑州商城不仅发现了都城城垣、宫殿、手工业作坊，以及大型窖藏坑等，所出杜岭铜方鼎，具有"王者之气"。安阳为七朝古都，大古都积年为351年，尤其是自商代盘庚开始历八代十二王，历时254年，为商代后期都城。在殷墟发现的建筑基址、王陵、精美的青铜器和15万片甲骨，代表了当时人类文明的最高水平。洛阳号称十三朝古都，大古都积年长达885年，在洛阳盆地东西长仅50公里的狭小空间分布了二里头夏都、偃师商城、东周王城、汉魏洛阳故城、隋唐洛阳城共五大都城遗址。东周时，洛阳文化发达，孔子专程到洛阳"入周问礼"，向老子请教学问。东汉洛阳为政治文化中心，蔡伦在这里多次试验，成功发明了造纸术；张衡在这里发明了浑天仪与地动仪，和一批文人

---

① 张新斌：《郑州大古都的年代学研究》，《郑州商都3600年学术研讨会暨中国古都学会2004年年会论文选编》，中州古籍出版社，2005，第44~50页。

写就不少汉赋名篇，以致"洛阳纸贵"，大家争相抄读。为北魏都时，孝文帝在此完成改革伟业，这里成为民族熔炉的焦点。唐代为东都的洛阳，吸引了来自西亚、中东的客商，他们在这里采购中国商品，由此将中国文明传播到遥远的异国他乡。洛阳的历史，可以说是一部浓缩版的中国中古历史。洛阳在中国古都的东西轴线上，居于中心地位，其他大古都无法替代。开封为七朝古都，大古都积年达 366 年。[①] 早在战国时期，魏惠王迁都大梁，拉开了开封大古都的序幕，但开封历史的辉煌，无疑应属于北宋都城汴京时期。虽然有影响深远的汉唐文明，但汉唐长安的繁华程度却无法与北宋汴京相比。打破了围墙布局的开封，临街开起了许多店铺，吃的、玩的应有尽有，这里无疑是当时世界上最繁华的城市。中国的"四大发明"在这里完善提高；形象逼真的针灸铜人也在这里研制成功，使人们最为直观地感受了人体穴位的奥秘；"包青天"在开封府秉公执法，以至演绎成流传至今的一段传奇佳话。这就是河南的四个大古都，一个代表中国最高文明的"河南时段"，长达 3000 余年的河南建都史。

河南历史的特殊性，造就了河南的古都群。河南有国家历史文化名城 8个，中国历史名镇（村）3 个，省级历史文化名城（镇）19 个。除了四大古都外，在河南的许多地方都保留有古城址，它们都和一个古都、一件重要事件连在一起。南阳、许昌、商丘、浚县、新郑、偃师、卫辉、邓州、沁阳、息县等均还保留有名城风韵。开封的朱仙镇、淅川的荆紫关镇、卫辉的小店河、郏县的临沣寨、博爱的寨卜昌、巩义的吴家山庄等遍布全省的古村小镇，仍是人们寻古探幽的最佳去处。

（二）中原文化的第二个亮点：名人圣贤文化

河南的历史名人，在中国古代圣贤群体中闪烁着耀眼的光芒。在"二十四史"中，有列传的名人共 5700 余人，仅汉、唐、宋、明四个朝代，河

[①] 安阳、洛阳、开封的古都积年，均采用史念海的说法。见史念海《中国古都和文化》，中华书局，1998，第 137~139 页。

南籍名人就达 912 人，占总数的 15.8%，名列各省第一。① "水神"共工是今新乡辉县人，他及他的部族因治水而著称，为中国工匠和工匠精神的源头。"国家之父"大禹是今郑州登封人，他创新思路，治水成功，并缔造了中国第一个国家文明，使中国历史进入了新的时期。"谋圣"姜太公是今新乡卫辉人，他辅佐武王建立了周朝，因谋略神奇，而被记入《封神演义》广泛流传，为民间所熟知。"道祖"老子是今周口鹿邑人，在灵宝函谷关著述了五千言的《道德经》，代表了中华文化最高的思想智慧，体现了东方民族的文化特色，为古往今来世界顶级文化名人中的代表。"墨祖"墨子是今平顶山鲁山人，他的思想学说丰富了中国元典文化的内涵，是与老子、孔子等名流并列的著名思想家。"商圣"范蠡是今南阳宛城人，他辅佐越王勾践卧薪尝胆，实现了灭吴兴越的历史重任；他不恋权位弃政经商，成为当时最富有、最成功的商人，他的为人、为家、为商的全面成功，始终是人们追求的最高目标。"医圣"张仲景为今南阳邓州人，他不但是东汉时的京城名医，还写出了传世巨著《伤寒杂病论》。这本书确立了中医临床的基本准则，也是中医史上影响最大的三部古典医著之一。"科圣"张衡是今南阳卧龙人，他在东汉时发明了浑天仪与地动仪，将中国古代天文与地震科学水平提升到一个不可企及的高度。"字圣"许慎是今漯河郾城人，他撰著了《说文解字》这部伟大的文字经典，号称"千古一书"，所提出的"六书"理论，至今仍是研究汉字的权威解读，许慎也被誉为"文宗字祖"。"诗圣"杜甫是今郑州巩义人，他的"三吏""三别"等作品，代表了唐诗的最高水平，也是历代人们传诵的名篇佳作，他与李白并驾齐驱，代表了唐代文化的最高水平。"文圣"韩愈是今焦作孟州人，他的文章笔力雄健、气势磅礴、豪情横溢、神奇奔放，为唐代古文运动的代表者，他被誉为"百代文宗"，尊居"唐宋八大家"之首。"律圣"朱载堉是今焦作沁阳人，他虽贵为明朝宗室，却甘居田野，潜心研究，首创十二平均律，并引发了世界音乐史上的一场革命，被中外

---

① 张新斌：《中原历史名人与新世纪的中原》，《中州今古》2002 年第 1 期。

学者誉为"百科全书式的科学家",以及"真正的世界历史文化名人"。河南历史名人的特点是数量多、档次高、贡献大。他们是中国历史名人群体中最耀眼的星。

从历史的角度看,宋金及其以前的名人想成大事者,必须到中原,"问鼎中原"成为胸有大志者的理想;诸多影响中国古代历史进程的事件都离不开中原,"逐鹿中原"实际上也是成就大业的象征。伏羲、炎帝建都今周口淮阳,被后人尊为人文始祖;商、周二族分别由东、西到中原发展,成为中国早期文明的主体;孔子重回祖地周游列国,到洛阳"入周问礼",创立了影响世界历史发展进程、影响世界文化发展方向的儒家文化体系;蔡伦从湖南老家来到洛阳,发明造纸术,因此成为世界级的文化精英;魏孝文帝果断地决定从偏居北陲迁都到洛阳,实行汉化政策,也因此而成为中华民族融合的千古名君;司马光在光山"砸缸",在开封任职,在洛阳完成了史学名著《资治通鉴》,由此成为文史大家;"三苏父子"千里迢迢从四川来到开封,逐步名扬天下,苏轼的文章也为当时文人传诵,尽管他平生艰难,但死后仍迁葬河南,眷恋中原。中原的特殊政治与文化地位,对当时的人才有极强的吸引力,人们谋大业要到中原,干大事要到中原,成大家要到中原,出大名要到中原。换句话说,宋金及以前的重量级名人都会与中原联系,都有可能有中原阅历。即使到现代,中原仍是人们创大业、干大事的福地。

(三) 中原文化的第三个亮点:姓氏根亲文化

中华姓氏是中华文化中的特殊文化资源。从古至今中国人所使用的汉字姓氏多达24000个,当代仍在使用的姓氏不足4000个,① 依当今人口数量多少而排列的前100个大姓中,起源或部分源头在河南的达78个,另有20个姓氏在起源过程中与河南有关。在排名前300位的大姓中,起源于河南的

---

① 袁义达:《中国姓氏的历史和文化寻根现象》,张新斌、金平、崔振俭主编《固始与闽台渊源关系研究》,人民出版社,2009,第379页。

达 171 个，还有许多姓氏的郡望地在河南。① 李姓为中国第一大姓，《新唐书》述及李姓的始祖为殷纣王时的"利贞"，"至纣之时，理征字德灵，为翼隶中吴伯，以直道不容于纣，得罪而死。其妻陈国契和氏与子利贞逃难于伊侯之墟，食木子得全，遂改理为李氏。利贞亦娶契和氏女，生昌祖，为陈大夫，家于苦县"。李姓的祖地为鹿邑县。王姓为中国第二大姓，《姓氏考略》云："大抵子孙以王者之后，号曰王氏。"王氏来源复杂，但主要源头为姬姓之王、子姓之王、妫姓之王三支，均在河南。其中最重要的王姓之祖为东周灵王太子王子晋，其后代称为"太原"与"琅琊"王氏。王子晋的居地在今河南偃师，当地还保留有"太子升仙碑"等遗存。张姓为中国第三大姓，《元和姓纂》载"黄帝的第五子青阳生挥"，挥公为颛顼时的弓正，是弓箭的发明者，他的居地在颛顼之都帝丘，即今河南濮阳县。刘姓为中国的第四大姓。刘姓的来源也较复杂，但主支为帝尧的后代，帝尧之后有刘累，《左传》记载他是夏代孔甲帝的御龙师，前半生住在当时的都城即今河南偃师，后半生则"潜于鲁"，即今河南鲁山县。而在台湾地区及海外最有影响的陈、林、郑、黄四大姓，陈姓祖地在今淮县，林姓祖地在今卫辉，郑姓祖地在今荥阳，黄姓祖地在今潢川，这些地方都已成为海外华人到河南寻根的热门地区，联结豫台两地、联结河南与海外的最为牢固的纽带。

河南之所以成为姓氏根亲文化大省，与河南的历史文化关系密切。一是古姓起源于母系氏族社会，而此时河南的文化最为发达。如河南新石器时代便形成了以裴李岗文化—仰韶文化—河南龙山文化为代表的完整文化链条，每个文化还有更为具体的类型作支撑，河南史前文化链条的完整性在一般省份较为少见。二是与姓氏有关的中华人文始祖大都与河南有关。"三皇之首"的伏羲，首创风姓，他的都城在淮阳。炎帝之后有一定的姓氏，炎帝的都城也在淮阳。"五帝之首"的人文始祖黄帝，故里故都在今新

---

① 张新斌：《河南与客家姓氏寻根述略》，刘日太、何正彬主编《石壁与客家世界：第三届宁化石壁与客家世界学术研讨会论文集》，山西人民出版社，2009，第 251 页。

郑。颛顼、帝喾的后裔在 300 个大姓中占 204 个，占总人口的 60%。[①] 三是现代姓氏衍生最多的夏商周三代，都城与古国多分布于河南。如禹都阳城在登封，帝宁居原在济源，桀都斟鄩在偃师。商汤都亳、仲丁迁隞在郑州，河亶甲居相在内黄，祖乙迁邢在温县，盘庚迁殷在安阳。两周时期河南有封国 100 余个，其中东周时迁都洛阳。其他诸侯国，如宋都在商丘、陈都在淮阳、卫都在淇县、许都在许昌、蔡都在上蔡、黄都在潢川、江都在正阳、蒋都在淮滨、郑都在新郑、虢都在三门峡、赵都在鹤壁、韩都在新郑、魏都在开封等，仅郑、卫、宋三国衍生的姓氏就多达 500 余个。四是汉族在发展过程中融合了较多的少数民族，融汇的中心也在河南。如北魏拓跋族等少数民族改为汉姓的姓氏多达 114 个，这些姓氏多与洛阳有关。汉唐之间设置的颍川郡（治禹州等）、河内郡（治武陟等）、河南郡（治洛阳）、荥阳郡（治郑州）、汝南郡（治汝南等）、陈郡（治淮阳）、南阳郡（治南阳）等，多已成为中华姓氏的郡望所在。五是因战乱而形成的中原士民南迁，也以河南为中心。如西晋末年的南迁移民，与南方、客家族裔有关。唐代的固始移民与闽台族裔有关。宋末的开封"珠玑巷"移民与岭南族裔有关。如此种种，在中国的汉族人口中，如果翻开家族的迁移史，人们就会发现，他们大多数人的根在中原，"老家河南"，河南是他们最早的原乡。

四

当人们来到河南之后会发现，河南是个典型的文化资源大省。文物景点遍布全省，文化深深植根于这片土地，广泛影响着上亿居民的民风，而传统节日正是展示这些文化的最佳时机。

---

① 袁义达：《颛顼帝喾后裔姓氏分布初探》，张新斌、张顺朝主编《颛顼帝喾与华夏文明》，河南人民出版社，2009，第 343 页。

（一）影响巨大的物质文化遗产

翻开河南物质文化遗产的家底，人们便会惊讶地发现，这是一个不断增加的宝库，河南的地下文物数量居全国第一，地上文物数量全国数第二，而且谁也不敢预想河南的地下还会有什么惊人的发现，除了刚刚发现的曹操墓，也许还有更多您想不到的东西。

河南不可移动文物有 65519 处，包括世界文化遗产 5 处，全国重点文物保护单位 358 处，河南省文物保护单位 1283 处，市、县级文物保护单位 4000 余处，由各级政府公布的文物保护单位的数量，也在全国数第一。在评选出的"20 世纪中国 100 项考古大发现"中，河南有 17 项入选；自 1990年至 2017 年公布的"全国十大考古新发现"，河南达 45 处；河南馆藏文物有 140 万件，这些都在全国数第一。龙门石窟于 2000 年正式列入世界文化遗产名录，从北魏历隋唐到宋代的 400 余年间，在仅长 1 公里的龙门山的石壁上密密分布着佛龛 2355 个、题记和碑刻 2600 余幅、石刻佛塔 70 余座、各类造像 10 万余尊，可以说龙门石窟是中国中古时期的佛教艺术宝库，代表了盛世中国的最高艺术水平。2005 年安阳殷墟正式列入世界文化遗产名录，从 1928 年至今进行了长达 80 余年的考古发掘，揭露了洹北商城，发现了 50 余处商代宫殿，发掘了 13 座殷商王陵及 2000 余座陪葬墓和祭祀坑，出土了"司母戊"大方鼎等大量精美的青铜器，尤其是出土了 15 万片甲骨，发现了殷商时期刻写的 5000 个单字，从而较为完整地向世界展示了中国的早期文明，殷墟无疑是中国早期文化的圣地。2010 年正式列入世界文化遗产名录的登封"天地之中"历史建筑群，包括具有较高知名度的观星台、中岳庙、太宝阙、少室阙、启母阙、会善寺、嵩阳书院、嵩岳寺塔、少林寺常住院、塔林、初祖庵等 8 处 11 项古代建筑精华，时代跨度为汉、魏、唐、宋、元、明、清，构成了中原地区上下两千年形象直观的建筑史，为中国时代跨度最长、文化内涵最丰富的建筑群，是中国先民独特宇宙观与审美观的真实体现。2014 年列入世界文化遗产名录的"中国大运河"涉及中国的 8 个省份，包括河南的洛阳回洛仓遗址和含嘉仓遗址，通济渠郑州段，商丘南关段、夏邑段，永济渠滑县—浚县段，浚县黎阳仓等 7 个点。同年列入世界文化遗产名录的"丝绸之路"是个跨国跨省项目，包括河南的汉魏洛阳城遗址、新安汉函谷关遗址、隋唐洛阳城定鼎门遗址、崤函古道石壕段遗址等 4 个点。河南也成为这一年"双申遗"成功的唯一省份。河南文物的级别之高、影响之大、系列之完整，在全国仅见。

（二）丰厚庞大的非物质文化遗产

河南的非物质文化遗产，也是一个文化大宝库。河南现有国家级非物质文化遗产 22 项，河南省非物质文化遗产 121 项。[①] 民间文学中，汝南的梁祝传说、武陟等地的董永传说等，在国内有较高的知名度。民间音乐中，沁阳的唢呐艺术、南阳的板头曲等独具特色。民间舞蹈中，孟州的大龙舞、灵宝的齐天圣鼓等，极具魅力。传统戏剧与曲艺是河南的强项，其种类之全、数量之多在全国数第一。豫剧、宛梆、越调、河洛大鼓、目连戏、曲剧、四平调、大弦戏、道情戏、怀梆、大平调、河南坠子等，各有千秋，百花争艳。杂技与竞技中，以少林武术、陈氏太极拳为代表，它们是中国功夫的化身，已成为河南亮丽的名片。民间美术中，朱仙镇的木版年画、浚县的"泥咕咕"，都是在国内叫响的民间艺术品。手工技巧中，杜康的酿酒工艺、钧瓷的烘制技术、镇平的玉雕工艺、洛阳的唐三彩、开封的汴绣工艺等，历史悠久，在海内外都具有一定的知名度。民俗与文化空间中，则以淮阳太昊伏羲祭典和宝丰马街书会最具代表性，"担经挑"是伏羲庙会中最有特色的民间表演活动，是上古文化的活化石。马街书会则是全国曲艺艺人的年度盛会，也是百姓最开心的艺术大宴。民间美食中，以洛阳水席、开封第一楼小笼灌汤包子、郑州羊肉烩面、信阳土菜、西华逍遥镇胡辣汤最具特色，也是来到河南旅游的人必尝的美味佳肴。中医以洛阳正骨、百泉药会最有代表性；《大国医》电视剧的热播，也让洛阳的中医正骨世

---

① 河南省社会科学院课题组：《河南省文化资源总盘点》，焦锦森、赵保佑主编《河南文化产业发展报告（2008）》，社会科学文献出版社，2008，第 92~97 页。

家，名扬全国。中药中，焦作的"四大怀药"的种植与炮制，以及禹州中医中药炮制技艺得以传承与发扬。

（三）秀美壮丽的河南自然风光

河南不仅文化厚重，而且山川秀丽。在山地丘陵占44%的土地上，分布着太行山、伏牛山及桐柏—大别山。全省共有31个自然保护区，内乡宝天曼为河南省唯一的"世界生物圈保护区"。还有国家级自然保护区10处，省级自然保护区19处。云台山、王屋山—黛眉山、伏牛山被公布为世界地质公园，还有国家地质公园5处、省级地质公园4处。南阳独山玉被公布为国家矿山公园，西峡恐龙蛋化石群为国家地质遗迹保护区。全省森林旅游景区共118处，各级森林公园107处，包括嵩山、灵宝亚武山、嵩县的白云山等国家级森林公园29处，省级森林公园63处。全省共有各类水库2351座，其中大型水库21座，中型水库101座，已开发成景区的水库90余座。小浪底、鲁山昭平湖、林县红旗渠等国家级水利风景名胜区18处，省级水利风景名胜区6处。①

河南的山，各有特色。北有太行山，以苍劲、雄浑为特征。安阳林州的太行大峡谷，壮观，代表了太行山的大气。新乡辉县的太行精品郭亮、关山，灵秀，代表了太行山的风韵。焦作修武的云台山、博爱的青天河、沁阳的神农山，多姿，代表了太行山的美，彻底改变了人们对北方山水的看法。济源王屋山为道教圣山；登封的中岳嵩山，是中国文化与山水美景有机结合的最佳代表。伏牛山是一头卧于中原大地上的黄牛，大气、秀美、灵巧。洛阳的嵩山、栾川，平顶山的鲁山，南阳的西峡、内乡，都已成为体验山水、休闲度假的旅游目的地。信阳的鸡公山、金刚山、南湾湖，也成为大别山景区的最佳代表。洛阳与济源境内的黄河小浪底，则代表了人类水利工程的最高成就，也以高峡平湖的雄姿，吸引人们前来游玩。河南的山水，也和文化一样，值得海内外的游客关注。

---

① 河南省社会科学院课题组：《河南省文化资源总盘点》，焦锦森、赵保佑主编《河南文化产业发展报告（2008）》，第97~103页。

五

中国之中就是中原，中原之核就是河南。如果用四个关键词概述河南，那就是缩影、朝圣、家园、福地。①

所谓"缩影"，就是指河南是中国的缩影。一是人口。中国为人口大国，约有 13 亿人；河南为人口大省，约有 1 亿人。河南的人口是甘肃、新疆、海南、宁夏、青海、西藏的总和，河南为全国第一人力资源大省。二是农业。中国是农业大国，河南是农业大省，河南的农业涉及国家安全，河南是中国的大粮仓和大厨房。三是经济。中国的经济总量已跃居世界第 2 位，河南的经济总量多年排全国第 5 位。河南作为新兴工业大省，工业增加值也在全国排第 5 位。但中国人均 GDP 在世界排 102 位，河南的人均 GDP 在全国也处倒数。四是文化。中国是历史悠久的文明古国，河南则是中国古代辉煌文明的代表。五是形象。中国经济发展，面临人口素质的大问题，河南也面临同样的问题。河南就是缩小版的中国，也是体验中国文化的地方。

所谓"朝圣"，是指河南是中华文化的圣地，是中华文化圣地的核心区。圣地串联着一个圣文化系列：嵩山是以"天地之中"为代表的中国宇宙观与审美观的最佳体验地，是儒道佛文化和谐相处的最佳典范，是中华文化圣山。洛阳是中国东西大古都轴线的轴心，在上古与中古时期，西安与洛阳珠联璧合，有了为都城的西安和开封，必有为辅都的洛阳；但是洛阳可以单独为都，洛阳的历史可以说是中国史的最浓缩版，如果将洛阳的历史去掉，中国的历史是无法讲完整的，洛阳的文化是中国中古辉煌文化的集中体现，所以洛阳是中华文化圣城。河南段黄河，无论是在地貌形态上，还是对中华文明进程的影响上，尤其是对黄河的治理上，均为其他段

---

① 张新斌：《解读河南文化的四个关键词》，《学习论坛》2010 年第 2 期。

黄河不可比拟的，因此河南段黄河为中华文化圣河。[①] 其他，还有代表民族融合的姓氏郡望河南堂为中华文化圣堂。河南的大量历史名人是中华圣贤。所有这些，使人们不得不对河南有新的看法，当中国经济发展、国力增强之时，到河南朝圣东方文明、朝圣中华文化可能会成为全球最为流行的理念。

所谓"家园"，是讲河南是中国人的根，是中国人的精神家园。中国姓氏大多起源于河南，河南也成为中国人寻根的祖地。如果细究家谱，当代人可能会发现，自己的祖先与河南有联系，是从河南迁向远方的，因此，"老家河南"是中国人永恒的精神家园。

所谓"福地"，是讲古代河南会聚各方英才，成就大业。河南人习惯于域外精英"入主中原"，对各方英才有广为接纳的传统。河南并不仅仅是河南人的河南，更是中国人的河南，因此河南是成就伟业的福地。

河南人爱说"中"，河南人勤奋、平和、宽厚，中庸的理念植根于骨子里。河南人与"中"的情缘，是其他任何地方无法比拟的。"天下之中，中国缩影"，这是对河南最形象的概括，也是追寻中原文化印记最贴切的认识。

[①]　张新斌：《论河南段黄河为中华文化圣河》，《学习论坛》2008年第2期。

中原地区与中原文化简论

程有为[*]

世界上的四大文明古国，皆仰赖大河的恩惠，如美索不达米亚（又称巴比伦）文明之于幼发拉底河、底格里斯河，埃及文明之于尼罗河，印度文明之于印度河、恒河，中华文明之于黄河、长江。黄河流域和长江流域是中华文明的主要发祥地。中华文明数千年来绵延不断，形成了历久弥新的中华传统文化。

中国是一个疆域辽阔的大国，根据自然环境的差异与地缘政治的状况，可以划分为许多地区。就黄河流域而言，其上游为甘青地区，下游为海岱地区，中游为中原地区。"中原"号称"天下之中"，亦名"中土""中州"，以别于四方和边疆地区。中原因其区位优势，成为古代中国一个特别重要的地区。中原文化植根于中原地区，是中国古代的地域文化之一，且长期在中国传统文化中居于核心地位。深入研究中原文化，阐述其形成和演变的历史，揭示其发展规律，有利于加深对黄河文明、中华文明与中华传统文化的认识。

一 中原、文化与中原文化

（一）中原与中原地区

"中原"一词，始见于先秦文献《诗经·小雅》。其《吉日》云："瞻

---

* 程有为，河南省社会科学院研究员，研究方向：中国古代史、河南地方史与中原文化。

彼中原，其祁孔有。"《小宛》云："中原有菽，庶民采之。"① 在这些诗篇中，"中原"指的是原野，而非特定的地域。春秋以降，"中原"方逐渐成为一个地域概念。

作为方位概念的"中"，与四方相对。而作为地域概念的"中原"，是取"天下之中"的含义。由于黄河与其支流伊洛河交汇的地区是中华文明肇始阶段和夏、商、周三代的奠基之地，被称为"天下之中"。西汉初刘敬说：周成王、周公"乃营成周雒邑，以此为天下之中也，诸侯四方纳贡职，道里均矣"。"雒"是"洛"的异体字，即洛阳。"成周雒邑"即今河南洛阳。著名史家司马迁也说："昔唐人都河东，殷人都河内，周人都河南。夫三河在天下之中，若鼎足。"② 以古都洛阳为中心的河东、河内、河南地区被称作"天下之中"。西晋左思说："九土星分，万国错跱。崤函有帝皇之宅，河洛为王者之里。"③ 东晋十六国时期王弥也说："洛阳天下之中，山河四塞。"④

"天下之中"又称"地中""土中"，反映了古人的宇宙观念。《周礼》说大司徒的职掌之一就是"以土圭之法测土深，正日影，以求地中"。"日至之景，尺有五寸，谓之地中，天地之所合也，四时之所交也，风雨之所会也，阴阳之所和也。然则百物阜安，乃建王国焉。"⑤ 中原不仅在地理位置上居中，而且在气候、物产方面也比四方优越，因而宜为帝王建都之地。西周时以洛邑（今河南洛阳）为地中，日至（即夏至）影长一尺五寸即测于此。阳城（今河南登封告成）有"周公测影台"，据说周公在此测日影，以此为地中。近年登封"天地之中"历史建筑群被列入世界文化遗产名录，即以此为依据。东汉人王充说："九州之内五千里，竟三河土中。周公卜宅，《经》曰：'王来绍上帝，自服于土中。'雒则地之中也。"⑥ 由此可见，

---

① 朱熹集注《诗集传》，上海古籍出版社，1958，第118、138页。

② 《史记》卷97《刘敬传》、卷129《货殖列传》，中华书局，1959，第2716、3262页。

③ 左思：《三都赋序》，萧统编，李善注《文选》卷4，中华书局，1977，第75页。

④ 《资治通鉴》卷87，永明十一年，中华书局，1956，第2764页。

⑤ 杨天宇译注《周礼译注》第二《地官司徒》，上海古籍出版社，2004，第150页。

⑥ 王充：《论衡》卷24《难岁》，上海人民出版社，1974，第377页。

"地中"与"土中"的含义似乎有区别,"地中"指的是一个点,即都城所在地;"土中"即"中土",指的是一片,即中部地区。

和"中原"相近的概念还有"中州"。《禹贡》托名大禹治水,分天下为冀、兖、青、徐、扬、荆、豫、梁、雍"九州",其外围又有"五服"。九州从"冀州"始,而"豫州"居九州之中。汉代人以冀、豫二州为中土。如西汉刘安等解释"何谓九州",罗列八州之后说:"正中冀州曰中土。"① 东汉王充说:"建初孟年,中州颇歉,颍川、汝南民流四散。"② 东汉时颍川、汝南二郡属于豫州,王充直接称之为"中州"。总之,豫、冀二州位于黄河中游地区的大河南北,并称"中州",与中原地区大体相合。

"中原"是一个历史地理概念,由于历史时代不同,"中原"所指地域不断发生变化。

至迟在春秋时期,"中原"已经成为一个地域概念。晋惠公六年(前645)秦军侵晋,败晋军于韩原(今山西河津、万荣间),俘晋惠公以归。秦穆公向其大夫咨询如何处置晋惠公,公子絷主张杀之,公孙支说:"不可。耻大国之士于中原,又杀其君以重之,子思报父之仇,臣思报君之仇。虽微秦国,天下孰弗患?"③ 在此,公孙支称晋国之地为"中原"。晋公子重耳至楚国避难,离开时对楚成王说:"若以君之灵,得反晋国,晋、楚治兵,遇于中原,其辟君三舍。"④ 重耳所说的"中原"指晋、楚两国之间的土地,即今河南地区。总之,最早的"中原"指的是黄河中游地区,包括今晋南、豫西及豫中地区。

战国秦汉时期所谓"中原"似不包括关中地区。秦末楚汉之际齐地辩士蒯通对汉高祖说:"秦之纲绝而维弛,山东大扰,异姓并起,英俊乌集。秦失其鹿,天下共逐之,于是高材疾足者先得焉。"⑤ 这就是"中原逐鹿"

---

① 何宁:《淮南子集释》卷4《地形训》,中华书局,1998,第312页。
② 王充:《论衡》卷29《对作》,第443页。
③ 《国语》卷9《晋语三》,上海古籍出版社,1988,第328页。
④ 杜预:《春秋左传集解·僖公二十三年》,上海人民出版社,1977,第334页。
⑤ 《史记》卷92《淮阴侯列传》,第2629页。

的成语典故。此处所言之"山东",即华山或者崤山以东;或称"关东",即潼关或函谷关以东。"山东"和"关东"均包含中原地区。西汉景帝时发生吴、楚七国之乱,叛军被击败于梁、齐、赵地,即今河南商丘、山东淄博和河北邯郸一带。时赵人徐乐上书言:"七国谋为大逆……然不能西攘尺寸之地而身为禽于中原者,此其故何也?"① 徐乐所说吴、楚诸王被擒之地"中原",显然是关东或山东地区。

在中国历史上的国家分裂时期,"中原"常与四方,特别是"南方"相对称。如三国时期蜀相诸葛亮的《出师表》说:"今南方已定,兵甲已足,当奖帅三军,北定中原。"② 诸葛亮以曹魏所辖的东汉王朝腹地为中原。十六国时期羌族首领姚弋仲对诸子说:"今石氏已灭,中原无主,自古以来未有戎狄作天子者。"③ 姚弋仲以后赵的辖境即今河北、河南、山东、山西一带为中原。北宋末宋高宗为避金兵欲逃往东南,李纲奏曰:"盖河北、河东者,国之屏蔽也。料理稍就,然后中原可保,而东南可安。"又说:"自古中兴之主,起于西北,则足以居中原而有东南;起于东南,则不能以复中原而有西北。"④ 此处的"中原"主要是指以宋东京开封与西京洛阳为中心的地区。

值得特别提及的是,在宋辽夏金元政权对峙时期,人们称北宋辖境为"中国",并以之与"中原"互称。例如岳飞手疏言:"金人所以立刘豫于河南,盖欲荼毒中原,以中国攻中国,粘罕因得休兵观衅。"⑤ 又如《大金国志》称金熙宗"童时聪悟,适诸父南征中原,得燕人韩昉及中国儒士教之"。⑥

在国家分裂或民族矛盾尖锐的时期,"中原"的地域概念更加泛化,其

---

① 《史记》卷112《平津侯主父列传》,第2956页。

② 《诸葛亮集·文集》卷1,中华书局,1960,第517页。

③ 《晋书》卷116《姚弋仲载纪》,中华书局,1974,第2961页。

④ 《宋史》卷358《李纲传》,中华书局,1977,第11254、11257页。

⑤ 《宋史》卷365《岳飞传》,第11386页。

⑥ 宇文懋昭著,崔文印校证《大金国志校证》卷12《熙宗孝成皇帝四》,中华书局,1986,第179页。

内涵由地域方面向文化方面转化，成为"中国""中华"的代表或者同义词，有很强的象征意义。例如元明之际朱元璋的《奉天讨元北伐檄》写道："当此之时，天运循环，中原气盛，亿兆之中，当降生圣人，驱除鞑虏，恢复中华，立纲陈纪，救济斯民……盖我中国之民，天必命我中国之人以安之，夷狄何得而治哉！余恐中土久污膻腥，生民扰扰，故率群雄奋力廓清。"① 这段话以中原、中土与中国、中华互称。近代革命志士邹容之《革命军》亦言："忍令上国衣冠，沦于夷狄；相率中原豪杰，还我河山！"② "上国"亦指中原地区。

由于"中原"一词在不同时期所指代的意义不尽相同，中原地区的地域范围颇难界定。著名史学家吕思勉概言："原来古代所谓中原之地，不过自泰岱以西，华岳以东，太行以南，淮汉以北，为今河南、山东的大部分，河北、山西的小部分。"③ 当代历史地理学者指出"中原"有广义和狭义之分："如果仅从传世文献来看中国古代史，黄河中下游曾是华夏文明的渊薮，所以狭义的中原，专指中国古代在关中、河洛立都的王朝而言，是以这一地域为中心看天下的中土心理。广义的中原，泛指黄河中下游地区，应当说也是来自古代的地域认知传统。"④ 要之，狭义的"中原"指今河南一带，广义的"中原"指黄河中下游地区。

2012 年国务院批复的《中原经济区规划（2012—2020 年）》指出：中原经济区涵盖范围"包括河南省全境，河北省邢台市、邯郸市，山西省长治市、晋城市、运城市，安徽省宿州市、淮北市、阜阳市、亳州市、蚌埠市和淮南市凤台县、潘集区，山东省聊城市、菏泽市和泰安市东平县"，共涵盖 30 个地级市和 3 个县区。⑤ 中原经济区的范围除河南全省外，还包含河北、山西、山东、安徽四省与河南邻近的地区。这一区域界定虽然着眼

---

① 《明实录·太祖实录》卷 36，历史语言研究所校印本，第 402~404 页。
② 《邹容文集》，重庆出版社，1983，第 58 页。
③ 吕思勉：《中国文化史》，新世界出版社，2008，第 297 页。
④ 李孝聪：《中国区域历史地理》，北京大学出版社，2004，第 149 页。
⑤ 刘先琴、董一鸣：《中原迈上新征程》，《光明日报》2012 年 12 月 3 日，第 1 版。

于经济方面，又立足于当代，但也有一定的历史依据，可以作为我们确定中原区域范围的参考。

笔者以为，关于"中原"地区的界定，宜参考前人曾称作"中州"的《禹贡》冀、豫二州辖境，司马迁称作"天下之中"的"三河"（河东、河内、河南）地区，以及汉唐以降的行政区划情况。中原地区的范围，应以明、清至今的河南省辖区为主体，兼及周边地区，如山西南部、河北南部、山东西部、安徽北部及陕西东部等。它大致北起霍泰山、漳河一线，南至桐柏、大别山，西起华山，东至黄淮平原西半部。

中原地区的政治关乎天下兴亡，牵系国家盛衰；经济长期领先于全国，居于全国经济重心地位；文化博大精深，是中国传统文化的核心和主流之一。北宋灭亡以后，全国政治、经济、文化中心外移，中原地区在全国的地位下降，逐渐落后于沿海沿江地区。

（二）"文化"的概念及其内涵

何谓"文化"？中国和西方，古代和近现代，都有各种不同理解。

在中国古代，"文"的本义指各种交错的纹理，引申为包括语言、文字在内的各种象征符号，进而具体化为文物典籍、礼乐制度，及与"德行"对称的"道义"等；又由纹理义导出彩画装饰之义，引申为修饰、人为加工、经纬天地，与"质"对称，与"实"对称；进一步推衍为美、善、文德教化，以及文辞、文章，与"野"对称，或与武事对称。"化"则有变、改、化生、造化、化育等义。归纳起来，"化"的含义是二物相接，某一方或双方改变形态性质，由这层内涵引申为教行、迁善、告谕使人回心、化而成之等。[①]

"文"与"化"的并联使用最早见于战国末年。《易传》称："刚柔交错，天文也。文明以止，人文也。观乎天文以察时变；观乎人文以化成天下。"[②] 此处"人文"与"化"紧相连接，已接近"以文教化"的表述方

---

① 冯天宇等：《中华文化史》（第2版），上海人民出版社，2005，第3~6页。
② 周振甫译注《周易译注》上经《贲卦》，中华书局，1991，第80页。

式，但尚未构成一个词语。西汉以后，"文化"正式作为专有名词使用，如刘向说："圣人之治天下也，先文德而后武力。凡武之兴为不服也，文化不改，然后加诛。"① 此处已将"文"与"化"连用，"文"是文德，"化"是教化，即借文德以行教化。西晋时期的诗文中出现了完整的"文化"词语和概念。如束皙的《补亡诗》云："文化内辑，武功外悠。"② "文化"与武力征服相对应，其含义包括文治、教化和礼乐典章制度，有辑和于内之功。总之，"文化"是一个中国古已有之的词。中国古代的"文化"概念，大约是指文治教化的总和，基本属于精神文明的范畴。

在欧洲的文艺复兴时期，人们将"文化"视为"艺术的总称"，强调文化是人类对美的追求和自由的创造。19 世纪以降，不同领域的学者提出了各自的文化概念。心理学家强调文化是人们借助于自然科学和人文科学包括文学艺术中一切真、善、美的东西，陶冶心灵，追求社会完美和和谐的过程；人类学家以为文化或文明包括知识、信仰、艺术、道德、法律、习俗等，强调它是一个"复杂的整体"和"整个的生活方式"；社会学家认为文化是指人造物品、货物、技术过程、思想、习惯和价值观念，强调价值观念和价值系统是文化内涵的核心。③

今天通用的"文化"一词，是近代学人在译介西方相关语汇时，吸收西方学术思想，借用中国固有的"文"、"化"及"文化"等词语，并赋予新的含义，加以熔铸再造而成的。著名学者梁启超说：广义的文化"包括政治经济；狭义的仅指语言、文字、宗教、文学、美术、科学、史学、哲学而言。狭义的文化尤其是人生活动的要项"。④ 概括而言，所谓文化，就是人类创造的物质文明和精神文明的总和，是人类特殊的生活方式和活动方式，是社会成员共同的文明素质和心理结构；是民族的集体智慧、集体

---

① 刘向撰，赵善诒疏证《说苑疏证》卷 15《指武》，华东师范大学出版社，1985，第 420 页。
② 萧统编，李善注《文选》卷 19《诗甲》，第 273 页。
③ 郑师渠总主编《中国文化通史》，中共中央党校出版社，2000，第 2~3 页。
④ 梁启超：《中国历史研究法补编》分论三《文物的专史》，《中国历史研究法》附录，东方出版社，2012，第 274 页。

性格；是凝结在社会成员中的核心价值、行为定式。

当前，人们更多地将文化分为物质文化、制度文化和精神文化三类，或者物质文化和精神文化两类。今人一般认为，广义的文化就是人类创造的一切，即物质文化、制度文化和精神文化的总和。狭义的文化就是指精神文化，即观念形态的文化，它是整个文化结构中最深层的部分，"包括思想、观念、意识、情感、意志、价值、信仰、知识、能力等等人的主观世界的活动及其物化的形态或外铄的成果，如典籍、语言、文字、科技、文学、艺术、哲学、宗教、道德、风习，等等"。①

显然，广义的文化等同于"文明"，人类社会的方方面面几乎无所不包，应该属于历史学或社会学的研究范畴。对文化或文化史研究者而言，"文化"应该取其狭义，即精神文化。

（三）中原文化

中原文化区的提出，首先来自考古学界的区系类型理论。苏秉琦将现今中国人口分布稠密的地区分为六大区系，"以晋、陕、豫三省接邻地区为中心的中原地区"为其中之一。宿白将中国考古学文化分为六大区系，其中也包括"以关中、晋南、豫西为中心的中原"。严文明认为新石器时代黄河、长江流域有六个较大的文化系统，其中包含"黄河中游的中原文化系统"。李学勤将中国青铜时代分为七个文化圈，"中原"为其中之一。

广义的中原文化是以中原地域为基础的物质文化、制度文化和精神文化的总和。在农业文明和内陆文明占主导地位的时代，中原区位特点显现出其居"天下之中"的优势，它在中国古代不仅是政治与经济生活的主要舞台，也是主流文化和主导文化的发源地。区域文化突出表现为政治一体化状态下的地方特色。当传统区位特征发生变化后，其文化因子上的物质层面随之发生变化，而精神层面则独立于政治、经济之外，以对客观世界反映的观念形态出现，支配人们的思想行为，并随着时代的发展不断充实

---

① 郑师渠总主编《中国文化通史》，第6~7页。

而系统化，呈现出新的特色。我们研究中原文化，应更多关注其精神层面。

就文化的地域性而言，在中原大地产生和发展起来的中原文化，既是区域内文化长期传承积累的结果，也是以自己的文化底蕴为基础，与周边文化相互碰撞、吸收和融合的结果，是历史发展的时间和地理环境的空间的结合体，因而具有特定的文化意义。

就文化的民族性而言，史前、先秦时期的中原文化是以华夏部族文化为主体的。史家将上古民族分为华夏、东夷、苗蛮三个集团，或者河洛民族、海岱民族和江汉民族三个族群。所谓华夏集团即河洛民族。史前时期华夏集团生活在今陕东、豫西和晋南一带。苏秉琦说："仰韶文化的庙底沟类型可能就是形成华族核心的人们的遗存，庙底沟类型的主要特征之一的花卉图案彩陶，可能就是华族得名的由来，华山则是可能由于华族最初所居之地而得名。"[1] 河南三门峡一带是庙底沟文化的中心区，伊洛盆地、嵩山周围又为夏族居地。史称："自洛汭延于伊汭，居阳无固，其有夏之居。"[2] 可见，华族的中心区在河南、山西、陕西三省交界地区，夏族的中心区则在豫西的伊洛平原和嵩山一带，在其东方有夷族，南方有苗蛮。其间曾发生过接触和争斗，也发生着文化的交流和相互影响。夏部族建立夏王朝，豫西和晋南地区为其核心区。商部族在漳河流域崛起，南下灭亡夏王朝，建立商王朝。周部族在关中渭水流域兴起，东下灭亡殷商，建立周王朝。夏、商王朝的都城迁徙频繁，而大多在中原地区，西周王朝又营建洛邑以为东都。夏、商、周三代，三个部族在中原地区杂居融合，逐渐成为一体。三代统治者都是华夏文化的传承者。周族自以为是华夏部族的后裔，自觉抵御戎夷的内侵。春秋时期中原诸国倡导"尊王攘夷"，主张"裔不谋夏，夷不乱华"，[3] 又以文化礼仪而不以血统作为"华夷之辨"的标准，努力维护华夏文化传统。汉代以降，中原地区成为汉族的中心区，中原文

---

① 苏秉琦：《关于仰韶文化的若干问题》，《考古学报》1965 年第 1 期。
② 《逸周书》卷 5《度邑解》，齐鲁书社，2011，第 46 页。
③ 杜预：《春秋左传集解·定公十年》，第 1675 页。

化是以汉族为主体兼容其他民族的文化。冯友兰说："中华民族是以中原文化为中心，团结各时期的四方各民族而形成的。这样中华民族的意识，到现在还是团结我国各民族的一种很大的力量。"[①]

与中原文化密切相关的文化概念，还有河洛文化。河洛文化是根植于河洛地区的文化。河洛地区是黄河中游干流与其支流伊洛河交汇的地区，它以洛阳为中心，主要包括今河南省的西部、中部和北部及山西南部地区。河洛地区是中原地区的核心区，河洛文化也是中原文化的核心。

文化是时代的产物。中原文化除了空间范围规定，还应有其时间断限。笔者以为，所谓中原文化指的是中原地区的传统文化，其时段主要在中国古代，近代为传统文化延续和转型期，尚可包括在内。

二 中原文化的环境生态

中原是中国地域文化生成、发展的一方沃土。首先，它自然环境优越，适宜人类生存，有利于社会经济的发展。其次，它是全国建都时间最长的地区，长期是全国的政治中心，兵家必争，大事迭出，贤才会聚。最后，它是华夏部族的起源地，汉民族的中心区，也是民族融合的重要地区。这些，为中原文化的生成和发展营造了良好的环境。

（一）优越的自然环境

中原优越的自然环境，包括多样的地形地貌、温和的气候、得天独厚的区位优势、四通八达的水陆交通等。

中原地区位于黄土高原和华北平原的过渡地带，西起黄河、华山，东至黄淮海平原的西半部，北起吕梁山、太岳山、太行山，南至桐柏山、大别山。北、西、南三面为山地环抱。西部山地是秦岭的余脉，中条山、崤山、熊耳山、伏牛山、外方山呈扇状分布，山高林密。黄河以北有太行山

---

① 冯友兰：《中国哲学史新编》（上），人民出版社，2004，第76页。

前盆地、长治盆地、运城盆地、临汾盆地，黄河以南有南阳盆地和伊洛盆地。东部平原一望无垠，土壤肥沃。处于山地与平原过渡地带的黄土丘陵土层深厚。中原地跨黄河、淮河、海河和长江四大流域。黄河横贯中部，主要支流有伊洛河、沁河、汾河。淮河发源于桐柏，支流有颍河、涡河、洪汝河。北部的卫河、漳河流入海河，西南部的湍河、唐白河注入汉水。河流纵横，利于灌溉与水运。中原属于大陆性季风气候区，四季分明，气候温和，雨量适中。总之，多样性的地形地貌、温和的气候、丰富的资源，适宜人类生活和生产发展。

中原有"天下之中"的区位优势。秦岭、淮河是中国南方与北方的分界线，中原地跨淮河南北，西部山区为秦岭余脉，南北方向上居全国中部，东西方向上偏东。中原地区在交通、贡赋、地理形势等方面具有得天独厚的优势。

中原地区交通便利。夏、商、周三代已修筑都城通往各地的道路。秦朝咸阳向东的主干道横贯中原地区。从东汉开始洛阳成为丝绸之路的东端起点，西经关中、河西走廊可达西域。北宋时期以东京开封为中心的陆路四通八达。战国时魏国开凿的鸿沟连通黄河和淮水，成为大梁（今河南开封）通往东南的水上运输线。汉末建安年间曹操在黄河以北开凿白沟运河和利漕渠，又在黄河以南修治睢阳渠，已有南北运河的雏形。隋炀帝时开凿以洛阳为中心、北至涿郡、南达余杭的大运河，极大地方便了中国南北的水上交通。北宋开封周围有四条渠道，汴水是一条水上大动脉。尽管元代将大运河截弯取直，贾鲁河和卫河仍然是重要的水上运输线。总之，在中国古代，洛阳、开封长期是全国的交通中心，便利的交通为中原经济发展、文化交流提供了良好的条件。

（二）发达的社会经济

中原所在的黄河中游地区气候温暖湿润，土壤疏松肥沃，中国北方的原始旱作农业率先在这里出现，裴李岗文化遗址发现的石斧、石铲等农具以及人工栽培的粟和稻粒，磁山文化遗址的粮食窖藏，就是证明。中原地区属于粟作和稻作的交叉区，在气候、土壤、植被和农作物等方面具有南北过渡的特征。土地肥沃，光照充足，雨量适中，作物一年两熟或两年三熟。春秋战国时期中原地区开始使用铁制农具，推广牛耕，由原始农业进入传统农业阶段。汉代中原地区土地普遍垦殖，生产技术先进，灌溉形成网络，成为粮食和丝麻的主要产区。隋、唐前期中原地区人口稠密，山区和河陂岸畔的土地也得到垦殖，是全国粮食和蚕丝的首要产区。北宋中原地区农业仍有所发展，此后逐渐落后于江南地区。

中原地区的手工业也很发达。夏、商、周三代铸铜是重要的生产门类，创造了辉煌的青铜文明。冶铁业在战国时期迅速发展，汉代在全国居领先地位。当时已能炼成性能良好的铸铁脱碳钢和球墨铸铁，比西方早一千多年。陶瓷也是一个重要门类。南北朝时期卫河、漳河流域成为瓷器的重要产区。巩义黄冶发现了唐代烧制三彩陶的窑址，洛阳出土的唐三彩釉色斑斓。五代郑州柴窑的瓷器有"青如天，明如镜，薄如纸，声如磬"之誉。[1]宋代全国有五大名窑，中原独有其三，即官窑、钧窑、汝窑。中原也是丝麻纺织品的重要产区，汉代全国设有两个服官，陈留郡襄邑（今河南睢县）即为其一。魏晋时丝织品种类繁多，质量上乘。隋朝迄唐代前期，黄河南北是全国盛产丝织品的地区。北宋开封锦院所产丝织品和"蜀锦"并称天下第一。

夏代中原地区商业兴起。春秋战国时期，周（今河南洛阳）人经商之风甚盛，郑、卫、宋国商业发达。秦、西汉时期，洛阳、宛县（今河南南阳）是全国著名的商业都市。东汉魏晋时洛阳成为全国商业的中心。隋朝东都洛阳的丰都市有 120 行 3000 多个店肆，盛唐时洛阳城人口已过百万。北宋东京（今河南开封）人口逾百万，店铺密集，夜市和瓦市兴起，是当时世界上商业最发达的国际都会。

总之，中原地区是全国经济开发最早的地区，夏、商、周三代中原经济在全国最为发达。春秋、战国至西汉，中原所在的关东经济区和关中经

---

① 陈元龙：《格致镜原》卷 36《古窑器》，台北：新兴书局有限公司，1972，第 1593~1599 页。

济区同步发展，在全国处于领先地位。东汉至隋唐，关东经济区独占鳌头。中原社会经济的发展，成为唐代开元、天宝盛世的重要标志。"安史之乱"使中原地区遭受严重破坏，原本兴旺发达的经济一下子跌至谷底。而魏晋以降中原地区百姓大批南迁，江南人口增加，生产技术提高，经济发展迅速。唐中期以后全国的经济重心开始南移。"北宋河南的经济实力当与河北不相上下，处于最发达的行列。"① 及宋室南迁，全国经济重心的南移完成，此后中原在全国的经济地位明显下降。文化的发展受经济的制约，北宋以前中原的社会经济长期处于领先地位，为文化的繁荣奠定了基础。后来随着经济的衰落，文化也发展迟缓。

（三）民族融合的重要地区

中原是华夏部族和汉族的中心区，也是中国古代民族交会、冲突、杂居和融合的重要地区。中原地区的民族融合，大体可以分为先秦—秦汉、魏晋隋唐和宋元明清三个阶段。

早在文明肇始的五帝时期，华夏部族与东夷、苗蛮部族就存在争斗、共处与融合。夏、商、周三代，三个部族在中原地区杂居融合，逐渐成为一体。春秋时期中原地区有许多少数民族居住，呈现出"戎逼诸夏"和"南夷与北狄交，中国不绝若线"的局面。② 战国时期戎、蛮、夷、狄逐渐与华夏族融合。秦汉王朝实行郡县制度，打破了先秦以血缘划分的部落方国的樊篱，华夏部族与中原的四裔部族融合，最终形成汉民族。中原成为汉族的中心区。

魏晋南北朝是民族杂居、融合的又一个重要时期。西晋灭亡后，北方的匈奴、鲜卑、羯、氐、羌等"五胡"纷至沓来，中原地区呈现出胡、汉杂居局面。其间有过激烈的冲突乃至仇杀，也有各族人民的和平共处。三个半世纪以后，进入中原的北方诸族实现了汉化和封建化。在建都中原的

---

① 程民生：《河南经济简史》，中国社会科学出版社，2005，第 186 页。
② 《后汉书》卷 87《西羌传》，中华书局，1985，第 2872 页；《公羊传·鲁僖公四年》，《十三经注疏》，中华书局，1980 年影印版，第 2249 页。

"五代"诸政权中，后唐、后晋、后汉都是源于突厥的沙陀人所建。沙陀贵族鼓励沙陀族人与汉人通婚，学习汉族文化，促进了沙陀等族与汉族的融合。

宋金元三代是民族融合的第三个重要时期。金朝废除刘豫的伪齐后，"虑中（国）〔州〕怀二三之意，始置屯田军，非止女真，契丹、奚家亦有之。自本部族徙居中土，与百姓杂处"。① 内迁的女真人、契丹人与汉人通婚，改用汉姓，学习儒学，迨至元末已完全融入汉族。元朝统一全国后，大批蒙古、色目军士迁入，"与民杂耕，横亘中原"。② 元末明初蒙古人、色目人已不易与汉人区别。明初朱元璋禁止胡服、胡姓、胡语，留在中原的诸少数民族多变成汉人。清代不少满族人士进入中原，渐与汉人融为一体。

北方少数民族入主中原，带来了草原游牧民族的文化，给中原地域文化输入了新鲜血液，使之更加丰富多彩。

（四）长期建都，兵家必争之地

夏、商两代的都城基本都在中原地区。西周营建洛邑，作为统治四方的中心。平王东迁，洛阳成为东周王朝的首都。东汉、曹魏和西晋三朝均以洛阳为都城，北魏也迁都洛阳。隋唐又以洛阳为东都。邺城（今河北临漳西南）在中国分裂时期也多次成为都城所在。后梁、后唐、后晋、后汉、后周"五代"建都开封和洛阳，北宋王朝以东京开封为都城，金朝后期也迁都开封。总之，中原是全国建都朝代最多、时间最长的地区。都城是全国的政治中心，往往也是文化中心。中原作为都城畿辅地区，文化常开全国风气之先。

在宋代以前，中国的都城主要在关东的洛阳、开封和关中的西安之间游移。都城建于洛阳、开封时，中原为京畿地区；都城建于关中时，中原又是其东部屏障和通往东方的孔道，因而历来为兵家必争之地。顾祖禹说：

---

① 宇文懋昭著，崔文印校证《大金国志校证》卷36，第520页。
② 焦进文、杨富学：《元代哈剌鲁人伯颜宗道新史料》，何广博主编《〈述善集〉研究论集》，甘肃人民出版社，2001，第57页。

"河南，古所称四战之地也。当取天下之日，河南在所必争。"① 数千年来，中原地区发生过无数次战争，例如牧野之战、鄢陵之战、楚汉荥阳相持、昆阳之战、官渡之战等。虽然有些战争对社会进步有推动作用，但也使生产遭到严重破坏，给人民带来了很大的苦难。中原地区还发生过不少动乱，如董卓之乱、八王之乱、永嘉之乱、安史之乱、靖康之乱等。文化的发展与社会的稳定有很大关系，动乱必然给文化带来破坏。例如汉末的董卓之乱，使洛阳的图书文献遭到极大损失，东汉王朝在首都积累的文化成果毁于一旦；北宋末的靖康之乱也使宋都开封的文化急剧衰落。但是战乱也可能对文化的发展有一定促进作用，例如战国时期战争不已，却出现了"百家争鸣"的学术繁荣局面；汉末的战乱也没有妨害建安文学的繁荣。

中国古代的许多政治、经济、文化改革首先在中原地区进行，例如春秋时期的子产改革，战国时期的李悝、申不害变法，北魏的孝文帝改制，北宋的王安石变法。社会变革往往伴随着社会的不稳定以及各种思想和主张的激荡，这反而会促进文化的发展。

（五）名人荟萃之区

人民群众是历史的主人，是文化的创造者，杰出人物对历史文化的发展也有不可忽视的贡献与影响。在宋代以前，中原地区名人辈出，贤才济济。丁文江曾对"二十四史"立有列传的历史人物一一进行籍贯考证，列出 5783 名历史人物的地理分布表，其中河南籍历史人物有 912 人，占总数的 15.8%，居第一位。② 自唐至北宋，全国有史籍可考的 186 名状元中，河南籍有 47 名，居全国首位。③ "江山代有才人出，各领风骚数百年。"中原地区作为历代都城所在，常吸引全国各地的优秀人才到此求学、仕宦、生活，成为天下英贤聚集之地。在中原文化的发展进程中，文化贤哲和学术大师一直起着引领风气的作用。

---

① 顾祖禹：《读史方舆纪要》第 4 册《河南方舆纪要序》，中华书局，2005，第 2083 页。
② 丁文江：《中国历史人物与地理的关系》，《东方杂志》第 20 卷第 5 号，1923 年。
③ 胡兆量、孙惠淑、阿尔斯郎、琼达：《中国文化地理纲要》，人民教育出版社，2005，第 133 页。

三　中原文化的形成与发展阶段

文化表现在已往全部的历史过程中。钱穆说："除却历史，无从谈文化。我们应从全部历史之客观方面来指陈中国文化之真相。"[1] 要深入了解中原文化，必须考察其全部历史，探讨其形成、发展、演变的轨迹，以"通古今之变"，获得对中原文化的规律性认识。

对于中原历史文化的阶段划分，人们见仁见智，互有异同。笔者依据历史时期，将中原文化的形成和发展演变，分为以下八个阶段。第一，史前至夏、商、西周三代，奠基与形成期；第二，春秋、战国，勃兴期；第三，秦、汉，重构与拓展期；第四，魏、晋、南北朝，融合期；第五，隋、唐、五代，繁荣期；第六，北宋、金、元，鼎盛与衰落期；第七，明、清，缓慢发展期；第八，晚清至民国，交会、冲突与转型期。

人们一般将文字出现以前的人类历史称为史前史。考古学家又按照人们使用的生产工具的性质把史前史分为旧石器时代和新石器时代两个阶段。

旧石器时代是人类历史最早的阶段。人类以打制石器为主要工具，过着采集和渔猎的生活。中原地区是我国境内最早有人类居住的地区之一。20 世纪中叶，考古工作者在黄河北岸的山西省芮城县西侯度村发现石制品 32 件、带有切割和刮削痕迹的鹿角、烧骨及大量哺乳动物化石，距今约 180 万年，这是我国境内发现的最古老的石器地点。后来又在该县匼河发现 2000 余件石制品和大量的哺乳动物化石，时间距今六七十万年，属于旧石器时代中期。在距今约 50 万~20 万年，黄河以南已有"南召猿人""栾川人"在伏牛山区繁衍。距今 10 万年前后，又有"卢氏人"和"许昌人"在中原大地生存。中原地区是中国旧石器时代南北文化交会的重要地区。

距今约 1 万年人类进入新石器时代，开始加工和使用磨制石器，出现了

---

[1]　钱穆：《中国文化史导论·弁言》，商务印书馆，1994，第 6 页。

农业、畜牧业和制陶、纺织等手工生产。中原新石器时代遗址分布广泛而密集，形成了包含裴李岗—磁山文化、仰韶文化和中原龙山文化的考古学文化序列。

裴李岗文化是新石器时代早期的一种文化遗存，因河南新郑裴李岗遗址的发现而得名，主要分布在豫西山地东部边缘的丘陵地带以及豫中、豫南的黄淮平原地区，时间距今大约9000~7000年。石器经过琢磨，制作精致。人们将野生植物培育成庄稼，将野猪和野羊驯化成家畜，建造圆形或椭圆形的半地穴式房屋，过着定居生活。比裴李岗文化稍晚，在冀南、豫北又有磁山文化分布。

仰韶文化因河南渑池县仰韶村遗址的发现而得名，距今大约7000~5000年，河南中西部以及陕西关中地区、山西南部、河北南部为其中心区。河南境内此类遗址以三门峡、洛阳、郑州等地最为集中。仰韶时代的先民在河谷台地上营建村落聚族而居，用石斧砍除荆棘，用石（骨）铲或鹿角锄翻耕土地，种植黍、稻，饲养狗、猪、羊、鸡。陶器造型精美，外表多有彩色纹饰。当时社会处于母系氏族社会的繁荣期，并开始向父系氏族过渡。到了仰韶文化庙底沟期，社会出现阶层分化，开启了中原地区文明化进程。

庙底沟二期文化是仰韶文化过渡到中原龙山文化早期的文化遗存，它主要分布于豫、晋、陕三省的交界地区和洛阳、郑州地区。中原龙山文化可分为河南龙山文化、陕西龙山文化与山西陶寺类型文化。河南境内已发现龙山文化遗址1500余处。工具种类增多，磨制更加规范、光滑、锋利。在汝州煤山、登封王城岗、郑州牛砦等遗址发现了冶铜遗物，表明当时已进入铜石并用的时代。铜工具的使用提高了生产力水平，出现了较多的剩余产品，私有制发展，氏族成员分化，阶级出现。在河南登封王城岗、淮阳平粮台等地发现14座龙山时代城址。山西襄汾县的陶寺大型城址表明在陶寺类型文化中期已经进入早期国家阶段。

原始农业的产生和发展为文明的起源奠定了基础。黄河中下游地区黄土松软肥沃，气候温暖湿润，是旱作农业的起源地和中心区域。经过数千年的积累，龙山时代的中原社会已经迈入文明的门槛。五帝时期华夏族群在中原地区创造的文化成为中原文化的滥觞。

中原文化形成于夏、商、西周三代。禹临终时传位于伯益，禹的儿子启杀死伯益，自己做了国王，夏朝诞生。河南龙山文化晚期和分布于颍、汝河流域的新砦期文化遗存属于夏代前期的夏族文化，二里头文化则是夏代后期的文化。偃师二里头遗址是夏代后期的都城遗址，那里发现的青铜礼器是社会进入青铜时代的标志。商部族在今豫北、冀南崛起，其首领成汤出兵灭夏，建立商王朝，偃师商城、郑州商城和安阳殷墟都是商代的都城遗址。商代创造了辉煌的青铜文明，并开始使用比较成熟的文字——甲骨文。周武王灭商建立周朝，周成王时营建洛邑，作为东方的统治中心，周公在此制定的礼乐制度对后代有重大影响。

春秋战国时期是文化发展的"轴心时代"。东周的都城洛阳成为宗周礼乐制度的渊薮。春秋战国时期中原地区出现了"百家争鸣"的学术繁荣局面，一批文化元典得以创制。楚国苦县（今河南鹿邑）人李耳是道家学派的鼻祖，长期在洛阳担任史职。宋国蒙（今河南民权）人庄周是战国中期道家的代表人物。《老子》和《庄子》是道家的主要经典。鲁（今河南鲁山，一说山东滕州）人墨翟是墨家的代表人物，他长期在宋国（都今河南商丘）做官，与其后学著有《墨子》一书。法家的代表人物李悝、申不害、商鞅、韩非，纵横家张仪、苏秦，杂家吕不韦，兵家尉缭都是中原地区人士。《诗经》中有十五《国风》，大半属于中原地区的诗歌。《老子》《庄子》《韩非子》代表了春秋战国时期散文的最高成就。郑、卫之音，特色独具。魏国（都今河南开封）人石申所著《天文》，记载了天空的星象，墨子及其弟子对数学、物理进行了开创性研究。这一时期中原文化勃兴，出现了第一个高峰。

秦汉时期的中国进入帝国阶段，是中原文化的重构与拓展期。当时在政治上建立了统一的中央集权的封建制度，学术思想上一元独尊。随着汉民族的形成，汉族文化也逐渐形成。东汉都城洛阳是当时全国的文化中心。洛阳太学是全国传授经学的最高学府。章帝召集名儒在洛阳北宫白虎观讨论儒学，写成《白虎通义》，《熹平石经》则是官方审核的经书定本。而在儒学兴盛的同时，佛教传入，道教形成，呈现出儒、释、道三教并存的端倪。史学、文学从经学中分离出来。贾谊的《过秦论》《陈政事疏》和晁错的《论贵粟疏》皆为西汉鸿文；贾谊的《吊屈原赋》、张衡的《二京赋》、蔡邕的《述行赋》则是辞赋的名篇。《汉书》《东观汉记》等史学著作出现。张衡在洛阳主持天象观测和编订历法，所著《灵宪》阐述了天地日月生成和运动的理论。张仲景撰写的《伤寒杂病论》，为后世中国医学发展开辟了道路。西汉地方官员韩延寿、黄霸等用儒学教化民众，使中原逐渐形成忠直礼让、勤本务农的风气。

魏晋南北朝时期封建统治削弱，道家、法家、名家学说抬头，洛阳一带成为玄学思潮的发源地。何晏和王弼首倡玄风，"竹林七贤"紧随其后。佛经翻译与佛学研究高潮迭起，北魏后期的洛阳成为中国北方的佛教中心，中原文化中融入了部分印度文化。北方少数民族进入中原带来草原游牧民族文化，与当地汉族的封建文化互相碰撞、吸收。魏孝文帝在洛阳推行汉族封建礼仪制度，改变鲜卑旧俗，促进了胡族文化和中原汉人文化的融合。魏晋时期诗歌创作兴盛，"建安七子"中的阮瑀、应场及女诗人蔡琰都是中原作家，许昌和邺城（今河北临漳西南）先后成为建安文学的中心。阮籍擅名正始文坛。太康年间潘岳、潘尼的诗作辞采华丽。曹植的《洛神赋》脍炙人口，左思的《三都赋》成，洛阳纸贵。钟繇精于隶书和楷书，以龙门造像题记为代表的魏碑体魄力雄强，骨势峻迈。这一时期是中原文化的多元融合期。

隋唐时期国力强盛，文化开放。东都洛阳有国子监诸学。隋炀帝初创科举考试制度，武则天率先在洛阳实行殿试和武举。人才的大量涌现为文化的兴盛奠定了基础。佛教在与儒学、道教互相竞争、吸收中逐渐中国化。玄奘赴天竺（今印度）学习佛学，后致力佛经翻译，开创唯识宗。韩愈倡导新儒学，有"道济天下之溺"的盛名。唐代中原文学家集中涌现，诗歌、散文创作成就辉煌。杜甫被称为"诗圣"，其诗作广泛反映社会现实，有"诗史"之誉。岑参是边塞诗的卓越代表。李贺诗风瑰奇，元稹的乐府诗朴实通俗。李商隐的无题诗缠绵悱恻。韩愈提倡"文以载道"、言贵独创，致力于散文写作，名列"唐宋八大家"之首。著名书法家褚遂良、颜真卿在中原留下了不少墨宝手迹。吴道子所绘佛道人物端庄秀丽，衣褶飘逸，被尊为"画圣"。中亚、西亚的音乐、舞蹈、杂技相继传入。苏轼说："君子之于学，百工之于技，自三代历汉至唐而备矣。故诗至于杜子美，文至于韩退之，书至于颜鲁公，画至于吴道子，而古今之变，天下之能事毕矣。"①总之，隋唐时期是中原文化的繁荣期。

宋金元时期是中原文化由鼎盛而衰落的时期。陈寅恪说："华夏文化历数千年之演进，造极于赵宋之时。"② 建都开封的北宋王朝实行右文政策，国子监诸学和科举制度不断完善，书院教育异军突起。当时全国有"四大书院"，中原地区独有其二，即嵩阳书院与应天府书院。洛阳人程颢、程颐创建洛学，经过朱熹的阐扬，称作"程朱理学"，成为元、明、清三代的统治思想和官方哲学。文学方面宋词兴起，书法绘画成就卓著，郭熙的《早春图》、张择端的《清明上河图》举世闻名。世俗市井文化开始兴盛。中国古代的四大发明，火药、印刷术、指南针都出现于此时。李诫撰写的《营造法式》总结了古代的建筑理论和实践经验。总之，北宋时期中原文化达到巅峰状态。宋室南迁以后，全国的政治、经济中心从中原地区移出，金、元两代中原文化呈现衰落的趋势。

明、清两代，中原文化发展相对迟缓。理学、心学思潮继续广为流布，经世之学出现。人们长期受理学思想的熏陶，行为多被封建礼教约束。文坛相对沉寂，但李梦阳、何景明、王廷相和侯方域、宋荦等人的成就尚值得称道。王铎的草书险劲苍郁，有"神笔"之誉。明清戏剧艺术兴起，河南梆子逐渐成为重要的地方剧种。朱载堉发明的"十二平均律"，吴其浚的《植物名实图考》，反映了音律和植物学方面的重要成就。明、清两代豫西山地与豫东平原长期固定在一个行省内，中原各地的风俗民情逐渐趋同。

鸦片战争以后，西方列强入侵中国，中国逐渐变成半封建半殖民地社

---

① 《苏东坡全集》卷98《书吴道子画后》，北京燕山出版社，1998，第5588页。

② 陈寅恪：《邓广铭〈宋史职官志考证〉序》，《金明馆丛稿》二编，上海古籍出版社，1980，第245页。

会。处于内陆腹地的中原社会也发生了变革，农业、手工业生产逐渐商品化，近代工矿业出现，在城市出现了新型的生产和生活方式。中原地区在保存封建文化传统的同时，也受到西方文化的冲击，中原文化进入中西文化交会与向现代转型期。

总之，从夏、商、周三代以迄北宋，中原文化常开风气之先，思想活跃，学术博深，文学繁荣，艺术多彩，科技先进，教育发达，风俗淳朴。宋室南迁以后，中原文化开始衰落。明、清两代，中原文化发展缓慢。清代后期至民国时期，中原文化开始向现代转型，并为其复兴奠定了初基。

四　中原文化的特性和历史地位

要深化对中原文化的认识，必须将中原文化与其他地域文化加以比较，阐明中原文化的特性，并探讨中原文化在中华民族传统文化中的历史地位和作用。

（一）中原文化的特性

关于中原文化的特性，学界有多种不同认识。笔者以为，中原文化具有根源性、融合性、延续性、辐射性等特点。

中原地区历史悠久，建都时间最长，是历史文献记载最多的地区。中原文化是一种根源性文化，中华传统文化的不少内涵起源于此。例如河南舞阳贾湖出土的裴李岗文化时期的骨笛是迄今中国已发现的最早的乐器，汝州阎村出土的仰韶文化彩陶缸上的鹳鱼石斧图是迄今中国发现的最早的绘画作品之一。偃师二里头遗址出土的青铜礼器是中国进入铜器时代的标志，郑州商城、安阳殷墟出土的青铜器，代表着中国辉煌的青铜文明。殷墟的甲骨文字则是中国最早的成熟文字。"河图洛书"的传说被人们视为中华文化的源头。周文王在羑里（今河南汤阴）演《易》奠定了《易》学的初基，周公在洛阳制作的礼乐影响中国数千年。春秋战国时期的道家、墨家、法家、纵横家、杂家均发源、活跃于中原地区，儒学亦率先在中原地区传播。东汉经学兴盛于洛阳，魏晋玄学、宋明理学起源于洛阳。中国古代的官学教育体系和科举制度在中原地区创立。总之，中原文化的许多内涵成为中国传统文化的根源。

中原文化是一种多元文化汇聚融合的文化。中原地区地处中国中部，有史以来许多地域和族属的文化在这里交会、融合。在中原文化的萌芽阶段，当地的仰韶文化、中原龙山文化即与大汶口—山东龙山文化、屈家岭—石家河文化、良渚文化、红山文化等交流和互动，吸收其先进因素，如红山、良渚文化的玉礼器等，从而逐渐成为各地域文化的核心，最终形成多元一体的夏文化。春秋战国时期，南方的楚文化、东方的齐鲁文化都对中原文化有较大的影响，邹鲁地区儒家文化的影响尤深。汉、唐时期洛阳成为丝绸之路的东端起点，中原人民以博大的胸襟，吸收北方胡族和西域各族人民的草原游牧文化，对印度的佛教文化也予以吸纳、改造。总之，中原有得天独厚的区位优势，能够博采其他地域的文化成就而加以融合发展，以保持自身的先进性。

中原文化是一种长期延续、传承不断的文化。在中国历史上，有些地域文化兴起之后，经过一段辉煌，很快衰落，乃至中断、消失，中原文化却得以长期延续，传承不绝。中原地区的文化发展链条数千年不断，成为中国华夏文化的重要传承区。

中原文化长期是一种向四方传播、辐射的强势文化。近年的中华文明探源工程证明，生活在中原地区的华夏部族先民较早摆脱野蛮和蒙昧，迈入文明的门槛，逐渐成为中华文明多元一体格局的中心。中原是夏、商、周三代的京畿地区，开发比周边地区早，较早使用青铜器和铁器，进入传统农业阶段。秦汉至唐宋中原地区经济长期在全国处于领先地位，政治制度和文化教育也常开全国风气之先，引领时代潮流。中原地区是全国建都时间最长的地区。从公元前 21 世纪"禹都阳城"开始，到 1234 年蒙古军队攻破汴京灭金为止，前后有 20 多个全国或地方王朝在中原地区建都或设立陪都，时间长达 3000 多年，这在全国是独一无二的。中原作为历代京畿，长期是全国的政治中心，也是文化中心，许多重大文化事件在这里发生，许多文化制度在这里创立。中原长期成为全国文化的首善之区，中原文化带有正统文化的特点。历代统治者利用行政和教化的手段将中原文化向全国各地区推广。中原文化具有很强的辐射力。人是文化的载体，大规模地移民在文化传播中起到了十分重要的作用。西晋末的永嘉之乱和北宋末的靖康之难，中原人民大批迁往江南及西北、东北地区，将先进的中原文化带到江南和塞北，促进了这些地区的经济发展、文化繁荣。中原文化与东南地区土著文化融合，形成了闽南文化和客家文化。

（二）中原文化的历史地位

关于中原文化在中华传统文化中的历史地位和作用，学术界多有论述。刘乃和说："在我国史前文化和进入文明社会后的文化发展过程中，中原文化，尤其是其中的河洛文化，始终发挥着中心作用和导向作用，因而成为华夏文明的核心，是炎黄文化的发源地和深远而丰富的民族文化的奠基石。"[①] 中国古代文明以黄河、长江流域为基地，中原地区为中心，中国史前文化是一个"多元一体的文化格局"。中原地区是夏文化、华夏文化的发源地及其形成、发展的核心地区，中原文化在这一格局中具有重要的无可替代的地位。中原文化是华夏文明形成阶段的核心，也是中华民族文化的主流。

中国古代文明是多源的、多区域的，但是在不同时期，不同区域的文化发展又是不平衡的。在若干关键的当口，特定的区域会起到特殊的历史作用。在龙山文化时期，随着中原地区在调整重组后再度崛起以及社会文明化进程的加快，文化分布的格局也在发生变化，在内重结构的中央形成了一个核心，使得文化的交流活动开始出现一个围绕中原这个中心展开的趋势。以中原为中心全方位的交流，形成一股强大的向心力和凝聚力，促进民族间的理解和认同，推进多元文化和社会一体化趋势的发展。华夏族

---

① 刘乃和：《〈中原文化与传统文化〉序》，《中原文化与传统文化》，高等教育出版社，1996，第1页。

在中原地区建立了中国最早的广域国家政权，并逐渐实现了国家的相对统一。夏、商、周三代都在中原建都，进入中原的东夷、苗蛮等族逐渐与华夏族融为一体。"中华文明的演进过程，在很大程度上可以视为不同地域文明以及不同民族的文明，在交往过程中整合为一体的过程。整合的模式是以中原华夏文明为核心，核心向周围扩散，周围向核心趋同，核心与周围互相补充、互相吸收、互相融合。多元一体的格局最晚在西周就建立起来了。"① 秦汉时期，华夏族和其他民族融合为一，形成了中国的主体民族——汉民族，中原地区成为汉族的中心区。此后，许多王朝建都洛阳、开封、邺城，中原成为全国文化的中心。各民族、各地区在长期的文化互动、交流中形成同质化和一体化现象，并逐步整合成一个具有共同价值取向的中华民族传统文化模式。作为主流文化的中原华夏文化在中华民族传统文化模式的形成中具有重要作用。

中华民族文化的核心和主流是礼乐制度和儒家思想。早在夏、商两代，礼乐制度就在中原地区形成与发展。西周初周公姬旦在吸收前代礼乐的基础上，在洛阳制定了一套礼乐制度。春秋战国时期，东周的都城洛阳成为宗周礼乐的渊薮。孔子在周代礼乐文化的基础上，创立了儒家学派。孔子周游列国时，首先在中原地区传播儒学。孔子死后，其高足子夏在"西河"聚徒讲学，儒家学说在魏国广泛传播。道家的代表人物老子、庄子，都是中原人士，他们首先在中原地区创立和弘扬道家学说。此后，儒学与道学互补成为中国思想学术的主体结构。早期法家李悝、申不害、商鞅以及法家学说的集大成者韩非也是中原人士，先秦法家学说在中原地区形成、流行。从东汉到魏晋，洛阳是全国儒学的教育和研究的中心。佛教在东汉时期传入洛阳，经魏晋隋唐时期的传播及与儒学、道家学说竞争、融合，逐渐成为中国文化的一个组成部分。魏晋玄学兴盛于洛阳，宋明理学也起源于洛阳，成为中国封建社会后期思想学术的主导。

① 袁行霈、严文明、张传玺、楼宇烈主编《中华文明史》第 1 卷，北京大学出版社，2006，第 12 页。

总之，在北宋以前的许多朝代，中原地区居全国政治、文化的中心，中原文化在中华民族传统文化的形成和发展中发挥着极其重要的作用。但是元代以降，全国的政治、文化中心从中原地区移出，中原文化发展缓慢，不能望东南沿海地区文化之项背。

五　中原文化精神

中原文化体现着一种精神，一种价值观。中原文化中蕴含的根深蒂固的中国意识，历久弥坚的大一统观念，"和合""中和""和而不同"等和谐思想，爱国奉献、大公无私与自强不息、奋发有为的精神等，具有普遍价值，至今仍是弥足珍贵的精神财富。

（一）中国意识与大一统思想

中原地区是最早的"中国"所在地，中原文化强调的"中国"意识，是中国历史上多民族融合和民族团结的精神力量。中国在夏代已经形成广域国家，进入王国阶段，其都城遂成为这一广域国家的中心，即"国中"。西周时期已经出现"中国"这一概念。西周初期的"何尊"铭文称："惟王初迁宅于成周……惟武王既克大邑商，则廷告于天，曰'余其宅此中国，自之乂民。'"① 意思是说，周武王灭商以后，认为洛阳一带是中国（即国中），要将都城迁到此地。《诗经·大雅·民劳》言："惠此中国，以绥四方。"② "中国"是对四方而言。最早的"中国"即指河洛地区。数千年来，从最早的炎黄族团发展到华夏部族，再突破夷、夏之别，融合各个少数民族进入汉族群体，直至兼容所有中国境内的民族群体构成中华民族大家庭，都是在"中国"意识基础上形成的。

大一统思想是在广域国家中产生的。《诗经·小雅·北山》云："普天

---

① 马承源：《何尊铭文初释》，《文物》1976年第1期。
② 朱熹集注《诗集传》卷17《大雅·生民》，第199页。

之下，莫非王土。率土之滨，莫非王臣。"就是一种大一统思想。《尚书》中的《禹贡》托名大禹治水，划分九州、五服，制定贡赋，也反映了大一统思想。自秦汉进入帝国阶段后，"大一统"思想对中华民族文化的一体化曾起到十分重要的作用，形成了一种无形而强大的向心力。中原地区是众多王朝的都城所在地，大一统思想根深蒂固，形成了传统的民族基因。"大一统"思想根植于中国人的心灵深处，他们坚信，国家统一则各民族共享太平、安居乐业；山河破碎则生灵涂炭、民不聊生。在"大一统"信念驱使下，无论是汉族还是少数民族的政治精英和知识精英皆以一统"天下"为己任，在统一中谋求长治久安。中国历史上几次从分裂割据走向统一，无不是中原王朝所倡导的大一统思想深入人心、深刻影响的结果。

中原文化是一种根文化，它的强劲凝聚力和向心力表现在所有受其影响的中国人都对自己的祖居地怀有深厚的情愫，都竭力保持自己的文化认同精神和民族归属感。例如客家人曾经多次播迁，但是无论走到哪里，都以自己来自河洛地区而感到骄傲，并坚定地保存自己拥有的河洛文化。闽台地区的闽南人也承认河洛地区是他们的祖籍地，作为中原文化核心的河洛文化对他们有巨大的感召力和吸引力。

（二）中和、和合思想

中原文化中蕴含着丰富的和谐思想。殷商甲骨文中已出现"中"字。它除了与四方对应，表示地理上的"中"之外，也表示"中道"、不偏不倚、无过无不及。《尚书·大禹谟》载："民协于中，时乃功。""人心惟危，道心惟微，惟精惟一，允执厥中。"[1] 《易经》亦倡导"中"与"中正"。《尚书·尧典》言："九族既睦，平章百姓。百姓昭明，协和万邦。"西周、春秋之际出现了"和同"之辩。史伯对郑桓公说："夫和实生物，同则不继。以他平他谓之和，故能丰长而物归之；若以同裨同，尽乃弃矣。"[2] 率

---

[1] 蔡沉：《书集传》，中华书局，2017，第22、23页。
[2] 《国语》卷16《郑语》，上海古籍出版社，1988，第515页。

先阐述"和"的含义及其与"同"的区别，并倡导"和"。此后"和"的思想为春秋战国诸家所继承。晋国魏绛主张"和戎狄"。《老子》说："万物负阴而抱阳，冲气以为和。""挫其锐，解其忿，和其光，同其尘。"① 道家认为万物都包含着阴阳二气，它们在冲虚的气中达到统一，所以和是万物演化的目标。"和光同尘"就是以谦下不争、清静无为来达到人的身心和谐，处理好人际关系。庄子主张"和天下"。西汉戴圣编纂的《礼记》也说："中也者，天下之大本也；和也者，天下之达道也。致中和，天地位焉，万物育焉。"② 赋予"中和"这一哲学概念以普遍意义。儒家明确提倡中和思想，成为中华文化的精髓、执政的准绳、为人的标准。总之，中原文化倡导人与自然的和谐，人与社会的和谐，人与人的和谐，人自身的和谐。

（三）爱国为民、无私奉献精神

中原文明属于农耕文明。以农耕为生的人群必须定居下来，其从事生产、赖以生活的一方土地必须安定，安居方能乐业。但是乡土的安定必须靠强有力的国家政权来维护。因此人们依赖国家、爱护国家。中国古代的社会机构是家国同构，国是家的扩大，家是组成国的细胞。国与家、族密不可分，于是在人们心中产生了浓厚的家国情怀。爱国思想就是爱家、爱乡观念的扩大。士人的修身、齐家、治国、平天下思想就是这种意识的反映。在中原历史上，爱国行为、爱国思想屡见不鲜。春秋时期郑国改革家子产曾表示："苟利社稷，死生以之。"③ 在唐代的安史之乱中，张巡坚守睢阳（今河南商丘），不惜为国捐躯；北宋政治家范仲淹在河南邓州写的《岳阳楼记》中抒发了自己"先天下之忧而忧，后天下之乐而乐"的高尚情操。岳飞精忠报国，以收复中原为己任。

中原文化中包含着丰富的民本思想，以百姓为国家的根本。民本思想

---

① 朱谦之：《老子校释》第42、4章，中华书局，1984，第175、19页。
② 杨天宇译注《礼记译注》第三十一《中庸》、第十九《乐记》，上海古籍出版社，1997，第899页。
③ 杜预：《春秋左传集解·昭公四年》，第1248页。

包含着人民性的精华，泽及后世，成为中华文化精神的重要组成部分。《尚书》中包含着崇尚道德、以民为本的价值取向。《尚书·五子之歌》说："民惟邦本，本固邦宁。"贾谊说："闻之于政者，民无不为本也。国以为本，君以为本，吏以为本。"① 从民本思想出发，可以引申出注重民生、民利以及体恤民间疾苦、民力、民情等德政思想。《易传》言："地势坤，君子以厚德载物。"中原许多政治家、思想家、官员都具有关心百姓疾苦的情怀和保民、为民、爱民思想。春秋时期，陈国人逢滑说："臣闻国之兴也，视民如伤，是其福也。其亡也，以民为土芥，是其祸也。"② 主张统治者将民众当作伤病者看待，而不能当作泥土草芥。郑国执政者子产向然明咨询为政之道，然明回答："视民如子。见不仁者诛之，如鹰鹯之逐鸟雀也。"③ 子产深以为然。《老子》说："圣人无常心，以百姓心为心。"④ 唐代著名诗人杜甫的《茅屋为秋风所破歌》称："安得广厦千万间，大庇天下寒士俱欢颜。"白居易《新制绫袄成感而有咏》诗写道："百姓多寒无可救，一身独暖亦何情。心中为念农桑苦，耳里如闻饥冻声。争得大裘长万丈，与君都盖洛阳城。"⑤ 北宋理学家程颢任县令时，以"视民如伤"为座右铭。这些，都表现了士人关心民瘼、愿与民众同甘共苦的情怀。

总之，自古以来，中原地区的志士仁人以天下社稷为己任，体现着高尚的爱国为民、无私奉献精神。

（四）自强不息、奋发有为精神

中原文化中也包含着一种自强不息、奋发有为的精神。《易传》说："天行健，君子以自强不息。"⑥《列子》中《愚公移山》的神话故事，反映了古人坚忍不拔的改造自然与社会的雄心壮志。为了战胜大洪水，大禹手

---

① 贾谊撰，阎振益、钟夏校注《新书校注》卷9《大政上》，中华书局，2000，第338页。
② 杜预：《春秋左传集解·哀公元年》，第1710~1711页。
③ 杜预：《春秋左传集解·襄公二十四年》，第1013页。
④ 朱谦之：《老子校释》第49章，第194页。
⑤ 《全唐诗》卷451，中华书局，1960，第5103页。
⑥ 周振甫译注《周易译注》上经《乾卦》，第3页。

足胼胝，率领民众疏浚河道十三年，三过家门而不入。春秋初年，郑国从关中东迁虢、郐（今河南荥阳、新密、新郑一带），百姓"庸次比耦，以艾杀此地，斩之蓬蒿藜藋，而共处之"。① 姜戎迁至晋国南部"狐狸所居，豺狼所居"之地，"除翦其荆棘，驱其狐狸豺狼"以居，② 建设新的家园。这些都体现着艰苦创业的精神。中华人民共和国成立后，焦裕禄带领兰考人民改变贫困面貌，林县（今林州）人民的劈开太行山、引水入境的"红旗渠"精神，正是古人艰苦奋斗精神的延续。

上述中原文化精神，不仅在中华民族精神的熔铸中起到了十分重要的作用，而且在当前的现代化建设中仍然值得弘扬。

《中共中央关于深化文化体制改革推动社会主义文化大发展大繁荣若干重大问题的决定》指出："优秀传统文化凝聚着中华民族自强不息的精神追求和历久弥新的精神财富，是发展社会主义先进文化的深厚基础，是建设中华民族共有精神家园的重要支撑。要全面认识祖国传统文化，取其精华、去其糟粕，古为今用、推陈出新，坚持保护利用、普及弘扬并重，加强对优秀传统文化思想价值的挖掘和阐发，维护民族文化基本元素，使优秀传统文化成为新时代鼓舞人民前进的精神力量。"③ 中原文化从本质上说是一种农耕文化，它有过辉煌，也蕴含着许多优秀传统。但是近代以来，其封闭、保守的弱点也显现出来。我们深入研究中原传统文化，要采取批判继承的态度，取其精华，弃其糟粕，进行创造性转化与创新性发展，为建设社会主义先进文化服务。

① 杜预：《春秋左传集解·昭公十六年》，第1410页。
② 杜预：《春秋左传集解·襄公十四年》，第902页。
③ 《光明日报》2011年10月26日，第5版。

◎ 东北文化研究

考古学观察下的古代辽宁

郭大顺[*]

古代辽宁在文献中记载少，特别是早期的古代辽宁，主要依靠考古复原。考古发现和研究特别是近 30 年的成果表明，辽宁在中华文化与文明起源及中国统一多民族国家形成发展中的地位和作用，较过去所知更为重要。

一 古代辽宁的区系划分

我在纪念辽宁省考古 60 年的一次讲座中将辽宁考古史分为迄始期（1895~1949）、起步期（1949~1966）和开拓期（1978 年至今）。之所以将 20 世纪 70 年代以后称为开拓期，不仅是因为这 30 多年来不断有重要的考古新发现，更主要的是这一时期从考古学文化区系类型理论创建到运用考古资料探索中华文化与文明起源、统一多民族国家形成发展这些重大学术课题，均持续取得突破性进展，即古史重建时期。我们有幸得到这一理论的指导并成为重要试点，这对于摆脱关外历史短暂后进的传统观念的影响尤为紧要，从而使此后的辽宁古代历史考古研究少走了弯路，进展较快，赶上了全国的步伐。

对古代辽宁进行的区系划分表明，以医巫闾山为分水岭（不是以辽河

---

* 郭大顺，辽宁省文物考古研究所名誉所长、研究员，辽宁省文物局专家组组长，中国考古学会名誉理事，研究方向：考古与历史、红山文化。

为界）形成的辽西和辽东两个文化区，是古代辽宁的基本格局。这在新石器时代和青铜时代较为明显，区内和区内各小区都渐有较为明确的文化编年和文化发展演变序列建立。发展的不平衡性主要表现为辽西经常处于领先地位，但这并不妨碍东与西的交互影响，区域特色更为浓厚的辽东向辽西的推进在辽宁历史发展进程中的某些重要时段，如青铜时代中晚期一度成为大趋势。[1] 近年还发现新石器时代晚期的偏堡文化由辽东向西北方向移动，并在蒙古草原和松辽平原交界处与主要分布在辽西到燕山以南的小河沿文化有大幅度融合现象。[2] "若断若续"是对辽宁地区历史文化发展演变阶段性和连续性特点的准确概括。[3] 秦汉以后这种地区差异虽然有所淡化，但此后东北地区的政权更替和诸民族的活动轨迹仍与这一基本格局有关，如从战国时代起燕秦汉政权分别在辽西和辽东设郡，西汉中晚期到东汉辽东四郡的设立和变迁，汉末魏晋到南北朝时期公孙氏、鲜卑族慕容氏三燕（前燕、北燕和后燕）与高句丽政权在辽东到辽西的先后建立，从燕秦汉到明代修筑长城在辽西和辽东的差别，直到满族在辽东山区的崛起等。

二 考古新成果所见古代辽宁历史文化的多元、交会与传承

在考古学文化区系类型理论初建的基础上，古代辽宁的深入研究突出表现为逐步接近学科的前沿课题。

辽宁历史的发端，这是学术界都很关心的问题。邻近且纬度相近的河北省张家口地区泥河湾旧石器时代遗址群已发现距今百万年甚至接近200万年的遗存层位和石制品，而现今辽宁地区最早人类活动遗迹营口金牛山、

---

[1] 郭大顺：《西辽河流域青铜文化研究的新进展》，《中国考古学会第四次年会论文集（1983）》，文物出版社，1985，第185~195页。

[2] 塔拉、吉平：《内蒙古扎鲁特旗南宝力皋吐新石器时代墓地》，《考古》2008年第7期。

[3] 苏秉琦1983年在辽宁朝阳"燕山南北考古"讲话中说："这里的红山文化，夏家店下层文化和燕文化，三者在空间上大致吻合，在文化传统上若断若续。尽管变化很大，但又有一些相对稳定的因素。"见《苏秉琦文集》（二），文物出版社，2009。

本溪庙后山旧石器时代早期遗存距今三四十万年。显然，辽宁旧石器时代的开端有待于更新的考古发现确认，新近从辽东半岛传来的可喜信息是，在大连渤海东海滨的复州湾发现了骆驼山洞穴，这个洞穴中以褐红砂黏土夹角砾岩为主的堆积厚达 40 米，顶层的年代距今约 40 万年，且以华北动物群为主，骆驼山洞穴与金牛山和庙后山古人类生活环境相同而堆积更为丰富，或预示着古代辽宁的历史发端还可大为提早。① 同时，由于辽宁发现的旧石器时代早期遗址都地处亚洲大陆东部沿海，金牛山人近于智人的体质特征和用火遗迹都表现出相当的进步性，如有新的发现，可能会为目前有关亚洲现代人是否来自非洲的争论提供更多新的证据。

万年文明起步和文明起源"三部曲"（古国—方国—帝国）与"三模式"（原生型、次生型和续生型）的提出，是近年辽宁历史考古研究的重大成果，也是辽宁古代历史发展中分量最重的内容。

苏秉琦先生于 20 世纪 90 年代初提出的"万年文明起步"观点，是以距今 8000 年前后的阜新县查海遗址出土的少量玉器和由此所反映的当时社会分工引起社会分化为依据的。② 在此前后的有关发现还可举出，邻近的内蒙古敖汉旗兴隆洼遗址选料和色泽、形状、大小甚至重量都极少差别的成对玉玦的出土，摆塑和浮雕"类龙"形象的反复出现，迄知年代最早之一的人工栽培的黍与粟的发现，查海和兴隆洼遗址以至辽河下游的沈阳新乐遗址等成行排列、各具独立性的房址群，兴隆洼遗址随葬成对整猪的大型居室墓葬等，都在表明，史前时期这一地区的物质、精神发展水平都不可被低估。③

牛河梁作为红山文化最高层次的中心遗址，其围绕女神庙分布的积石

---

① 吕遵谔：《金牛山人化石的发现和意义》，《中国原始文化论集——纪念尹达八十诞辰》，文物出版社，1989，第 35~39 页；辽宁省博物馆、本溪市博物馆：《庙后山——辽宁省本溪市旧石器文化遗址》，文物出版社，1986。

② 苏秉琦：《文明发端 玉龙故乡》，《苏秉琦文集》（三）。

③ 辽宁省文物考古研究所编著《查海——新石器时代聚落遗址发掘报告》，文物出版社，2012；中国社会科学院考古研究所内蒙古工作队：《内蒙古敖汉旗兴隆洼遗址发掘简报》，《考古》1985 年第 10 期；中国社会科学院考古研究所、香港中文大学中国考古艺术研究中心编《玉器起源探索——兴隆洼文化玉器研究及图录》，香港：香港中文大学中国考古艺术研究中心，2007。

冢群、祭坛与墓葬随葬以龙凤等神化动物形玉器为主的玉器群（或简称"坛庙冢"与"玉龙凤"）的完整配套组合以及"唯玉为葬"的习俗，将中华五千年古国和中华民族文化传统的源头形象地呈现在世人面前。[①] 近年学界更关注红山文化人体形象的考古资料，因为人是历史的创造者，人体形象在世界古代史一直被视为物质文化的第一要素。红山文化的人体形象出土数量已达 30 余尊，体量以大中型为主；质地有玉石和泥（陶）塑（朝阳市龙城区半拉山一个规模不大的积石冢就同时有石雕和陶塑人像出土[②]）；技法有高浮雕，也有工艺要求更高、在人体雕塑中更具代表性的圆雕，多有写实与神化的完美结合；姿态有各种坐式、蹲踞式和站立式；这在中国史前文化中是唯一的，也改变了中国上古时期人体雕塑不发达的认知。被称为"海内孤本"的庙宇遗址和庙内大型泥塑神像群的发现，表明这些塑像大多是作为崇拜对象制作的，是红山文化祖先崇拜发展到较高水平的表现。[③] 中国没有传统的宗教，以血缘为纽带的祖先崇拜是中国人信仰观念和崇拜礼仪的主要形式，也是中国文化传统的根脉。安阳殷墟西北岗王陵区内上千座祭祀坑和卜辞中对先公先王各类祭祀礼仪的记载表明，商代的祖先崇拜十分发达，为国家重典，礼繁而隆重，向前追溯到史前时期顺理成章，但在目前所知的史前文化中，只有五千年前的红山文化与之前后有所衔接，应予格外关注。

辽宁地区历年文物普查积累的各个时代的遗存以青铜时代遗址数量最多，说明青铜时代古代辽宁甚为繁荣。除辽西山区和辽东半岛南部有较为丰富且发展连续的青铜文化遗存以外，辽河下游也发现有分布较为集中的高台山文化、新乐上层文化和以郑家洼子第 6501 号大墓为代表的曲刃青铜短剑文化，就是较为偏僻的辽东山区也区分出区域特色更为浓厚而又同周

---

① 辽宁省文物考古研究所编著《牛河梁——红山文化遗址发掘报告（1983～2003 年度）》，文物出版社，2012；郭大顺：《红山文化的"唯玉为葬"与辽河文明起源特点再认识》，《文物》1997 年第 8 期。

② 半拉山发掘成果，见熊增珑、樊圣英、吴炎亮等《辽宁朝阳市半拉山红山文化墓地的发掘》，《考古》2017 年第 2 期。

③ 郭大顺：《红山文化人体雕像解析》，（台）《故宫文物月刊》387 期，2015 年。

边广泛联系的马城子文化。① 辽东半岛南端继发现与山东半岛古文化有密切关系的早期青铜时代的双坨子下、中层文化之后，又区分出双坨子上层文化，其遗址分布的密集度、临海坡地石砌房址群组成的大型聚落、发达的渔捞经济和由工具演变而来的戈、剑、矛、钺、镞等成组合的石兵器或石礼器，延续了小珠山上层文化墓葬形制多种类型的积石墓（冢），都展现出辽东半岛地区最具岛屿区域性标志的古文化特征。② 这种"原生型"特征一直传承至当地曲刃青铜短剑文化时期和以大石棚、石柱为主体的巨石文化时期。③ 至于夏家店下层文化，对该文化遗址数量、分布密度和规律的研究表明，如以调查较为翔实的内蒙古赤峰市敖汉旗登记的近 3000 处遗址点为标准推测，分布密度相近的赤峰南部各旗县和朝阳、阜新地区各县夏家店下层文化遗址点总量应该在上万处。围绕中心聚落普遍出现的由台地、山坡到山顶呈立体式分布又连续性极强的聚落群，特别是近年在北票康家屯和邻近赤峰三座店、二道井子城堡式村砦遗址分别揭露出的带城门、马面的城墙及房址外有院落和以道路、排水渠相维系，由数个院落组成的院区，还有敖汉旗大甸子墓地从墓葬规模到以兽面纹为代表的彩绘陶器等随葬品体现出严格的等级分化特征，表明当时已出现层次分明的社会组织结构，文化演变已具有相当的稳定性，已具备形成超中心聚落的条件。④ 此一时期的此一地区，作为雄踞燕山南北、渤海湾北岸"与夏为伍"的强大方国，与文献记载商远祖的

① 沈阳市文物管理办公室：《沈阳新民县高台山遗址》，《考古》1982 年第 2 期；沈阳故宫博物馆、沈阳市文物管理办公室：《沈阳郑家洼子的两座青铜时代墓葬》，《考古学报》1975 年第 1 期；辽宁省文物考古研究所、本溪市博物馆：《马城子——太子河上游洞穴遗存》，文物出版社，1994。

② 大连市文物考古研究所编著《大嘴子——青铜时代遗址 1987 年发掘报告》，大连出版社，2000。

③ 许明纲、许玉林：《辽宁新金县双房石盖石棺墓》，《考古》1983 年第 4 期；辽宁省文物考古研究所编《辽东半岛石棚》，辽宁科学技术出版社，1994。

④ 辽宁省文物考古研究所：《辽宁北票市康家屯城址发掘简报》，《考古》2001 年第 8 期；内蒙古文物考古研究所：《内蒙古赤峰市三座店夏家店下层文化石城遗址》，《考古》2007 年第 7 期；内蒙古文物考古研究所：《内蒙古赤峰市二道井子遗址的发掘》，《考古》2010 年第 8 期；中国社会科学院考古研究所编著《大甸子——夏家店下层文化遗址与墓地发掘报告》，科学出版社，1997。

活动轨迹有不少吻合之处，或即先商文化的一支。① 而寻找该文化都邑级大遗址，是今后在夏家店下层文化分布区作田野考古调查工作的重中之重。

山海关外渤海北岸的绥中姜女石遗址群被确认为秦皇汉武东巡至碣石时的行宫遗址，是辽宁秦汉历史考古研究的阶段性大事。这一发现将辽宁秦汉历史考古研究从此前的郡县层面提高到目前的国家级层面。深层次的考虑是，这个遗址群与其以西的河北省秦皇岛市北戴河金山嘴—横山遗址群连成一线，沿海岸绵延达 50 余公里，且将人文景观融于自然景观中，气势很大，是被称为秦始皇"择地作东门"② 的国门所在。③ 秦汉王朝都将统一大帝国的象征性建筑群选择建在渤海湾北岸，除优越的地理环境以外，更与包括辽宁在内的燕山南北地区在统一多民族国家形成过程中的地位和作用有着直接关系。这以姜女石遗址所在的辽西地区为最。在红山文化和夏家店下层文化奠定的历史文化基础上，商周时期的辽西地区，先有商晚期到周初以殷遗和燕式为主的青铜重器、北方式青铜器和当地魏营子文化的共存融合，④ 接

① 傅斯年：《东北史纲》第 1 卷，国立中央研究院历史语言研究所，1932；金景芳：《商文化起源于我国东北说》，《中华文史论丛》第 1 辑，上海古籍出版社，2007；于志耿、李殿福、陈连开：《商先起源于幽燕说》，《历史研究》1985 年第 5 期；郭大顺：《北方古文化与商文化的起源》，中国社会科学院考古研究所编《中国商文化国际学术讨论会论文集》，中国大百科全书出版社，1998，第 113~116 页。

② 《史记》卷 6《秦始皇本纪》，中华书局，1959，第 256 页。

③ 苏秉琦在《象征中华的辽宁重大文化史迹》一文中说："史书记载秦始皇生前最后两次东巡到海边，确曾有过择地作'东门'（国门）的设想。国门在哪，现在还难作结论，但无论如何，'碣石宫'建筑群，从自然景观与宫殿布局确实符合'东门'或国门的设想。'普天之下，莫非王土；率土之滨，莫非王臣'，这是三代王者的理想，秦统一才实现了这一理想。秦始皇东巡刻铭中心思想是宣扬天下一统，那么，这项由秦始皇创建、到汉武帝完成的纪念性大建筑群，似确具'国门'的性质，是秦汉统一大帝国的象征。"《华人·龙的传人·中国人——考古寻根记》，辽宁大学出版社，1994；辽宁省文物考古研究所编著《姜女石——秦汉行宫遗址发掘报告》，文物出版社，2008；河北省文物研究所、秦皇岛市文物管理处、北戴河区文物保管所：《金山嘴秦代建筑遗址发掘报告》，《文物春秋》1992 年增刊。

④ 辽宁省博物馆、朝阳地区博物馆：《辽宁喀左县北洞村发现殷代青铜器》，《考古》1973 年第 4 期；喀左县文化馆、朝阳地区博物馆、辽宁省博物馆、北洞文物发掘小组：《辽宁省喀左县北洞村出土殷周青铜器》，《考古》1974 年第 6 期；喀左县文化馆、朝阳地区博物馆、辽宁省博物馆：《辽宁省喀左县山湾子出土商周青铜器》，《文物》1977 年第 12 期；辽宁义县文物保管所：《辽宁义县发现商周铜器窖藏》，《文物》1982 年第 2 期；郭大顺：《试论魏营子类型》，苏秉琦主编《考古学文化论集》（一），文物出版社，1987，第 79~98 页。

着是北部夏家店上层文化和南部燕文化、西部玉皇庙文化和辽东地区的曲刃青铜短剑文化向辽西的汇聚，其中与东北地区有着天然联系的燕文化和被认为是秽（濊）貊族的曲刃青铜短剑文化的接触交融逐渐成为主流，从春秋战国之交出土曲刃青铜短剑的墓葬同时随葬典型燕式铜礼器到战国中晚期成套燕式鼎、豆、壶等陶礼器与具有辽东特点的手制外叠唇陶罐共出的实例，反映出这一融合的基本态势，是当地或来自东部的民族逐步接受燕国的礼制。靠近华北平原辽西走廊西端的葫芦岛市建昌县东大杖子发现的战国中晚期大型墓地，存在使用重棺椁，随葬成套彩绘陶礼器、玉石饰件的典型燕文化墓葬和使用石椁、随葬金套柄曲刃青铜短剑的高等级墓葬共出同一墓地的现象，表明在土著文化和燕文化融合过程中可能已形成政治和文化中心。① 随着铁器的推广，燕文化影响日深，自战国中期起越过医巫间山，以点—线—面的态势向辽东甚至更远地区深入，从而为燕秦汉政权在辽宁地区建立郡县并长期延续准备了条件。到汉代辽阳（襄平）成为区域中心城市，考古证据体现为：辽阳三道壕有反映以农耕为主要生产方式的辽东边郡兵屯遗址，辽阳市以及沈阳市围绕战国至汉代古城所在地的老城区陆续发掘有数以千百计的规模较大、分布密集的从西汉初到汉魏时期的墓葬。除此之外，早年发现套室结构壁画墓的大连市营城子汉代墓地，又有随葬成组龙纹金带扣的汉墓发现；普兰店张店汉城周边姜屯墓地发现有随葬鎏金铜车马明器、铜贝鹿镇、玉覆面特别是玉圭璧组合的等级较高的墓葬群；② 南北相距不足 30 公里的营口市熊岳镇和盖县（今盖州市）老城也都勘探出时间平行有交错、堆积较丰富的汉城址线索。以上说明辽南地区在汉初到魏晋这一时段的繁荣过程中走在前列，这也是辽东公孙氏政权虽然存在时间短暂，但文化延续却较长，对东北及东北亚地区古文化影响较大的主要原因。

---

① 郭大顺、张星德：《东北文化与幽燕文明》，江苏教育出版社，2005；《辽宁建昌东大杖子战国墓地的勘探与试掘》，《2000 年中国重要考古发现》，文物出版社，2001。

② 李文信：《辽阳三道壕西汉村落遗址》，《考古学报》1957 年第 1 期；辽宁省文物考古研究所编著《姜屯汉墓》，文物出版社，2009。

随着秦汉帝国解体后各民族的大迁徙和大融合，北方民族不断兴起。地处东北南部的辽宁是这一时期多民族、多文化活动比较频繁的一个地区，先后崛起的鲜卑、契丹、蒙古、满族在全面吸收先进汉文化的同时，也不断给汉文化注入新的活力，是为中华文明"续生型"的代表。

3世纪到5世纪分别在辽西和辽东兴起的慕容鲜卑和高句丽文化，既各有自身的渊源、文化发展序列、民族和区域特色及发展道路，又始终与中原晋唐王朝和汉文化保持着密切关系。继发现北票北燕冯素弗墓和朝阳袁台子壁画墓等汉化很深的鲜卑贵族墓葬之后，朝阳十二台砖厂墓葬又出土了罕见的完整甲骑具装；北票喇嘛洞墓地也被认为可能是东迁的夫余族遗存；近年在朝阳老城区发掘的龙城宫城南城门遗址，发现了具中国古代都城特点的三门道结构，确认了三燕都城——龙城的具体位置和轮廓范围；北票金岭寺发现有围沟环绕的多间对称连组院落内设亭式建筑，其结构既具中国古代建筑布局传统，又有自身特点，可能与慕容鲜卑王族的祭祀活动有关。① 新近在位于唐营州城（今朝阳老城）东百余公里的阜新县高林台古城发现有唐代官署级瓦当的建筑遗迹线索，确认是朝阳市区以外辽宁地区甚为少见的一处典型的唐代遗存，这对研究唐王朝与正在当地兴起的契丹族的关系、唐王朝对辽东的经营以至在东北各民族活动地区实行的羁縻制度，都具有重要价值，期待有进一步的发现。辽东山地陆续有五女山山城、望江楼墓地等高句丽早期遗迹的调查发掘，还发现了桓仁冯家堡子等与高句丽文化起源有关的遗存；地处辽东山地前沿、面向辽河平原险要位置的沈阳东郊石台子山城，西北侧发现有附多个马面的全封闭的人工石筑城墙和规模巨大的蓄水池；盖县青石岭山城发现了现存高达20余米的夯土墙与高句丽传统石筑墙相结合的、长度远超一般高句丽山城的城墙，城内近中心部位发现四级台阶，由南向北分布，台阶上保存有成行排列的近于自然板石的大柱础，东西各有延伸达百余米、可能为储粮的大型干栏式建

---

① 辽宁省文物考古研究所、朝阳市博物馆、北票市文物管理所：《辽宁北票喇嘛洞墓地1998年发掘报告》，《考古学报》2004年第2期；辽宁省文物考古研究所：《辽宁北票金岭寺魏晋建筑遗址发掘报告》，《辽宁考古文集》（二），科学出版社，2009。

筑群址，其规模甚至超过丸都山城的同类建筑。以上都是研究高句丽中晚期山城结构、布局以及高句丽对辽东地区经营的新资料。特别是作为辽东城山上城的灯塔市燕州山城，在东接辽阳市区的太子河渡口前修有大规模成体系的石砌建筑群和由城内通向太子河的大型水渠，进一步显示出高句丽对有深厚汉文化基础的辽东城的特殊重视。①

继发掘法库叶茂台契丹贵族妇女墓等集中反映辽代早中期经济、文化、贵族生活和葬俗的墓葬之后，辽宁省考古部门又对阜新县关山、凌源市八里堡和康平县张家窑林场等地的辽代家族墓园做了整体勘探和发掘；关山契丹显贵肖和家族墓天井南北两壁各绘高近5米的门神，为辽墓人物画所仅见，墓道南北两壁分别绘有汉人和契丹人的出行场面，对辽代分俗而治的制度给予形象的表达。② 辽阳市灯塔市江官屯辽金时期大规模瓷窑址的抢救性发掘，为东北及邻区出土的辽金瓷器增加了一个可以比对的窑口，该遗址还发现了多种反映新的烧窑技术的陶窑遗迹和窑具（如炕洞式窑床），窑场内还发现了可能为官营管理机构的大型建筑址。朝阳北塔、义县奉国寺配合维修工程进行的考古发掘，取得了回廊加配殿等具有时代特征的塔寺布局及演变的新资料，建筑史界和艺术史界得以对辽代建筑与佛教艺术有更深入的研究。③ 这些考古发现和研究成果都在显示，契丹族以"二元"化的政治制度和婚姻制度作保障，大幅度吸收汉文化（主要是唐文化），又保持和发展本民族文化特色，在政治、经济和文化等领域都取得了很高的成就，形成中国历史上"宋辽交辉"的局面。正在北镇市医巫闾山进行的辽代显、乾二帝陵考古工作，地上勘查的初步成果显示，陵区选址与环境、

---

① 樊圣英：《桓仁县王义沟高句丽时期遗址》，《中国考古学年鉴（2007）》，文物出版社，2008，第189页；辽宁省文物考古研究所编著《五女山城》，文物出版社，2004；辽宁省文物考古研究所、沈阳市文物考古研究所编著《石台子山城》，文物出版社，2012；燕州城山城、盖县高句丽山城考古发掘新成果见《辽宁日报》2016年12月15日。

② 李宇峰：《建国以来辽宁地区辽墓考古发现与研究》，高延青编著《北方民族文化新论》，哈尔滨出版社，2001；辽宁省文物考古研究所编著《关山辽墓》，文物出版社，2011。

③ 辽宁省文物考古研究所、朝阳市北塔博物馆编《朝阳北塔——考古发掘与维修工程报告》，文物出版社，2007；辽宁省文物保护中心：《义县奉国寺》，文物出版社，2010。

依山势布置的享殿等多重建筑基址以及石板路、坝墙、排水渠等各类建筑的高规格与宏大规模，所体现的自然与人文结合的大文化景观，既继承了中国古代帝王以山为陵的传统，又达到一个新的意境，契丹人选择和规划的这一"名山与帝陵"组合，在国内同类帝陵中是罕见的。

从 2007 年起连续 3 年的明代长城调查，确认了辽宁是全国少有的同时保存有边防与海防遗存的一个省份。调查记录的成体系的镇、卫、所、堡及关、门、马市等遗迹，显示长城在承担着军事防御任务的同时，也起到了缓和长城内外各民族关系并使交往有序化的作用，从而促进了多民族间的交往。出身渔猎文化的满族，继承"长城内外是一家"的理念，最终结束了自秦汉统一以来草原民族与中原农耕民族对立的格局。长城失去作用的同时，中华统一多民族国家得到进一步巩固。从都城布局看，在抚顺市新宾县赫图阿拉城的后金国汗宫（大衙门）布局结构仍采用满族民居"口袋房"形式，在沈阳建都时已按中国传统城市的井字街改造明代卫十字街布局，并依藏传佛教坛城进行总体规划，形成了"宫寝分离"和"宫城一体"的特点，体现了满族开国时吸收汉文化及蒙藏文化形成本民族特色的过程。近圆形外城内套方城、对称分布四塔寺（都为喇嘛教复钵式塔）的清初沈阳城是中国古代都城规划史最后一例的看法，已渐为建筑史界和规划界所接受，正在开展的列入国家社科基金项目的"盛京城考古"将为此提供更多证据。[1]

三 欧亚大陆草原之路与环太平洋地区海洋之路的结合点

由上可见，古代辽宁的历史从来就不是孤立发展的，而是始终与周边地区保持着密切联系。辽宁地区作为东北古文化区的一部分，处于东北渔猎文化与中原农耕文化及西部欧亚大陆草原游牧文化接触交流的前沿地带，

---

① 郭大顺：《中国古代都城规划史的最后一例：清初沈阳城》，《文化学刊》2010 年第 6 期。

并以此联系着广大东北亚地区。就近年学术界关注的东西文化交流线路和内涵来看，古代辽宁也在不断提供新的资料和研究成果。东西文化交流在古代辽宁的各个阶段都有不同程度的表现，其中相近或相同的文化因素，有的是共同的时代特点，可相互比较，有的则可能有所联系和影响。

东西方文化交流在万年以前的旧石器时代晚期就已有所显露。鞍山市海城小孤山旧石器时代晚期洞穴遗址出土的带双排倒刺的骨鱼镖为国内仅见，但欧洲的马格德林文化却有较多标本，有钻孔骨针（同阶段时间稍晚的北京山顶洞人骨针为剔孔），用兽牙做成的串饰也均见于小孤山遗址和马格德林文化遗址，是文化相似性的反映。小孤山出土的一件有刻划放射状线纹的圆饼形蚌饰在欧洲旧石器晚期洞穴遗址中也有类似发现。小孤山遗址多种文化因素与欧洲大约同时期遗存的相近，值得关注。[1]

在红山文化的彩陶中，呈棋盘格式分布的等腰和直角三角纹、菱格纹以及曲折线图案较为多见，它们与西亚一带的彩陶图案风格十分接近，联系善用砌石建筑和人体雕像发达的特征，可知当时红山文化在吸收中原仰韶文化绘彩技法创造出具有本文化特点的彩陶的同时，还与近东等西亚地区有着一定的文化交流关系。[2] 小河沿文化特有的绳纹筒形罐等在内蒙古中南部的庙子沟文化中频繁出现，小河沿文化盛行的屈肢葬也为西部地区固有葬俗。[3] 就是年代更早的查海和兴隆洼等遗址由无门道房址、室内成人葬等组成的聚落，也近于大约同时期西亚史前如土耳其安那托利亚距今8000年前后的恰塔·夫尤克乃遗址出入口设在屋顶、内外往来以梯相连的房屋结构和有居室葬习俗的聚落形态。[4] 而主要在史前时期广泛流行于从欧亚大陆草原地带到东北亚的饰压印纹夹砂平底筒形罐则起到联系东西文化的桥

---

[1] 张镇洪、傅仁义、黄慰文等：《辽宁海城小孤山遗址发掘简报》，《人类学学报》1985年第1期；吕遵谔：《海城小孤山仙人洞鱼镖头的复制和使用研究》，《考古学报》1995年第1期。

[2] 郭大顺：《从世界史角度研究红山文化》，《第八届红山文化高峰论坛论文集》，辽宁大学出版社，2014，第13~22页。

[3] 辽宁省文物考古研究所、赤峰市博物馆编著《大南沟——后红山文化墓地发掘报告》，科学出版社，1998。

[4] 杨建华：《两河流域：从农业村落走向城邦国家》，科学出版社，2015。

梁作用。

这种东西文化相近的时代特征或交流到青铜时代仍势头不减。夏家店下层文化三袋足器的突然兴起，显然与三袋足器起源地内蒙古河曲地区有关。一端作扇面形的铜耳环和陶器上的篦点纹装饰是与欧亚大陆同时代古文化相同的因素，近年有研究者提出，作为西周以后玉礼器串饰主要成分的红玛瑙珠，源自出现年代更早、数量也较多的西亚地区，而夏家店下层文化是目前所知中国境内以红玛瑙珠作为串饰最早的实例之一。[①] 从商代中晚期起，鄂尔多斯地区甚至源自更远的中西亚和欧亚草原地区的北方式青铜器，从三北地区（包括陕北、内蒙古中南部、晋北和冀北）经辽西山区和辽西走廊、辽河下游一直传播到鸭绿江口，在辽东地区发现这类北方式青铜器的遗址，其年代也可追溯到商周之际，如出平板斧、兽首铜刀和饰折线几何纹铜钺的铁岭市法库湾柳遗址和出銎啄戈的丹东市大孤山遗存，由此可知这一传播速度之快和道路之畅通。[②] 受西方文化影响的北方式青铜器（工具和兵器）与中国特有的商周青铜容器（礼器）这两种青铜文明之间的关系，是中国青铜器研究的新课题，辽宁（主要是辽西）是商周青铜容器与北方式青铜器共出区域中最东的一个地区。由于辽西地区青铜铸造业出现较早（西台红山文化遗址有铸小件饰品的陶合范发现，四分地、大甸子夏家店下层文化遗址和墓葬分别出土有使用内范的铜套件等[③]），因此不能忽视当地与外来青铜文明的碰撞与结合问题。

青铜时代之后，东西文化交流以十六国时期和辽代最为活跃。北燕冯素弗墓随葬有由东罗马经柔然国输入的多件钠钙玻璃制品，其中无模吹制、有复杂装饰的鸭形壶，经炉前多人多道工序快速配合制作，可能是盛香料

---

① 黄翠梅：《大甸子墓地的珠管串饰及玉石佩饰研究》，《玉魂国魄——古代玉器与中国传统文化研究论文集》，浙江古籍出版社，2012。

② 郭大顺：《辽河流域"北方式青铜器"的发现与研究》，《内蒙古文物与考古》1993 年第 1、2 期。

③ 辽宁省博物馆、昭乌达盟文物工作站、赤峰县文化馆：《内蒙古赤峰县四分地东山咀遗址试掘简报》，《考古》1983 年第 9 期；齐亚珍、刘素华：《锦县水手营子早期青铜时代墓葬及铜柄戈》，《辽海文物学刊》1990 年第 2 期。

一类化妆品的专用器，在罗马帝国也是制作难度高、形制罕见的精品。① 多处三燕贵族墓葬出土的金步摇与步摇冠以及其他黄金镶嵌宝石的装饰器具也多为来自中亚、西亚的进口品。三燕与高句丽接触频繁，中亚、西亚文化借由这一路线东传到朝鲜半岛与日本列岛，并都是以玻璃器和金饰件等高级宝物类奢侈品作为主要交流物品。与此相应的是，佛教从北路东传也是由西域、河西走廊经辽西、辽东到达高句丽，然后再向南传播的。关于这一点，朝阳北塔揭露出的北魏时期"塔近佛寺中心"的布局和塔内环实体塔心的殿堂式回廊结构是其中一个重要实证和环节。② 到了辽代，契丹和汉人的贵族墓中也常有来自西部的伊斯兰式玻璃器随葬，如叶茂台辽墓随葬的玻璃调色盘、朝阳辽耿延毅墓和内蒙古通辽陈国公主墓随葬的玻璃器等。朝阳北塔的辽代天宫出土了一件由波斯直接传入的萨珊或伊斯兰时代的带把金盖玻璃胡瓶。这件玻璃瓶器壁极薄却有十分规整的流线型造型，半透明的色泽变化均匀，器内底还套接一小瓶，也是当时少见的精品。辽代作为饰品和信仰物被大量使用的琥珀，经成分测试，是由原产地波罗的海经由中亚地区转输到辽王朝的。③ 联系辽末耶律大石在新疆到中亚一带建立的西辽国，可知这一东西交流路线在辽代仍然畅通。

以上说明，在历史上确有一条贯穿欧亚大陆到中国东北及东北亚地区的草原之路，辽宁地区是这条草原之路的枢纽和通向东北亚的起点。

除东西交流外，地处渤海与黄海北岸、有 2000 余公里海岸线的辽宁，还通过海路与环渤海沿岸及更南地域进行南北交流。辽东半岛黄海沿岸新石器时代的大连市小珠山下、中、上层文化和丹东市后洼下、上层文化以

---

① 安家瑶：《冯素弗墓出土的玻璃器》，香港中文大学中国考古艺术研究中心：《桃李成蹊集——庆祝安志敏先生八十寿辰》，2004，第 377~387 页。

② 郭大顺：《朝阳北塔在东亚佛寺布局演变序列中的地位》，《辽宁省博物馆馆刊》第 3 辑，辽海出版社，2008。

③ 香港中文大学中国文物研究所苏芳淑、许晓东等依据 Curt W. Beck 和 Edith C. Stout 红外线光谱分析辽代琥珀成分与盛产琥珀的波罗的海琥珀一致而不同于抚顺产琥珀的鉴定结果，认为辽代大量使用的琥珀，是波罗的海琥珀由中亚地区转到辽王朝的，从而为辽代仍然畅通的草原丝绸之路增添了一项新内容。

及早期青铜时代的双坨子下、中层文化，与隔海的山东半岛大汶口文化、龙山文化和岳石文化一直保持着不同程度的联系；① 红山文化玉器经由山东半岛与长江中下游的玉文化有交互影响关系，牛河梁遗址还有仿南海盛产的海贝玉饰出土；小河沿文化接受山东大汶口文化的强烈影响，也应与环渤海地区的南北海上交流有关；沿渤海湾北岸多有夏家店下层文化遗址分布，特别是在锦州市郊邻近渤海湾北岸的水手营子遗址发现随葬铜柄戈的夏家店下层文化晚期墓葬，这件铜柄戈时代特征明显（与二里头三期铜戈形制相近），重量达千克，柄饰商代青铜器常用的连珠纹，装饰性很强，是权杖式重器，说明环渤海地区也是夏家店下层文化活动频繁的重点地区，并与山东岳石文化有海上交流；② 青铜时代辽东半岛靠山面海、南北连续分布的大石棚群，作为从大西洋到太平洋沿岸巨石文化的一环，其文化联系当不限于东北亚地区；秦皇汉武在紧临渤海湾北岸选址建行宫，除了祭祀礼仪以外，也应同秦汉帝国开拓海疆有关；文献中有齐人与燕人在海上活动并通过海路与朝鲜半岛交往的记载；东汉末年山东大族邴原、管宁等"浮海"移民入辽东；公孙氏统治辽东时期"令行于海外"③ 并通过海上与东吴交往。

辽东海运到隋唐和辽金元时期趋向频繁，隋唐时期从辽东到东北有多条水道通朝鲜半岛和日本列岛，辽金在东京辽阳以南沿海置州建关以控制南北海上交通，元代以运输江南粮食为主的海运，常经直沽（今天津）达辽东的盖州，甚至辽阳行省首府所在地辽阳及朝鲜半岛，这方面已积累的考古线索有待进一步调查确认。绥中县三道岗元代沉船调查发掘表明，出自河北省磁县滏阳河上游彭城窑的磁州窑瓷器，是经河运至直沽口又转海运沿渤海湾北岸到达辽东及东北更远地区的。④ 明王朝控制辽东及东北地区

---

① 佟伟华：《胶东半岛与辽东半岛原始文化的交流》，苏秉琦主编《考古学文化论集》（二），文物出版社，1989，第78~95页。

② 郭大顺：《渤海湾北岸出土的铜柄戈》，（台）《故宫文物月刊》第208期，2011年。

③ 《三国志》卷11《魏书·管宁传》，中华书局，1959，第354页。

④ 张威主编《绥中三道岗元代沉船》，科学出版社，2001。

也一度以海路为主要通道。虽然元明清三朝都不同程度地实施过海禁，明王朝更有以辽阳为中心抵御倭寇的辽东海防线，但民间的物质文化、精神文化的开放交流从未被锁国政策真正扼杀。古代直至近代，由海运入辽河口（今盘锦附近）改河道漕运，进而向辽宁和东北腹地深入的线路始终存在，频繁的海上交通为不同地域、不同民族文化间的交流提供了条件，更促进了社会发展和民族文化的传承。

南北海上交流以史前时期辽西地区为起点的"玦文化圈"涉及范围最广，延伸地域最远。目前的发现和研究认为，玉玦及有关组合器（主要为管状玉玦和匕形玉器）作为文化含量较高的因素，在距今 8000 年的辽西地区，形制和组合已经较为固定和成熟，大约同时或先后也出现在东北的吉黑地区、俄罗斯远东地区以及日本海沿岸和列岛北部地区。"玦文化圈"向南通过环渤海湾地区或沿太行山东麓，经山东到达环太湖和岭南地区，还跨海影响到台湾岛、菲律宾岛以及越南和泰国东海岸等地，是为包括南太平洋和中南美洲在内的"环太平洋玉文化圈"中形成最早也是影响最大的一个海洋文化圈。[1]

苏秉琦先生曾将世界文化结构分为欧亚大陆和环太平洋东西两大块，将中国古代文化分为面向这两大块的西北和东南的"两半"。[2] 辽宁地区既与欧亚大陆东西草原之路有关，又与南北环太平洋文化带有关，所以经常处在大陆文化与海洋文化这两大文化板块的结合点上。从这个视角考察和理解古代的辽宁历史，可能会有更深的认识，也是今后深入研究辽宁古代历史的新思路。

---

[1] 郭大顺：《辽宁"环渤海考古"的新进展——1990 年大连环渤海会后》，《郭大顺考古文集》（下），辽宁人民出版社，2017，第 86~94 页。

[2] 苏秉琦：《"纪念城子崖遗址发掘 60 周年国际学术讨论会"贺信》，山东省文物考古研究所编《纪念城子崖遗址发掘 60 周年国际学术讨论会文集》，齐鲁书社，1993。

东北地区古代文化举要

魏存成[*]

　　我国东北地区，包括辽宁、吉林、黑龙江三省和内蒙古自治区东部。辽河、嫩江、松花江流经南北，长白山、兴安岭耸立东西，山川湖泊，物产富饶，农田牧场，土肥草美。在此面积辽阔、浑厚神奇的大地上，从几十万年前古人类在此扎根生活开始，历经民族的出现及其政权的建立到全国大统一的形成，孕育了丰富多彩的古代文化。该古代文化，既是特色鲜明的地域文化，又是中华民族传统文化的重要组成部分。大家知道，文化是一个大的概念，东北古代文化，同样包含很多内容，可以从不同的角度去观察、去分析。笔者拟以东北地区之古代民族出现之前和出现之后两个大的时期，对东北古代文化的发展加以举要说明：在古代民族出现之前，所依据的主要是不同时代的考古学文化；古代民族出现之后，则要考古与文献相结合，梳理、考察各个民族的源流发展及其文化表现。通过考察东北地区丰富多彩的考古学文化和民族文化，就可以基本掌握不同阶段全地区总体文化的构成、分布和演变情况。

一

　　关于东北地区古人类的生活信息，通过多年的考古工作，迄今已经发

---

* 魏存成，吉林大学匡亚明特聘教授、边疆考古研究中心博士生导师、高句丽渤海研究中心荣誉主任，研究方向：魏晋至隋唐考古、高句丽渤海考古与历史以及朝鲜半岛、日本考古与历史。

现了几十个旧石器时代的遗址和地点，分布于辽河、松花江、嫩江、黑龙江、鸭绿江、乌苏里江流域之广大区域。比如辽宁省的本溪庙后山人遗址、营口金牛山遗址、朝阳喀喇沁左翼蒙古族自治县鸽子洞人遗址，吉林省的榆树人遗址、安图人遗址、桦甸寿山仙人洞遗址、抚松仙人洞遗址，黑龙江省的哈尔滨阎家岗遗址、齐齐哈尔昂昂溪地点、饶河小南山地点、呼玛十八站地点、漠河老沟地点等。年代比较早的多分布在南部地区，其中最早的两处是本溪庙后山人遗址和营口金牛山遗址，前者距今约40万年，后者距今约28万年，说明东北地区的古人类可能是从南到北由中原地区迁移过来的（图1）。各处遗址、地点发现内容，大致为人类化石、石器、骨器、动物化石几大类，同时还有用火遗迹，说明当时我们的祖先为了生存和发展，正一步一步地在远古长河中向前迈进。

图 1　金牛山遗址 A 点洞穴外景

图片来源：采自《中国文物地图集·辽宁分册》，文物出版社，2009。

大约距今8000年，东北地区进入新石器时代。约4000年之后又进入青铜时代。至此，经过几十万年进化而来的古人类群体正式进入氏族社会，出现了氏族、部落、部落联盟等社会组织。与其相适应的则是出现了一个个由某些特征相同或相似的遗址所组成的、分布范围比较广的文化或文化类型。

新石器时代的主要文化，在内蒙古赤峰和辽西地区有查海—兴隆洼文化、赵宝沟文化、红山文化、富河文化和小河沿文化，下辽河流域有新乐文化，辽东地区有小珠山文化和后洼文化，第二松花江流域有左家山文化，嫩江流域有昂昂溪文化，牡丹江流域有莺歌岭遗址下层，三江平原有新开流文化等。

青铜时代的文化中，在西辽河流域有夏家店文化，辽东地区有高台山文化、庙后山文化和辽东半岛南部的青铜文化遗存及积石墓，第二松花江流域有西团山文化，松嫩平原有白金宝文化和汉书二期文化等。

在这些不同时代的文化中，居住址、墓葬大量出现，祭祀遗址的地位尤为突出，陶器普遍用于日常生活，石器制作由打制进入磨制，精美的玉器更引人注目，而且较早地使用了冶铜术。由于各文化所处的地理环境和所适合的生产活动不同，出土的生产工具也有区别。适合农业生产的地区，石斧、石耜、石刀、石锄则是最常见的石器；适合狩猎活动的地区，石镞则最为多见；适合渔猎活动的地区，骨制的渔具则是其特色。这种情况，有时在陶器的纹饰中也有表现。

此时东北文化的发展，始终与中原地区保持着沟通和联系，辽西走廊和山东半岛渡海到辽东半岛，则是沟通和联系中原的陆路和海路。有学者研究，红山文化中出现的简化花卉图案彩陶，是对中原地区仰韶文化吸收的结果。小珠山文化中发现的蛋壳黑陶，显然是受到了山东半岛新石器文化的影响。1987年，在距今3000多年的大连大嘴子青铜时代遗址发掘中出土了炭化粳稻稻米，这不仅将我国东北地区的稻作历史大大提前，同时为中国稻作东传之北路，即长江下游—山东半岛—辽东半岛—朝鲜半岛—日本之路线，提供了实证。①

新石器、青铜时代文化的发展，证实了东北地区是我国古代文化的重要发祥地之一，并为探讨我国古代文明的起源提供了宝贵资料。众所周知，我们中华民族自称"龙的传人"，而龙的形象之最早出现，就是在东北地

---

① 参见大连市文物考古研究所编著《大嘴子——青铜时代遗址1987年发掘报告》，大连出版社，2000。

区，即查海—兴隆洼文化中的"龙形堆石"（图 2），年代距今约 8000 年。此处遗迹比在河南濮阳西水坡墓地发现的用蚌壳摆放成的龙、虎造型早 1000 多年。之后在左家山文化中，又出土了最早的用整块石材雕成的石龙

图 2　查海遗址发现的"龙形堆石"

图片来源：采自《中国文物地图集·辽宁分册》。

图 3　左家山遗址出土的石龙

图片来源：采自《中国文物地图集·吉林分册》。

143

（图3），年代距今约6000年。再过1000年，红山文化中发现的玉龙（图4），不仅数量增加，而且造型和工艺都有了明显进步，从此以后，以龙为题材的雕塑和花纹图案等在各地普遍发展起来。有学者在研究红山文化时指出，我国古代文明和国家的起源发展经过了古文化、古城、古国到方国、帝国的漫长历程，红山文化遗址发现的坛、庙、冢和众多玉器等代表了当时的社会组织已经发展到古城古国阶段，由此看到了中华五千年文明的曙光。①

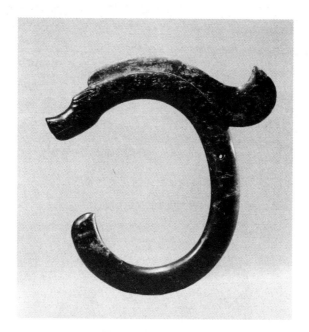

图4 红山文化玉龙

图片来源：采自《中国文物地图集·辽宁分册》。

　　具体比较东北地区内部不同地区的文化，在其共存和发展的过程中，相互之间不断产生交叉和影响，但是由于自然条件和生态环境不同，自身的特征和发展过程中的内在连续性还是很明显的，这就为探讨东北古代民族的起源提供了线索。

---

① 郭大顺：《中华五千年文明的象征——牛河梁红山文化坛庙冢》，《牛河梁红山文化遗址与玉器精粹》，文物出版社，1997。

二

关于东北地区的古代民族，在先秦文献中已有零星记载，而真正开始给东北各主要民族单独立传，则是在汉代以后。20世纪40年代金毓黻先生出版《东北通史》，将东北古代民族划分为肃慎、濊貊、东胡和华夏—汉族之四大族系，并绘成"东北民族系统表"，迄今仍为学术界所沿用和参考。几十年来，伴随着东北考古的迅速发展，东北史的研究逐步深入，因而我们对四大族系中不同民族及其文化的认识也比过去清晰了许多。其中，数量繁多、内容丰富、关系复杂的是在汉唐时期。

如何探讨和确定不同民族的文化？一是此时已经进入历史时期，有文献可以查询。但是文献记载有详有略，甚至有偏误，需要仔细分析。二是依靠考古发现。而每当发现一种新的考古遗存时，对于其能否与文献记载相印证被确定为某某民族的文化，都需要谨慎的思考和研究。所以考古命名，对于时代较早的发现，往往仍如上述新石器、青铜时代的发现那样，先以地点名称称其为某某文化或某某类型，之后同类遗存发现多了，与某某民族的关系相对稳定了，也就开始有民族文化的称谓了。

四大族系中，华夏—汉族族系原指中原地区的原始居民和民族，如前所述，从远古开始就有中原人口及其文化流入东北，进入历史时期，通过商末周初箕子东迁，战国燕设上谷、渔阳、右北平、辽西、辽东五郡，汉设乐浪、玄菟、临屯、真番四郡等历史事件，大批中原人口迁入东北，其主要活动地区在以辽东（今辽阳）为中心的东北南部。1955年在辽阳三道壕发现了西汉村落遗址，出土了大量的陶器和铁质农具、工具等遗物（图5）。而发现最多的是分布在该地区的与中原习俗相同或相似的汉魏晋墓葬，有的墓葬中还绘以关于墓主人生前经历和生活的精美壁画（图6）。中原人口的迁入，带来了先进的生产技术和文化，促进了东北地区的社会发展。有学者研究，中原铁器和冶铁技术传入东北及朝鲜半岛，就是从战国燕和汉设四郡开始的。[①] 辽东地区以平原为主，水土适宜，气候温和，迁来的中原人口，仍然将农业作为其主要的生产方式和生活来源，他们在传承中原文化的同时，也和东北其他民族不时地进行交流。

图 5　三道壕遗址出土的铁锄

图片来源：采自《辽海遗珍——辽宁考古六十年展（1954~2014）》，文物出版社，2014。

图 6　辽阳北园一号墓车骑出行图壁画

图片来源：采自《中国文物地图集·辽宁分册》。

肃慎族是东北地区最古老的民族，早在先秦文献中就有记载。汉代之后则陆续称为挹娄、勿吉、靺鞨和女真等。肃慎的历史遗存，迄今还未得到考古印证。汉代挹娄的活动范围，据文献记载是在黑龙江中下游之广大

① 王巍：《中国古代铁器及冶铁术对朝鲜半岛的传播》，《考古学报》1997 年第 3 期。

地区。南北朝时期该民族改称勿吉，向南发展后形成七部，隋唐时称为靺鞨七部。关于挹娄、勿吉的早晚文化遗存，有分布于黑龙江对岸、被苏联考古学界定名的"波尔采文化"和我国黑龙江省绥滨县的蜿蜒河遗址、四十连遗址及萝北县团结墓葬等。其他如双鸭山滚兔岭遗址和友谊县凤林古城，文化有别，但地理位置和年代都与挹娄、勿吉基本相符，它们是否属于挹娄、勿吉的文化遗存，学术界还在研讨之中。不过这也说明，汉魏晋南北朝时期，在上述广大区域内存在众多部落群体。

渤海政权是以靺鞨七部中原位于第二松花江流域的粟末部为主建立起来的。粟末部是由溯主流松花江而上的靺鞨族一部吸收了原活动于第二松花江流域的夫余族人形成的。渤海政权建立时，其上层还有部分高句丽人参加。渤海政权建立后，历代王积极主动地向唐王朝学习，使其文化等得以迅速发展，被誉为"海东盛国"。渤海文化主要由三部分构成：一是主体民族靺鞨族的文化，比如渤海人最常使用的炊具长腹筒形罐，就是从挹娄人开始出现，勿吉人、靺鞨人一直沿用下来的，所以被广泛称为靺鞨罐（图7）；二是高句丽族的文化，主要表现在渤海墓葬由土坑墓向封土石室墓的过渡和使用等方面；三是唐中原文化，表现在渤海王城的规划布局、建筑、砖室墓葬、文字与文学艺术等多方面（图8、图9）。

图7 六顶山渤海墓葬出土的靺鞨罐

图片来源：采自《六顶山与渤海镇》，中国大百科全书出版社，1997。

图8 中原唐墓出土的三彩女俑

图片来源：马得志、张正龄：《西安郊区三个
唐墓的发掘简报》，《考古通讯》1958年第1期。

图9 渤海墓葬出土的三彩女俑

图片来源：采自《国之瑰宝——中国文物事
业五十年（1949~1999）》，朝华出版社，1999。

关于肃慎族系的生产和生活，文献记载，早在挹娄时期就有了农业、畜
牧、狩猎等活动。到了渤海时期，由于地理环境和周边条件的改善，在原有
基础上，农业生产更为方便，手工业、商业和交通等方面都有了快速发展。
有关内容在《新唐书·渤海传》等文献记载和历年来的考古发现中都可查到。

渤海政权存在期间，其北侧强大的黑水靺鞨部虽曾在一段时间内附属
于渤海，但基本上是独立存在的。位于黑龙江省绥滨县的同仁遗址，作为
黑水靺鞨的代表性遗存，受到学术界普遍关注和认可。926年，渤海政权被
辽灭亡后，黑水靺鞨改称女真，附属于辽。部分南迁者，号熟女真；留在
原地者，号生女真。后来生女真逐渐发展强大，建立金政权后又灭了辽。

濊与貊，自先秦至汉，先是分称，后多合称。汉代民族中，夫余、沃
沮和东濊①皆源于之前的濊，高句丽则源于之前的貊。其中夫余和高句丽建

———————

① 文献记载为濊，为了和之前的濊相区别，而且其居于夫余、沃沮之东南，即朝鲜半岛东海
岸，故习惯称之东濊。

立了与其名称相同的政权。

夫余政权所在，分前后两地，4世纪之前在今吉林市，4世纪之后"西徙近燕"。具体迁到什么地方，历来说法不一。据文献记载，夫余始建之地，乃原濊人所在。经多年考古发掘和研究，学术界普遍认为，以吉林市为中心，分布于吉长地区的青铜时代西团山文化，属于濊人文化遗存；以吉林市泡子沿前山遗址上层和榆树老河深中层墓葬为代表的泡子沿文化类型属于夫余文化遗存。泡子沿文化类型直接叠压在西团山文化之上，同时包含着北方草原文化和中原汉文化的因素，这与夫余创始传说和夫余与中原关系的记载是相吻合的。近些年来先后调查发掘的吉林市帽儿山墓葬和南城子古城，为夫余政权前期的王城所在提供了直接证据。夫余地处东北大平原腹地，文献记载夫余对"水旱"和"五谷"极为重视，考古出土的铁器有剑、矛、刀、镞等兵器，也有镰、锸、镢等农具，还有漆器（图10）、陶豆（图11）等生活用具。5世纪末，受高句丽和勿吉南北夹击，夫余王率部分人投奔高句丽，留在原地的则加入勿吉。

图 10　帽儿山墓葬出土漆器

图片来源：采自《中国文物地图集·吉林分册》。

沃沮位于包括今延边地区在内、北抵兴凯湖、南到朝鲜半岛东北部的狭长地带，其北部称北沃沮，南部称南沃沮，再南则是东濊所在。以1977

图 11　帽儿山墓葬出土的陶豆

图片来源：采自《田野考古集粹——吉林省文物考古研究所
成立二十五周年纪念》，文物出版社，2008。

年发掘的黑龙江省东宁团结遗址下层为代表的团结文化，已被学术界定为
北沃沮文化遗存。《三国志·沃沮传》记沃沮"其土地肥美，背山向海，宜
五谷，善田种"。团结遗址发现沃沮人居住在设有曲尺形取暖设备的半地穴
房屋中，使用的陶器以粗大的柱状纽为特色（图 12），生产工具仍为刀、
斧、镰、锛等石器，同时还有与中原相同的斧、镰、锥等铁器。

沃沮和东濊先后属卫氏朝鲜、汉四郡，东汉末年，更属高句丽，后来
沃沮北部融入南下的勿吉，形成勿吉七部中的白山部。

高句丽族始见于汉四郡设立之时，高句丽政权自公元前 37 年至 668 年，
在历史上存在了 705 年之久。4 世纪之前，高句丽族与高句丽政权受玄菟郡
管辖，4 世纪开始，高句丽政权则直接接受中原政权的册封。高句丽政权先
后以辽宁省桓仁（图 13）、吉林省集安和朝鲜平壤为都，其疆域最大的时
候，西抵辽河，南到朝鲜半岛中部。其多数地区"多大山深谷"，给其农业

图 12　团结文化陶器

图片来源：采自《中国文物地图集·黑龙江分册》。

图 13　高句丽初期王城——桓仁五女山城

图片来源：本文作者于 2003 年拍摄。

生产带来不便，而狩猎活动始终盛行，这从文献记载、墓葬壁画和考古发掘中铁镞之常见等方面皆可看出。高句丽文化在世界上是有名的，2004 年我国申报的"高句丽王城、王陵及贵族墓葬"和朝鲜申报的"高句丽的壁画古坟",同时成为世界文化遗产（图14）。高句丽文化的特点,可以从不同方面去考察,其中有一个现象是共同的,那就是石结构建筑的流行。比如高句丽的众多城址中,绝大部分是大小不等的山城,而且其王城也是山城与平地城相组合。再如其墓葬,两大类型中积石墓的内外结构、封土石室墓的内部结构使用的都是石块和石材（图15）。石构建筑是高句丽本民族的文化,高句丽后期墓葬外部结构变为封土,部分山城出现土结构,晚期王城中山城与平地城合为一体,其中则包含了中原文化的影响。高句丽的墓葬壁画和碑刻是很有名的,从壁画内容、风格和碑刻文字、书体等,同样可以看出高句丽本民族的文化特点和中原文化的影响。高句丽文化对中原同样也有影响,有名的高句丽音乐歌舞就传入了隋唐王朝的宫中。

图14　集安丸都山城及山城下墓群

图片来源：采自《田野考古集粹——吉林省文物考古研究所成立二十五周年纪念》。

高句丽政权灭亡前后,其居民先后有数批迁入中原;留居辽东的有的流入靺鞨或突厥,后来大部分与汉族融合在一起;留居朝鲜半岛的多流入新罗,与新罗居民及之前亡国的百济遗民等共同组成朝鲜半岛的统一民族。

东胡族系包含的民族及其变化,比肃慎族系、濊貊族系要复杂得多。

图15 集安将军坟

图片来源：采自《田野考古集粹——吉林省文物考古研究所成立二十五周年纪念》。

东胡之名同样见于先秦，西汉初年东胡被匈奴打败后出现乌桓、鲜卑两个民族。乌桓存世时间比鲜卑短，对于其文化遗存，至今考古学者仍在寻找和讨论，但是文献记载乌桓和鲜卑是同俗的。鲜卑，按马长寿先生的观点分为东部鲜卑和北部拓跋鲜卑两大部。东部鲜卑后来又分化为慕容、宇文和段氏三部，经多年争斗，慕容部兼并宇文部和段部，并相继建立三燕政权。而宇文部后裔不仅建立了北周政权，还衍生出契丹和奚两个民族。拓跋鲜卑含较多匈奴血统，其主体从大兴安岭北段南迁河套地区，建立北魏，入主中原；留居原地的又先后衍生出室韦和蒙古。

上述各族各部尽管变幻不定，但是其大的活动地区没有大的改变，皆是在东北地区西部之宽广的草原及山林地带，被统称为草原民族。他们以穹庐为宅，逐水草而居，游牧及狩猎、渔猎是他们的主要生产方式和生活来源。文献记载乌桓与鲜卑"男子能作弓矢鞍勒，锻金铁为兵器"，"兵利马疾，过于匈奴"，[①]

---

① 《后汉书·乌桓鲜卑列传》，中华书局，1965，第2980、2991页。

飞马骑射成为全民族推崇的社会风尚。有关实物，这些年来在三燕墓葬中出土了多件金属马具，有衔镳、当卢、鞍桥、镫、銮铃、杏叶等，有的可成套复原，有的还饰以鎏金，非常精美（图16）。马具中的关键部件是马镫。1963年，在辽宁北票发现了年代为415年的北燕冯素弗墓，墓中出土的成副双马镫，是现知有明确年代中的最早一例。同时墓中还出土了中原的漆器和自西方输入的玻璃器。有多位学者研究认为，魏晋南北朝时期是中国古代马具发展完备的重要时期，鲜卑为此做出了突出贡献（图17）。鲜卑的马具影响了高句丽，并通过高句丽又影响到朝鲜半岛南部和日本。笔者曾作过对比，鲜卑马具比高句丽的要宽大一些，说明在鲜卑草原上奔驰的马要比在高句丽山地上攀登的马高大一些，在文献中也可以查到可参照的记载。在三燕墓葬中还出土了数件精致珍贵的金步摇，这与文献所记乌桓、鲜卑的习俗也是吻合的（图18）。游牧民族定居，尤其是建立政权后，同样要修建房屋、城市和宫殿。1986年，朝阳北塔加固维修，发现了北魏至辽代几个时期的塔体，而最下面的则是三燕时期龙城之内的宫殿夯土台基。

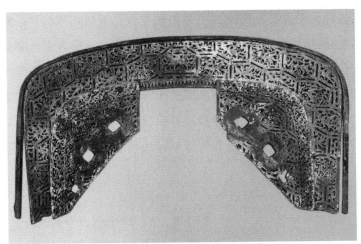

图16　三燕鎏金铜镂空鞍桥包片

图片来源：采自《东北亚考古学论丛》，科学出版社，2010。

上述四大族系众多民族，经汉代以来近千年的发展演变、交流融合（图19、图20），至唐代则发生了很大变化。汉族的名称没有变，但人口的

图 17　三燕马具复原

图片来源：采自《东北亚考古学论丛》。

图 18　三燕金步摇饰

图片来源：采自《东北亚考古学论丛》。

图 19　集安好太王碑

图片来源：采自吉林省文物志编委会
编《集安县文物志》，1984。

图 20　长白灵光塔（渤海）

图片来源：采自《田野考古集粹——
吉林省文物考古研究所成立二十五周年
纪念》。

内外流动还是不断发生的。肃慎族系中的渤海政权灭亡后，只剩下了女真族。至高句丽灭亡，濊貊族系作为历史上的独立民族就不存在了。东胡族系余下奚、契丹和室韦。之后，经辽金和元明清，虽然还有变化，比如奚并入契丹，契丹又融入其他民族，室韦衍生出蒙古，南部女真人融入其他民族，东北部女真人再度兴起等，但总体格局基本固定了下来，最后融合汇聚成汉族、女真-满族、蒙古族三大历史民族。这三大民族，原有的习俗和文化仍各有保留和传承，但是随着统一局面的加强，民族间、文化间的相互交流和融合则更加方便和发展。

以上介绍，将东北地区古代文化划分为民族出现之前和民族出现之后两个大的时期，其中在青铜时代，前者开始向后者迈进。通过对这两个大的时期中不同文化的举要梳理，我们得出如下认识。第一，东北地区的历史与文化的起源发展是悠久的，而且是连续不断的。第二，在上述发展过程中，东北地区内部不同地区间的文化交流及其与中原地区的文化交流，也是连续不断的。第三，东北地区的古代文化，为中国古代文明的产生和传统文化的发展做出了重要的贡献。

中国东北地区的"三大地域文化"

王绵厚*

一 中国东北地区"三大地域文化"的提出及其根据

对中国东北地域文化分布、命名的研究，早在 20 世纪初叶就已经开始，其中"辽海文化"、"关东文化"和"东北文化"为最初对东北地域文化的表述。在 20 世纪 90 年代，李治亭先生主持编著《关东文化大辞典》时已经提出"东北文化区"的概念，① 实际上是对近百年以来，东北地域文化和民族文化谱系的小结。而对其次文化区的命名，则始于 20 世纪和 21 世纪之交"地域文化热"研究的兴起，并在"辽河文明""长白山文化""草原文化"等正式提出以后。以 2006 年《多维视野中的黑龙江流域文明》的编著为例，关于东北地域文化内部的分区命名，就有"多流域文明"假说，如辽河文明、松花江文明、黑龙江文明、鸭绿江文明等。② 此书的两次编写会议和讨论，我都是亲历者，因此萌生了对东北地域文化的不同看法，并主要针对"多流域文明"的"泛流域文明论"，提出以下中国东北"三大地域文化"。

对这一至今仍有争议问题的思考，我并不是一时灵机而动，而是有

---

* 王绵厚，辽宁省博物馆研究员，研究方向：东北历史、考古与文化。

① 李治亭：《关东文化大辞典》，辽宁教育出版社，1993。
② 潘春良、艾书琴主编《多维视野中的黑龙江流域文明》，黑龙江人民出版社，2006，第 49 页。

其研学基础。至少在 1994 年出版《秦汉东北史》时，就已深入思考"东北文化圈"问题。诸如上述的"多流域文明论"，看起来比较容易划定文化范围，其实并不完全合理。比如长白山区系，其东、南、西、北有诸多水系，难道每个河流都应命名为独立文化？所以"泛流域文明"的要害，是只重视水系因素，而忽略了其他综合社会因素，产生无法科学界定的"泛流域文明"。而在我看来，命名或界定一个大的地域文化，尽管因素很多（包括水系），但最主要的应至少有以下三点：其一，有相对独立的自然地理基础和生态环境（如长白山区系）；其二，有相对独立的社会经济形态和生产方式（如草原群牧）；其三，有相对独立的、不间断的民族谱系和考古学文化（如辽河流域）。从这三点综合看，如黑龙江流域文明，尽管也有较长的历史和较宽阔的领域，但在经济形态上，却一直处在混合类型中；在人文意义上的考古文化谱系中，与辽河文明区相比，也有断裂和缺环。因此我把它作为中国东北"三大地域文化"中的"子文化系列"，即黑龙江流域的古代文明，在上、中、下游三个地区，分别表现出草原文化、（江河）渔猎文化、（山林）采集文化等混合特征。

　　这样来界定东北地域文化，毫无贬低某一区域文化地位的意思。它的学术意义在于，可以在宏观上正确把握中国东北包括东北亚区域的自然和人文地理分布。故如我在 2015 年 5 月 1 日《中国文物报》上所著《〈中国长白山文化〉"考古编"书后》中所说，在近期出版的《中国长白山文化》这样一部专门的地域文化著作中，对东北地域文化也没有统一分区，有的章节引用了"辽海文化"、"长白山文化"和"草原文化"区等，有的章节又采用"辽河流域文明""松花江流域文明""鸭绿江流域文明""黑龙江流域文明"等"四大流域文明说"或"五大流域文明说"。可见中国东北地域文化，应是中国乃至东北亚地域文化研究的重要论题之一。笔者在以下部分，就此分别解说中国东北"三大地域文化"的成因及基本特征。

二 辽河文明

辽河文明，又称辽海文化和辽河文化。20 世纪 80 年代，它在中华文明和中国地域文化中的地位，随着辽西红山文化牛河梁遗址等的重要发现，不断引起世人关注。笔者关注辽海文化研究始于 2002 年，为纪念母校北京大学考古系创建 50 周年，曾撰有《辽河文明在中华文明起源中的历史地位》一文。其后在 2006 年，又应邀撰写辽宁省重点文化工程《辽宁文化通史·秦汉卷》。在对秦汉辽宁地域文化源头的历史追述中，曾提出中国东北"三大地域文化"——以辽河文明为中脊，以长白山文化和草原文化为东、西两翼，指出应当从东北亚的大区域来看待辽海文化。[①]

（一）辽河文明的地理概念和"辽海文化"的自然地理和人文地理基础

"辽海文化"、"辽河文明"或"辽河文化"，应是从不同的学科角度和学科内涵，对辽河流域的自然地理和社会文化的命名。三者不存在如有些学者认为的主次问题，也不存在非此即彼的排他性。如同"齐鲁文化"与"黄河文明"一样，前者是地域文化命题，后者是考古文化和文明起源的术语。这二者具有共同的自然地理、人文地理基础和历史的必然性。概括地说，主要有三条。

其一，在宏观自然地理上，辽海文化或辽河文明，是面向太平洋的东北亚前沿的区域文化。在流域文明上，它属于黄渤海北岸和辽河流域片等大的地理区系。因此审视它，不能仅将它放在辽宁省的行政区划内，而是应投放在中国东北和东北亚大的自然地理和人文地理范围内。即辽河文明作为一个大区域的文明单元，它的基本地理区域应以黄渤海北岸为腹地，其东界与辽东山地的"长白山文化"南缘接壤和交叉；其西界应是燕山以

---

① 王绵厚：《辽宁文化通史·秦汉卷》，大连理工大学出版社，2009。

北、辽西努鲁儿虎山以西至大兴安岭以南，在上辽河地区与草原文化区衔接；其北界则至松辽分水岭。

其二，从东北亚大区域的文化地理视野看，辽海地区应地处黄渤海北岸的东亚前沿内陆。它的广义区位优势，是横跨东亚太平洋北缘黄、渤海北岸南北相连的三个半岛，山东半岛、辽东半岛、朝鲜半岛的中脊和前沿地带。

其三，从"区域文明"的角度看待辽河文化的区域特征。它的东缘有长白山文化，西缘有草原文化，是中国东北"三大地域文化"的"中脊"和"桥梁"。如果从海洋文明与内河流域文明兼容的角度看待历史上的"辽海"称谓，东汉时曹植给其父曹操的《谏伐辽东表》中已提出，"辽东负阻之国，襟带辽海"。① 而不是过去许多人引证《魏书》等，认为"辽海"的地名称谓出现在南北朝时期，实际上至少提前 200 年。我们应用更深远的文化视角来审视辽河文明。

（二）辽河文明具有深厚的历史文脉基础

辽海文化或辽河文明的基础是辽河水系。辽河古称"大辽水"，是最早见于先秦文献的中华名川，《尚书·禹贡》和《吕氏春秋·有始览》等已记载："何为六川？河水、赤水、辽水、黑水、江水、淮水。"② 《吕氏春秋·有始览》记载的"六川"，与《尚书·禹贡》记载的一样，是大禹平定中华九州后，最早确认的九州水系。如同"五岳""五镇"一样，是代表当时中国九州方域的地标。《吕氏春秋·有始览》中的"黑水"，并不是指今天的黑龙江，而是甘陕交界和内蒙古居延地区的黑水河。所以"辽水"在战国以前，已是中国东北乃至东北亚地区唯一载入正史的中华名川。《尚书·禹贡》的名句"岛夷皮服夹右碣石入于河"，正是指先秦由辽东和朝鲜半岛，经黄渤海北岸的辽河腹地和辽西走廊，经过今山海关内外的辽宁省绥中县

---

① 曹植：《谏伐辽东表》，《陈思王集》，清光绪十八年《汉魏六朝百三家集》本。
② 《吕氏春秋》卷 13《有始览》，转引自东郭士等编《东北古史资料丛编》，辽沈书社，1989，第 113 页。

"右碣石",进入中原黄河的最早的文化与民族通道。① 自先秦以后,它深厚的历史文脉基础,更是传承了数千年。

(三) 辽河文明的区位优势和地域文化内涵

我认为从宏观的角度,评价辽海文化和辽河文明的区位优势,至少可以概括为如下六个方面。

其一,依托辽河水系形成的多元生态资源。辽河流域自然生态的多元性和生态保护,是辽海文化多元兼容的自然基础,这是我们在 21 世纪研究辽河文化首先应当具有的科学文化观。辽河文化的生态保护和文化传承,是当代研究辽河文化的"一车双轮"。从历史上追述,辽河文明沿黄渤海北岸的横向分布看,其东部为长白山文化,其西部为草原文化。从纵向地理分布看,它又是中国北纬 41 度至 42 度之间,以"长城地带"划分的南北文化的不同分区,即辽河腹地的农耕文化和北缘游猎文化的中冲地带。这一生态资源是历史上长期形成的,是不以人的意志为转移的。它的多元性决定了辽海地区地域文化和考古文化的多样性。

其二,由多元生态资源决定的综合性经济文化形态。上述多元自然生态资源条件,是决定辽海文化本质特征的经济地理和人文地理基础。辽海地区这种多元、综合性的经济文化特征,数千年来随着生产力的不断进步,在开发的深度和广度上不断攀升,但其本质特征并没有根本改变。如辽河腹地,以东西辽河交汇的辽吉两省衔接的松辽平原南部,向来就是以农业为主兼营渔牧的农业区,自战国以来就是汉郡文化的传布地区。东邻以东辽河和浑河、太子河上游为中心的辽东地区,历史上就是山林、川泽地区,具有长白山南系依托山林资源狩猎、捕捞、采集等经济特征,历史上亦是秽貊族系的辽东古代民族的母体(南貊)发源地。而上辽河流域的西部,努鲁儿虎山以西,历史上就是以游牧和群牧为特征的草原文化区,并形成

---

① 其古代交通地理和文化地理、民族地理的深厚根源,可详见王绵厚、朴文英所著《中国东北与东北亚古代交通史》,辽宁人民出版社,2016。

了燕亳、东胡、鲜卑、契丹等世居民族文化。辽河流域上、中、下游不同的经济文化区，有一个内在联系，就是在自然和人文地理上，都是以辽河干流为中脊，连接和带动两翼文化的发展。而今辽河下游的鞍山、盘锦、营口等地，更具有辽河平原农业生态的特殊性。

其三，在人文历史上的辽河文明，是中国北方文明起源的中心。这在"中华文明探源"工程中已经被确认，辽河文明是与黄河文明和长江文明并列的中华文明起源之一。辽河下游的早期智人营口金牛山人与北京周口店猿人是先后在黄渤海沿岸发展的最早的古人类，辽河流域是东北亚地区人类起源和文明发端的重要地区之一。其后从红山辽河文化的古国文明，到辽西夏家店下层文化（我认为应是先秦燕山以北燕亳族团）的方国文明，直至秦汉以后汉郡文化的帝国文明，辽河流域文明有几千年不间断的传承发展。

其四，辽海文化区域在历史上是北方长城地带和"丝绸之路"的东端，自古为连接东北亚的桥梁和纽带，在现代仍是东北亚大区域连接黄渤海北岸以及跨国经济、文化区的东西走廊和重要前沿地带，因此被列为国家级经济区。环长城地带南缘在历史上已经形成了军事上的区域障塞区，变成了南北民族文化交融的"熔炉"和历史平台。而"草原丝绸之路"的东段，已达今辽河上游（以今辽宁朝阳古龙城为中心），并东传朝鲜、日本，这使辽河文明的影响具有世界意义。

其五，辽海文化在社会人文意义上，具有独特的"关东文化"的多元人文特色。在历史上，以辽河流域为中心的东北南部地域文化，依托以农业为主形成的具有独特地域文化的长城地带，汇聚了汉郡文化、萨满文化、骑射文化、流人文化等独特的关东地域文化，从而使辽海文化同黄河文明、长江文明等一样，毋庸置疑地跻身于我国几大区域文明之林，成为相对独立的文化区。

其六，从其最有决定意义的经济形态看，辽河文明虽然在长期的历史发展中也有过衰落，但始终地处长城地带内沿黄渤海北岸的农业生产区，具有两翼长白山文化和草原文化不可比拟的自然生态优势。即使历史上短暂地有过游猎民族进入辽河流域，如晚明时期建州女真进入辽海，但也在不久后实行了"计丁授田"制度。这是不以人（民族）的意志为转移的深刻的自然法则，它决定了辽河文明区在以农业为主导的中国历史上，一直具有东北亚前沿的地理、经济、人文优势，也是辽河文明具有独立性、先导性、多元性、兼容性的内在动因。[①]

三 长白山文化

20世纪中叶，随着"长白山丛书"的出版，长白山文化逐渐为人们所认同。2014年出版的《中国长白山文化》一书这样来定义长白山文化："在长期历史中形成的、以长白山地区为地理空间范围，以东夷文化为先导，渐以华夏—汉文化为主体的、东北各民族共同铸就的，具有鲜明历史、民族、地域特点的地域文化。"[②] 尽管在对这一文化的认知概念上，可能会有局部的差异，但从其基本的文化定义看，"长白山地区（或区系）""东夷（东北夷）文化为先导""华夏—汉文化为主体""多元民族内涵""地域文化"，应当是构成长白山文化的基本内涵。笔者以下拟围绕上述几个方面，对长白山文化进行解读。

（一）长白山文化的区系地理界定

笔者在解读长白山文化时，之所以用"区系"而不用"地区"，是因为自然地理概念上的长白山及其余脉存在不确定性和交叉性，而"区系"作为文化地理概念，具有可以兼顾山川、民族、疆域等的多元涵盖性，可相对准确地界定其文化覆盖区。从这一视角界定长白山文化，它应是以长白山主峰为地标，以相关山系、水系交织组成的特定文化区。即南含辽东半岛千山山脉，北延张广才岭东西，东括狼林山脉和盖马高原，西至医巫间

---

① 参见刘厚生主编《中国长白山文化》第2编，吉林出版集团有限责任公司，2014。
② 刘厚生主编《中国长白山文化》第2编，第234页。

山和大兴安岭以东的松辽分水岭。这一山系与水系并重的地区，就是中国长白山文化的基本文化地理区域。

（二）长白山区系的山系和水系

长白山区系的山系分布，上已指出，可分为四个延伸方向。其南支，包括今辽吉两省交界的龙岗山脉和辽东腹地的千山山脉，基本以东北—西南走向一直延脉到旅顺老铁山。其北支，应包括张广才岭、牡丹岭和完达山脉，即东流松花江和乌苏里江之间的纵向山地。其东支，以老岭以东、朝鲜半岛的狼林山脉和盖马高原山地为主干。而其西支，以吉林哈达岭以北的松辽分水岭为线，逐渐过渡到松辽平原区。与上述山系对应，长白山区系的水系，亦由以下几大水系构成：其南系为鸭绿江水系，包括浑江、瑷河等水域；其北系为图们江、乌苏里江水系，包括牡丹江等水域；其东系，为清川江、大同江水系；其西系（西北）为松花江水系，包括东辽河和伊通河等发源于哈达岭的诸水系。在上述诸山系和水系中，一个重要的区域特点是纵横交错，共同交织成长白山区系的地域文化格局。

（三）长白山区系的古代民族谱系

长白山区系的古代民族，与山系、水系相比，是一个动态分布的民族谱系。这里介绍的是在汉民族外，这一区域的土著族团。从东北地区已普遍认同的族系划分看，主要可分为三系：秽（濊）貊系、肃慎系、沃沮（东秽）系。如果以东、南、西、北的山系和水系的自然分区看，这三系的大体分布是：南系为秽貊族系的南貊，包括历史时期的高句丽（高夷）和青丘；北系以纵向张广才岭分界，其东属肃慎，其西为橐离，包括其后的靺鞨和渤海等；其东系为沃沮和东秽，包括古朝鲜等；其西系为秽貊族系的北秽和夫余，包括橐离南下松花江中游的遗民。与这一基本族系分布相关的考古学文化，是这一区域进入青铜时代以后，人文历史和民族文化的重要内容。

（四）"长白山区系"已发现的重要考古学文化与民族谱系

上述与长白山区系的族系相关的考古学文化，是进入青铜时代以后人文历史和民族文化的重要内容，涵盖三方面含义：其一，考古学文化的主述重点是青铜文化以后，这主要考虑石器时代缺乏民族构成的基本因素和社会条件，在考古学和民族学中一般不纳入族系考察阶段。其二，青铜文化以后的考古学文化考察也不是无限延长，而是终止在早期铁器文化的两汉之际，主要是长白山区系的民族和考古学文化的奠基期。[①] 其三，与地域文化分区相比，考古学文化由于受考古发现的阶段性、偶然性和认识程度的局限，其界定和谱系的认知更复杂，所以本文对长白山区系考古学文化的分区介绍，区别于各类考古文化类型学的分布，是以长白山文化的自然地理分区"四系"为基础，从宏观的考古学与族系对应的角度分析，所持的是地域文化的方法，而不是考古学的方法。以下试分区简介。

1. 长白山南系

长白山南系的考古学文化，如我在《中国长白山文化》"考古编"中所说，指龙岗山脉以南以辽东山地为主的考古学文化。[②] 这一文化的局部分区，以千山山脉为标志。在千山山脉以南的辽东半岛沿海区，早期有营口金牛山人等旧石器时代文化和小珠山、后洼等新石器时代文化；进入青铜时代，则以大连地区为主的双坨子文化为代表。这一地域文化的最大特点，是发生在半岛本地的土著文化，受山东半岛的岳石文化等影响显著。从古代辽东半岛南部曾属"海岱曰青州"地域看，这一青铜时代至早期铁器时代文化，可与古青丘文化对应。[③]

千山山脉以北和龙岗山脉之间的辽东腹地，称为辽东"二江"（鸭绿江、浑江）和"二河"（太子河、苏子河）流域的大石盖墓文化区。它是典型的辽东南貊土著文化区，汉代以后则是辽东高句丽文化起源地区和早期

---

① 刘厚生主编《中国长白山文化》第2编。
② 刘厚生主编《中国长白山文化》第2编。
③ 刘厚生主编《中国长白山文化》第2编"青丘"条，第53页。

高句丽五部的核心地区。

2. 长白山北系

该地区考古学文化应以纵向张广才岭为界分为东西两区。其东区牡丹江流域和乌苏里江以西地区，在进入新石器时代晚期和青铜时代以后，虽然部族分散、复杂，但其主体文化，仍是 20 世纪 60 年代发现确认的莺歌岭文化——肃慎系。其文化延续至后来的挹娄和盛唐渤海时期。在张广才岭以西的东流松花江南北，进入青铜时代以后的代表性考古学文化，应是黑龙江省的索离沟文化，即北夷橐离国文化。这一文化遗址发现较早，但对其文化和性质的较深认识应在进入 21 世纪以后。

3. 长白山东系

这一区域的考古学文化分布，多涉及图们江以东和朝鲜半岛北部。在《中国长白山文化》"考古编"中称为"东秽地区"，在青铜时代以后，实际上的族系，还应包括南部的古朝鲜和北部沃沮等滨日本海地区，故统称东秽。在高句丽《好太王碑文》中或称"韩秽"。[①] 这一区域文化，应统属东北亚秽貊文化系统的北方式支石墓文化。关于长白山东系主要分布于朝鲜半岛北部的支石墓文化的渊源，韩国考古学家李亨求是这样总结的："大凌河流域的积石墓，经辽东半岛（石盖墓）传到朝鲜半岛，在朝鲜半岛从新石器时代后期至青铜时期相继出现……（支石墓）是在渤海沿岸地区发生并发展起来的。"[②] 应当指出的是，这一文化在受辽东"石盖墓文化"和东传因素影响的同时，亦受到了日本海沿岸的海洋文化因素影响。

4. 长白山西系

长白山西系的考古学文化，在地域上属于长白山脉向西南和西北两个方向延伸的张广才岭和威虎岭以西、吉林哈达岭以北的松花江中游。在进入新石器时代晚期和青铜时代后，其公认的代表性文化为 20 世纪 50 年代发

---

① 参见耿铁华《通化师范学院藏好太王碑拓本——纪念好太王碑建立 1600 年》，吉林大学出版社，2014，第 24 页。

② 李亨求：《关于东北亚的石墓文化——以渤海沿岸北部、东部及朝鲜半岛为中心》，《东北亚历史与考古信息》1995 年第 1 期。

现确认的西团山文化。董学增先生在《西团山文化研究》中，这样来界定西团山文化的范围："东界在张广才岭南端威虎岭以西；西界在伊通河和东辽河流域；南界在辉发河、饮马河、伊通河上游；北界在拉林河中、上游左岸。"① 据 20 世纪 80 年代以来，笔者与李健才和王侠等的两次实地调查，夫余先世西团山文化的分布区，在西汉以后正是以今松花江中游吉林市为中心，以吉林东团山、南城子和龙潭山为核心区域的夫余文化中心区。② 在吉林市龙潭区的土城子遗址等地，明确发现了在西团山文化的上层，叠压着西汉时期的夫余文化遗存。所以西团山文化在考古学和民族学上，被普遍认同为夫余先世文化，即历史文献中记载的以鹿山和秽城为中心的北秽系统的夫余王国。③ 从西团山文化（夫余先世）的北界在拉林河南岸看，在夫余立国以前，确有一支来自东流松花江的北夷橐离国（索离沟文化）部族，南渡拉林河（古掩淲水）进至松花江中游的夫余故地建国。

四　草原文化

草原文化，是与上述辽河文明和长白山文化在地域和文化形态上相对应的东北地域文化之一，是个具有更广阔覆盖面的文化区。在中国东北（含东蒙古草原）地区，其基本地域范围，应接续上述辽河文化的西缘、燕山以北、努鲁儿虎山以西，至大兴安岭南北，西连贝加尔湖以南的蒙古草原。从整个北方草原文化区看，东北区域的草原文化应属于其东缘地带。在燕山和太行山以北一线，基本以历代的古长城为分界，即草原文化区基本在长城线以北的草原游牧区。由于草原文化横跨亚欧大陆的广阔覆盖面，其文化的传播和影响亦具有世界意义。

余对草原文化的涉猎，起步于 21 世纪初，2002 年参与《中国长白山文化》的编写。因为全方位审视长白山文化，特别是区系考古、民族学，离

---

① 董学增：《西团山文化研究》，吉林文史出版社，1990，第 51 页。
② 董学增：《西团山文化研究》，第 51 页。
③ 《三国志》卷 30《魏书·乌丸鲜卑东夷传》，中华书局，1959，第 841～842 页。

不开与东北亚大陆的另外两个文明——辽河文明和草原文化的比较，所以在 2004 年，应内蒙古自治区社会科学院邀请，参加呼和浩特市首届草原文化学术会议。2006 年，应呼伦贝尔市博物馆邀请，研讨草原文化展览。又考察过近年发现的细石器文化重要遗物——哈克文化玉器与陶器。在呼和浩特市的草原文化讨论会上就"草原文化的三个主要标志"主题发言，后扼要发表于 2005 年 1 月 28 日的《光明日报》。[①] 其后在完成《中国长白山文化》"考古篇"的过程中，又进一步思考了草原文化的特质。

其一，从社会生产方式、经济形态或物质文化遗产的角度，草原文化具有三个特征：群牧业态的确立、细石器文化遗产传承、骑射文化传统。其二，在非物质文化遗产的精神文化层面上，具有以自然为本的人文精神。以下拟按这几个方面对草原文化略予阐述。

（一）草原文化的"群牧业态"

我认为，这一经济形态是草原文化确立的基础，是草原文化有别于大河文明孕育的农业文明、山林文化孕育的渔猎采集文化的特质。草原文化作为具有世界意义的人类社会文明形态的载体之一，产生和存在的经济基础，主要是牧业文明特别是以群牧形态为主的生产方式。这种群牧经济形态也有一个长期发展过程，从最初的狩猎到野生动物的驯养，从个别家畜的驯化、储养到规模化的群牧，最后形成了具有独立业态形式的生产方式。从中国历史的发展看，在北方真正形成具有聚落式草原群牧的民族文化进程，应至少经历了三个大的历史阶段：一是开始于战国、汉魏时期的匈奴、东胡、鲜卑等长城以外草原民族的帐幕式群牧，即《三国志·乌丸鲜卑东夷传》所说："俗善骑射，随水草放牧，居无常处，以穹庐为宅。"[②] 二是10 世纪前后，草原帝国契丹辽王朝，把帐幕式群牧上升为国家专门的群牧管理机构，从国家级的总典群牧司，到各府州的群牧林牙司，把群牧管理

---

① 王绵厚：《论草原文明形成的三个标志》，《光明日报·理论版》2005 年 1 月 25 日。
② 《三国志》卷 30《魏书·乌丸鲜卑东夷传》，第 832 页。

纳入了国家的根本管理体制。这是草原文化从民间生态文化，上升到国家国体文化的里程碑。三是举世公认的蒙元帝国初期。在"草原帝国"横跨亚欧大陆的同时，群牧作为支撑蒙古汗国兴起的最初"国本"生业，得到了空前发展。至此，群牧经济形态可以说发展到了历史高峰。这种群牧业态的确立和发展，为草原民族从狩猎采集文明走向畜牧文明提供了新的生产手段和智慧。所以从草原文化的发展看，契丹族的辽朝和蒙古族的蒙元时期，应是草原文明走向成熟的重要时期。

（二）"细石器文化"载体

草原文化在当代考古学上的重要载体和表现形式是细石器文化传统，包括它的非物质文化形态岩画艺术和自然崇拜等。限于岩画艺术和自然崇拜的专门性和复杂性，这里只谈考古学上的草原文化本体细石器文化传统。著名考古学家和古人类学家裴文中先生，早在20世纪40年代就在《中国细石器文化略说》中，对依托草原文化的细石器时代进行了明确界说。尽管对到底存不存在"细石器时代"，学术界尚有争论，但历史上存在细石器文化，应当是不争的事实。这种保留着草原文化原生态特征的石器工艺，蕴含着草原文化的多元生态和生产手段的内涵。诸如以打制、琢制、磨制结合的细石器工艺，表现了草原民族对畜牧经济生产加工和狩猎活动的必要手段；而伴随细石器的复合式工具，如复合式刮削器、骨角器和弓箭等，也是草原文化的重要特征。其中要特别提到草原文化和草原民族最先进的复合式工具（同时为武器）弓箭。弓箭的发明，是草原文化和草原射猎民族对人类文明的重大贡献，连同"骑射文化"，甚至不亚于金属工具的发明。所以细石器文化传统和以弓箭为代表的复合式工具的出现和发展，给人类文明带来的巨大影响，应是凸显草原文化历史地位的重要文化表征之一。应当指出的是，细石器文化传统不仅在草原文明中特色突出，在人类文明发展中，也对其他文明（如农业文明）产生过影响。如公认的以原始农业为主的、距今约7000年的下辽河流域的沈阳新乐文化，早期细石器工艺和工具是其发展的重要阶段性特色。

在当代考古学上，21 世纪发现的呼伦贝尔哈克文化，如我在 2005 年《光明日报》著文中指出的，是草原细石器文化的突起异军。该文化因首次发现在内蒙古海拉尔市哈克镇而得名，2002 年被正式命名为哈克文化。这一文化，仅在呼伦贝尔地区就已发现 300 余处。哈克文化发现的区域文化意义在于，这一地区自古是欧亚大陆草原文化和草原民族的核心发源地之一，从秦汉以前的丁灵，魏晋南北朝的鲜卑、乌洛侯，隋唐时的室韦，到辽金元的契丹、蒙古，均崛起在呼伦贝尔草原南北。所以呼伦贝尔地区这一文化，应当是草原文化特别是细石器文化引起世界瞩目的重要发现。笔者2004 年在呼伦贝尔市博物馆原馆长赵越的陪同下，考察其出土文物，观其玉器和陶器，特别是玉器独具特色。这一距今 6000 年以上的哈克文化，其细石器和玉器的加工工艺水平，可令同时期的内地新石器文化见绌。由此我认为，人们应当重新审视北方草原文化，特别是细石器文化的历史内涵和历史地位。

（三）"骑射文化传统"和马具的发展

草原文化的另一个突出特征是骑射文化传统，这也是一个世界性的文化课题。在中国北方和东北地区，草原骑射文化总是离不开马具和马匹驯养，所以笔者在这对骑射文化传统和马具的发展一并考察。骑射文化是人类依托群牧经济形态而产生的草原文化传统，至少从新石器时代中晚期起，由游猎发展到牧、猎的结合，并由此产生了野马驯养。在东北亚地区，它的起源主要在中国北方，最早见于文献的是土方和山戎、东胡、匈奴等部族。如战国时赵武灵王的"胡服骑射"，即针对北方胡人提出的戍边战略的改革。考古发现证明，东北亚最早的马具，出现在距今 3500 年至春秋时期的燕山以北、上辽河流域的夏家店上层文化（东胡族）。考古发现，在其墓葬的骨板上刻有"髡发"的游猎部族形象。在宁城南山根等东胡人的墓葬中，发现有最早的草原游牧民族的车具、马具等。

从青铜时代发展来的马具和马具文化，是草原文化发展进程中又一划时代进步。马具连同早期车具的出现，不仅具有新的生态文化意义，同时具有军事文化和交通文化的意义。① 英国著名科技专家怀特曾经说过："很少有发明像马镫那样简单，而又很少有发明具有如此重大的历史意义。"《中国科学技术史》的作者、英国另一位著名科技史专家李约瑟也指出："（在中国）只有极少数的发明像马镫这样，在历史上发生了如此巨大的催化影响。"这一"催化影响"，使草原民族从一般的游猎文化生态，发展到对交通、骑兵、骑战等的深刻变革。尽管马具、马镫最早是在游牧民族产生还是在农耕民族产生，还存有争议，但可以肯定的是，草原民族是最早接触马具以及经历马具使用和改革的民族。对于上举赵武灵王的"胡服骑射"，《史记·匈奴列传》中明确记载"赵武灵王亦变俗胡服习骑射"。一个"变俗"，一个"习骑射"，说明当时草原民族的骑射必精于长城内的民族。这就是战国时期及其以前农耕民族顺应和学习草原骑射文化的历史明证，至少证明当时草原民族是普遍精于骑射的。不仅如此，从考古学上看，在中国北方，骑射文化和马具发展的第一个高峰，应是在东晋十六国草原民族鲜卑三燕时期。

三燕时期是继先秦两汉北方东胡、匈奴的草原文化传统之后，草原文化和马具发展的新时期。所以三燕，可称为 3~4 世纪最早使用马具，并把马具传播至朝鲜半岛和日本的先行者。② 其后又经历了契丹辽王朝和蒙元时期，草原文化的代表性标志群牧和骑射均发展到最高峰，草原文化也达到了历史意义上的顶峰。而这一切，均与燕山以北至大兴安岭东西部的草原文化区有着历史渊源。

（四）以"自然为本"的人文精神

当代草原文化最具有现实社会意义的，是它的生态理念——以自然为本的人文精神。这一生态理念不是后社会形态人文意义上的哲学理念，而是草原文化与生俱来的自然生态长期发展、演化的必然结果。从历史发展

---

① 王绵厚、朴文英：《中国东北与东北亚古代交通史》。
② 田立坤、李智：《朝阳发现的三燕文化遗物及相关问题》，《文物》1994 年第 11 期。

的进程看，任何一种文化都有其生成的自然和社会基础，而草原文化以自然为本的人文精神，更有其独特性、原生性、永恒性。

所谓独特性，是指草原民族和草原文化与农业文化相比，更具有依托自然资源的直接性和依赖性。这是在特定的生活环境中形成的生态文化。在世界范围内，与农业文明和渔猎文明相比，它更具有连续几千年在生产方式和生活方式上，几乎没有根本变化的特殊性和稳定性。草原文化的连续性，是其生态文明的历史表征。

所谓原生性，是指草原文化在衣、食、住、行等基本生活方面，始终保持着以原生态为载体——直接将自然的草场、水、土地、阳光，利用和转化为畜牧、肉乳、皮毛等生活品。特别是对草场、水、土地的利用，较少农业文明的改造和破坏，用现代的经济学说法，可称原生态经济。而越是古代这种现象越突出——草原民族的"衣"，以动物的皮毛及其加工的毛织品为主，其物质资源和工艺均具有原生性；草原民族的"食"，以肉、乳和加工品为主，早期并伴随狩猎和采集；草原民族的"住"，素以"毡帐穹庐"为家，这是传统草原民族适应游牧和狩猎生活的居行方式；草原民族的"行"，前在"骑射文化传统"中已经指出，主要是利用马、牛等及配套的畜力车。

所谓永恒性，是一个既伴随着现实生活又具有历史深度，并超出现实生活的文化生态理念，即指草原文化以自然为本的人文理念的永恒性。需要指出的是，这里讲的"以自然为本"，与一般民族学意义上的自然崇拜并不完全相同。前者是指在长期社会实践中，人类自觉或不自觉产生的对自然的理性尊重；后者则是多在对自然无知或朦胧中的"宗教盲从"。在当今世界上，应有两种不因意识形态和社会制度不同而存在差别的"永恒理念"，即"以人为本"和"以自然为本"，这是两个具有自然和人文双重价值的社会价值观和哲学观。但这一生态理论，本身就是一个极其复杂的理论问题，不可能在这篇讨论地域文化的文章中尽述。所以，最后笔者只想指出，草原文化及由其衍生出来的以自然为本的人文精神的"永恒价值"，具有深刻的当代社会文化意义。

关陇文化研究

地域文化、 地域学术与关学

刘学智*

地域学术本身是一个相对的文化概念。虽然中华学术也属于地域学术，但相对于个别的地域来说，中华学术则更具有广泛性、普遍性品格。地域学术是在特定的地域和一定的历史条件下发生的、与这个地方的历史文化相关联的一种学术，它是地域文化里面更本质、更核心的东西。

从一定的地域来说，其历史上行政区域规划会常常发生变化，但是这种变化很难改变其地域文化以及相应的地域学术本身的特质。也就是说，地域文化、地域学术，包括特定地域的人的生活习惯、生活方式等，都是相对稳定的。同时，某一地域学术又是在中华学术发展的大背景下发展起来的，所以它与中华学术是共性与个性的关系。探讨地域学术，既要注意其共性，更要注意其特殊性。我们今天讲地域学术，可能更关注它的特殊性。

其实关学也有广义和狭义之分。广义的关学就是指关中理学，按照这一界定，只要属于关中理学家，只要他是在传承着关中理学的文化精神，就当属于广义关学的范畴。谈及广义的关学，还要注意情况的复杂性。一方面，关学的传承，不能简单地理解为张载一些具体观点的传承，如学者常以是否讲到气论来衡量是否为关学，其实，虽然一些学人没有讲到气论，

---

* 刘学智，陕西师范大学资深教授、孔子学会副会长，研究方向：中国哲学史、儒释道三教关系、关学。

也没有复述张载一些具体的观点，但却传承着躬行礼教、明体适用、崇真务实、笃实践履的关学文化精神，就仍属于广义的关学。也就是说，关学的传承主要是指关学文化精神的传承。另一方面，关学在其发展过程中的不同阶段，出现或宗程朱或宗陆王的现象，这是否就改变了其性质？其实关学在其发展中出现或与程朱思想融合，或与陆王思想融合的情况，这是正常的，它不仅没有改变关学的性质，反而说明关学是一个开放包容的体系，符合学术思想发展的一般规律。况且，朱子学与张载关学之间也有着内在的思想关联。朱子对礼学的重视、对气学的兼收、对人性论的建构、对"一本万殊"的阐发，都和张载之学有着密切的联系。

关学在后来的发展中，其思想受到异地学派的影响，能否说关学一直在传承？或者说是否有一个前后相继的关学学派？这个问题其实在我们陕西的学人中也有争议，我在写《关学思想史》时也遇到这个问题，侯外庐先生就认为关学在南宋后已"衰熄"。后来我在研究中发现，关学事实上是一个开放的体系，它随着时代的变化而变化。在元及明代前期，受到朱子学的影响，在明正德以后又受到阳明心学的影响，但这并没有改变关学的一些基本特征，关学的文化精神也一直在保持和传承着，而且后世的那些关中理学学人都认同张横渠，认同关学，关学史也一直在延续。正像儒学，汉代儒学与先秦儒学不同，宋明儒学又与汉唐儒学不同，但它们都具有儒学的一般特征，说明儒学还是在发展着。关学大概也有这样的情况，所以，如清代王心敬所说，"关学源流初终，条贯秩然"。

从狭义讲，关学是由张载创立而且在后来的发展中，一直和张载的学脉相承或相通的学术流派。宋代以来的关中学人都推崇张载为"关中士人宗师"，不仅敬其人，且尊其说。即使于张载身后入程氏之门的吕大临，仍"守横渠说甚固，每横渠无说处皆相从，有说了更不肯回"。其兄吕大钧秉持关学"躬行礼教""学贵于用"的学风，"率乡人"作乡约并付诸实践，促使关中风俗为之一变。至明代，三原学派的马理颇"得关、洛真传"，他虽"论学归准于程朱"，然"其执礼如横渠"，人称"以为今之横渠也"，此见于《关学编》。韩邦奇不仅承继了张载重易的传统，还著有《正蒙拾遗》，后人评论他"论道体乃独步张横渠"，韩氏赞横渠"孟子而下独横渠一人"。学宗河东的吕柟，冯从吾称其"集诸儒之大成而直接横渠之传"。正德年间曾为阳明弟子且首把心学传入关中的南大吉，在回陕后亦称"前寻周公迹，后窃横渠芳"。而有明显心学倾向的冯从吾，早年得阳明"个个人心有仲尼"之启迪渐入圣域，晚年则承认其学"得之"于张横渠，说："关中理学推重横渠，而横渠之学乃自晚年得之。"故明儒毕懋康说吕柟、冯从吾"俾横渠之绪，迄今布濩流衍"（《冯少墟先生集序》）。李二曲也说："横渠之后，诸儒著述，惟吕泾野、冯少墟足以继响。"（《二曲集》卷17）肯定了明代关学诸儒"继响"张载的事实，即使在心学风行天下之时，"关西诸君子尚守眉县宗指"。明代是关学与程朱、陆王之学交融发展的重要时期，有一批关西君子尚坚守"眉县宗指"，这是相当鲜明的学术动向。清代关学以李二曲、李元春、贺瑞麟为代表。全祖望称二曲"上接关学六百年之统"，也肯定二曲接续张载的道统学脉。即使颇有隐逸之志的李柏，亦"惟守关、闽之学为宗旨"，史称其"道继横渠"。更有被学者认为恪守程朱之学的贺瑞麟，对张载亦尊敬有加，强调对张载之书"当熟讲实体，虚心切己"，并对《西铭》的"知克己为仁"、"四为"的"知立志"、"六有"的"知存心"大加赞赏。关学史上推崇张载学说的事例，不胜枚举。所以，无论是广义还是狭义的关学，其躬行礼教、笃行践履、经世致用、崇真务实、崇尚气节的关学宗风和特征以及其"天人合一""学政不二""民胞物与""四为"的思想特征和文化精神，则一直保持和传承着。可以说关学是具有相对独立的思想体系且一直在传承而没有中断的学术流派，这可能是和其他地域学术不同的吧！

关学的创立大概是在北宋嘉祐年间，但关学这个名称出现得晚一些。最早讲到"关学"这两个字的是南宋时的吕本中，这见于《宋元学案》。另外，比吕本中稍晚一点的刘荀也提到"关学"这个概念，他在《明本释》中说横渠先生"倡道学于关中，世谓之关学"，说得更明确了些。"关学"之名较早运用于关学史研究，见于500年前冯从吾于万历三十四年（1606）完成的《关学编》，也就是说，是由冯从吾开始把"关学"纳入理学史范畴中的。黄宗羲在《宋元学案》中使用了关学这个概念，说："关学之盛，不下洛学。"所以我们说，真正从学术上对关学史进行研究是到了明代才有的。到清代又有王心敬、李元春等人对《关学编》进行续补。四川双流人张骥还写过《关学宗传》，那已到了民国时期，说明关学一直在传承和发展，也一直有人研究，证明关学学派在历史上是存在的，关学是有史的。

由于张载"勇于造道"，所以我们可以说他是理学的真正开创者和奠基者。这主要表现在哪里呢？表现在宋明理学的一些基本范畴和重要命题，在张载那里已经提出或者已见端倪；理学"贯性与天道为一"的基本理论框架，在张载那里也已见雏形；张载批判佛老的态度几乎成为理学家的基本理论立场；张载提出的"天地之性""气质之性"的人性论和"变化气质"的工夫论，"德性之知"、"见闻之知"、"心统性情"和"立诚"、"尽性"的认识论和道德修养论，也常常为包括二程、朱熹在内的理学家承继和阐发。由张载首次提出后又为理学家广泛采用或发挥的重要命题或概念就有多个，如"天人合一"，这是由张载首次提出的，被后世广泛沿用，还有"天地之性""气质之性""变化气质""心统性情"等。此外，张载"民胞物与"的伦理境界、"四为"的使命意识，都为宋明诸儒大加推崇。这些思想和文化精神的影响其实已远远超出了关中。

说起张载对后世最有影响的思想，大概就是他的"四为"和"民胞物与"。"四为"即"为天地立心，为生民立命，为往圣继绝学，为万世开太平"，张载所说"为天地立心"，是主张一切有社会担当和有责任心的志士仁人，都应顺应宇宙万物的规律，自觉地肩负起为民众确立精神方向和价值目标的历史使命，其所立之心就是"仁心"。"为生民立命"，就是要立志把引导民众确立正确的生活准则和精神方向作为自己奋斗的目标，以期帮助人们安身立命，明确生活的意义。"为往圣继绝学"，就是强调文化的传承，把往圣先贤倡导的道统继承下来，并加以发扬光大。张载"立心""立命""继绝"的最后目的，在于实现终极的理想社会——"为万世开太平"。"太平""大同"等观念，是自周公、孔子以来理想的社会愿景。古人认为，只有施行"仁政"和"礼治",才能达到"大道之行""天下为公"的"太平""大同"社会。张载更以宽广深远的视野,把这一理想社会状态推之于"万世",以期为人类谋求永久、安定、太平、祥和的基业,这种胸襟和气度,和张载对儒家境界的深刻了悟、对儒家情怀的深切体悟密切相连。对于其所说的"民胞物与",张载在《西铭》中从天人物我一体谈起,谈及人与人、人与万物的关系,说"天地之塞,吾其体;天地之帅,吾其性。民吾同胞,物吾与也",意思是说,天地是人的父母,人处天地之间,是禀受天地之气而生。在天地面前,大家都是同胞兄弟,人与万物也都是同伴朋友。后人把这一思想概括为"民胞物与"。"民胞物与"的价值指向是,人人都应该对他人、对社会、对万物尽自己的一份职责,履行自己的道德义务。这不仅是对孔子"仁爱"、孟子"仁民而爱物"思想的发挥,而且把儒家"仁民而爱物"的思想提高到价值论的高度。

最后我想将关学的特征概括为八个字,其哲学思想是"天人合一",其伦理境界是"民胞物与",这些都集中体现在张载"四为"的使命意识中。

唐诗镜像中的陇西

石云涛[*]

丝绸之路过了陇山就是陇西地面，又称陇右，从内地视角又称"陇外"。贞观元年（627）分全国为十道，开元年间增置至十五道，都以陇山以西至敦煌（沙州）为陇右道，兼统西域，辖今甘肃、青海湖以东和新疆地区。景云二年（711）以黄河为界，以西置河西道，以东为陇右道。于是"陇右"之地域范围便有广狭二义。广义范围即"十道"时期的陇右道，狭义范围指今黄河以南、青海湖以东至陇山的地区。[①] 本文取狭义范围。涉及陇西的唐诗作品不少，这些作品对我们认识陇西历史文化和其在丝绸之路上的地位有重要价值。诗是文学作品，更多地反映唐人心目中的陇西，反映他们的思想、情感和心态，但也具有某种史料价值。本文试图从诗史互证的角度揭示其蕴含的历史文化信息，请方家指正。

一 唐诗中的边塞战争与丝路意象

唐诗中的"陇西"通常取狭义的概念。春秋时秦昭襄王二十七年（前280）置陇西郡，辖今甘肃天水、甘谷、武山、岷县、陇西和临洮等地。秦

　＊　石云涛，北京外国语大学中文学院教授，比较文明与人文交流高等研究院特约研究员，研究方向：汉唐历史与文学，丝绸之路与中外文化交流史。
　①　今陇山以东的平凉、庆阳二市习称"陇东"，但就其隶属关系和历史文化传统而言，与陇右地区颇多相似，故亦属"陇右"。"陇右"有时又具体指陇西郡之地。

朝时为三十六郡之一，郡治在狄道（今甘肃临洮）。"秦置陇西郡，以居陇坻之西为名。二汉因之，灵帝分立南安郡。魏置镇守在此。晋为南安、陇西二郡地。后魏为陇西郡，兼置渭州。后周为南安郡。隋初废，炀帝初，复置陇西郡。大唐为渭州，或为陇西郡。"① 从自然地理看，这一带地处黄土高原西部，青藏、内蒙古和黄土三大高原接合部；从交通人文地理看，这一带是唐代西部边境地区和丝绸之路要道，因此备受唐人关注。

两汉时，陇西一带是汉朝与羌人长期交战的地方，作为诗歌吟咏的对象，在汉代诗歌中"陇西"已经成为征战的意象。现在所看到最早写陇西的是汉末左延年《从军行》，诗云："苦哉边地人，一岁三从军。三子到敦煌，二子诣陇西。五子远斗去，五妇皆怀身。"② 诗中"陇西"是边塞戍守之地。后世诗提到"陇西"或"陇右"往往也是取边塞、前线和战争意象。南朝戴暠《从军行》云："长安夜刺闺，胡骑白铜鞮。诏书发陇右，召募取关西。"③ 江总《雨雪曲》云："雨雪隔榆溪，从军度陇西。绕阵看狐迹，依山见马蹄。"④ 刘孝威《骢马驱》云："翩翩骢马驱，横行复斜趋。先救辽城危，后拂燕山雾。风伤易水湄，日入陇西树。未得报君恩，联翩终不住。"⑤

汉乐府有《陇西行》旧题，其古辞应该与战争有关，但流传下来的最早歌辞却是夸赞家中主妇，"古辞云：'天上何所有，历历种白榆。'始言妇有容色，能应门承宾。次言善于主馈，终言送迎有礼。……若梁简文'陇西〔四〕战地'，但言辛苦征战，佳人怨思而已"。⑥ 后世流传下来以此为题的作品，像西晋陆机，南朝谢灵运、谢惠连的诗皆与征战无关，更多的是像简文帝的诗写"辛苦征战，佳人怨思"，这成为以《陇西行》为题的诗作的传统题材。如简文帝《陇西行三首》其二云："陇西四战地，羽檄岁时闻。护羌拥汉节，校尉立元勋。石门留铁骑，冰城息夜军。洗兵逢骤

---

① 杜佑：《通典》卷174《州郡典四》，中华书局，1988，第4546页。
② 逯钦立辑校《先秦汉魏晋南北朝诗》，中华书局，1983，第410页。
③ 郭茂倩：《乐府诗集》卷32，中华书局，1979，第479页。
④ 郭茂倩：《乐府诗集》卷24，第358页。
⑤ 郭茂倩：《乐府诗集》卷24，第357页。
⑥ 郭茂倩：《乐府诗集》卷37，第542页。

雨，送阵出黄云。沙长无止泊，水脉屡萦分。当思勒彝鼎，无用想罗裙。"
其三云："悠悠悬斾旌，知向陇西行。减灶驱前马，衔枚进后兵。沙飞朝
似幕，云起夜疑城。迥山时阻路，绝水极稽程。往年郅支服，今岁单于
平。方观凯乐盛，飞盖满西京。"① 庾肩吾《陇西行》云："借问陇西行，
何当驱马征。草合前迷路，云浓后暗城。寄语幽闺妾，罗袖勿空萦。"② 吴
均《和萧洗马子显古意诗六首》其四写思妇盼归，云："何处报君书，陇右
五歧路。泪研兔枝墨，笔染鹅毛素。碧浮孟渚水，香下洞庭路。应归遂不
归，芳春空掷度。"③ 一边是乘危履险的前方征战，一边是罗裙罗袖的空房
独守。

唐诗中写到陇西、陇右或陇外，其思想内容、情感特征和艺术风格随
着政治形势、边防局势和时代精神的变动而变化。初盛唐时期国力强盛，
陇右、河西以至西域，疆域万里，陇右成为全国最富庶的地区，"是时中国
盛强，自安远门西尽唐境万二千里，闾阎相望，桑麻翳野，天下称富庶者
无如陇右"。④ 此"陇右"主要指陇山以西的一部分地区。在这样的时代背
景下，初唐诗人以《陇西行》为题写的诗完全摆脱了"辛苦征战，佳人怨
思"的传统主题，而是透露出盛世繁华、追求功名和开朗乐观的精神，王
勃的诗就是代表，其《陇西行十首》便是这种社会风气和时代精神的反映。
出身陇西的少年进入长安，炫耀家族的富有，裘马轻狂："陇西多名家，子
弟复豪华。千金买骏马，蹀躞长安斜。"在长安充任羽林军的陇西子弟喜欢
射猎，不惧猛兽，体现了陇西人的尚武精神："雕弓侍羽林，宝剑照期门。
南来射猛虎，西去猎平原。"陇西人积极进取，豪迈勇武，追求立功扬名。
自古以来此地出现过不少立功边塞、扬名阙庭的重臣良将，他们为陇西的
历史增添了光彩："充国出上邽，李广出天水。门第倚崆峒，家世垂金紫。"
"麟阁图良将，六郡名居上。天子重开边，龙云垒相向。"当边境发生战争

① 郭茂倩：《乐府诗集》卷37，第543~544页。
② 郭茂倩：《乐府诗集》卷37，第544页。
③ 徐陵编，吴兆宜注，程琰删补《玉台新咏笺注》卷6，中华书局，1985，第228页。
④ 《资治通鉴》卷216，中华书局，1956，第6919页。

时，陇西子弟踊跃报名从军，勇当先锋："烽火照临洮，榆塞马萧萧。先锋秦子弟，大将霍嫖姚。""开壁左贤败，夹战楼兰溃。献捷上明光，扬鞭歌《入塞》。""更欲奏屯田，不必勒燕然。古人薄军旅，千载谨边关。"在王勃笔下，丈夫远征，妇女亦无怨无悔："少妇经年别，开帘知礼客。门户尔能持，归来笑投策。"①诗中的"少妇"在征人经年不归时，独持家务，无愁苦之容。

随着边境形势的变化，陇西逐渐失去和平安定的局面，盛唐时陇西面临着与吐蕃之间复杂的和战关系。吐蕃击灭吐谷浑之后，便与唐朝在这里直接对峙，从高宗时起唐蕃关系恶化，此后双方战事不断，因此写到陇西的诗篇在描写战争的内容方面发生了变化，其内涵主要指唐蕃之间的战争。杜甫《兵车行》云："君不见，青海头，古来白骨无人收。"②这里以古代今，"青海头"正是唐与吐蕃反复争夺之地。王维《陇西行》诗云："十里一走马，五里一扬鞭。都护军书至，匈奴围酒泉。关山正飞雪，烽戍断无烟。"③酒泉并不在西域都护辖下，在这里只是边境地区的代称，那里军情紧急，需要增援。在王维的时代，西部边境外敌是吐蕃，"匈奴"代指吐蕃。"关山"即陇山，是前往边地的经行之地。从高宗时起，唐蕃间在河湟之地进行拉锯战，唐军前往河湟必经陇西。因此这里并不全是虚写，而是实际战争形势的反映。长孙左辅《陇西行》与王维诗同一题旨，诗云："阴云凝朔气，陇上正飞雪。四月草不生，北风劲如切。朝来羽书急，夜救长城窟。"④长孙左辅是开元年间诗人，与王维同时，唐军度陇作战反映的也是边地军情紧急，后方的部队经过陇西前往救援的情景。

陇西"东接秦州，西逾流沙，南连蜀及吐蕃，北界朔漠"，⑤地处丝绸之路枢纽，联结着从中原赴西域和蜀地、吐蕃、北方草原的道路。唐代出

---

① 陈尚君辑校《全唐诗补编》，中华书局，1992，第330页。
② 杜甫著，仇兆鳌注《杜诗详注》卷2，中华书局，1979，第115页。
③ 王维撰，赵殿成笺注《王右丞集笺注》卷2，上海古籍出版社，1984，第12页。
④ 郭茂倩：《乐府诗集》卷37，第544~545页。
⑤ 李隆基撰，李林甫注《大唐六典》卷3，三秦出版社，1991，第58页。

使河西、西域、中亚、西亚和南亚的使节，往来奔波于丝绸之路上的商旅和西征的将士总要经过陇西，陇西道上亭堠相望，古塞苍凉。崔国辅《渭水西别季仑》诗云："陇外长亭堠，山深古塞秋。不知鸣咽水，何事向西流。"① 诗人于渭水送别朋友时，想象着朋友的行程将路经"陇外"，陇外亭堠相望的景象便浮现在他的眼前。与汉魏六朝时期诗中"陇西"更多的是一种意象不同，唐诗中更多写实的成分，因为在唐朝击灭东、西突厥之后，河西走廊、西域甚至中亚地区都进入唐朝势力范围，从中原地区特别是都城长安出发西行的人越来越多，更多的人经过陇西之地前往河西、蜀中、西域和中亚甚至更远的地方，陇西是实实在在的经行之地，而不是想象中的边境和前线。高宗、武后时人员半千有《陇右途中遭非语》诗，从题目可知是在行经陇右遭到诽谤时所写。② 岑参经陇右赴西域时作《西过渭州见渭水思秦川》："渭水东流去，何时到雍州。凭添两行泪，寄向故园流。"③ 渭州，治所在襄武（今甘肃陇西东南），辖境相当于今陇西、定西、漳县、渭源和武山等县。

　　陇西是前往河西走廊和西域的要道，经行此地西行的并不仅仅是出征的将士，还有商旅、使臣和文士。唐朝前期社会安定，丝绸之路上商业贸易十分兴盛，越陇经商者络绎不绝。那些奔波于丝路上的商旅经久不归，与闺中佳人也有离别相思，诗中有歌咏此情的内容。刘希夷《江南曲八首》其三云：

　　　　君为陇西客，妾遇江南春。朝游含灵果，夕采弄风蘋。果气时不歇，蘋花日自新。以此江南物，持赠陇西人。空盈万里怀，欲赠竟无因。④

　　① 周勋初等主编《全唐五代诗》卷133，陕西人民出版社，2014，第2796页。
　　② 《全唐诗》卷94，中华书局，1960，第1014页。
　　③ 陈铁民、侯忠义校注《岑参集校注》卷2，上海古籍出版社，1981，第75页。
　　④ 郭茂倩：《乐府诗集》卷26，第387页。

按照唐人常称商贾为"客"的习惯，这位陇西人应是来自江南的经商者。诗写春天来临时他远在江南的夫人曾想以家乡的物产寄赠，但商人萍踪不定，无处可寄，令佳人惆怅。朝廷派往各地和异域的使节路经陇西。赵嘏《昔昔盐·垂柳覆金堤》诗云："新年垂柳色，袅袅对空闺。不畏芳菲好，自缘离别啼。因风飘玉户，向日映金堤。驿使何时度，还将赠陇西。"①入蜀经岐山道者也要过陇山，而后经陇右入蜀。杜甫携家人入蜀途经陇西，其《发同谷县》诗云："始来兹山中，休驾喜地僻。奈何迫物累，一岁四行役。忡忡去绝境，杳杳更远适。停骖龙潭云，回首白崖石。"②此诗题注："乾元二年十二月一日，自陇右赴成都纪行。"同谷县于宝应中地陷吐蕃，咸通末复置，为成州治所。安史之乱中杜甫入蜀途中曾寓此，因感伤离乱作《同谷七歌》，又从此地出发入蜀。

二　从唐诗看唐后期陇西的形势

安史之乱后，西域和陇右、河西走廊都先后落入吐蕃人之手，通往西域的陇右道阻断，这种沉痛的现实引起诗人们的伤感。杜甫《天边行》云："天边老人归未得，日暮东临大江哭。陇右河源不种田，胡骑羌兵入巴蜀。"③张籍《陇头行》云："陇头路断人不行，胡骑夜入凉州城。汉兵处处格斗死，一朝尽没陇西地。"④其《泾州塞》诗云："行道泾州塞，唯闻羌戍鼙。道边古双堠，犹记向安西。"⑤李频《赠泾州王侍御》："一旦天书下紫微，三年旌旆陇云飞。塞门无事春空到，边草青青战马肥。"⑥泾州古城位于今甘肃泾川县城北，由于从此西去便成为吐蕃人占领区，因此本属内地的泾州被称为"塞""塞门"。陇山成为戍守的前线，当时称为"陇

---

① 《全唐诗》卷27，第375页。
② 杜甫著，仇兆鳌注《杜诗详注》卷9，第705~706页。
③ 杜甫著，仇兆鳌注《杜诗详注》卷14，第1212页。
④ 徐礼节、余恕诚校注《张籍集系年校注》卷7，中华书局，2011，第803页。
⑤ 徐礼节、余恕诚校注《张籍集系年校注》卷5，第638页。
⑥ 《全唐诗》卷587，第6813页。

戍",陈陶《陇西行四首》其三云:"陇戍三看塞草青,楼烦新替护羌兵。同来死者伤离别,一夜孤魂哭旧营。"① 因此传统闺怨题材中征人陇山戍守,在唐诗中具有了某种写实的成分。李频《春闺怨》云:"红妆女儿灯下羞,画眉夫婿陇西头。自怨愁容长照镜,悔教征戍觅封侯。"② "画眉",用汉张敞的典故形容夫妻恩爱,当年夫妻恩爱卿卿我我的生活只成了回忆,如今丈夫远戍"陇西头",面对独守空房的处境,红妆少妇心生悔意和愁怨。

提到陇西,来到陇西,遇到来自陇西的行人,总是触动诗人丧亲失地之痛。戎昱《逢陇西故人忆关中舍弟》云:"莫话边庭事,心摧不欲闻。数年家陇地,舍弟殁胡军。每念支离苦,常嗟骨肉分。急难何日见,遥哭陇西云。"③ 耿沨《凉州词》云:"国使翻翻随旆旌,陇西岐路足荒城。毡裘牧马胡雏小,日暮蕃歌三两声。"④ 当出使吐蕃的唐使路经失陷的陇西之地时,看到的不是汉人耕种,而是放牧的胡儿;听到的不是欢声笑语,而是日晚时分的蕃歌。张祜《听简上人吹芦管三首》由听乐引起国土沦丧之悲:

其一

蜀国僧吹芦一枝,陇西游客泪先垂。

至今留得新声在,却为中原人不知。

其二

细芦僧管夜沈沈,越鸟巴猿寄恨吟。

吹到耳边声尽处,一条丝断碧云心。

其三

月落江城树绕鸦,一声芦管是天涯。

分明西国人来说,赤佛堂西是汉家。⑤

---

① 《全唐诗》卷 746,第 8492 页。

② 《全唐诗》卷 587,第 6808 页。

③ 《全唐诗》卷 270,第 3020 页。

④ 《全唐诗》卷 269,第 3003 页。

⑤ 《全唐诗》卷 511,第 5850 页。

陇西客应是陇西失陷后漂泊入蜀的人，他听到蜀僧吹奏的芦管乐曲，那是曾经流行于陇西地区的乐曲，勾起异乡客的故乡之思。芦管吹奏的凄凉乐曲似乎告诉异乡客，不仅陇西，连遥远的赤佛堂西一带也曾经是大唐的国土。赤佛堂是西域地名，在高仙芝进军吐蕃连云堡（在今阿富汗东北部喷赤河南源兰加尔）的途中。高仙芝当年率兵伐吐蕃，分兵三路，"使疏勒守捉使赵崇玼统三千骑趣吐蕃连云堡，自北谷入；使拨换守捉使贾崇瓘自赤佛堂路入；仙芝与中使边令诚自护密国入，约七月十三日辰时会于吐蕃连云堡"。[1] 斯坦因认为赤佛堂乃瓦罕溪谷中一座被当地人称作"小栈"（Karwan-Balasi）的石砌小屋，在兰加尔与波咱拱拜之间，这里有一小佛龛。王小甫认为赤佛堂应该在"古代的连云堡以西尤其是昏驮多一带"。[2] 昔日远在葱岭以西的赤佛堂西一带尚属唐朝国土，如今陇西已经沦落，只剩一支乐曲流行，勾起人们的失地之悲，令诗人痛心疾首。唐后期诗中写到陇西常常染上一层悲凉色彩。钱起《陇右送韦三还京》诗云："春风起东道，握手望京关。柳色从乡至，莺声送客还。嘶骖顾近驿，归路出他山。举目情难尽，羁离失志间。"[3] 在一派春光明媚的季节送朋友入京，却情感忧伤。姚系《京西遇旧识兼送往陇西》云："蝉鸣一何急，日暮秋风树。即此不胜愁，陇阴人更去。相逢与相失，共是亡羊路。"[4] 胡曾《交河塞下曲》云："交河冰薄日迟迟，汉将思家感别离。塞北草生苏武泣，陇西云起李陵悲。"[5]

唐后期诗中出现收复失地的呼声，凤翔地近陇右，为抵御吐蕃的前线，诗人寄希望于凤翔将士。李频《送凤翔范书记》云："西京无暑气，夏景似

①　《旧唐书》卷104《高仙芝传》，中华书局，1975，第3203～3204页。
②　A. Stein, *Serindia. Detailed Report of Explorationsin Central Asia and Westernmost China*, vol. 1, Oxford, 1921, p. 73；王小甫：《七至十世纪西藏高原通其西北之路》，原载《邓史卞麟锡教授停年纪念论丛》，（韩）釜山图书出版公司，2000，收入《边塞内外》，东方出版社，2016，第74页。
③　《全唐诗》卷237，第2635页。
④　《全唐诗》卷253，第2856页。
⑤　《全唐诗》卷647，第7418页。

清秋。天府来相辟，高人去自由。江山通蜀国，日月近神州。若共将军语，河兰地未收。"① 李频《赠李将军》云："吾宗偏好武，汉代将家流。走马辞中禁，屯军向渭州。天心待破虏，阵面许封侯。却得河源水，方应洗国仇。"② 眼看陇西长久地沦陷，唐朝无力收复，诗人表达了对统治者的不满。他们把失地难收归结为边将不肯用命、不作为和腐败。耿沣《陇西行》云："雪下阳关路，人稀陇戍头。封狐犹未翦，边将岂无羞。白草三冬色，黄云万里愁。因思李都尉，毕竟不封侯。"③ 侵入唐朝的敌人没有被消灭，边将应该感到羞愧。元稹《缚戎人》云："边头大将差健卒，入抄禽生快于鹘。但逢赪面即捉来，半是边人半戎羯。" 在他们邀赏论功的"俘虏"中，竟然有一半是"边人"即边境地区的汉人百姓："中有一人能汉语，自言家本长城窟。少年随父戍安西，河渭瓜沙眼看没。" 朝廷供养大批边兵，却无人进军收复失地，只用几个俘虏敷衍朝廷，邀功请赏："缘边饱喂十万众，何不齐驱一时发。年年但捉两三人，精卫衔芦塞溟渤。"④ 诗写一位身陷吐蕃的汉人，从吐蕃之地逃归。边将不肯上阵杀敌，又想邀功请赏，竟把他作为俘虏抓获，而后发配到南方。

宣宗时吐蕃内乱，唐军收复秦、原、安乐三州以及石门、驿藏、木峡、特胜、六盘、石峡和萧关等七关。沙州张议潮起义收复河西，驱逐吐蕃人在这一带的势力，河陇之地恢复，诗人欣喜若狂。张祜《喜闻收复河陇》诗云："诏书频降尽论边，将择英雄相卜贤。河陇已耕曾殁地，犬羊谁辩却朝天。高悬日月胡沙外，遥拜旌旗汉垒前。共感垂衣匡济力，华夷同见太平年。"⑤ 马植《奉和白敏中圣道和平致兹休运岁终功就合咏盛明呈上》诗云："舜德尧仁化犬戎，许提河陇款皇风。指挥貔武皆神算，恢拓乾坤是圣功。四帅有征无汗马，七关虽戍已弢弓。天留此事还英主，不在他年在大

① 《全唐诗》卷589，第6837页。
② 《全唐诗》卷589，第6838页。
③ 郭茂倩：《乐府诗集》卷37，第544页。
④ 《元稹集》卷24，中华书局，1982，第4619~4620页。
⑤ 陈尚君辑校《全唐诗补编》，第200页。

中。"① 他们热情歌颂天子的圣明、朝廷的运筹和将帅的用命，喜庆陇西、河湟一带的收复。

三 唐诗咏却敌立功的陇右名将

陇右是与吐蕃对峙的前线，因此朝廷重视选拔名将驻守此地。在与吐蕃长期的军事对抗中，涌现出许多效命国家的勇士和名将，诗人歌颂那些抗敌立功的将军。杜希望曾任陇右节度留后、鸿胪卿、西河太守，是安史之乱前抗击吐蕃的名将，岑参《西河太守杜公挽歌四首》是歌咏他的组诗。其三云：

> 忆昨明光殿，新承天子恩。剖符移北地，授钺领西门。塞草迎军幕，边云拂使轩。至今闻陇外，戎虏尚亡魂。②

这位在陇右建立了功名的杜公来自长安，归葬长安。人虽去世，当年在"陇外"的威名至今仍令敌人闻风丧胆。

唐军中有不少出身番族的将军，被称为番将，哥舒翰是其中之一。哥舒翰是唐前期著名的边将之一，初为安西节度使王忠嗣衙将，擢为大斗军副使，因拒吐蕃有功，迁陇右节度副使，后代王忠嗣知节度事。天宝末，加河西节度使，封西平郡王。哥舒翰身兼陇右、河西两道节度使，在对吐蕃的战争中屡立战功。他对吐蕃战争的胜利中最著名的是石堡城之战。石堡城是军事重镇，在今青海省西宁市西南湟源县西南，唐与吐蕃争此城时屡得屡失，双方曾有两次大战。第一次发生在开元十七年（729）。吐蕃军占领石堡城，以此为基地，频繁袭扰河西、陇右。朝廷命朔方节度使李祎与河西、陇右地区将帅共议攻城之计。李祎采取远途奔袭战术，收复石堡城，留兵驻防，置振武

---

① 《全唐诗》卷 479，第 5455 页。

② 陈铁民、侯忠义校注《岑参集校注》卷 5，第 421 页。陈铁民等认为，明抄本《岑参集》、《全唐诗》诗题作"河西太守"，误。王维有《故西河郡杜太守挽歌三首》诗，亦作"西河"，西河太守杜公，疑指杜佑之父杜希望，京兆人，曾任陇右节度留后，卒时官西河太守。

军，河西与陇右两道连为一片。吐蕃遣使求和，开元十八年约以赤岭（今青海日月山）为界，并于甘松岭（在今四川松潘）及赤岭互市。石堡城后又被吐蕃占领，成为其侵扰河湟地区的基地，唐军多次攻城，终因山道险远而未成功。天宝八载（749）发生第二次大战，这年六月，陇右节度使哥舒翰及突厥阿布思部奉命再攻石堡城，以死伤数万人的代价，攻克石堡城，驻兵戍守，易其城名为神武军。哥舒翰对战事的险恶有亲身体会，他本是一员武将，却流传下来一首《破西戎》诗歌咏其事：

> 西戎最沐恩深，犬羊违背生心。神将驱兵出塞，横行海畔生擒。石堡岩高万丈，雕窠霞外千寻。一喝尽属唐国，将知应合天心。①

诗极言石堡城的险要和得之不易。

石堡城之战的胜利获得当地百姓的赞扬和肯定，西鄙人《哥舒歌》云："北斗七星高，哥舒夜带刀。至今窥牧马，不敢过临洮。"② 这首诗还有另一个版本："天宝中，哥舒翰为河西节度使，控地数千里，甚着威令。故西鄙人歌曰：'北斗七星高，哥舒夜带刀。吐蕃总杀尽，更筑两重壕。'"③ 以诗赞美哥舒翰的威震敌胆。但对朝廷的边防政策、哥舒翰的边功和石堡城之战，诗人观点不一，有人颂扬，有人否定。储光羲《哥舒大夫颂德》诗写哥舒翰善于用兵，其中特别写到石堡城之战：

> 戎人昧正朔，我有轩辕兵。陇路起丰镐，关云随旆旌。河湟训兵甲，义勇方横行。韩魏多锐士，蹶张在幕庭。大非肆决轧，石堡高峥嵘。攻伐若振槁，孰云非神明。嘉谋即天意，骤胜由师贞。枯草被西

---

① 敦煌文书伯三六一九，转录自任中敏编著《敦煌歌辞总编》卷2，凤凰出版社，2014，第272页。按：原文"一喝尽属唐国"，任中敏先生改"喝"为"唱"，未必确当，"喝"或许更符合战场猛将的气势。
② 《全唐诗》卷784，第8850页。
③ 钱易：《南部新书》庚部，中华书局，2002，第106页。

陆，烈风昏太清。戟戈旄头落，牧马昆仑平。①

　　唐军艰难地拿下石堡城，被他说成如摧枯拉朽。李白对哥舒翰以数万人代价攻下石堡城不以为然，其《答王十二寒夜独酌有怀》云："君不能学哥舒，横行青海夜带刀，西屠石堡取紫袍。"② 杜甫晚年反思玄宗开边战争，批判其穷兵黩武政策，对哥舒翰等边将的战功进行了重新评价，《遣怀》诗云："先帝正好武，寰海未凋枯。猛将收西域，长戟破林胡。百万攻一城，献捷不云输。组练弃如泥，尺土负百夫。拓境功未已，元和辞大炉。"③ 先帝即玄宗，因其"好武"，故"猛将"开边拓土，其中包括哥舒翰。"百万攻一城"显指石堡城之战，诗对不恤士卒之命换取一城的战争表达了不满。

　　诗人歌颂哥舒翰，一方面是因为他功勋卓著，为稳定唐朝西部局势做出了贡献；另一方面也有干谒之意，希望得到他的举拔。杜甫《投赠哥舒开府翰二十韵》云：

　　　　今代麒麟阁，何人第一功？君王自神武，驾驭必英雄。开府当朝杰，论兵迈古风。先锋百胜在，略地两隅空。青海无传箭，天山早挂弓。廉颇仍走敌，魏绛已和戎。每惜河湟弃，新兼节制通。智谋垂睿想，出入冠诸公。日月低秦树，乾坤绕汉宫。胡人愁逐北，宛马又从东。受命边沙远，归来御席同。轩墀曾宠鹤，畋猎旧非熊。茅土加名数，山河誓始终。策行遗战伐，契合动昭融。勋业青冥上，交亲气概中。未为珠履客，已见白头翁。壮节初题柱，生涯独转蓬。几年春草歇，今日暮途穷。军事留孙楚，行间识吕蒙。防身一长剑，将欲倚崆峒。④

　　杜甫肯定哥舒翰克敌制胜安定边疆的大功，当时哥舒翰正受明皇宠幸，

---

① 《全唐诗》卷137，第1389~1390页。
② 瞿蜕园、朱金城校注《李白集校注》卷19，上海古籍出版社，1980，第1144页。
③ 杜甫著，仇兆鳌注《杜诗详注》卷16，第1488~1489页。
④ 杜甫著，仇兆鳌注《杜诗详注》卷3，第188~192页。

杜甫投诗哥舒翰是想投身其幕府，诗中不能不极尽歌功颂德之能事。高适曾任哥舒翰河西幕府掌书记，作为哥舒翰的属下，他的诗中多次写到这位战功卓著的主帅，多加恭贺和赞美。《同李员外贺哥舒大夫破九曲之作》云：

> 遥传副丞相，昨日破西蕃。作气群山动，扬军大旆翻。奇兵邀转战，连弩绝归奔。泉喷诸戎血，风驱死虏魂。头飞攒万戟，面缚聚辕门。鬼哭黄埃暮，天愁白日昏。石城与岩险，铁骑皆云屯。长策一言决，高踪百代存。威棱慑沙漠，忠义感乾坤。老将黯无色，儒生安敢论。解围凭庙算，止杀报君恩。唯有关河渺，苍茫空树墩。①

高适《自武威赴临洮谒大夫不及因书即事寄河西陇右幕下诸公》诗云：

> 顾见征战归，始知士马豪。戈鋋耀崖谷，声气如风涛。隐轸戎旅间，功业竞相褒。献状陈首级，缯军烹太牢。俘囚驱面缚，长幼随颠毛。毡裘何蒙茸，血食本膻臊。汉将乃儿戏，秦人空自劳。②

诗描写唐军凯旋时献俘的场面，以此称颂哥舒翰的战功。高适《同吕判官从哥舒大夫破洪济城回登积石军多福七级浮图》云："拔城阵云合，转旆胡星坠。大将何英灵，官军动天地。君怀生羽翼，本欲附骐骥。款段苦不前，青冥信难致。一歌阳春后，三叹终自愧。"③诗写于哥舒翰大战获胜返师，将士登临佛塔之时，歌颂"大将"用兵如神和官军声威之盛，同时也表达了自己攀龙附凤之意。高适《九曲词三首》都是歌颂哥舒翰的，其一云："许国从来彻庙堂，连年不为在疆场。将军天上封侯印，御史台上异

---

① 孙钦善校注《高适集校注》，上海古籍出版社，1984，第230~231页。
② 敦煌文书伯二五五二，陈尚君辑校《全唐诗补编》，第33页。
③ 孙钦善校注《高适集校注》，第228页。积石军，高宗仪凤二年（677）改北周以来静边镇置，驻地在今青海贵德县河阴镇，管兵7000人，马100匹。属陇右节度使。唐代积石军曾建有佛塔，称多福七级浮图。其地乃唐军主要屯田区之一，因吐蕃骑兵常来夺麦，一度被称为"吐蕃麦庄"。肃宗乾元元年（758）军废，地入吐蕃。

姓王。"其二云："万骑争歌杨柳春，千场对舞绣骐驎。到处尽逢欢洽事，相看总是太平人。"其三云："铁骑横行铁岭头，西看逻逤取封侯。青海只今将饮马，黄河不用更防秋。"① 这三首诗名为"词"，显然是用于歌唱的。"九曲"指黄河，代指河湟地区。诗歌颂哥舒翰这位"异姓王"的武功，因为他的战功使陇右一带获得了太平和安宁。

安史之乱爆发，哥舒翰奉命率军驻守潼关，兵败被执，遂降，后被杀。② 但唐后期人们对他似乎并无厌恶之情。当陇右陷于吐蕃时，人们更加怀念当年却敌立功的哥舒翰。薛逢《感塞》云："满塞旌旗镇上游，各分天子一方忧。无因得见哥舒翰，可惜西山十八州。"③ 令诗人遗憾的是，那么多守边的将军，没有一个能像哥舒翰那样战胜强敌、收复失地。杜甫《喜闻盗贼蕃寇总退口号五首》其二云："赞普多教使入秦，数通和好止烟尘。朝廷忽用哥舒将，杀伐虚悲公主亲。"④ 朝廷没有任用像哥舒翰那样的名将，战端重起，致使文成公主和金城公主和亲吐蕃的成果前功尽弃。元稹《西凉伎》诗云：

哥舒开府设高宴，八珍九酝当前头。前头百戏竞撩乱，九剑跳踯霜雪浮。狮子摇光毛彩竖，胡腾醉舞筋骨柔。大宛来献赤汗马，赞普亦奉翠茸裘。一朝燕贼乱中国，河湟没尽空遗丘。开远门前万里堠，今来蹩到行原州。去京五百而近何其逼，天子县内半没为荒陬，西凉之道尔阻修。连城边将但高会，每听此曲能不羞。⑤

诗人把昔日陇右、河西的安乐归功于有哥舒翰那样的名将驻守，把唐朝西部大片国土的丧失归因于缺乏哥舒翰那样的良将。

哥舒翰部下有两位名将受到杜甫称颂，一位是王思礼。他先后隶属河

---

① 孙钦善校注《高适集校注》，第 232～233 页。
② 《旧唐书》卷 104《哥舒翰传》，第 3211～3215 页。
③ 《全唐诗》卷 548，第 6334 页。
④ 杜甫著，仇兆鳌注《杜诗详注》卷 21，第 1858 页。
⑤ 《元稹集》卷 24，第 281 页。

东节度使王忠嗣、陇右节度使哥舒翰，初任押衙，历任右金吾卫将军、关西兵马使、河源军使、金城太守、元帅府马军都将等，在陇右抗击吐蕃的战争中功勋卓著，河湟一带的和平安定局面有他的贡献。杜甫《八哀诗·赠司空王公思礼》云：

> 司空出东夷，童稚刷劲翮。追随燕蓟儿，颖锐物不隔。服事哥舒翰，意无流沙碛。未甚拔行间，犬戎大充斥。短小精悍姿，屹然强寇故。贯穿百万众，出入由咫尺。马鞍悬将首，甲外控鸣镝。洗剑青海水，刻铭天山石。九曲非外蕃，其王转深壁。①

王思礼出身高句丽，也是番将，故说他"出东夷"。诗写其一生的功绩，思礼少习军事，故诗云"童稚刷劲翮"，其前期的功劳主要是追随哥舒翰在陇右抗击吐蕃。另一位是蔡希曾。杜甫《送蔡希曾都尉还陇右因寄高三十五书记》诗云：

> 蔡子勇成癖，弯弓西射胡。健儿宁斗死，壮士耻为儒。官是先锋得，材缘挑战须。身轻一鸟过，枪急万人呼。云幕随开府，春城赴上都。马头金狎恰，驼背锦模糊。咫尺云山路，归飞青海隔。上公犹宠锡，突将且前驱。②

此诗原注："时哥舒翰入奏，勒蔡子先归。"可见蔡氏系哥舒翰幕府武职僚佐，诗既以"勇"称颂其品性，又盛赞其武艺超群。

安史之乱后陇右地失，陇右节度使率兵镇守长安西北，杜甫笔下的郭英乂任节度使，其诗歌颂郭英乂抗击吐蕃守御长安的战功，《奉送郭中丞兼太仆卿充陇右节度使三十韵》云：

---

① 杜甫著，仇兆鳌注《杜诗详注》卷16，第1373~1378页。
② 杜甫著，仇兆鳌注《杜诗详注》卷3，第238~240页。

诏发西山将，秋屯陇右兵。凄凉余部曲，煊赫旧家声。雕鹗乘时去，骅骝顾主鸣。艰难须上策，容易即前程。斜日当轩盖，高风卷旆旌。松悲天水冷，沙乱雪山清。和虏犹怀惠，防边不敢惊。古来于异域，镇静示专征。燕蓟奔封豕，周秦触骇鲸。中原何惨黩，余孽尚纵横。箭入昭阳殿，笳吟细柳营。内人红袖泣，王子白衣行。宸极祅星动，园陵杀气平。空余金碗出，无复穗帷轻。毁庙天飞雨，焚宫火彻明。罘罳朝共落，榆桷夜同倾。三月师逾整，群胡势就烹。疮痍亲接战，勇决冠垂成。妙誉期元宰，殊恩且列卿。几时回节钺，戮力扫欃枪。圭窦三千士，云梯七十城。……废邑狐狸语，空村虎豹争。人频坠涂炭，公岂忘精诚。元帅调新律，前军压旧京。安边仍扈从，莫作后功名。

郭中丞即郭英乂，关于其仕历，此诗可补史料之不足。仇兆鳌《杜诗详注》引黄鹤注云："《旧史》言至德初，英乂迁陇右节度使，兼御史中丞，不言兼太仆卿。《新史》言禄山乱，拜秦州都督、陇右采访使，至德二载，加陇右节度使，不言兼御史中丞与太仆卿。此题曰《送郭中丞兼太仆卿充陇右节度使》，可补二史之阙。当是至德二载秋八月作。"又引钱谦益笺注云："《赵充国传赞》：秦汉以来，山东出相，山西出将。天水、陇西、安定、北地皆为山西。英乂，瓜州长乐人，故曰山西将。"陇右陷于吐蕃，郭英乂名为陇右节度使，其实并不能镇守陇右。他的部队驻守长安西北，护卫京师，面对强敌吐蕃，他率领的行营部队称防秋兵。《杜诗详注》引朱注云："吐蕃和好，久怀旧恩，故防边之法，不在惊扰，自古御戎，惟于镇静之中，默寓专征之意。"[1] 郭英乂是郭知运之季子，郭知运任鄯州都督、陇右诸军节度大使，镇守西陲，甚为吐蕃所惮，开元九年卒于军。[2] 至德初，肃宗兴师朔方，郭英乂继其父节度陇右，诗中盛赞郭英乂子继父业，故有"部曲""家声"之句。

---

[1] 杜甫著，仇兆鳌注《杜诗详注》卷5，第369、375页。
[2] 《旧唐书》卷53《郭知运传》，第3190页。

　　陇西地理位置重要，特别是唐后期，其地系王朝西疆和京师安危，对于赴任陇西的将军和官员，诗人们寄予厚望，希望他们立功扬名，报效国家和朝廷。刘方平《寄陇右严判官》云："副相西征重，苍生属望晨。还同周薄伐，不取汉和亲。房阵摧枯易，王师决胜频。高旗临鼓角，太白静风尘。赤狄争归化，青羌已请臣。遥传阃外美，盛选幕中宾。玉剑光初发，冰壶色自真。忠贞期报主，章服岂荣身。边草含风绿，征鸿过月新。胡笳长出塞，陇水半归秦。绝漠多来往，连年厌苦辛。路经西汉雪，家揶后园春。"① 刘方平是开元天宝年间诗人，758 年前后在世。天宝前期曾应进士试，又欲从军，未得志，隐居颍水、汝河之滨。诗赞美严判官从军入陇右幕之举，希望他报效明主，获取荣名。张蠙《赠李司徒》云："承家拓定陇关西，勋贵名应上将齐。金库夜开龙甲冷，玉堂秋闭凤笙低。欢筵每恐娇娥醉，闲枥犹惊战马嘶。长怪鲁儒头枉白，不亲弓剑觅丹梯。"② 张蠙是唐末人，他赞美李司徒继承父业，拓定陇西，功名显赫，希望得到他的举荐而荣升。

　　总之，有唐一代陇西地区颇受诗人关注，唐前期这里地处丝绸之路要道，从长安出发赴蜀、吐蕃、河西、西域、北方草原和从这些地方赴长安的行人都经行此地。这一带又是抗击吐蕃的前线，吸引了唐代士人的注目，他们关注国家的形势，自然关注河西的局势；他们向往立功边塞，这里是他们追逐梦想的地方。唐后期这里陷于吐蕃，那些痛心唐朝失地万里、向往光复故地的诗人关注此地，把它作为失地的象征和收复的情感所系。在陇右为保家卫国维护丝路通畅做出杰出贡献的将军倍受诗人颂扬，诗人们一方面希望他们为稳定陇右发挥作用，一方面希望攀附将军获得出路和功名。唐诗反映了陇西之地前后期政治形势的变化，表达了诗人们关心国事和建功立业的理想，为我们了解唐代丝绸之路盛衰和政治形势变化提供了重要的参考资料，在反映唐人心态和情感方面这是其他史料不能代替的。

---

① 《全唐诗》卷 251，第 2838~2839 页。
② 《全唐诗》卷 702，第 8078 页。

晋文化研究

刘大鹏与晋祠

行 龙[*]

一 斯祠斯人

晋祠位居今山西省太原市西南 50 里之悬瓮山麓，《山海经》载："悬瓮之山，晋水出焉。"此之谓也。"三晋之胜，莫逾于晋祠。"晋祠不仅以其历史悠久而闻名于世，且以其集自然与人文景观于一处名胜而为人往返乐道。

晋祠最初为周武王之子唐叔虞的祠宇，唐叔虞是晋国的首任诸侯，《史记·晋世家》中有名的"剪桐封弟"故事，讲的就是周成王封姬虞到唐国做首任诸侯的事。姬虞的儿子即位后，将国号改唐为晋，唐叔虞祠亦名晋王祠，简称"晋祠"。

晋祠见诸文字最早的记载是北魏郦道元的《水经注》，郦道元谓晋祠"于晋川之中最为胜处"，可见当时晋祠已经粗具规模。北齐以晋阳为别都，高欢、高洋父子又崇信佛教，在广建晋阳宫、大明殿、十二院及天龙、开化、童子、崇信诸祠院的同时，也在晋祠"大起楼观，穿筑池塘"，祠内读书台、望川亭、流杯亭、涌雪亭、仁智轩、难老泉亭、善利泉亭次第兴建，故而"自洋以下，皆游集焉"，足见当日之非凡盛况。[①]

---

* 行龙，山西大学中国社会史研究中心教授、博士生导师，研究方向：中国社会史、中国近现代史。

① 《晋水流域 36 村水利祭祀系统个案研究》，参见行龙《走向田野与社会》，三联书店，2007，第 113~115 页。

隋唐时期，晋祠更加兴盛。隋开皇年间，在晋祠兴建浮屠院及雄伟壮丽的八角七级砖砌舍利塔。隋末，李渊父子祷于晋祠，起兵灭隋，晋祠成为李唐王朝的发祥地。唐太宗李世民后来重返晋祠，亲手撰书《晋祠之铭并序》，感恩之情溢于碑碣。

宋太宗灭北汉后，重新修建晋祠。仁宗追封唐叔虞为汾东王，并兴建了规模宏大的圣母殿（见图1），在此供奉唐叔虞母亲邑姜。金、元、明、清各代，以圣母殿为中轴，献殿、牌坊、钟鼓楼、水镜台、水母楼、台骀庙、昊天神祠、文昌宫、乐台次第兴建，晋祠建筑的总体布局趋于完善。

图 1　晋祠博物馆圣母殿

图片来源：晋祠博物馆官方网站。

虽说晋祠最初为奉祀周初晋国第一代诸侯唐叔虞的祠宇，然岁月可以改变旧貌，或许是看好此处的山水胜景，儒、释、道三教及民间各路"神灵"纷纷云集晋祠。自周初以迄明清，关圣帝、玉皇大帝、三官大帝、东岳大帝、真武大帝、文昌帝、太阳神、土地神、山神、苗裔神、财神、五道神、至圣孔子、亚圣孟子、老子、公输子、释迦牟尼、弥陀佛、华严佛、仓王、药王、吕洞宾等均会聚此名胜佳境，此种现象实属罕见。

言以足志而文以足言，言之无文则行之不远。晋祠作为名胜古迹招引来无数达官文人，他们也留下了无数脍炙人口的美丽诗篇。唐代之李白、白居易、王昌龄，宋代之司马光、范仲淹、欧阳修，金代之元好问、王庭筠，元代之小仓月，明代之于谦、薛瑄、王瑭、乔宇、屈大均，清代之傅山、朱彝尊、殷峄等均以晋祠胜景而写迹，作文题咏不胜枚举。

值得一提的是，退仕归里的晋籍士绅名流，或独立创修地方志书，或积极参与修缮晋祠工程，也都留下了诸多有关晋祠的文字，诗词、楹联、匾额不一而足。明代官至浙江按察司副使的晋祠镇举人高汝行，退仕后以六年时间独立创修第一部《太原县志》；又倡议督工重修唐叔虞祠，难老、善利两泉亭；重建读书台、望川亭；创建台骀庙和水母楼，"晋祠由是更成巨观"。① 高氏即有《修唐叔虞祠》《登望川亭》等诗。另一位晋祠镇进士、纂修《大清一统志》并官至台湾学政的杨二酉，退仕后对晋祠古迹的修复表现出极大的热情，先后参与了文昌宫、七贤祠、同乐亭、贞观宝翰亭等建筑的重修和扩建。景清门、文昌宫、三台阁、待风轩、玉皇阁、奉圣寺、水镜台、朝阳洞、水母楼、苗裔堂等处的楹联匾额，也都留下了杨二酉的墨宝。尤可注意的是，杨二酉以"晋祠名胜甲三晋，而景无传焉，憾事也！"特作《晋祠全景诗十六首》，诗中记录其内八景为"望川晴晓""仙阁梯云""石洞茶烟""莲池映月""古柏齐年""胜瀛四照""难老泉声""双桥挂雪"，外八景为"悬瓮晴岚""文峰鼎峙""宝塔披霞""谷口双堤""山城烟碟""四水清畴""大寺荷风""桃园春雨"。② 同样再作《晋祠内外八景诗十六首》的晋祠镇索村赵谦德称杨二酉的十六首诗"俱见匠心，有鬼斧神工之妙"。

无独有偶，除明清时期晋祠镇退仕居籍的名流外，与晋祠"一箭之遥"的赤桥村，清末民初也有一位热心公益者。他独立纂修了第一部《晋祠志》，不惧诬陷，挺身主持修祠，同时撰有《晋祠全景诗十六首》及楹联多处，其中最为近人传诵的就是那副同乐亭的楹联："同声相应同气相求同人

---

① 《高副宪汝行传》，刘大鹏：《晋祠志》（上），慕湘、吕文幸点校，山西人民出版社，2003，第419~422页。
② 《太原县志》卷14《艺文三》，道光六年刻本。

共乐千秋节，乐不可无乐不可极乐事还同万众心。"[①] 此人就是赤桥村的举人刘大鹏。

刘大鹏，1857 年生于山西省太原县赤桥村，逝于 1942 年，终年 86 岁。

赤桥村西南与晋祠接壤，两地仅一箭之遥。晋祠为三晋名胜，不仅有四季悦目的各处山水胜景，且有日月不断的各种迎神赛社。刘大鹏"髫龄之时，敬随家大人入祠游览"，年长后也效法家中大人，不时带子携孙到晋祠观赏，直到离世的前十天仍到晋祠赛会。在刘大鹏的心中，赤桥是他的家园，晋祠也是他的家园，甚至是更为重要的精神家园。

据刘大鹏自述，明末时，刘氏八世祖已在赤桥定居，数代耕读为业。父亲刘明（1842~1908），年少读书并习武，应考武科不中，仅为武童。成年后经商奔走四方，1884 年在太谷县里满庄开设"万义和"木材店。此时，27 岁的秀才刘大鹏自省城太原的崇修书院就学肄业，踏上了科考之路。

刘大鹏"七岁始能言，仍哺母乳，九岁从师读书，十九岁娶妻，二十一岁应童试，二十二岁入泮采芹，二十六岁肄业于崇修书院凡十年"。[②] 7 岁的孩子仍哺母乳，才开始学说话，是否应了民间那句"贵人语迟"？果然，师从"望之俨然"的本村塾师刘丽中，刘大鹏寒来暑往，备读经史著书，直到晚年"四书五经留于胸中不至全失"。刘丽中授徒躬行实践，而不"沾沾于举子业"，"凡从而受业之人，必勖以孝悌忠信礼义廉耻诸大端"，初来受业之徒，首先诵读《孝经》《朱子》《小学》，继而受《近思录》《性理精义》《理学宗传》，也就是力戒浮华的经世致用之学，[③] 这对日后刘大鹏的立身行事产生了重大影响。

刘大鹏师从刘丽中十年，19 岁娶妻，越年首次应考童试，第二年即"入泮采芹"考取秀才，这时他已 22 岁。时当山西百年不遇的"丁戊奇荒"甫定，百业萧条，父亲刘明的小生意尚可维持家计，不久又在太谷县的里

---

① 《楹联》，刘大鹏：《晋祠志》（上），第 561 页。

② 刘大鹏：《退想斋日记》（稿本），1918 年十一月十八日，山西省图书馆藏。

③ 《刘师竹先生传》，刘大鹏：《晋祠志》（上），第 480~481 页；刘大鹏：《退想斋日记》（稿本），光绪二十七年十二月初八日、1918 年十二月初八日，山西省图书馆藏。

满庄开办了一个木材店，身为武童的父亲决计让秀才儿子继续科考。在太原县桐封书院学习了三两年后，刘大鹏来到省城的崇修书院肄业。在此十年，刘大鹏仍以"德行之修为重，科名之得为轻"，[①] 平日里最爱研读的是经史诸书，又好看理学诸书。他看不起徒事辞章，而于义理之学全不讲求、一味博取功名的"当今之士"，对科举应考所必需的时文制艺并不以为重。"写字最短"成为他日后科考路上的一个痛点，也是他一生的遗憾。在1879年到1891年的13年的时间中，刘大鹏先后参加了七次乡试，七次应考而"七科不中"。"中举一事，若登天然"，他发出了这样的慨叹。

光绪十八年（1892），刘大鹏结束了书院生活，来到离家仅有七八里的王郭村设帐授徒，当起了一名私塾先生。也就是在此时，他开始了每日一记的《退想斋日记》，其名或有"退一步想即为快乐之境"的寓意。其实，教书实为不得已而为之，除了张口就来的"家有三担粮，不作童子王"之类的抱怨外，日记中不时会出现其既不能博取功名而消磨志气，又不能事亲尽孝而摆脱此路的抑郁之情，他的志趣仍在科考中举。事有意外之喜，1894年，长子刘玠春闱府试通过，取得府学生员，参加秋闱的刘大鹏也在"七科不中"久困场屋的失望中一举成名，奋志青云的科举梦再一次点燃。

1895年，刘大鹏第一次公车北上，参加在京师举行的会试，落第归来，他重操旧业，到太谷县南席村武氏家塾做塾师。1898年，再次公车北上，再次落第。两次进京会试，正值甲午战争、戊戌变法之际，与多数会试士子一样，刘大鹏虽未挺立潮头，然耳闻目睹使他感同身受。国家变法以图富强，变通科举、改时文为策论已然成为潮流。父亲年已七十四，母亲亦年近七十，他遂有辞去南席教馆，"归里设馆授徒"之举动，只是此举尚未得到父母认可。风云突起，世纪之交的义和团运动给朝野上下带来巨大震动，刘大鹏的心理也发生了一个转变："迨庚子遭乱以后，时局大变，争胜之心始泯，而记胜之念遂兴。"[②] 这个"记胜之念"就是纂修《晋祠志》。

---

① 刘大鹏：《退想斋日记》（稿本），光绪十八年十一月二十五日，山西省图书馆藏。
② 《刘大鹏自序》，刘大鹏：《晋祠志》（上），第5页。

二　纂修《晋祠志》

刘大鹏一生著述宏富，除持续52年皇皇203册的《退想斋日记》外，计有著述27种200余卷。刘氏所有著述大致可分为两类，一类是文集、诗集、家谱、年谱、家训、公车日记等涉及个人和家庭的著述，另一类是"系于乡邦文献"的有关晋祠、晋水、西山九峪等"有功桑梓者"。①

晋祠历史悠久，而志书记载却寥寥无几、略而不详。乾隆年间虽有王崇本《晋祠志》一书，却未付梓，不得以传。② 刘大鹏所著《晋祠志》弥补了晋祠千年之憾。《晋祠志》计四十二卷，分为十五门类：祠宇、亭榭、山水、古迹、宸翰、祭赛、金石、乡校、流寓、人物、植物、文艺、河例、故事、杂编。文前有图有说，字数在百万左右，成书于光绪三十二年。此时，刘大鹏正在太谷南席村武佑卿家塾做私塾先生。

时人及后人对《晋祠志》多有好评。时在太谷东阳镇做私塾先生，与刘大鹏过从甚密的赵峰为其作序讲道："吾友刘君友凤"，"计其名胜无逾晋祠，所有碑碣，多数残缺，深恐久而难稽。故于舌耕之暇，逐一记其原委，以期有美毕具，无奇不收。凡五阅寒暑，而其书乃成"。"苟非才大心细，讵能成此巨制乎？"③ 另一位刘大鹏的同年，也在东阳镇做私塾先生的李成瀛说："观其所志各门，皆原原本本，无少挂漏"，"断非枵腹之儒所敢率尔操觚者也"。④ 时在榆次东里做私塾先生的乔沐青作序称，刘大鹏作此书有"八难"，其中最后一难是"舌耕为业，终年矻矻，暇日无多，课徒之余，乃得操觚"。"有此八难，而竟得编辑成书，足见其心志之坚，身手之瘁，做事之有恒也。"⑤

---

① 《刘友凤先生碑铭》，刘大鹏：《退想斋日记》，乔志强标注，山西人民出版社，1990，第613~615页。

② 《刘大鹏自序》，刘大鹏：《晋祠志》（上），第5页。

③ 《赵峰序》，刘大鹏：《晋祠志》（上），第1页。

④ 《李成瀛序》，刘大鹏：《晋祠志》（上），第2页。

⑤ 《乔沐青序》，刘大鹏：《晋祠志》（上），第3页。

1979 年，完成《晋祠志》整理点校工作的慕湘①先生写道："其时读书为求仕进，退居林下也多是诗酒自娱，消遣岁月。而刘大鹏能自甘淡泊，累月穷年，跋山涉水，遍搜广求，在古迹淹没、文献零散的情况下，仅凭从个人奔波，于重重困难中成此洋洋巨著，诚属难能可贵。"②

《晋祠志》的最终完成，实乃刘氏祖孙三代的一段佳话。其时，刘大鹏的父亲刘明已年逾八十，精力就衰，刘大鹏侍侧之际，常常请其阅览一二，又不敢烦劳过甚，"惟借此博堂上之欢而已"。光绪三十二年腊月初八，82 岁的刘明为《晋祠志》作一短序称："最惬余意者，首则乡校三卷，次则河例十卷，盖乡校关乎教育之大，河例系乎国计民生。"③ 书稿既成，刘大鹏的长子刘玠、次子刘瑄校对，三子刘珦、四子刘琏抄录，终于 1906 年腊月初一竣工。④ 其时刘大鹏已近 50 岁。

刘大鹏自述其著《晋祠志》的缘起："迨庚子遭乱以后，时局大变，争胜之心始泯，而记胜之念遂兴。乃于壬寅孟秋望日著笔，仍名之曰《晋祠志》。"⑤ 这话是说经过两次公车北上的失利，尤其是 1900 年义和团运动后，清政府实行新政，诏令天下一切书院皆改为学堂，科举制度开始走向没落，自己已无意科考"争胜"，而有意纂修《晋祠志》以"记胜"，遂于 1902 年七月十五日起笔纂修。

七月十五为中元节，刘大鹏在日记中写道："今日中元节，人皆恭诣祖茔祭祀拜扫，以伸追源报本之心，余在他乡设帐授徒。"⑥ 授徒之余，心力即在纂修《晋祠志》。

《晋祠志》的纂修确实是刘大鹏在南席设帐授徒之暇开始的，其间不仅

---

① 慕湘（1916~1988），山东蓬莱人。抗日战争期间任牺盟会太原县特派员、战地动员总会第二支队政治主任，在太原西山抗日。1964 年晋升少将。著有长篇小说《晋阳秋》《满山红》《汾水寒》《自由花》等。
② 《慕湘序》，刘大鹏：《晋祠志》（上），第 2 页。
③ 《刘明序》，刘大鹏：《晋祠志》（上），第 4 页。
④ 《刘大鹏自序》，刘大鹏：《晋祠志》（上），第 5 页。
⑤ 《刘大鹏自序》，刘大鹏：《晋祠志》（上），第 5 页。
⑥ 刘大鹏：《退想斋日记》（稿本），光绪二十八年七月十五日，山西省图书馆藏。

有往返抄录碑碣、搜书查照资料、体例"易之又易"之诸多难题，而且经历了母亲病逝、妻子多病、长子两次赴卞会试、次子乡试等诸多家事。尤其是 1903 年二月他和长子刘玠同去河南开封参加会试，三场考完后刚出场，便接到母亲病重的消息，一路上心神不定、焦灼万分，到家后母亲已寿终正寝。母亲的去世，使刘大鹏悲伤不已，他从未间断的日记停写 20 天，乌黑的头发一时半白。我们可以想象刘大鹏在纂修过程中的艰辛与煎熬。

刘大鹏第一次提到《晋祠志》的纂修是在 1903 年的六月十九日，《退想斋日记》载：

> 日来在家，无可消夏。每日诣晋祠寻觅碑石，抄录诗文楹联，以写我忧。晋祠名胜地，游客歌咏甚多，付诸贞珉者众，阅十余日尚未抄录完竣，可谓碑碣林立矣。①

晋祠确实碑碣林立，以一人之力抄录十余日定难完成，每当寒暑私塾放假归家时，刘大鹏最要紧的事便是外出抄碑。1904 年正月初二，他舍弃了往年带儿孙外出拜年的惯习，早餐吃完饺子便独自一人到晋祠"寻碑抄录"。② 同年腊月年关，刘大鹏南席授徒归来，十六日到东院村抄录晋祠总河用水南界碑。③ 1906 年正月十六，晋祠一带正值元宵节红火热闹之际，他却带着次子刘瑄到晋祠奉圣寺抄录明万历年间和清嘉庆年间的碑文。④ 直到二月初东家来车到南席教馆，这个春节他都在独自一人或带刘瑄四处寻碑抄碑。四月二十七日，刘大鹏因到清源助丧而折回家来，他甚至带着长子刘玠的弟子四五人到晋祠抄录碑文。⑤《晋祠志》收录碑碣上自北齐，下迄清亡，刘大鹏"竭力搜括，务期不遗"，⑥ 均非虚语。

---

① 刘大鹏：《退想斋日记》（稿本），光绪二十九年六月十九日，山西省图书馆藏。
② 刘大鹏：《退想斋日记》（稿本），光绪三十年正月初二日，山西省图书馆藏。
③ 刘大鹏：《退想斋日记》（稿本），光绪三十年十二月十六日，山西省图书馆藏。
④ 刘大鹏：《退想斋日记》（稿本），光绪三十二年正月十六日，山西省图书馆藏。
⑤ 刘大鹏：《退想斋日记》（稿本），光绪三十二年四月二十七日，山西省图书馆藏。
⑥ 《乔沐青序》，刘大鹏：《晋祠志》（上），第 3 页。

刘大鹏于"舌耕之暇"纂修《晋祠志》亦非虚语。1906年十一月初，《晋祠志》动笔已两年有余，经过体例"易之又易"的困扰，"草稿初成大半"，他开始谋划"系乎国计民生"之"河例"部分的纂修：

> 今日从河例起首，而有未详者尚多，必待旋家广搜博采，拟立六卷，此外尚有金石、艺文、人物、流寓四门未之及焉，此条一手经营，且于课徒之暇撰之，所以夙寐兴夜，手不停挥，撰述之事良非易焉。①

进入腊月，眼见新的一年即将到来，刘大鹏对撰述之不易仍多感慨：

> 晋祠一志自壬寅岁中元节动笔，迄今二载有余，虽云草创，尚未告成，则成一书可谓难矣。
>
> 今冬在馆，十分忙迫，昼则课徒，夜则撰志，每日三鼓就寝，五更即起，一日无少暇也。②
>
> 凡著述一事，殊非易易，初以为是，旋又以为非，经年累月而不可定，以由未详根底之故也。③

1906年腊月初一，刘大鹏在南席馆中写罢《晋祠志序》，近百万言的《晋祠志》告成。接着，他又"不辞劳苦"地着手《晋水志》的编纂。次年五月二十四日日记云：

> 余因晋水之利，考察四五年，迄今尚未得详细，暇则赴资晋水之村庄为之采访，不辞劳苦，不言烦渎，欲将晋水全河事务汇为一志也。

---

① 刘大鹏：《退想斋日记》（稿本），光绪三十二年十一月初一日，山西省图书馆藏。
② 刘大鹏：《退想斋日记》（稿本），光绪三十二年十二月初一日，山西省图书馆藏。
③ 刘大鹏：《退想斋日记》（稿本），光绪三十二年十二月廿一日，山西省图书馆藏。

1907 年八月，《晋水志》完稿。中秋节清晨，刘大鹏在赤桥家中的"退想斋"写就《晋水志序》。依其所述，此志乃承父命。父亲刘明以为："《晋祠志》有河例博采广搜，虽云详备，然只言河例而未尝以晋水标名，则不足报晋水之德，大有负于晋水矣，尔曷不专志晋水，独编一书乎？"由此，刘大鹏遵父命将《晋祠志》中河例一门，重行考订，成《晋水志》十三卷。书既成，刘大鹏旧事重演，"命珌、瑄、珦、珊等儿敬谨誊录"，后进呈父亲鉴定。① 刘明对《晋水志》的编修非常满意，他欣然为序，称："观其事实之详，本末之劾，水例水程了如指掌，庶足使往者有传，来者有征，为晋水增光设色焉。"②

民国初年，刘大鹏对《晋祠志》又进行了一次删繁就简的整理。

1908 年冬十月，其父刘明去世，十一月，其第二任妻子武氏病逝，刘大鹏辞去南席教馆之职回到家乡赤桥。随后，他被太原县推举为省咨议局议员，驻会两年。1911 年辛亥革命后，刘大鹏被推为太原县议会议长，主持或参与了县财政、教育等地方事务，但他仍以"大清之人"自居，对诸事兴致不高，甚或抱怨愤懑不断，却对修志修祠倾注心血、乐此不疲。

从 1915 年底开始，刘大鹏再次披阅、删改、誊录《晋祠志》。曾有一段时间，他每天誊写数千字，"日日做之"。③ 1916 年腊月，经刘大鹏第二次整理，《晋祠志》得以定稿：

> 整理《晋祠志》，自秋七月起，至本月初至，凡五月而毕。原为十有五门四十二卷，重行整理，减去三门，留十二门，其卷亦大减，只留十有六卷，删繁就简，意在刷印，价廉而工省也。予本贫穷，无力刷印，拟酿金以刷，未知能否办到。④

---

① 《刘大鹏自序》，刘大鹏：《晋水志》（稿本），赤桥村温杰先生早年提供，谨以致谢。
② 《刘明序》，刘大鹏：《晋水志》（稿本），赤桥村温杰先生提供。
③ 刘大鹏：《退想斋日记》（稿本），1916 年八月二十八日，山西省图书馆藏。
④ 刘大鹏：《退想斋日记》（稿本），1916 年十二月十四日，山西省图书馆藏。

将原来的十五门四十二卷减为十二门十六卷，这已是《晋祠志》的简本，其"意在刷印"。次年闰二月二十六日，他真的抱着简本《晋祠志》到省城印书处商讨刷印之事。然而，印书处估价铅印100部，即需"约二百吊小洋，恐力不支"，① 事遂作罢。

如此这般，《晋祠志》长期束之高阁。民国年间，虽有如黄国樑旅长、太原县长、晋祠区长，甚至燕京大学教师和日本文人等少数人士借阅《晋祠志》若干卷，但80年间，《晋祠志》终未付梓。直到1986年经慕湘先生点校，山西人民出版社印行此书，《晋祠志》才得以重见天日。慕湘先生点校既毕，"惜刘大鹏生非其时，空有等身著作，名不出乡里"，② 于我心有戚戚焉！

三　重修晋祠

晋祠自北齐"大起楼观"以迄清亡，历时千数百年，或废或兴，屡颓屡修，改建补修之处不可胜数。张友椿先生在其《晋祠杂谈》中考证第16次修缮晋祠是在清光绪二十五年，③ 第17次是在民国初年。

民初修缮晋祠，主事者是刘大鹏。其时，刘大鹏已经辞去南席教馆之职，回到赤桥家中，用他自己的话说，是"赋闲于家，无心问世，视公益无冷意，尽义务有热忱，因于重修晋祠经理中占其一席焉，故充当经理"。④ 其实，此次修缮包括两个阶段，刘大鹏在第一阶段"占其一席"，在第二阶段则为主持人。

第一阶段的修缮最初由晋祠住持僧本祥提出。晋祠自道光年间补修后，到光绪年间一直未有大修，经过六七十年风雨剥蚀，"祠宇半圮，而献殿尤甚"，住持僧本祥曾多次邀请晋祠镇董事倡议修葺，终未有效。辛亥以后，

---

① 刘大鹏：《退想斋日记》（稿本），1917年闰二月二十六日，山西省图书馆藏。
② 《慕湘后记》，刘大鹏：《晋祠志》（下），第1182页。
③ 张友椿：《晋祠杂谈》，北岳文艺出版社，2009，第211~212页。
④ 《重修晋祠杂记·序言》，刘大鹏：《晋祠志》（下），第1095页。

本祥又请举人刘大鹏提倡修祠，刘大鹏以为此系大事，必须由晋祠镇人提倡主持，身为赤桥人士，他无能为力。本祥又以"晋祠、赤桥虽系两村，而址基相接，何啻一乡？畛域之分，似乎不必"相劝，刘大鹏遂应允"首为提倡并订延请镇人之办法"。①

1914年大年刚过，二月初八，本祥住持即设宴于待凤轩，邀请晋祠镇众人商议修葺之事，而镇人到场者寥寥，未有定论。当月十二日，本祥又邀请晋祠镇人及刘大鹏与会，议定召集四河渠甲募化布施。然而，四河渠甲人等对此并不积极，交涉之间，本祥住持于当年三月十一日圆寂，再过一月，修葺之事仍无人提议。在此无人问津的情势下，刘大鹏前去面见晋祠镇人，他恳切地说道："提倡之事，今阅两月，本祥既殁，吾等竟置不问，难免人讥，曾是堂堂绅士，反莫若一庙祝。僧在提倡，僧逝停止，诸君名誉未免有伤。"② 众人"不得已重行会议"，该年五月初三日议定以六百缗先修献殿，商民、磨碾、四河各募若干，但因北河古城营反对而搁置。六月，四河渠甲按亩起钱，募化布施恐难再起，1914年初次提倡修祠之事就此作罢，可谓半途而废、出师不利。

1915年初春，刘大鹏又与本祥徒弟觉保、觉慈旧事重提，二僧日日敦促，始定当年二月十二日开办。经理人除上年提倡之八人外再加十人共十八人，其中晋祠三堡十四人，另有商界人士贾某、晋祠南门外孟某、纸房村崔某、赤桥村刘大鹏。刘大鹏提议以朝阳洞为地址设立工程局，请本县知事为工程局监督，众经理均表赞同，时任知事李桐轩亦"慨然俞允"。刘大鹏又拟出工程局章程五章十四条送到县署，请予公布。经李桐轩知事批示，章程一挂工程局门，一挂街市，定于三月初四正式开工。

修祠工程刚刚开工，问题就暴露出来。先是觉保、觉慈二僧恐晋祠镇人"自高身价，延请来祠，难若登天"，刘大鹏出主意，"仍请效尔师设馔延请之法，可望有效"。二僧如法炮制，始得开办。然而，十八经理每天早

---

① 《重修晋祠杂记》卷第1，刘大鹏：《晋祠志》（下），第1097页。
② 《重修晋祠杂记》卷第1，刘大鹏：《晋祠志》（下），第1097页。

210

午两餐均由僧厨备饭，每日花费四千余钱，刘大鹏认为"日久费多，难免诽谤"，而主持其事的北堡公正张永寿和南堡保正牛玉鉴却不以为意，张永寿甚至面对众人扬言："若不备饭，谁来办事？饭若停止，我先不来"。这就是开工伊始的"借公餔啜"，现时语即"公款吃喝"。此事不了了之，刘大鹏以"止餐无效，又未能用法劝醒阻众在局饮食"，自己"随众餔啜"而悔恨，又以"众人恶予阻饭之意深矣"而悒悒不乐。

开工伊始，又一个问题是"经理舞弊"。修祠的第一个工程是献殿，此系五台县工匠王某"包修"，开办之初，即有谣传说中堡公正杜桓收受包工头王某贿钱60吊，南堡保正牛玉鉴的建宅工程也包给王某，"价减大半"。其他经理人在监工之时均有耳闻，一时间"谣传聒耳，远迩皆知"。众人对献殿工程"嫌其恶劣"，不愿再使五台王某包工，而牛玉鉴、杜桓、张永寿三人，即晋祠南、中、北三堡之主持人却将胜瀛楼、圣母殿等工程仍旧包给王某，由此引起了一场不大不小的风波。

"借公餔啜""经理舞弊"的传言犹如浪花一般渐次扩散，刘大鹏及众经理均有耳闻，导致四河之人都不愿多担布施。不得已，又请担任监督的知事李桐轩劝募，该年三月二十四日，李桐轩将四河渠甲人等招至县署，揭穿"近日借公索费、饱其私囊"之事实，又专派委员徐裕孙到工程局劝募，写定四河各布施若干。不几日，县城绅耆崔毓瑞等人又出面反对，并召集四河渠甲到县城城隍庙商议，以为与其将布施交给这些"素失信用"之人任其挥霍，不如按照道光二十四年（1844）碑记"修工"，不承认上月知事出面所写布施。工程局各经理面对这种局面均"束手无策"，刘大鹏又出面到县城与崔雪田等绅士磋商，再请徐裕孙"从中调处"，才得以通融，而张永寿、牛玉鉴等却以为不该通融，并进县要求知事追究反对布施之人，李桐轩此次对张、牛"未假颜色"，痛斥一番，二人"气沮而归"。四月十四日，委员徐裕孙与刘大鹏及崔雪田等士绅"酌量重写布施"，并将会仙桥、飞梁工程包出修建，此次风波才得以平息。①

---

① 《四河反对布施之风潮》，刘大鹏：《晋祠志》（下），第1108~1109页。

接下来的一桩"琉璃瓦案"使得刘大鹏与牛玉鉴、张永寿等人之间的矛盾进一步升级。晋祠献殿前有钟鼓二楼，重修献殿工程尚未议定，牛、杜、张三人未与众经理商讨，即招瓦匠到私宅暗行商定，再招经理五六人在一商号议价，议定购琉璃瓦1000片，共100元小洋，先付定钱50元，交瓦之后再付50元。参与其事的五六人"虽知不合，亦莫敢阻"，私下却以此事不到工程局同众会议，竟行私办，必有舞弊情形等语告知刘大鹏。五月初，定期已到，需到省城招寻铺保，工程局因此会议其事，众经理皆到会，而牛、杜、张三人不到。众人推刘大鹏及胡某于五月初十到省与铺保照应，而铺保只保50元小洋，其余不保，只能退瓦不用。牛等三人得知又召集众经理会议，扬言"瓦用琉璃，势在必行，刘某何人，竟敢阻止？"勒令众经理立刻画诺，并派人给时在明仙峪处理窑务的刘大鹏送去知单，请其画诺。刘大鹏对此置之不理，"三人因舆论不孚，亦不敢再言用琉璃瓦矣，其案遂息"。① 很快，街市上四处传言工程局有人欲将刘大鹏驱逐出局，刘大鹏对此非常痛心，在五月二十三日后的几天内，他连续奋笔写就《致同人书》《覆古城营董事函》《报告同人函》《拟致监督书》等函件，痛陈牛等"营私舞弊，狼狈相依，物议纷腾，传播远近。诸君皆隐忍不言，一人若辈肆行"之情形，"望我同人，勿畏若辈，坏己名声"。② 至于牛等以刘大鹏非晋祠人，不得喧宾夺主而煽惑同人之传言，"鹏因此生告退之心"，但他绝不愿"遽行告退！""必先报告监督，通知写就布施之商民暨在城绅耆、四河渠甲人等，俾知鹏告退之情形，然后再行报告与本局断绝关系也。"③ 即使告退，刘大鹏也要告知众人真相，他不能以此玷污自己的名声。

虽然如此，刘大鹏对修祠一事的热忱丝毫不减。1915年五月底，太原县成立煤矿事务公所，刘大鹏自然是其中一员。六月初，又成立选举立法

① 《琉璃瓦案》，刘大鹏：《晋祠志》（下），第1115页。
② 《致同人书》，刘大鹏：《晋祠志》（下），第1116页。
③ 《报告同人函》，刘大鹏：《晋祠志》（下），第1117~1118页。

院议员调查会,刘大鹏又被推为调查会会长,[1] 身兼二职,甚为忙碌,但他对修祠一事仍然念兹在兹。

六月中旬,刘大鹏赴省城办理调查局事务。此时,修祠之事柳暗花明,转入第二阶段。六月二十一日,刘大鹏一早启行赴省办理调查局事务,路遇大雨,日落时方才到省。[2] 来前,晋祠住持僧觉慈告知众经理,月初,十二混成旅旅长黄国樑在晋祠驻宿三日,其人酷爱晋祠山水,目睹晋祠修缮工程而叹其款少,"有募布施之想",由此工程局众人共议为旅长送去缘簿,恳求其代募布施。刘大鹏此次到省,即请省城的朋友探知黄旅长真意,结果确如觉慈所言,他便马上致函工程局同人来省面见旅长。次日,觉慈先赴黄公馆面见,随后刘大鹏及杨在夏、杜桓、牛玉鉴四人谒见并呈上缘簿,"旅长应允,并未推辞",缘簿留下,众人皆喜。二十八日,三人回晋祠工程局,刘大鹏赴榆次办理调查局事务。让刘大鹏想不到的是,此次杨等三人往返四日,其车价、川资、旅费、请客共花费布施钱 20 余吊,"任其挥霍,并不爱惜"。[3]

此后的几个月内,袁世凯为恢复帝制紧锣密鼓的行动,刘大鹏身为调查员忙于调查会事宜,八月初又出任县商会特别会董,九月中旬投票选举为国民会议议员,两次到省参加国民会议初选、复选,处理商会风波,督修晋祠西路,"一身忙迫,无闲暇工夫"。[4] 十一月十二日,在省城等待国民会议复选之际,刘大鹏于晚间谒见黄旅长,请领重修晋祠之布施,黄当即应允先付三四百元。次日,刘大鹏便与同人到山西官钱局领到阎锡山布施小洋 200 元,黄国樑布施大洋 150 元。又一日,将此款随车带回,请李桐轩监督存储于晋祠镇晋泉源钱局。[5]

山西省最高长官阎锡山、旅长黄国樑均已捐款修祠,按道理即可继续

---

① 刘大鹏:《退想斋日记》(稿本),1915 年六月初十日,山西省图书馆藏。
② 刘大鹏:《退想斋日记》(稿本),1915 年六月二十一日,山西省图书馆藏。
③ 《经理赴省祈黄旅长代募布施》,刘大鹏:《晋祠志》(下),第 1120~1121 页。
④ 刘大鹏:《退想斋日记》(稿本),1915 年十二月十四日,山西省图书馆藏。
⑤ 《领会布施》,刘大鹏:《晋祠志》(下),第 1123~1124 页。

修缮之事，但由于其间出现经理营私、布施告罄、借贷商资垫付工资、账目不得宣示等问题，监督李桐轩认为此项布施原非寻常可比，他一面要刘大鹏密不宣示，一面坚持等待黄旅长到晋祠再行计划。直到1916年初秋时节，黄国樑带兵来晋祠驻扎野操，此时李桐轩已辞任离职，在七月十一日即回省前一日，黄国樑在圣母殿召见刘大鹏及住持僧觉慈，言其已知工程局之事，此次驻晋祠，牛等三人已来谒三四次，均"辞而不见"。吩咐刘大鹏"至吾募捐之布施，可以另行办理，不准与本处所募之布施混为一途。须划分为二，即前番之经理人亦不准其干预，惟委托君一手经理。吾好再行募化，陆续缴来，赶紧兴工"。又当着觉慈的面讲道："十八经理中唯君一人一秉大公，且能破除情面。其余良莠不齐，不堪委任。尚君以独立难持，可请商会人员并本处公正绅耆协助。"① 刘大鹏从黄国樑这里得到了一柄尚方宝剑！

黄国樑，1904年与阎锡山、张瑜等20名山西武备学堂学生被选送到日本留学，1908年毕业于日本陆军士官学校，1910年任山西新军第八十五标标统，阎锡山任第八十六标标统，二人是辛亥太原起义的关键人物。1914年黄国樑任山西兵站总监。黄国樑这样一位山西辛亥功臣如此欣赏民国建立后仍以"大清之人"自居的清举人刘大鹏，实在是看重了刘大鹏"一秉大公"的为人。

应该说，第二阶段的修缮较第一阶段顺利很多。既有省府尚方宝剑，县署自不敢怠慢，在刘大鹏的推荐下，新任知事查基厚很快颁给杨倬等六人经理委任状，六人"慷慨任事，监督工程"。八月初，修补钟鼓楼、对越坊、石塘栏杆，挑浚鱼沼，重修玉带河等多项工程同时展开。刘大鹏对杨倬等六位经理"同心臂助"也很是满意，认为其"办理工程十分得利，毋庸鹏多费心力"。至于经费一事，则"款储钱店，随用随取。商会人员轮流管账，分为五班，每班两家，五日一班，周而复始，出入款项，一锱一铢，

---

① 《黄旅长委任修祠》，刘大鹏：《晋祠志》（下），第1138页。

必有着落，勿涉含糊"。① 之后，黄国樑又将募集到的 1200 元大洋陆续送来，工程进展颇为顺利。1917 年秋八月，由刘大鹏亲自主持的第二阶段工程全部完工，刊碑刻字，大功告成。

此次修缮，凡晋祠之大多数祠宇如圣母殿、水母楼、苗裔堂、吕祖阁、灵光殿、昊天神祠、献殿、胜瀛楼、景清门、难老泉亭、善利泉亭、白鹤亭、水镜台、会仙桥、碧兰桥、八角池、飞梁、唐叔虞祠、公输之祠、对越坊、钟鼓楼、莲花台、清华池塘、贞观宝翰亭、挂雪桥等均行重修，焕然一新。又新建有石梯口洞、真趣亭及多处栏杆。此为自北齐以来，晋祠最大的一次修缮工程。

事情尚未完结，再生一波。就在完工刊碑之际，牛玉鉴、张永寿、杜桓等或因碑石未勒其名，竟向商会验看账簿，勒索布施，商会不允，三人乃号召初次经理多人无理取闹，散布刘大鹏侵吞巨款之谣言，并由前次经理十三人将刘大鹏控告到县。刘大鹏此次愤怒至极，他致书新任知事请求核查，并报告黄国樑说明此事，在《并州日报》连续三日登报声明工竣，俾众周知。又激愤地写下《致牛、张、杜三人书》《讨庙贼檄》《冬至日告晋祠文》《请官派员查账书》《充修晋祠两次经理之十二诬》等诗文，抒发内心之愤懑。第二次经理修祠之杨倬等六人"不任其蹂躏"，呈词揭露牛玉鉴等人挥霍布施、借端侵渔、百计营谋、污蔑诬控之情事，要求县长"开庭质讯"。② 晋祠商会晋泉源等号亦呈词声明原委，并缮具清单，呈请县长"开庭讯究"。③ 时任太原县知事任丽田恐究出真情，推诿"汇案送省"，刘大鹏一面写好申诉词，一面上书山西督军阎锡山，请他派员清查经费。④ 刘大鹏所递申诉词留在省政府"久未发表"，此案亦不了了之。

其实，刘大鹏主持第二阶段修祠工程可谓呕心沥血，纯尽义务，他在工程结束之际报告黄国樑的信中坦然地讲道："未有一钱之私弊，皆为切实

---

① 《报告开工书》，刘大鹏：《晋祠志》（下），第 1139 页。
② 《经理修祠工程人等呈词》，刘大鹏：《晋祠志》（下），第 1177~1178 页。
③ 《晋祠商会等号呈词》，刘大鹏：《晋祠志》（下），第 1178~1179 页。
④ 《呈请督军委员清查经费书》，刘大鹏：《晋祠志》（下），第 1173~1174 页。

之工程。可以对天地，可以质鬼神，且可以仰慰我公之苦心耳。"① 至于牛玉鉴等人的诬告，他是心中有底的，只是情难隐忍，不堪侮辱，所谓"虽被群小诬陷，抑亦无伤也"。1917 年秋，工程告竣，刘大鹏挥毫赋诗曰：

> 秋光告去又天寒，二次工程始办完。
> 账簿收支都结束，大公无我寸心安。
> 几经挫折几经磨，才把祠工结束过。
> 款项针针都对线，其如群小妄攻何？

四　最后的牵挂

　　1937 年 7 月，卢沟桥事变爆发，此时刘大鹏已年过八十。日军侵占平津，进而进攻山西的消息从四面八方不断传到赤桥村，阎锡山下令省城一切人员搬移出城，散向各处避免日军飞机轰炸。一时间，从省城搬到郊区晋水流域的各色人等找房赁舍，纷纷扰扰，人心惶惶。八月中旬，日本飞机轰炸太原城，仅距 50 里的赤桥村民几乎每天都能看到飞机在屋顶嗡嗡而过，村西的汽车路上，自太原城逃出来的男女老少一路向南，络绎不绝，刘大鹏目睹，"未免生怜悯之心"。② 省城军事吃紧，县城也陷入混乱，人们纷纷图谋出城避乱。刘大鹏十分担心，他在县城求签占卦，求问日军是否骚扰本县，占卦即毕，即有飞机投掷炸弹，城中房屋全行震动，人人畏惧。③

　　战事很快波及赤桥。溃兵四处乱窜，人们乱哄哄地离家逃往西山，刘大鹏家被溃兵骚扰三次，全家大小十余口多到西山明仙峪避乱，家中只有他和早已疯癫的次子刘瑄留守，家人邻人都劝他入山避乱，他则以为"瑄

---

① 《报告工程结束书》，刘大鹏：《晋祠志》（下），第 1168 页。
② 刘大鹏：《退想斋日记》（稿本），1937 年七月十七日，山西省图书馆藏。
③ 刘大鹏：《退想斋日记》（稿本），1937 年九月廿九日，山西省图书馆藏。

病神经，心本茫昧，不晓世乱。我已年老，昏聩糊涂，自不畏死，亦惟听天由命而已，又何尝有希冀他念乎？"① 一直拒绝入山。11 月 8 日（十月初六），太原失陷。十二月初，刘大鹏到晋祠，已见祠内有日军运输车马数十辆在喂饮骡马，② 晋祠三堡多处有日军驻扎。日军在晋祠一带四处骚扰，不是到西山攻击八路军，就是到各村烧杀劫掠、奸淫妇女。晋祠南门外西南一高处野地有日军专门杀人的地方，水镜台之东成了专门操练的场地，人们痛恨日军之暴行，甚有童谣传遍四处："日本鬼子快快走，尚留娘子关一口。若仍在晋乱横行，决定死在红军手。"③

刘大鹏以年老八十身处乱世而成亡国奴，但他并不甘心为亡国奴，他不仅惦念着散在西山和各处避乱的家人，也惦念着晋祠在日军侵入后的情况。他经常会到晋祠三堡友人家中或到晋祠汽车站打探消息，只要晋祠大门不关，他都会进去看视浏览，或向住持僧人询问有关情况。1938 年十一月初二下午，他到晋祠，见有两棵柳树被伐，遂上朝阳洞向祠僧询问，得知晋祠村公所伐树用于日军烧火而渔利，刘大鹏认为此"妄为之至"。④

1939 年八月初八，日军竟召集全县各村在晋祠召开骡马大会，全县五区招来许多肥壮骡马在水镜台周围聚集，骡嘶马叫，乱作一团，而第三区送来的骡马最少，且肥壮者寥寥，刘大鹏称赞"第三区之各村长见解高超，令人钦佩"。第二天，日军又令赤桥村起夫到晋祠打扫会场垃圾，刘大鹏认为这些都是"日军扰害所致，人皆怨恨日军"。⑤

1940 年九月底开始，日军因防备八路军自西山出动游击，逼迫各村起夫将汽车路两旁 500 米内的树木全部砍伐，晋祠镇民家商户都要各出一夫，赤桥村也须出夫若干，赤桥村村长因主事不力竟被日军殴打一顿。刘大鹏

---

① 刘大鹏：《退想斋日记》（稿本），1937 年十月初四日、初十日，1938 年十月初四日，山西省图书馆藏。
② 刘大鹏：《退想斋日记》（稿本），1937 年十二月初八日，山西省图书馆藏。
③ 刘大鹏：《退想斋日记》（稿本），1938 年四月初一日，山西省图书馆藏。
④ 刘大鹏：《退想斋日记》（稿本），1938 年十一月初二日，山西省图书馆藏。
⑤ 刘大鹏：《退想斋日记》，第 548 页；刘大鹏：《退想斋日记》（稿本），1939 年八月初八日，山西省图书馆藏。

对此十分焦急，他害怕日军伐树伤及晋祠名胜，遂以其太原县保存名胜古迹古物委员会会长之名义，向晋祠日军宣抚班送一声明，阻止日军胡作非为。在他看来，"此事关系甚大，倘日人不准，则晋祠之名胜全毁矣，仰望苍天，恳其保存一大名胜之区"。① 第二天，他又无奈地以老迈之躯走上朝阳洞吕祖阁求签，期望神灵保存晋祠树木，不许日人损坏名胜之区。②

1941 年腊月二十四，天寒地冻。刘大鹏突然接到时任县长通知，要他到县城面见省里派来的专门委员，此时他因为年老多病不能步行到县，故坐平车而去，得知省建设厅派人专来调查了解晋水情形，日本人已觊觎晋水丰富的资源，他毫不迟疑地对委员讲道："日人若将晋水霸去，则数十村之人民不能活矣，求委员设法保护。"③ 此夜他没有回赤桥，而是住在县城长孙女家中。第二天下午，该县长及委员并各村村长到第一高等学校开会，一致要求不准破坏晋水旧例，不准日人掠夺晋水资源。④ 腊月二十六日，寒冷稍减，刘大鹏又到朝阳洞吕祖阁求签，拈香拜跪，希冀阻止日人霸占晋水。⑤ 腊月二十八日，年关逼近，寒冷益甚，刘大鹏又到晋祠劝各商家呈请本县，不准日人破坏晋水旧例。腊月二十九日、除夕，家家户户准备着过大年，老先生却走到附近的北大寺、长巷村游说各水磨递呈"请官判断，各水（磨）届应承遵办"。⑥ 笔端至此，不禁伤感！

1942 年，是刘大鹏在世的最后一年。年初，他多年未愈的浑身瘙痒之病加剧，咳嗽大发。太原县已改名晋泉县，日军为修筑炮台日日起夫，飞机乱窜，晋祠南门外日军又在杀人，他无事便习惯地登高望远，但见得黑霾充塞，宇宙黑暗，内心实在恐怕世乱又起残杀生命。⑦ 他头晕目眩但神志清醒地抱衾背诵《大学》《中庸》《孟子》篇章，期望早点结束战争，世人

---

① 刘大鹏：《退想斋日记》（稿本），1940 年九月廿九日、三十日，山西省图书馆藏。
② 刘大鹏：《退想斋日记》（稿本），1940 年十月初一日，山西省图书馆藏。
③ 刘大鹏：《退想斋日记》（稿本），1941 年十二月廿四日，山西省图书馆藏。
④ 刘大鹏：《退想斋日记》（稿本），1941 年十二月廿五日，山西省图书馆藏。
⑤ 刘大鹏：《退想斋日记》（稿本），1941 年十二月廿六日，山西省图书馆藏。
⑥ 刘大鹏：《退想斋日记》（稿本），1941 年十二月廿八日，山西省图书馆藏。
⑦ 刘大鹏：《退想斋日记》（稿本），1942 年三月十八日，山西省图书馆藏。

平安。数月以来，亢旱无雨，晋祠一带各村纷纷演剧酬神，祈求雨泽。当年五月十八日，刘大鹏过完 86 岁最后一个生日。六月十三日，最后一次赴县参加保存名胜古迹古物委员会会议，下旬仍到祖茔修堰耕作，"大致将损伤之处修补已遍，无一处不经手"。① 七月初四，最后一次赴晋祠赛会。10 天之后，他在昼夜淙淙滴滴的雨声中写完 52 年来的最后一篇日记。② 再 5 日，刘大鹏辞世于赤桥家中。

一枝一叶总关情。刘大鹏身为清代举人，却未做官入仕，他生于赤桥，葬于赤桥，情系晋祠，情深晋祠。舌耕之暇，纂修近百万言的《晋祠志》，为晋祠名胜保存了最为系统完整的文献；直面谣言中伤，主持修缮晋祠，为晋祠名胜古物的保护做出重要贡献；在外敌侵凌的情势下，据理力争，为保护晋祠的山水资源付出最后的心血。就此而论，我对刘大鹏先生抱以深深的敬意。

---

① 刘大鹏：《退想斋日记》（稿本），1943 年六月廿二日，山西省图书馆藏。
② 刘大鹏：《退想斋日记》，第 591 页。

庙宇与村庄：关帝庙在明清乡村
社会的性质与作用

——基于高平地区关帝庙现存碑文的探讨

郝平　杨波[*]

　　泽、潞、平、并是山西民间信仰分布的四个中心，其中晋东南泽潞地区的民间信仰最为丰富发达。[①] 在诸多神灵信仰中，关公崇拜最为普遍，尤其在高平地区，几乎"村村有关帝庙"。与"县县有文庙"是国家政治推动的结果不同，关帝庙基本上由民间村庄自发修建，这意味着关帝庙在基层乡村社会里具有广泛而深厚的民众基础。有村庄就有关帝庙，这也使得关帝庙成为探究传统中国乡村社会中庙宇与村庄内在联系的代表。本文以高平地区的关帝庙为例，通过对笔者多年田野调查搜集到的现存碑文的整理与解析，来探讨以关帝庙为代表的民间寺庙在明清以来的传统乡村社会中的性质与作用。

一　关帝庙在村庄中的空间位置

　　庙宇与村庄的内在联系受到庙宇在村庄中位置的重要影响，要理解庙

---

[*]　郝平，山西大学历史文化学院院长，教授，博士生导师，研究方向：中国近现代史、区域社会史、明清社会经济史；杨波，山西大学地方文献研究中心讲师，研究方向：明清社会经济史。

[①]　参见张俊峰、董春燕《明清时期山西民间信仰的地域分布与差异性分析》，《中国地方志》2006 年第 7 期。

宇在乡村社会中的性质与作用，首先要对关帝庙在村庄中的地理位置做出类型化的区分。高平地区现存 200 多个关帝庙，根据实地调查得到的统计结果，关帝庙在村中的位置可以分为四种类型。这种类型化的区分是理解关帝庙在村庄中的社会功能的基本前提。

（一）位于村庄地理中心的关帝庙

在高平现存 200 多个关帝庙中，有 50 多个位于村中心的位置，占总数的 1/4 左右，其中绝大多数具有村庄主庙或者大庙的地位。这种位于村庄中心的关帝庙可以明显分为两类。一类是创立较早的关帝庙，包括郭庄关王庙、迪阳关王庙、西李门关王庙、大山石堂会关帝庙、北岭关帝佛庙等。[①]这些关帝庙大多始建于晚明以前，庙宇规模较大，所在村庄基本上都较大。另一类位于村庄中心的关帝庙所在村庄较小，庙宇本身规模较小，始建时间也较晚，基本都是村中唯一成规模的庙宇。此类关帝庙包括庄上关帝庙、西南庄关帝庙、朵则关帝庙、下崖底关帝庙、沟头关帝庙、泮沟关帝庙等。[②]

（二）位于村庄四周的关帝庙

此类关帝庙共计 100 余个，方位上没有特殊的选择性，相对来说，南面略少，仅有十几个，其他东、西、北三个方向都是 30 个左右。这是因为奶奶庙在南面有明显的优势，大部分村中南面的庙都是奶奶庙，因此关帝庙相对偏少。大部分关帝庙不是位于村庄中心，这是因为高平地区的民间信仰历史悠久，宋元时期，诸如二仙庙、三嶕庙、汤王庙、炎帝庙和玉皇庙

---

① 郭庄关王庙位于今高平市建宁乡郭庄村，迪阳关王庙位于今高平市陈区镇迪阳村，西李门关王庙位于今高平市河西镇西李门村，大山石堂会关帝庙位于今高平市陈区镇大山行政村石堂会自然村，北岭关帝佛庙位于今高平市河西镇北岭村。称关王庙者均始建于万历年间关公封帝之前，最早的碑刻均称关王庙。

② 庄上关帝庙位于今高平市北诗镇庄上村，西南庄关帝庙位于今高平市南城办西南庄村，朵则关帝庙位于今高平市河西镇朵则村，下崖底关帝庙位于今高平市河西镇下崖底村，沟头关帝庙位于今高平市马村镇沟头村，泮沟关帝庙位于今高平市寺庄镇泮沟村。

等庙宇已经占据了村庄中心位置，村中大庙大多数是此类庙宇。明代中期以后才大量兴建的关帝庙很难占据中心位置。

（三）位于村庄边缘阁门上的关帝庙

高平地区的阁门一般位于村庄边缘，是进出村庄的标志性符号。位于阁门上的关帝庙是村庄边界的象征，目前，据统计，关帝阁共计有 30 多个。① 东、南、西、北四个方向没有特别的区别，东、西两个方向略多，共计 20 个左右。关帝有守护神的功能，因此具有村庄门户性质的阁门有很多是关帝阁。

（四）位于村外的关帝庙

位于村外山岗上或山沟中的关帝庙极为罕见，目前仅见两例。窑则头东掌关帝庙位于村北山岗上，村民俗称后庙，规模很小，仅为单殿庙宇，始建于嘉庆时期。寨上关帝庙位于村东山沟中的小河边，此庙有明确的求雨功能，其地理位置与求雨功能有关。②

对于传统中国社会来说，庙宇的方位具有极其重要的意义，常庄关帝魁星阁的碑文作者这样讲道："若夫庙宇妥神各有其位，如炎帝位南方，大王镇河务。关圣帝君，福神也。凡有血气者莫不尊亲，位宜街市丰隆处。"③碑文作者的概括是很有道理的。和泽潞地区兴起较早的宋元时期的庙宇不同，绝大部分关帝庙都位于村中。从这个角度来说，关帝庙从其兴盛时期开始，就和村庄社会、经济和文化等各项活动有密切关系。关帝庙与晚明乡村社会的人口增长、自生秩序的发展、经济和商业的繁荣等社会历史变迁有密切关系。

---

① 这个统计数字应该比实际数量少很多，因为目前有很多阁其实处在荒废状态，村民已经无法知道究竟是奉祀什么神灵了，因此，漏统计的比较多，实际数量应该不少于 50 个。

② 窑则头东掌关帝庙位于今高平市窑则头行政村东掌自然村，现存嘉庆创建脊枋题记。寨上关帝庙位于今高平市北诗镇寨上村。

③ 《建修春秋阁碑记》（光绪二年），现存于原村乡常庄关帝魁星阁，壁碑，尺寸为 152cm×50cm。

二 关帝庙在村社治理中的作用

在这些散布村中、保存完好的关帝庙中，除形象各异的神灵塑像外，更保留了数量可观的碑刻。高平各地关帝庙中的碑刻大致可分为两类：一类是和村社治理有关的碑刻，包括禁约碑和诉讼碑；另一类则是记载庙宇兴建工程的碑刻。将这些碑刻的内容和其所在关帝庙在村庄中的位置联系起来考察，对揭示关帝庙在乡村社会中的性质与作用有着重要意义。

（一） 关帝庙的禁碑

高平关帝庙中禁碑的情况参见表1中的整理。

表1 高平地区关帝庙中所见禁碑情况一览

序号	刊立时间	所在关帝庙	庙的位置	所禁事项
1	康熙四十二年	大山石堂会关帝庙	村中心	采石
2	乾隆三十年	河东关帝庙	村西	赌博
3	乾隆五十一年	郭庄关王庙	村中心	胥吏陋规
4	乾隆五十八年	郭庄关王庙	村中心	娼、赌、丐、邪教、酗酒、滋讼等
5	嘉庆二十二年	琚庄关帝阁	村东	碑文漫漶
6	嘉庆二十四年	西德义关帝庙	村中心	赌博
7	道光二年	邢村关帝庙	村西	偷窃田禾、牧羊咽桑
8	道光十二年	西南庄关帝庙	村中心	娼、赌、酗酒、打降、牛羊践踏坟墓
9	道光十四年	义庄村关帝庙	村中心	禁桑羊
10	道光十九年	北凹村关帝庙	村南	紫金山采石
11	道光二十一年	龙王沟关帝庙	村中心	窝娼聚赌、纵羊咬桑、丐匪恶讨
12	1932年	东沟村春秋阁	村北	开窑
13	无纪年	徐庄关帝庙	村中心	赌博、夏秋桑羊、六畜、乞丐

　　注：1. 本表依据对高平地区关帝庙历史文化遗存的实地调查绘制；2. 本表收录范围为高平地区关帝庙中现存的禁碑；3. 有关本表庙宇及其碑刻的具体内容可参见《高平历史文化遗存调查资料汇编》。

从时间上看，大部分关帝庙禁碑是从乾隆到道光时期刊立的。从刊立主体来看，大部分是县一级政府，但也有省一级的提刑按察使司（郭庄关王庙）或者村里大社。这些关帝庙绝大部分位于村庄中心，存在禁碑的关帝庙位于村中心的比例（62%）远远高于前述位于村中心的关帝庙整体的比例（25%）。下面首先来看一下几个现存禁碑但不在村中心的关帝庙的情况。

河东村的庙宇布局比较特别，村庄呈带状结构，村东是进入村中的村口，东西向沿道路分别有观音堂和圣观堂两个极小规模的庙宇，村中没有大型庙宇。村西有一个由一阁两庙组成的大型的庙宇集群，中间为西阁白衣阁，西阁南侧是财神庙，北侧就是关帝庙。可以说河东村的庙宇结构使得村庄的日常活动中心不是位于全村地理中心，而是位于村西这个庙宇集群处。河东关帝庙在缺乏村中心大庙的情况下，事实上就发挥着大庙的功能。东沟村的情况与河东村类似，东沟村是南北向带状结构的村庄，村中心没有大庙，只在村南村北各有一个阁，村北是春秋阁，村南是三教阁。村北的春秋阁事实上充当了东沟村的中心。

琚庄关帝阁是另一种情况，琚庄的这块禁碑实际上并不在关帝阁上，而是在关帝阁西侧的戏台旁边。琚庄关帝阁位于村东，正是进村的入口处，一过关帝阁就是一个戏台，这块禁碑就在戏台旁边。显然，这个位置其实就是村民出入村庄的必经之路，禁碑在这里能够起到最好的告示作用。从这种意义来看，关帝阁、戏台和禁碑都利用了这个优越的地理位置。

石末北凹村的情况比较特殊，这个庙共有两块碑刻，一块是重修紫金山上的庙宇的碑刻，另一块就是紫金山禁止采石的碑刻，两块碑刻都和紫金山有关系。而紫金山上的庙宇并不是北凹村独有的，碑文中明确说"今兹南、北凹，翁家庄三社，重修紫金山神宇"。[①] 紫金山位于北凹村西南方向，紫金山上的庙宇是南凹、北凹和翁家庄三个村共有的，从碑刻放在北凹关帝庙里来看，与紫金山有关的三社公共的议事活动应该就在北凹关帝庙里进行。

---

① 参见《紫金山三社重修记》（道光二十五年），现存于石末乡北凹村关帝庙。

紫金山的禁止采石显然和保护紫金山风水龙脉、植被树木有关，因此，这块禁碑位于北凹关帝庙也就顺理成章了。这个个案说明，关帝庙不仅可以作为一个村庄的中心，也可以作为几个村庄共同协商办公的地点。

邢村关帝庙的情况最为特殊，邢村有历史悠久的炎帝庙和二郎庙，两庙始建年代至少可以追溯到元朝。炎帝庙是村中大庙，其地位非常清晰。但是禁桑羊和禁偷窃的禁碑还是出现在了关帝庙之中，而碑文最后出现的甘霖社，追本溯源，应是一个求雨机构，这个机构很可能和炎帝庙有关系，即甘霖社是负责落实这块禁碑内容的机构。邢村的这种情况或许意味着邢村社庙功能已经开始出现一定分化，炎帝庙主要功能是祈雨（甘霖社）、治病（现存治病后的还愿碑）和行会（现存与鲁班有关碑）等方面，而关帝庙的主要功能则是村庄中社事等公共事务的议事、公示和调解等。

从以上分析可以看出，现存禁碑而没有位于村中心的关帝庙实际上有两种情况，一种是该村庄没有位于村中心的大庙，这种村庄一般都规模不大，人口不多，村社事务也没有那么复杂多样，位于村庄四周的关帝庙就在事实上作为村社主庙履行职能。另一种情况是关帝庙具有一定的特殊功能，如北凹村的三村会商社事之地，邢村的社庙功能分化。正因为如此，此类关帝庙中的禁碑内容也都比较单一。

和以上这些关帝庙有所不同的是，位于村中心的关帝庙内的禁碑内容往往更为繁杂，特别是一些大规模的村庄，禁碑内容非常复杂多样。大山石堂会关帝庙的禁碑内容和东沟村的类似，比较简单，仅仅是禁止采石，这个村也只是一个小自然村，隶属于大山村。西德义关帝庙和河东关帝庙类似，都是单一的禁赌碑，这个村规模也不大，仅有关帝庙这一个庙宇。郭庄关王庙的情况最为复杂，禁止内容非常多，而且还出现了由上一级的提刑按察使司发布的禁约，这是非常罕见的。西南庄、义庄、龙王沟和徐庄这几个村的禁碑是最常见的类型，在很多村庄中都有见到，其内容基本类似，多为针对当时村庄中普遍存在的社会问题。

总之，从关帝庙中现存禁碑来看，关帝庙在村社管理中的作用主要取决于其在村庄中的位置和地位，而和关公信仰本身基本没有太大关系。禁碑中所反映的往往是一个地区在特定时段内普遍存在的问题，具有规约、教化和公示的多重意义。禁碑所在关帝庙一般也就是商议、决定、调解和处罚与禁碑有关事项的地方。

（二）关帝庙中的规约碑

禁碑在某种意义上也具有规约碑的性质。二者的区别主要在于大多数禁碑只是表明禁止相关事项的要求，而缺少规约碑里那些相对比较详细的、具体可操作的规条。从规约碑比较详细的规条中，可以进一步看出关帝庙在村社治理中的作用。在西栗庄关帝庙中，1933 年的规约碑是最典型的例子，其规定的主要内容如下：

一条：本社向来维首共分八班，仍照旧例，上交下接输流周转，论何□不得改变。

二条：本社办公人员每逢公事，鸣金到社，勿得迟延，如有推抗不到，误公事者，公议处罚。

三条：本社起收款项限期五日，一律交齐，勿得延缓，如有届期不交纳者，公议处罚。

四条：本社办公火食烟茶一律免除，只准五月十三日及秋报时各食顿饭，如敢故违，公议处罚。

五条：本社看秋巡夫社首兼办，只准由社津贴大钱三十仟文，以作杂费，无论何班，不得改变。

六条：本社办公人员如有心意不合，假公报私，致涉讼端等情由，起诉人自行出费，不得由社起款。

七条：本社办公人员如有专拢舞弊等情，无论事实轻重、钱数多寡，皆按加倍处罚。

八条：本村各户人民如有争执情事，先得由社处理，如不服处者，准其自行起诉。

九条：本村各户如有愿养零羊之家，每户只准五只，每羊每只给社纳费三百文，补助社费。

十条：本社办公人员，除遵守新立规章以外，再有特别情形，由社召集村民开会公议解决。①

以上规条中有很多都隐含地提到关帝庙在规约具体执行过程中所起的作用。例如，第二条"本社办公人员每逢公事，鸣金到社，勿得迟延，如有推抗不到，误公事者，公议处罚"。碑刻立于关帝庙之中，显然，这里所说的"到社"其实就是到关帝庙，关帝庙成为村社实际的办公场所。传统村庄一般都在关帝庙这类的大庙中设有铜钟，看庙的住持敲钟就表示有公事，相关人员便需要到庙中议事。② 其他规条中也有类似情况，例如第三条和第九条中涉及的缴纳社费，第八条涉及的调解纠纷，第十条涉及的召开村民会议等，都在关帝庙中进行。因此，关帝庙绝不仅仅是烧香、磕头和祭祀的地方，更是事实上的村社办公场所。其他规约碑中所述情况与西栗庄关帝庙类似，例如义庄关帝庙中有关于禁桑羊的、操作性很强的细节规定，其中有一条明确指出："一议栽桑以后，男妇幼童各自守分，不许乱采，并禁窃取秋夏田禾等物。违者，无论巡夫旁人，皆许扭庙鸣钟，待维社首分其情形轻重议罚，概不允另人讲情，违者议罚。"③ 这里所说的"扭庙鸣钟"的"庙"当然是指关帝庙。其他规条里也有提到关帝庙的，"境内四季不许在地内垃边打柴以及窃伐树株，违者，无论经谁查出，扭庙议罚"，"巡夫因循懈怠，维社首亲见，并不戒饬，明系徇情故纵，经旁人鸣钟指出，入庙议罚"，等等。由此可见，在规约具体的执行层面上，落实这些规约的具体地点就在关帝庙。这就是关帝庙所履行的社会管理职能。

（三）关帝庙中的诉讼碑

关帝庙中现存诉讼碑与关帝庙的关系有两种情况，一种是该诉讼案件

---

① 《整理社事节俭社费碑记》（1933 年），现存于三甲镇西栗庄关帝庙。
② 赵树理在书中对此过程有详细描述，见赵树理《李家庄的变迁》，人民文学出版社，1978，第 2 页。
③ 参见《大社永禁桑羊碑记》（道光十四年），现存于河西镇义庄关帝庙山门西侧墙壁。

直接和这个关帝庙有关。例如拥万关帝文昌阁涉及的诉讼案例，关帝文昌阁因为与周围民房地基太近引起争讼，这个案例的标的物实际上就是关帝文昌阁和紧挨着它所修建的民房。这是诉讼直接与关帝庙有关系的情况。另一种情况就不是如此，诉讼碑出现在其中和这个关帝庙在村庄中的功能有密切关系。寨上村与丹水村因为争井的归属权而发生诉讼，最后以立碑的方式解决，① 碑刻之所以立在关帝庙中绝不仅仅因为关帝庙距离争议标的物（古井）更近，更是因为关帝庙事实上起到了作为寨上村村庄社会治理中心的作用。寨上村是一个小的山区村庄，只有关帝庙和文昌阁两个庙宇。虽然关帝庙不在村中，而是在村外山沟里，但是诉讼碑只有立在关帝庙中才最为恰当。

诉讼碑有一个重要的特点，按理说对于诉讼结果，争议双方都应予保留。但事实上，一般只有获得比较满意结果的那方才会保留诉讼碑刻。东李门村的诉讼案件发生在村中东西两个小社之间，事情经过为：

> 今吾村东煞口有荒地一处，本为东社领土，内有松树，吾等意□伐卖济公。不料西社争端，讼及官厅。当经县长李先生派人调查□明树株系在东社□内，与西社无涉，断令东煞口荒地一处仍属东社领土，内中松树□□东社伐卖以济公□今以后此地无论生出何物，即土木金石止许东社经营，与西社无干涉。吾等谨遵县长明断，犹恐日久无凭。故将此事勒石以为永记耳。②

东李门这个村庄呈东西向带状结构，目前有东西向沿主路分布的三个庙宇。关帝庙位于最东边，是东社这个小社的社庙。这个诉讼案发生在东西两社之间，东社对结果显然更加满意，因此诉讼碑出现在了东社。从这个案例可以看出诉讼碑和禁约碑的不同，禁约碑的对象是全村的所有人，

---

① 参见《道光二十七年井碑记》（道光二十七年），现存于北诗镇寨上村关帝庙山门廊下。
② 《关帝庙东大社遵官谕断碑记》（1915 年），现存于河西镇东李门关帝庙。

要向所有人进行公示、教化和警示，但是诉讼碑往往只是和特定的一个群体有关系，即发生争议的群体。因此，拥万诉讼碑立在作为诉讼标的物之一的关帝文昌阁中，东李门诉讼碑立在获得好处的东社的社庙关帝庙之中。

（四）其他社会功能

上述反映在禁约碑和诉讼碑里的关于村庄治理的内容主要涉及村庄中存在的一些问题、争议、矛盾和纠纷等方面。村庄治理还有另一重要方面，那就是村庄建设。公共建设方面的内容主要指一些公益性活动，关帝庙在其中也起到了突出作用。

种树是重要的公益活动，关于这一类活动的碑刻不少，如成家山关帝庙碑文记载：

> 古者立坛建庙，皆有所树，故夏后氏以松，殷人以柏，周人以栗，孔明庙前有古柏。我朝国学有古槐，皆所以补风气壮观瞻，使游览者得以休息于其下。余村关帝庙北形势不齐，亦宜种树补其所缺。幸有成姓印①湖程印霖元者，村中之善士也。愿将其地施及社中，于是，树之以木，茂盛扶疏，虽非徂来之松，新甫之柏，亦足以悦目而赏心，是为志。②

对于村社来说，种树的首要意义在于木材是村社的重要财产，这些木材可以卖钱，能够解决村社的资金问题，其次则是成家山碑文中所说的风水方面的原因，最后才是接近于美化景观意义上的"壮观瞻"之类。修墙铺路也属于村庄中重要的公益活动，有碑记载："兹村帝君庙历有年所而明禋之礼兼欲求备，奈赀财不裕，终贻临渴掘井之议，信士皇甫加宝等倡议

---

① 此印字比正文字号略小，下一个印字相同。当为刻姓即字的印之处，但并未刻印，只写印字。

② 参见《关帝庙种树施地碑记》（咸丰十一年），现存于米山镇成家山村关帝庙山门西侧。

捐资储为祭享之费目，乾隆元年捐银六十二两五钱，积至乾隆三十六年，约计千有余金，除补修建墙，买地铺路，盘罩桌椅之外，尚有二百金焉，以是金而修明裡祀庙貌且永垂不朽矣。"① 南庄村的关帝会其实是为了解决关帝庙日常祭祀经费的问题而成立的，但它也进行修墙、铺路等活动，这就是关帝庙或者关帝会所承担的村庄公益活动的职能。

三　关帝庙与村际关系

关帝庙碑文所反映出来的村庄之间的关系包括两个方面，第一个方面是村庄之间互帮互助的良性关系，主要体现在村庄修建关帝庙时，发起、组织和捐款的情况。第二个方面是村庄之间的矛盾和纠纷等不良关系，主要体现在关帝庙中的诉讼碑刻上。

（一）村庄之间的良性关系

关帝庙的发起者和组织者绝大部分是本村人，但是也有不少外村人，这反映出了村庄之间的关系。万历时创修的上沙壁关王庙的发起人、组织者和主要捐资者都是"双桂坊维那头"。② 双桂坊是县城中的坊，距离上沙壁村是比较远的。捐款名单里有不少双桂坊和米山镇的人，可见在这次创修关帝庙的过程中，外村人其实也发挥了重要作用。除创修外，重修也有这种情况出现。"适有在城招贤坊王府典膳邢永濯，念神功之大，悯庙貌之倾，乃谋诸本里善人史公卒、司聪、司鸿章辈，及本村社众。"③ 从这些内容看，在大部分情况下，关王庙都是由高平县城里的人发起修建的。这一类的例子还有不少，圪塔关王庙的增修、徘南关王阁的创修，都是外村人发起的。

县城里的人为什么会到距离那么远的村中去创建或者重修关帝庙？张

① 参见《关帝会敬神乐输碑记》（乾隆三十六年），现存于河西镇南庄关帝庙。
② 参见《新修关王庙记》（万历三十六年），现存于北诗镇寨上沙壁村关王庙内。
③ 参见《重修关王庙记》（嘉靖五年），现存于河西镇西里门关王庙殿内东墙之上。

家村二郎关王庙的个案提供了一种可能的原因："建宁中里张家庄旧有二郎关王庙二楹，岁久墙壁颓圮，仪像剥坏，非所以妥神灵也。王君允诚因治庄于此，一见恻然，遂鸠工敛材，卜日营造，再月余丹垩辉煌，焕然一新，直是以享祀神明，昭布诚信也。则神之御灾捍患，保佑一乡之民者，宁有既乎？"[①] 这里的王允诚不是张家村人，而是城东厢人。"纠首在城东厢王允诚，男王时春、王时夏、王时冬、王时贞"，这次重修的发起者、组织者和主要出资者全部来自城里的王允诚及其家庭。而王允诚之所以会到张家村来重修二郎关王庙，是因为他在这里治庄。

外村在本村关帝庙修建中占据主导地位的情况主要发生在晚明时期，有鲜明的时代特点。上述案例全部都是这一时期，说明晚明关帝庙建设高潮的出现，与关公信仰的广泛传播密不可分。最早创建的关帝庙确实是从一些有关帝庙的地方被带入其他村庄之中的，这种情况在清代很少见。研究社会史的学者常常讨论村庄和庙宇的封闭性问题，这里也有类似的问题存在。关帝庙作为村庄中的庙宇，和其他村的关帝庙也存在某种超越村庄范围的密切联系。不少关帝庙在修建过程中，有其他村庄的关帝会进行捐款。如"鲁村镇关帝会"给朵则的关帝庙捐款，[②] 鲁村位于今泽州县，距离朵则不算很远，但是也有一定距离。再如1922年郭庄重修关王庙时，"建宁关圣会"也有捐款。[③] 问题是这种捐款不只发生在关帝会之间，其他各种神灵的会也给关帝庙捐款，这实际上体现的是村庄之间的交流，而不是关帝庙之间的交流。大社之间相互捐款资助对方修建关帝庙的情况就更多了，王寺西王寺关帝庙创修时，有大量周围村庄大社的捐款，大山石堂会在民国时期重修时，也有不少其他村庄大社的捐款。这些都表明关帝庙碑文所体现的是村庄与村庄之间的关系，很难看到有因为关公信仰本身而发生的村庄之间的关系。

---

① 参见《重修二郎关王庙记》（万历十二年），现存于建宁乡张家村二郎关王庙。
② 参见《补修关帝庙兼创歌舞楼碑记》（同治十一年），现存于河西镇朵则村关帝庙。
③ 参见《补修各庙碑记》（1922年），现存于建宁乡郭庄关王庙。

（二）村庄之间的矛盾与纠纷

村庄之间除了有相互帮助的良性互动关系之外，也会发生矛盾和纠纷，最终酿成诉讼案。诉讼碑集中反映了此类情况，前面提到的寨上村与丹水村就是典型个案，起因是争夺古井的所有权。类似的例子也发生在下崖底村，争夺的并非古井所有权，而是井水的使用权。

> 凤台之南沟村①有井四眼，高平之东庄村无井，有三坑，因吃水争讼，在南沟村不得为直。孟子云："昏暮叩人之门户求水火，无弗与者，至足矣。"积蓄之水尚且与人，何况在井者乎？如必阻其吃水则天下行路之人汲水以济渴者俱可以阻之矣。何古今天下不闻有是事也？应同两村庄彼此通融，井水坑水任凭汲取，不得再行争竞，各具遵结可也。②

碑文中所说的东庄村是下崖底村的一个自然村，下崖底位于高平南界与泽州县交界的地方，发生争议的双方是高平的下崖底东庄村和凤台（今泽州县）的南沟村。下崖底东庄村仅有坑水，遇到天旱就会吃水困难，于是去南沟村取水，因此发生争议。最后的判决是有利于下崖底东庄的。以上两个案例虽然一个争夺物权，另一个争夺使用权，其实都和争水有关系。同样的争水诉讼也发生在1926年野川的沟村：

> 高平县知事陈，为公布毕案。据毕、许两沟村因水池纠葛，屡次兴讼。本知事为息讼起见，委令该里村长高登瀛前后两□会同妥议办法，呈县核夺去后。□据该村长呈称：奉令前往毕、许两村，会同村副、闾长暨□两村教员□同妥议办法数条，请核前来。查所拟办法各

① 今庙南沟村，属泽州县大阳镇。
② 无题名（嘉庆六年），现存于河西镇下崖底村关帝庙。

条，虽属平允，尚欠周妥。本知事业将各□□□□改，合亟开列于后公布，两村人民一体遵照勿违。切切此布。

计开办法四条：

1. 池属共有。公掏公汲，岸上修筑、植树均归许家沟村管理。

2. 毕家沟村□水走路仍照旧规，许家沟村不得拦阻。

3. 向来挖池按两村人口拨工，永远遵守。

4. 拨河工价一项，许家沟村担负十分之七，毕家沟村担负十分之三，不得变更。①

碑文中提到的许家沟和毕家沟两个村虽然全部都是沟村的自然村，距离很近，本身却相对独立。最后的判决实际上充分照顾到了两个村各自的利益，但是对其中各种复杂的情形则进行了细致的规定。类似的村庄之间的矛盾不一定要通过诉讼的形式来解决，也可以通过协商来解决。三甲响水坡村关帝庙有一块合同碑，实际上是关于两村协商敬神费用的碑刻："响水坡遵□□□□□路家山以田分摊费知□□□各村自备，事完即清。响水坡不预报路家山钱文，路家山不预报响水坡钱文。空口无凭，复有□□巧合。故立此约存照，后批。日后敬神以毕，一切神□□家居，响水坡以六分均分，路家山以四分均分。"② 和沟村的情况一样，两村共同分担了敬神的费用。虽然处理的事情不同，一个是修理水池花费，另一个是敬神花费；处理的方式不同，一个是诉讼，另一个是协商。但是处理的办法是一致的，都是分摊费用，这是妥善解决纠纷的最好办法。

余 论

在传统的民间信仰研究中，对神灵给予了重点关注。从现象来说，神

---

① 无题名（1926年），现存于野川镇沟村关帝庙。

② 无题名（咸丰八年），现存于三甲镇响水坡村关帝庙。

灵毫无疑问是庙宇中最为核心的要素，庙宇的一切活动都围绕其展开。民间信仰不像佛、道教那样有大量经典和复杂思想可供研究，只有少数比较重要的神灵有一些经典存在，其内容也非常简单平实，大多是善书、宝卷之类。民间信仰也同样缺乏详细记载，没有类似佛教《传灯录》这样的资料可供研究其发展历史，像《破邪详辩》①这样的少数官方留存史料也只能反映其历史片段而已。因此，可供研究的基本上就是碑文等民间史料中留下来的一些关于神灵形象和历史的零星记载。传统的民间信仰研究大多关注神灵，而神灵所赖以存在的社会经济背景和所处空间同样是民间信仰研究的重要内容，应当引起我们的关注。同理，关公文化的研究在关注关公神灵形象的同时，更应该关注关帝庙本身，以及村庄的社会、经济、文化和其他庙宇等方面的内容，了解它们之间的关系，这样，才能真正揭示关帝庙在村庄内部运行、组织管理、村庄建设、村际关系中所发挥的功能和作用。

同时，村庄与关帝庙之间的关系又是关帝庙研究中的核心内容。首先，应当将关帝庙放入村庄的时空中来考察，通过观察关帝庙在村中的位置，考察其位置的差异如何影响关帝庙在村庄信仰中的地位，并对其进行类型化区分；其次，要将关帝庙放入村庄的整个发展历程中来考察，分析在村庄起步阶段和成熟阶段建立的关帝庙对村庄的作用有何不同。②通过对关帝庙中村社治理和兴建工程这两类碑文的初步考察可知：以关帝庙为代表的庙宇事象，在明清中国传统乡村社会中，除了是信仰活动空间之外，还是村社组织的具体活动空间，其作用不仅是村社内部治理的核心，还是加强外部联系的重要枢纽。也正是民间庙宇在处理传统社会内外各种复杂关系方面的性质与作用，使其成为明清地方社会系统中历久弥新、长盛不衰的要素。

---

① 黄育楩著，泽田瑞穗校注《校注破邪详辩》，道教刊行会。
② 关于关帝庙在村庄发展历程中的地位和作用，由于篇幅所限，本文未能提及，具体内容详见郝平、杨波《超越信仰：明清高平关帝庙现象与晋东南乡村社会》，商务印书馆，2019。

◎ 燕赵文化研究

家国天下：燕赵地域法律文化之国家角色转换

贾文龙[*]

黑格尔认为人类历史的真正舞台在温带，而且是北温带；汤因比认为文明的起源与增长遵循"挑战与应战"的模式；1904 年，英国地理学家麦金德在《历史的地理枢纽》一书中称："中国北部的蒙古大草原，苏联的亚洲部分南部以及东欧一带，是所谓世界的地理枢纽。"[①] 古代河北地区不仅位于中国的北温带，而且紧邻世界的地理枢纽，联结着汉族传统居住区和少数民族传统居住区：它的北面有燕山山脉和万里长城，西部是太行山脉，东边濒临渤海，中部为沃野千里的华北平原，南部为黄河天堑。既是重要的经济区，又控扼着少数民族入主中原的重要通道，因此古人评价河北尤其是北京在地理上有"挈裘之势"，[②] 统治河北就能君临中国，就像提着领子就能提起整件衣服一样。同时，河北地区是中国农业文明与游牧文明的交会点，是中华民族"挑战与应战"最为重要的历史舞台之一。古代河北在战国时期已形成具有特色的地域文化圈，时称燕赵地区，并成为后世河北的代名词。燕赵文化圈在元代尤其在近代以后，逐渐分成北京、天津、河北三部，而随着北京、天津各自形成独具特色的地域文化，燕赵和河北

---

[*] 贾文龙，河北大学宋史研究中心副研究员、历史学博士，研究方向：中国法律史、宋史。
[①] 哈·麦金德：《历史的地理枢纽》，林尔蔚等译，商务印书馆，1985，第 60 页。
[②] 华湛恩：《天下形势考》，王锡祺辑《小方壶斋舆地丛钞》，西泠印社，2004。

两个概念都缩小了，都指向今天的河北地区。随着北京成为中国封建社会后期的王朝都城，华北地域不仅见证了各个封建王朝的兴亡，还是近代中华民族抵抗外辱的主要战场。

法律文化作为一种观念，是法律意识中智慧、知识、经验等的文化结晶。法律文化不仅仅是文本著作，还可以是民风习俗。按创造主体的不同，法律文化可分为两类，一是集体创造的文化载体，二是个体创造的文化载体。集体创造的文化载体通常有两种形式：一是作为风俗或存在于民众集体潜意识中的思维习惯，这对地域文化的考察无疑更有意义。二是多人编修的法律典籍。中国古代没有独立的法学学科，而中国古代司法与行政不分的传统又使其作者具有多重的社会角色，这就使个体创造的文化载体形式多种、内容多面，包括律学研究、法律典籍、政书奏疏、公案文学、劝俗文学、家训宗规、官箴警句等。

燕赵地域在中国历史中处于特殊地位，而法律作为统治阶级意志的体现，使得燕赵地域与中国法治进程必然会相互深刻影响。关于河北的法律文化的专论，目前只有王岸茂先生《河北古代清官廉吏》、① 郭东旭先生《燕赵法文化研究（古代版）》② 两书，都以史事考索基础上的叙述为主，都注重从历史中寻找借鉴。在与河北古代法律文化相关的其他文章中，个别人物的法律思想已有个案研究，笔者有幸参与了王岸茂、郭东旭两位先生的项目，承担了其中的部分章节，认为当前关于河北古代法律文化的总体论述知识铺陈有余而理论启示不足，历史描述有余而历史评论不足，因而有进一步讨论的余地。

目前学术界认为燕赵文化具有特征平淡化趋向：

> 燕赵文化在战国时期形成并成熟，在北朝时期由于地方士族制度的盛行而使其在政治上得到最充分的发展，在盛唐时期则有农业经济

---

① 王岸茂主编《河北古代清官廉吏》，中国文史出版社，2004。
② 郭东旭：《燕赵法文化研究（古代版）》，河北大学出版社，2009。

达到鼎盛。但是到了宋元明清时期，燕赵文化所独具的若干明显特征就日渐趋向于平淡。①

笔者不同意这个观点，而是认为燕赵地域与中国国家传统法治关系密切，在中华法治文明发展中，燕赵地域从"自行发展"的国家角色转变为"使命实施"的国家角色，燕赵文化因而发生了从"被纳入"到"被赋予"的地位转型，燕赵地域文化从军事文化向政法文化的转变正是其中最主要的层面。因此河北法律文化从古代到近代的演变，还有深层次总结的需要与空间。

一　从悲歌慷慨到一统入法：燕赵地域从边地文化向郡县文化的转变

河北古代地域文化自战国起就具有两元性，这是目前学术界比较一致的看法。李学勤先生在《东周与秦代文明》一书中，将东周时代列国划分为七个文化圈，其中中原文化圈"以周为中心，北到晋国南部，南到郑国、卫国，也就是战国时期周和三晋（不包括赵国北部）一带"。北方文化圈"包括赵国北部、中山国、燕国以及更北的方国部族"。② 根据这样的划分，赵国的南部和北部分别属于中原和北方两个文化圈。孙继民先生首先提出河北古代文化具有两元性，认为"赵文化是平原文化与高原文化、内地文化和边地文化、农耕文化与畜牧文化、华夏文化与胡族文化的二重构成"，提出赵文化是一种典型的多元文化，这是它区别于当时各诸侯国的一个显著特点。③ 王子今先生认为："赵地在北方文化区与齐鲁文化区、中原文化区之间，形成一个文化过渡区。一急一缓，一武一文，一勇悍一谦谨，双

---

① 张京华：《燕赵文化》，辽宁教育出版社，1995，第79~80页。
② 李学勤：《东周与秦代文明》，文物出版社，1984，第11页。
③ 孙继民、郝良真：《试论战国赵文化构成的二重性》，《河北学刊》1988年第2期。

方在这里冲突，在这里融汇。"①

　　河北古代地域文化以"慷慨悲歌"为最大特色，这一点是古今仁人志士的共同看法。李白言："邹鲁多鸿儒，燕赵饶壮士。盖风土之然乎。"② 韩愈说："燕赵古称多感慨悲歌之士。"③ 苏轼说："幽燕之地，自古号多雄杰，名于图史者，往往而是。"④ 王恽说："燕赵自昔多豪迈慷慨之士，虽时移俗易，不复于古，而海山沉雄，通贯斗极，钟灵孕秀，间亦见其人焉。"⑤ 正是历代文人的广泛宣传，使之成为燕赵文化特色的象征并成为世人普遍的共识。"可知自从战国末年以后，'慷慨悲歌'确实已成为燕赵之地所专有，直到清初延续二千年而不改的独特文化风格，成为燕赵文化的独特标志和主要特征，古往今来一向受到人们的仰慕，被天下有志之士视为典范。"⑥

　　现在很多学者认为司马迁说过"燕赵自古多悲歌慷慨之士"的话，⑦ 但考之于诸史，《史记》《汉书》中所记的"悲歌慷慨"之风却不尽同于后世所理解的"慷慨悲歌"之风。对"慷慨悲歌"典故的缘起进行历史考察，可以发现这个典故以法律文化总结为视角：

　　　　中山地薄人众，犹有沙丘纣淫地余民，民俗懁急，仰机利而食。丈夫相聚游戏，悲歌慷慨，起则相随椎剽，休则掘冢作巧奸冶。⑧

　　　　赵、中山地薄人众，犹有沙丘纣淫乱余民。丈夫相聚游戏，悲歌慷慨，起则椎剽掘冢，作奸巧，多弄物，为倡优。女子弹弦跕屣，游媚富贵，遍诸侯之后宫。

　　　　邯郸北通燕、涿，南有郑、卫，漳、河之间一都会也。其土广俗

① 王子今：《秦汉区域文化研究》，四川人民出版社，1998，第69页。
② 《李太白全集》卷27《春于姑孰送赵四流炎方序》，中华书局，1977，第1265页。
③ 马其昶校注，马茂元整理《韩昌黎文集校注》卷4《送董邵南游河北序》，上海古籍出版社，1986，第247页。
④ 《苏轼文集》卷9《策断三》，中华书局，1986，第288页。
⑤ 王恽：《总管范君和林远行图诗序》，《全元文》第6册，凤凰出版社，1998，第194页。
⑥ 张京华：《燕赵文化》，第258页。
⑦ 和文军：《人文地理与中华伟人》，天津人民出版社，1998，第134页。
⑧ 《史记》卷129《货殖列传》，中华书局，1959，第3263页。

杂，大率精急，高气势，轻为奸。①

中山等地地薄水寒，承商朝亡国之乱，地接匈奴之坑壤，所唱悲歌既有胡族文化成分，也有纣朝余民亡国之恨的抒发，所以可以说是苦寒的边地文化。赵国通过"胡服骑射"的军事改革，提倡"尚剑"与"养士"之风，成为北方的头等军事强国，也形成了尚武任侠、重信守义的社会风气。在秦灭六国战争中，"徇名之士，豪举之徒，发愤以刷国耻，结盟以复私怨，感慨归死，终然不夺"。② 高渐离燕市击筑、荆轲刺秦王等燕赵人物故事成为结私交而四处流动的游侠文化的代表。

战国后期的历史促使燕赵文化基本特点逐渐融合。一是来自燕赵两地合成后的"慷慨悲歌"文化传统，二是来自赵国文化的特点："一为勇武任侠，二是放荡冶游。"③ 这些共同组成了燕赵文化最初的三个文化因素，"悲歌慷慨"与"起则相随椎剽，休则掘冢作巧奸冶"相连，"儒以文乱法，而侠以武犯禁"，④ "放荡冶游"则为不事生产，三者都是违法犯禁之举，但实际上为燕赵法律文化传统最初的组成部分。

秦自公元前229年灭赵、公元前222年灭燕之后，推行郡县制，设立右北平、广阳、渔阳、上谷、代、恒山、邯郸、辽西等郡。但因秦朝暴政，公元前209年，陈胜、吴广在去渔阳戍守的路上揭竿而起。项羽灭秦后，在各地封王，未被封王的陈余于赵地率先起兵，会同齐地田荣发起割据战争。后陈余为韩信背水为阵击败。刘邦先后封臧荼、卢绾为燕王，后皆反叛，后于赵地分封其兄刘喜及其子如意为代王，代相陈豨反叛。汉文帝之时，赵王刘遂参与七国之乱，燕王刘旦作乱。⑤

秦汉时期，因燕赵地域远离当时的政治中心关中，而当时的兼并战争多

---

① 《汉书》卷28下《地理志》，中华书局，1962，第1655~1656页。
② 《册府元龟》卷848《总录部·任侠》，中华书局，1989，第3230页。
③ 张京华：《燕赵文化》，第239页。
④ 《史记》卷124《游侠列传》，第3181页。
⑤ 贾文龙：《燕赵腹里：中国政治地理单元体系中雄安地区之定位变动》，《河北大学学报》（哲学社会科学版）2017年第3期，第113页。

不具有正义性，因而呈现出很强的和中央离心的倾向。在意识形态方面，燕赵地域也是如此，邯郸扼南北东西交通之要冲，是战国时代著名的学术思想自由表演的舞台，儒、法、名、兵、纵横各家学说都可宣扬各自的政治主张。

到西汉中期，王国问题已经基本解决，但反思历史，就必须提出地方与中央关系的新的治理思路。秦代郡县制实施时间很短而没有成功，汉初的郡国体制也是动乱不断。确立地方与中央的新型关系，不仅是燕赵的问题，也是全国各个地方的普遍问题。当时的历史要求提出新的政治哲学，以代替秦代激进的法家学说和汉初消极的黄老之学。

董仲舒（前179~前104）是广川（今河北枣强）人，历经汉文帝、景帝、武帝三代，汉景帝时被封为博士，武帝时举贤良对策，曾经出相江都易王。董仲舒既有赵地文化背景，也曾经在地方任职，对当时迫切的政治问题当然会有所思考。董仲舒借用儒家春秋公羊学说阐发了自己"大一统"的政治理念。《公羊传》在开篇就提出了这一理论。《春秋·隐公元年》载："元年春，王正月。"《公羊传》曰："何言乎王正月，大一统也。""大一统"意为以一统为大，董仲舒又提出"天人感应"论进一步阐发说："王者必受命而后王，王者必改正朔，易服色，制礼乐，一统于天下。"[①] 表达了对高度统一的君主政治的向往。董仲舒在与武帝对策时也强调了这一点：

> 《春秋》大一统者，天地之常经，古今之通谊也。今师异道，人异论，百家殊方，指意不同，是以上亡以持一统；法制数变，下不知所守。[②]

与"《春秋》大一统"具有相同含义的说法还有"《春秋》王者无外"。所谓"王者无外"，就是强调天子的至高无上，实际上也就是"普天之下，莫非王土；率土之滨，莫非王臣"的另一种表述。由于"《春秋》大一统"理

---

① 董仲舒：《春秋繁露》卷7《三代改制质文》，上海古籍出版社，1989，第41页。
② 《汉书》卷56《董仲舒传》，第2523页。

论提出了针对西汉社会问题的切中时弊的解决方案，因而成为汉王朝加强皇权和中央集权的政治理论原则。燕赵文化中任侠使气、慷慨悲歌的侠文化与大一统的汉文化相背离，董仲舒提出"三纲五常"，又加以阴阳五行说：

> 阴者阳之合，妻者夫之合，子者父之合，臣者君之合……君臣父子夫妇之义，皆取诸阴阳之道。君为阳，臣为阴；父为阳，子为阴；夫为阳，妻为阴。①

这种"父尊子卑，君尊臣卑，夫尊妇卑"的说法强调了中原农耕文明重人伦教化、尚务实敦厚的世俗特点，从而使地方民风可以纳入"道之以德，齐之以礼"的理想政治格局。随着大一统政治理论的推行，燕赵地域法律文化开始从边地文化特征转变为郡县文化特征。《隋书》在记述冀州、幽州民风时概括道："信都、清河、河间、博陵、恒山、赵郡、武安、襄国，其俗颇同。人性多敦厚，务在农桑，好尚儒学，而伤于迟重。前代称冀、幽之士钝如椎，盖取此焉。俗重气侠，好结朋党，其相赴死生，亦出于仁义。"②

因为燕赵地方多靠近少数民族，又从郡县文化转向边郡文化。汉武帝时，"中国一统而北边未安"，③ 由此开始了持续三十多年的反击匈奴的斗争。魏晋南北朝时期，燕赵地域又经历了长期战乱，更使燕赵地域突出了边郡文化重武力的军事倾向，唐人曾说燕赵之民，与胡杂处，其性好勇。《太白阴经》中说："勇怯有性，强弱有地。秦人劲，晋人刚，吴人怯，蜀人懦，楚人轻，齐人多诈，越人浇薄，海岱之人壮，崆峒之人武，燕赵之人锐，凉陇之人勇，韩魏之人厚。"④ 《宋史·地理志》在概括河北风俗时说："人性质厚少文，多专经术，大率气勇尚义，号为强忮。土平而近边，

---

① 董仲舒：《春秋繁露》卷12《基义》，第73页。
② 《隋书》卷30《地理志中》，中华书局，1973，第859页。
③ 《汉书》卷6《武帝本纪》，第173页。
④ 李筌：《神机制敌太白阴经》卷1《人谋上·人无勇怯篇》，清道光守山阁丛书本。

习尚战斗。"① 沈括写道:"其人生而知有战斗攻掠之备,习闻而成风者已久而不可迁。虽当积安无事之日,其天性固以异于他俗。"②

后世对作为边郡文化的燕赵文化的优劣有一个弃贬扬褒的语义选择的过程。韩愈先提出"燕赵古称多感慨悲歌之士",宋人黄裳《安肃军建学记》作"燕国多悲歌感慨之士,遗风余俗,犹有存者"。③ 唐宋时期,"悲歌感慨"已经成为对燕赵人物的正面肯定。金人段克己《送李山人之燕》作"每遇杯酒间,辄击节悲歌,感慨泣下"。④ 元人刘因《七月九日往雄州》作"秋声浩荡动晴云,感慨悲歌气尚存";⑤《吊荆轲文》作"古称燕赵多感慨悲歌之士"。⑥ 元人郑玉《送汪德辅赴会试序》作"燕赵多悲歌感慨之士"。再如,明人黄佐《北京赋》作"固多彬彬文雅之士,而感慨悲歌者亦任侠而成群";⑦ 明人孙绪《清河县重修庙学记》作"清河古赵区,悲歌感慨之风宛然犹在";⑧ 等等。可见,"悲歌感慨"在经历后世文人学者的弃贬扬褒的论述后,才成为燕赵地域文化的典型风格叙事。

二　从王朝律令到臣子著述:燕赵地域作为农耕与游牧法律文化的融合舞台

河北古代法律名人,在集体和个体创造的法学文化著述方面都取得了丰硕成果,他们的著述极大地丰富了中华法律文化宝库。河北古代法律名

---

① 《宋史》卷86《地理志二》,中华书局,1977,第2130页。
② 沈括:《邢州尧山县令厅壁记》,《全宋文》卷1690,巴蜀书社,1991,第77册,第332页。
③ 黄裳:《安肃军建学记》,《全宋文》卷2264,第103册,第334页。
④ 康熙:《御定全金诗》卷56《送李山人之燕》,《景印文渊阁四库全书》第1445册,台北:台湾商务印书馆,1986,第726页。
⑤ 刘因:《静修集》卷15《七月九日往雄州》,《景印文渊阁四库全书》第1198册,第605页。
⑥ 刘因:《静修集》卷22《吊荆轲文》,《景印文渊阁四库全书》第1198册,第650页。
⑦ 康熙:《御定历代赋汇》卷36《北京赋》,《景印文渊阁四库全书》第1419册。
⑧ 孙绪:《沙溪集》卷4《清河县重修庙学记》,《景印文渊阁四库全书》第1264册,第528页。

人参与修订了中国古代多部法典：《魏律》《北魏律》《北齐律》《开皇律》《唐律》《显德刑统》《宋刑统》《大元通制》。其群体创作过程贯穿于中华法系的形成、成熟、转型各个时期。

三国曹魏时广平刘劭制定《魏律》，北魏时清河（今河北邢台清河）崔浩、渤海（今河北景县东）高允制定《神麚律》，后任县（今河北任县）游雅制定《正平律》，是北魏诸律中比较完备的《正始律》的基础。渤海高绰、高遵、封琳等修订的《太和律》，是北魏法律封建化过程中的关键法典。昌黎人孙绍参与修订《正始律》。后渤海封述等人又修订成《麟趾格》《北齐律》。

隋时，渤海高颎、赵郡（今河北赵县）李谔、安平（今河北安平县）李德林等人以《北齐律》为蓝本制定了《开皇律》。唐初，贝州（今河北清河）崔善为、衡水（今河北衡水）李桐客等人修成《武德律》；唐太宗时，房玄龄、长孙无忌与定州义丰张行成、渤海高季辅等人修成《贞观律》；唐高宗时，魏州李勣、定州张行成、渤海高季辅等人删定《贞观律》，制定《永徽律》及令格式，最终完成了中华法系的代表性法典《永徽律疏》，即后世所称的《唐律疏议》；唐玄宗时，邢州南和（今河北邢台南和）人宋璟完成了《开元律疏》《开元令》《开元后格》的编定，范阳（今河北涿州）张说亦参与了《唐六典》的编修。

五代后周时，宗城（今河北威县）范质、范阳（今河北涿州）剧可久等人编修《显德刑统》。宋初，蓟州渔阳窦仪修订《建隆重详定刑统》30卷，后称《宋刑统》。其后，饶阳王济又修订《开宝刑统》30卷。在北宋编敕活动中，真定获鹿贾昌朝编修了《律学武学敕式》2卷、《庆历编敕》12卷及《总例》1卷，此外大名宋白、盐山索湘、赵州要迪、恩州丁度、冀州田况、大名刘筠等对宋朝的法律建设也做出了重要贡献。

宋代中国文化重心南移后，河北古代法学在辽、金、元还出现了一个发展的高峰时期，辽朝的法制建设主要由幽州安次（今河北安次）韩延徽和冀州玉田（今河北玉田）韩德让指导进行。在金朝的法制封建化进程中，也是玉田韩氏后人韩企先及其子韩铎发挥推动作用，制定了金朝第一部成文法典《皇统制》；金章宗时，洺州董师中完成的《泰和律义》12 篇是金朝最完备的法典。

元时，洺水（今河北威县）刘肃、真定史天泽等制定了《新立条格》，后广平何荣祖制定《至元新格》《大德律令》，元英宗时，真定王约修订完成《大元通制》，是元朝比较完备的代表性法典。元朝之后，河北人只有王崇简和杨雍参与了清朝《大清会典》的修订，明清时期立法活动中河北人的身影是相当稀少的。[①]

河北在古代涌现出众多法律名人，他们参与修订了中国古代多部法典。今人总结燕赵文化说道："每当少数民族政权统治燕赵地区时，燕赵的学术与教育便会相应地产生若干新的成就。"[②] 古代河北地区作为中原农业文明与北方游牧文明的交会点，法学成就与中华民族的民族融合形势有很大的关联性，这不仅体现在魏晋时期，还体现在继宋代中国文化重心南移后，元代河北古代法学在法典编纂上出现了一个高峰时期。

河北古代法律名人的个体著述创作，颇具数量，亦多名著，极大地丰富了中华法律文化宝库，河北古代法学著述也贯穿了中华法系的儒家化、成熟、转型各个时期。在漫长的历史进程中，众多的历史古籍大多散佚了，现将河北古代法学文化著述列表如下（见表 1）。[③]

表 1　河北古代法学著述

朝代	人物	籍贯	法学著述	说明
西汉	董仲舒	河北广川（今河北景县广川镇），一说今河北枣强县人	《春秋决疑论》10 卷《公羊治狱》16 卷	经学著作
三国·魏	刘劭	广平邯郸（今河北广平）人	《法论》10 卷《律略论》5 卷	律学著作

---

① 参见郭东旭《燕赵法文化研究（古代版）》卷 2《法制建设篇》，第 109~196 页。

② 宁可主编《中华文化通志·地域文化典·燕赵文化志》，上海人民出版社，1998，第 192 页。

③ 河北省地方志编纂委员会编《河北省志·著述志》，中国对外翻译出版公司，1999。

朝代	人物	籍贯	法学著述	说明
晋	鲁胜	代郡（今河北蔚县）人	《刑》《名》2篇	律学著作
唐	魏徵	巨鹿下曲阳（今河北晋州）人，一说今馆陶人或巨鹿人	《谏太宗十思疏》等	奏疏体
唐	张鷟	深州陆泽（今河北深州）人	《龙筋凤髓判》	书判体著作
唐	崔锐	安平（今河北衡水安平）人	《崔锐判》	书判体著作
宋	宋敏求	赵州平棘（今河北赵县）人	《唐大诏令集》	法律典籍整理
宋	刘筠	大名（今河北大名东北）人	《刑法叙略》	律学著作
元	瞻思	真定（今河北正定）人	《审听要诀》《刑统一览》	刑侦审讯著作 法律典籍整理
元	苏天爵	真定（今河北正定）人	《滋溪文稿》奏疏部分	奏疏体
明	杨子风	无极（今河北无极）人	《刑曹平反》	司法审判著作
明	范景文	河间吴桥（今河北河间）人	《范文忠集》奏疏部分	奏疏体
清	崔维雅	新安（今河北保定）人	《明刑辑要》	律学著作
清	郑端	枣强（今河北枣强）人	《刑戒》	司法审判著作
清	桑开运	玉田（今河北玉田）人	《恤刑策略》	司法审判著作
清	姜顺龙	大名（今河北大名）人	《司臬疏稿》	司法审判著作
清	齐祖望	鸡泽（今河北鸡泽）人	《增补洗冤录》	刑侦审讯著作
清	崔述	大名（今河北大名）人	《无闻集·讼论》	法律思想
清	王应鲸	任丘（今河北任丘）人	《洗冤录集注》4卷	刑侦审讯著作
清	徐栋	安肃（今河北徐水）人	《牧令书》《保甲书》	政书体

从表1可以看出，燕赵古代法学方面的个人著述，从西汉至清，几乎涵盖了整个中国封建社会，考虑到战国中期慎到《慎子》、战国末期赵国荀况《荀子》对中华法系精神形成的深远影响，这个过程更显绵长。燕赵古代法学个体著述水平很高，除了在法典制定中已大量体现了法学创造能力之外，在魏、唐、宋三代还出现了名家名篇。三国魏人刘劭所著《法论》《律略论》已失传，现存《人物志》是中国古代人才学重要理论著作。唐朝张鷟

所著《龙筋凤髓判》，是关于唐代科举内容"身、言、书、判"中拟判录士的判例集。刘筠《刑法叙略》对宋朝以前各代司法机构及官员设置沿革做了系统、完整的介绍。燕赵法律文化传统与燕赵学术文化发展趋势一致，也是在少数民族政权统治燕赵地区时，燕赵产生了若干新的法学著述成就。

燕赵个人的法学著述在元、明、清则呈现衰落趋势，尽管数量尚可观，但缺少有深度、有影响力的著作。刘劭、张鸷、刘筠等人的著述，基本上都与司法系统的选官用人相关，显示燕赵地域在魏、唐、宋时作为地方政治中心，其所培育人才更多关注的是法官的选拔与任用。元代是古代燕赵法律文化由盛而衰的转折点。元、明、清，燕赵人士所著《审听要诀》《刑统一览》《刑曹平反》《明刑辑要》《刑戒》《恤刑策略》《司臬疏稿》《增补洗冤录》《无闻集·讼论》《洗冤录集注》《牧令书》《保甲书》等书，皆与治民之术有关，显示河北籍官员更多关注地方管理，与魏、唐、宋时相关法学论述相比，其立意旨趣有下上之别。

三　从畿辅之毗到直隶之省：中国封建王朝后期赋予燕赵地域的法治定位

在元、明、清三代，河北地区成为陪辅京都的"畿内巨州"，安定腹里成为主要政治任务，地方治安成为官员施政重点，"首善之区"成为施政目标，燕赵地域文化发展进入平淡期。燕赵地域文化的平淡化是政治平稳要求的结果，形成了重稳定、求和谐的新的法律文化传统。《畿辅通志》卷55对历代史籍中燕赵地域风俗习惯的记载做了汇编，其所概括的反映了明清以降河北古代法律文化特点："汉以后史传多谓习于燕丹荆轲之遗风，慷慨悲歌，尚任侠矜气勇，然其性资之质直、尊吏畏法、务耕劝织则历代所不易也。"关于燕赵地域法律文化的传统特点，尚未有学者做出概括。清代《畿辅通志》对历代史籍中燕赵地域风俗习惯的记载进行了汇编，笔者选取元、明、清三代史籍对燕赵民风中有关法律文化的记叙，从中可以初步了解燕赵古代法律文化传统的一些转变。

（一）记述燕赵地区豪迈与勇武之风

顺天府

人多豪侠，习于戎马。（《元志》）

人多技艺，秀者读书，次则骑射，耐劳苦。（《畿辅旧志》）

士人文雅沈鸷而不狃于俗，感时触事则悲歌慷慨之念生，犹然燕丹遗烈；闾巷佣贩之夫，亦莫不坚悍不屈，硁硁然以急人为务，无阘茸苶窳之习。（《郡旧志》）

走集之交，聚会之所，习为商贾，勇于奔竞，喜声名者有雄桀之风，好诗书者多慷慨之致。（《通州旧志》）

涿鹿之区，水深土厚，风气高寒，草木则肤厚干强，鸟兽则羽劲毛酕。其人君子则高明直亮，小人则醇（淳）朴坚强。（《涿州志》）

其俗朴野愚钝，倔强不肯屈折……人尚凉薄，俗习纤啬，与诸营屯接壤，有军卫风。（《霸州旧志》）

俗悍而漓，性沈而挚。（《蓟州志》）

执正不阿，追燕市悲歌之节，有赵人慷慨之风。（《文安县志》）

壤土块垒，地气冽寒，生其间者，材技豪劲，习尚淳朴。（《顺义县志》）

永平府

人尚义勇，节俭务农。（《元志》）

人多刚猛而尚才，勇士好礼让。（《卢龙县志》）

负气任侠，慷慨激壮。（《山海关志》）

弦诵风微，技击习炽。（《山海关志》）

保定府

民质朴劲勇。（《畿辅旧志》）

俗熏京兆之华，人带塞垣之武。（《新城县志》）

燕赵之俗悍而漓。（《祁州志》）

风土深厚，民性朴质，多忠信义烈之士。(《高阳县志》)

新安虽居渥水之间，而山脉水源发自燕冀，其人多刚介慷慨，尚朴略而少文华，淳厚之风相沿成俗。(《新安县志》)

天津府

廉耻成风，志士鼓义。(《沧州志》)

好经术，矜功名，务农桑，崇学业，文物彬彬，而豪悍之习自若。(《庆云县志》)

正定府

当燕赵之交，土广俗杂，人习文武，雄于河朔。(明邓元锡《函史》)

风物繁衍，地广气豪，文士彬彬，武夫行行。(《正定厅壁记》)

人物雄豪。(《明统志》)

土平民强，英杰所利。(《畿辅通志》)

慷慨轻生，刚毅任侠，信鬼尚祈，嗜游弛业，犹不免燕赵之故俗。(《无极县志》)

薰居太行之东，人物豪雄，多慷慨，尚义节。(《薰城县志》)

顺德府

急公后私，矜尚节义，燕赵慷慨之气习犹存。(《唐山县志》)

广平府

务学力农，淳庞勤俭，间有重气侠尚奢浇者。(《郡志》)

民俗殷富，人性浇(骄)悍。(《成安县志》)

侠烈之气，远过邻封。(《清河县志序》)

冀州

质厚少文，气勇尚义，号为强忮。(《州志》)

衡介燕赵间，士多慷慨。(《衡水县志》)

定州

俗敦淳朴，人务农桑，有勤俭之风，多慷慨之气。(《州志》)①

---

① 见李卫《畿辅通志》卷55《风俗》，《景印文渊阁四库全书》第505册，第277~288页。

由以上记述可以看出，直至清代，民众普遍认为慷慨之气习是燕赵地域文化的重要特点，这一点自然是从慷慨悲歌的文化传统演变而来的。

（二）对燕赵地区民风的否定性评价

顺天府

家无儋（担）石而饮食服御拟于巨室。（《郡旧志》）

保定府

地狭而瘠，又迩沙资。滹沱三河，每际水涝，易生盗贼。（《祁州志》）

河间府

民多豪黠，号称难治。（《府碑记》）

俗尚祈祷，信鬼神。（《莫州图经》）

天津府

民性淳厚，俗信鬼神。（《兴济县志》）

侈文信鬼，椎贩时有。（《盐山县志》）

正定府

好祈祷，信鬼神。（《元氏县志》）

慷慨轻生，刚毅任侠，信鬼尚祈，嗜游弛业，犹不免燕赵之故俗。（《无极县志》）

人悍难治。（邓元锡《函史》）

赵州

人不思远，家无素蓄，轻生嗜利，男女讼牒，攘臂一呼，易为震动。（《赵州旧志》）

隆俗刚劲，每喜斗而轻生。（《隆平县志》）①

---

① 见李卫《畿辅通志》卷55《风俗》，《景印文渊阁四库全书》第505册，第277~288页。

对燕赵地区民风的否定性评价多见于方志旧记，其中主要有三方面：一是有奢侈之风，二是有民间宗教传播的土壤，三是部分地区曾有好讼之风。

（三）对燕赵地区民风的肯定性评价

顺天府

房山密迩京师，僻处岩薮。士民质朴，专务耕读，不习末艺。（《涿州志》）

淳而少讼，朴而无华。（《昌平州志》）

资性躁劲，习为质直。士重科第，民乐耕织。（《文安县志》）

风气浑纯而民俗质直。（《东安县志》）

人性质而好刚，直而不校，士习儒业，农勤稼穑。（《东安县志》）

婚姻以时，随其贫富，丧祭惟礼，称其有无。不事浮靡之习，颇有笃实之风。（《保定县志》）

永平府

孝义为先，质朴相沿，勤于毓材，趋于稼穑，洋洋乎美哉，是三五之淳风也。（《府旧志》）

性质朴茂，习尚礼让。（《乐亭学记》）

古称夷齐廉顽起懦而滦乐为桑梓之乡，其被化尤切。（《乐亭县志》）

荐绅率恬让，章逢多质朴，编民类椎鲁，其耕稼纺绩，比屋皆然。（《乐亭县志》）

士敦本实，绝浮夸，齐民厚愿少文，输将早办，无逋赋之苦。（《昌黎县志》）

务本力作，不习奸伪，古心未凿。（《迁安县志》）

山环水抱，人多秀而知学。（《玉田县志》）

人心质朴，古风独存。（《玉田县志》）

负气任侠，慷慨激壮。（《山海关志》）

朴而野谨，约而不浮，士敦信，农弃末，工贾罔尚淫艳。（《滦州志》）

保定府

俗产英材，土无奇货，民务农桑。（《郡旧志》）

土阜民厚，山川秀丽，家尚礼义。（元张肯田《记满城县》）

民性朴直而勤于耕桑，士习谨厚而乐于弦诵。（《满城县旧志》）

俗尚质朴，民务农桑，士敦学业。（《定兴县旧志》）

春之日，男驱犊，女操筐；秋之日，圊坻积，机云联。（《博野县志》）

邑据要冲，桑麻万井，章甫华胥，盖古仁让之域。（《庆都县旧志》）

山居之民，力本耐劳，习尚俭朴，士无鲜衣，女无冶容，居无丹垩，有陶唐遗风。（《唐县志》）

男勤耕作，女勤纺绩，依山樵采，柴扉粝食，朴野质戆。（《唐县志》）

男务农桑，女勤织纴，服饰婚丧，俱崇朴素，虽大族亦然。（《蠡县旧志》）

雄，泽国也，为三辅要地，俗勤俭，男耕读，女蚕桑。（《雄县志》）

士勤泆（弦）诵，而秉耒泽畔，尚于于有古风。（《雄县志》）

人习凿轮之巧，家谙种树之书。（《祁州志》）

男尚争竞，女巧机织，俗称强悍。（《束鹿县旧志》）

安州古滱阳，地居九河下流，每岁禾稼将登，水至淹没，虽苇荻菱芡亦鲜成熟。百姓以渔樵为生业。（《安州志》）

河间府

古称礼义之国，在三辅之内，文物衣冠之盛，比于邹鲁。（元李继本《送董景宁序》）

人多贵德，俗皆淳朴。（《郡旧志》）

寡求不争，有古人风。(元《献州志》)

士林雅重廉介，妇女知贵孝诚。(《阜城县志》)

地僻民淳，简朴易理，士类服驯教化。(《肃宁县旧志》)

诵读成习，耕桑为业。(《任邱县志》)

民淳讼简，不相凌暴。(《交河县志》)

民庶而富，俗敦而庞。(明李东阳《宁津县碑记》)

沃野平畴，风俗淳厚。(《宁津县旧志》)

文武忠孝，代不乏人，密迩齐鲁，渊源洙泗。(《景州学记》)

民淳讼简，无强暴相凌之风。(《景州旧志》)

风俗淳厚，人心古朴，其君子文章都雅，其小人稼穑勤劳，差称近古。(《吴桥县志》)

地平衍有斥卤，民乐农耕，俗耻斗讼。(《故城县志》)

东光地虽不广，而民事勤耕；户虽不多，而士知尚学。(《瀛州志》)

天津府

民性淳良，俗皆惇朴，以农桑为先，务以诗书为要领。(《天津卫旧志》)

其民质朴，不事浮华，男勤稼穑，女务蚕桑。(《元清州志》)

勤农桑，尚祈祷，家少余积，人敬长上。(《静海县志》)

士风恬退，子弟谦谨。(《南皮县志》)

正定府

文武将相之储，经术词章之薮。(《燕南题名记》)

土平水深，俗故质朴，前代称冀幽之士钝如椎，盖信有此。(《郡旧志》)

荐绅先生，抗言厉志，好尚儒学，犹有先古遗风。(《正定县志》)

地秀人杰，风淳俗美，号称礼义之邦。(明程师伊《重修行唐文庙记》)

民安俭陋，冠昏蜡社，外无游逸之饮。(《灵寿县志》)(《平山县

旧志》）

士重科目，民乐耕桑。（《元氏县志》）

质朴尚义，务本力农。君子崇道义，小人尚廉耻。（《旧志》）

顺德府

争讼不挠官司，贫富相尚周恤。（《郡志》）

邢襄素号文献之邦，英材蔚起，彬彬称甚。（李嘉允《顺德府学田记》）

民俗醇（淳）厚，稼穑维勤。（吴珂鸣《邢邑创建义学记》）

商旅之所辏集，衣冠士夫之所游处，民繁物富，地广务殷。（明王云凤《邢台谯楼记》）

其土厚，其水深，人勤稼穑，尚儒学，重节义。（明郭纮《乡贤祠记》）

俗变几鲁，为礼义邦，号易治。（《南和县志》）

君子好义，小人力田。（《南和县志》）

男力稼穑，女勤织纴，虽土瘠人贫而急公恐后，油然有亲上之义焉。（《广宗县志》）

昔称忮诈椎掘，今则急上而力农；昔称弹弦跕躧，今则纺绩而宵作。（《巨鹿县志》）

广平府

风俗循美。（《善政楼记》）

广平为畿南郡，土厚俗淳，士重然诺，先王之遗风，犹有存者。（石珤《修学记》）

人性质直，尚俭约，勤稼穑织纴。（《畿辅通志》）

其俗好义，其人甚果。（《郡志》）

广邑风气，雄劲深沈，大都矜气节，敦礼让，务本业，多畜牧。（《广平县志》）

任质无伪，尤为近古。（《邯郸县志》）

风俗淳美，务农力学，衣冠礼仪，为邻邑首称，人性多敦厚而过

于持重。(《威县旧志》)

清河俗称淳庞勤俭，户习诗书，婚姻丧葬相救恤，颇为近古。(《清河县志》)

滏阳勤于营生，俭于费用。(《图经》)

土浊人稀，习尚敦厚，雅重儒学，颇有古逊畔之风。(《磁州志》)

磁之为郡，民素淳愿，良吏治之，则事易集。(卢明理《滏阳记》)

易州

士敦简略，不事浮华，然好学力文者不多见，故科目如晨星焉。(《涞水县志》)

民风质朴，男不游惰，女不冶容，专务力于农桑。(《明一统志·广昌县志》)

冀州

幅员百里，厥土白壤，宜树宜艺。谷足食，秸足刍，木棉梨枣之饶，估客转贩，岁入不赀，十亩之田，一夫力作，可赡卒岁。(明邢侗《南宫旧志》)

人皆纤啬节俭，男子给佃作，女子工针绣，即贫弱无甚冻馁。(明邢侗《南宫旧志》)

新河俗专务本，士不倦学，科目时闻，农不怠耕，水旱无忧。敦朴茂而厌浮华，尚礼义而少机械。(《新河县志》)

民淳俗厚，不尚浮靡，士习其业，农勤于耕。(《武邑县志》)

赵州

山川环萦，风俗朴茂。(《赵州题名记》)

地属畿辅，政教渐摩，日趋文雅。(《赵州旧志》)

性多敦厚，务在农桑。(《柏乡县志》)

甘澹薄(淡泊)，崇节俭，虽地瘠民贫，犹为易治。(《临城县志》)

文物鲜华，衣冠济楚，冠婚丧祭，备物尽文。(《宁晋县旧志》)

深州

士志约而行方，民性淳而情愿。(《饶阳县旧志》)

地狭民朴，俗无嚚讼。（《饶阳县碑记》）

士夫淳笃，百姓朴实，犹为近古。（《安平县志》）

士乐孝友，敦诗书；民力织作，勤畎亩。（《熊峰文集》）

定州

果于行义，号为厚俗，第人无远虑，农桑外不事商贾，秋禾遗柄则箫鼓连邨，春事转空则劵书络绎。（《州志》）

男勤耕凿，女勤纺绩，布衣粝食，朴厚而直有唐尧之遗风。（《曲阳县志》）

地杂沙壤，家鲜蓄藏，而民无夙负。（《深泽县志》）①

从古代官员对燕赵地区明清以降民风的记述中，可见朴而无华、不习奸伪、服驯教化、各务本业成为最重要的评判价值。同时也记述了各地民风转变的过程，如"昔称忮诈椎掘，今则急上而力农，昔称弹弦跕屣，今则纺绩而宵作"，"旧尚奢侈，信巫鬼，今渐有古风"，"政教渐摩，日趋文雅"，由此可见燕赵地区在成为畿辅直隶之后，其地方治理所产生的社会效果。民风的平淡与淳朴，从另一方面来看，也就呈现为地域文化趋于平淡的现象，这种民间风气的影响深远，"老实忠厚"渐渐成为现在河北地域的重要人文表现。②

四 从风气之后到改良之先：中国近代化过程中燕赵地域的法治使命

燕赵地域环绕帝都周围，其地方治理必须突出政治性，必须以"少讼""息讼"为施政目标。清代后期之后，中国社会矛盾丛生，一味息讼已经不适应当时的社会形势。河北大名人崔述（1740~1816）敏锐地认识到这种治

---

① 见李卫《畿辅通志》卷55《风俗》，《景印文渊阁四库全书》第505册，第277~288页。
② 倪健中、辛向阳主编《人文中国：中国的南北情貌与人文精神》，中国社会出版社，2008，第333~361页。

理天下的观念渐趋落后了，其所著《无闻集·讼论》认为，争讼是人类社会发展变化的必然产物，"自有生民以来，莫不有讼。讼也者，事势之所必趋，人情之所断不能免者也"。他认为诉讼具有一定程度的保护个人权利、抵御邪恶势力任意侵害的作用。因此，既不应该禁止或回避争讼，也不要以道德教化取代秉公断讼。"无讼则无讼矣，吾独以为反不如有讼之犹为善也。"崔述是中国古代士人中第一个公开著文反对"息讼"的。[1]

但是燕赵地域法律文化与京师政治文化息息相通，因而也充满了封闭性。河北的古代历史多次证明，在北京建都之后，河北与北京在政治文化上有主从关系。但是在社会动乱、中央政府统治力下降时，京津冀地区则常常突破原来政治上的属从关系，而休戚与共，荣辱共进，成为一体。1894年甲午战争之后，中国陷入帝国主义瓜分的深重危机中，地方自治运动兴起，京津冀地区的文化联结更加紧密。鸦片战争之后，天津成为洋务运动的中心，并作为直隶总督兼北洋大臣的驻地，外交地位和政治地位相当突出，甚至被外国人视为中国的"第二政府"。

19世纪末20世纪初，资产阶级改良主义的维新运动开始在中国大地兴起，摇摇欲坠的清王朝为形势所迫，欲效仿日本走"变法维新"之路。京津与直隶地区成为由政府主导的，以保留皇权为政治前提的法律变革运动的试验场，这主要体现在两个方面：一是京津与直隶是中国法学近代化的主要发生场所；二是中国近代警政，也主要起于京师与直隶地区。

1901年1月，慈禧太后以光绪皇帝名义颁布上谕，决定实行新政，当时有识之士认为"外国之所以富强者，良由于事事皆有政治法律也"，[2] 因而变法修律是重要方面。不久之后，三所国立大学——京师大学堂、山西大学堂、北洋法政学堂，都开设了近现代法学课程。地方人士对法律也很重视，"环球各国立约均以法文为准绳，故法文无论何人不可不通"，[3] 1905

① 陈景良：《崔述反"息讼"思想论略》，《法商研究》2000年第5期。
② 《大清法规大全·教育部》第1卷《学堂章程·学务纲要·参考西国政治法律》，高雄：考证出版社，1972，第1143~1145页。
③ 《省城设立法文学社》，《东方杂志》第1期，1908年。

年，河北也设立了直隶学堂和法政学堂。

20世纪初的法律教育改良，由于是清政府自上而下举行的变革运动，因而其办学思想有很大的保守性。大学士孙家鼐在《遵议开办京师大学堂折》中说："今中国创立京师大学堂，自应以中学为主，西学为辅；中学为体，西学为用；中学有未备者，以西学补之；中学有失传者，以西学还之；以中学包罗西学，不能以西学凌驾中学。"① 南皮人张之洞的《劝学篇》更是使这种"中学为体，西学为用"的理论系统化了。

改良之后，京师大学堂成为全国大学教育的标尺，② 但对中国近代法学教育影响最大的是天津北洋法政学堂。光绪三十二年（1906）夏，直隶总督袁世凯仿照日本法政学堂，奏请清廷批准在天津创办北洋法政学堂。北洋法政学堂效仿西制，分为速成科与专门科两类：速成科学制一年半，主要为政府短期培训急需的法律人才。速成科又分为职班（司法科）和绅班（行政科），绅班专收直隶地方保送的士绅，以培养地方自治人士为主；职班专收外籍有职人员，主要是培养专业律师。1911年北洋法政学堂改称北洋法政专门学校。1914年6月，直隶省决定将保定法政专门学校、天津高等商业专门学校并入北洋法政专门学校，改称直隶公立法政专门学校，设法律、政治、商业三科。1928年，改称河北省立法政专门学校。

北洋法政学堂是中国近代史上传播反帝反封建先进思想的阵地，中国共产党创始人李大钊同志于1907年考入该校，为专门科第一期学生，抗日爱国将领张自忠也是法政学堂学生。李大钊在1923年母校周年校庆纪念会演讲中曾做过这样的评价："那时中国北部政治运动，首推天津，天津以北洋法政学堂为中心。"③

清末直隶警政最先在保定、天津两大城市创兴。1900年八国联军入侵事件之后，时任直隶总督的袁世凯在保定练新军，设陆军速成学堂和

---

① 《中国近代史资料丛刊·戊戌变法》第2册，上海书店，2001，第426页。
② 夏邦：《黄旗下的悲歌：晚清法制变革的历史考察》，合肥工业大学出版社，2009，第114页。
③ 《李大钊文集》下卷，人民出版社，1984，第698页。

将弁学堂（后改为保定陆军军官学校）。1902 年 5 月，袁世凯又在保定创办巡警局，以赵秉钧为总办，赵秉钧创办了巡警学堂。八国联军交还天津的条件之一是中国军队不能在天津周围 20 里以内驻扎，出于既遵守条约而又控制局势的考虑，袁世凯奏请在天津和保定设立巡警局，得到清廷批准，于是将所训练的 3000 新兵改称巡警，驻扎天津周围。后又创办天津巡警学堂，1903 年底，将保定巡警学堂并入，更名为北洋巡警学堂。

1905 年 9 月，革命党人吴樾在北京正阳门车站用炸弹刺杀出洋考察政治的五大臣，举朝震惊，清朝决定在中央设置警巡部，袁世凯保荐徐世昌为尚书，赵秉钧为右侍郎，从天津、保定抽调巡警官兵 1000 余人进京，改组北京巡警机构，成立内外城巡警厅。袁世凯入京担任军机大臣后，北京警政完全落到袁党手中。

袁世凯在保定创办近代警察时，曾制定一批法规，如《保定警务局站岗规矩》《保定警务局巡逻规矩》《保定警务局旅店管理法》《保定警务局颁定旅店货宿客商册式规则》等。在天津创建近代警察时，则制定了《天津巡警总局试行裁判办法》《天津南段巡警总局现行章程》《天津四乡巡警章程》《巡警规条》《天津巡警现行救火章程》《清查户口章程》等。随着清末直隶警政的创行与推广，由差役、保甲、团练、绿营等构成的清朝治安体制完全为近代警察制度所代替。

"数十年来，国家维新之大计，擘画经营，尤多发轫于是邦，然后渐及于各省，是区区虽为一隅，而天下兴废之关键系焉"；举凡"将校之训练、巡警之编制、司法之改良、教育之普及，皆创自直隶，中央及各省或转相效法"。① 因而可以说，近代燕赵地域法律文化的国家角色就是法制西学中用的试验场。

---

① 徐文尉：《养寿园奏议辑要·跋》，沈云龙主编《袁世凯史料汇刊》，台北：文海出版社，1966，第 886 页。

结　语

黄宗智认为从历史实际的视野来看，今天中国的法律明显具有三大传统，即古代的、现代革命的和西方移植的三大传统。三者在中国近现代史中是实际存在的、不可分割的现实；三者一起在中国现当代历史中形成一个有机体，缺一便不可理解中国的现实。①

抗日战争时期，任侠尚武、慷慨悲歌的燕赵文化得以升华，中国共产党在河北及周围地区建立了晋察冀、冀中、冀热辽、晋冀豫、冀鲁豫等多个抗日根据地，西柏坡是中国共产党进入北平、解放全中国的最后一个农村指挥所，中国共产党在此实现了从农村转向城市的工作重心调整，在此期间制定的政策法规确定了新中国法制建设的雏形。

1943 年公布的《晋察冀边区行政委员会关于女子财产继承问题的决定》、1945 年公布的《冀鲁豫行署关于女子继承问题的决定》对现代女性的财产权有直接的影响。1948 年 11 月发布的《华北人民政府为成立中国人民银行发行统一货币的训令》是新中国统一货币的重要举措。1949 年 1 月发布的《华北人民政府解散所有会道门封建迷信组织的布告》拉开了新中国取缔秘密会社的序幕。1949 年 1 月 25 日公布的《华北区革命军人家属优待条例》，使拥军优属工作走上规范化道路。1949 年制定的《关于在国营工厂企业中建立工厂管理委员会与职工代表会议的决定》，对国有企业的群众组织有深远影响。1949 年华北人民政府颁布关于调解民间纠纷的决定，宣布在城市也适用广大农村的调解工作经验。华北人民政府的婚姻法成为社会主义婚姻法最初的实践。

燕赵地域的法律文化于中国而言，正展现了古代的、西方移植的和现代革命的三种法律文化交汇融合的历史过程。在战国时期，燕赵地域"慷慨悲歌"是"自行发展"的边地法律文明；在秦汉时期，燕赵地域的法律

---

① 黄宗智：《法律不能拒绝历史》，《财经》2009 年第 8 期。

文化是与郡县地位相适应的轻刑重礼的儒家风格；魏晋南北朝至元代，燕赵地域是中原农业法律文化与草原法律文化相融合的舞台；明清时期，燕赵地域作为京都陪辅，其盛行的法律文化是强调安定有序的政法文化；在中国近代，燕赵地域是西学中用的法制试验场。燕赵地域自古以来就是控扼少数民族人主中原的重要通道，"慷慨悲歌"与尚武之风紧密相连，属于军事型法律文化，对中原政治有离心倾向。而后燕赵地域从普遍郡县转为京畿直隶，属于政法型民风文化，特别强调政治稳定和与中央皇权的一致。在燕赵地域文化从军事文化向政法文化的转变过程中，其国家角色也从"被吸纳"的"自行发展"的区域法律文明转变为"被赋予"的"承担使命"的环首都圈法律文明。燕赵是中国大地上法律文明冲突最激烈、震荡最频繁的地区，燕赵地域的法律文化所扮演的国家角色反映了中国从古至今的波澜起伏的法史图景，今日中国传统与现实相交织的剪影，深深镌刻在这片广袤悠远的大地上。

徽文化研究

论"徽学" 名义的源与流

徐道彬[*]

南宋宣和三年（1121），朝廷设立徽州府，下辖歙县、休宁、婺源、祁门、黟县、绩溪六县，"徽州"地名由此出现。与此关联的"徽学"一词，早先是指以"徽国文公"朱熹（1130～1200，徽州婺源人）为开山鼻祖的新安理学，即后人常言"文公为徽学正传"也，与当下所言之"徽学"有源与流的区别。应该说，"徽学"概念是历史形成的，它与传统中国不同时期学术思潮的发展相同步，同时又具有特定空间形态的文化风格与地域色彩。

自有"徽学"之名，至今已历数百年。其名与义的发展迄今已历四个时段，即明末清初赵吉士所称道的朱子理学时代、明中期以后的阳明心学阶段、钱穆和孙海波等所推崇的"皖派"汉学时期，以及当代声名鹊起的"徽学研究"热潮。各个时段的"徽学"名义，既有区别又有联系，但其总体的制度框架及文化形态，实为程朱理学笼罩下的学脉传承，故徽州享有"东南邹鲁""程朱阙里"之誉；其宗族祠堂、科举兴盛等器物和行为层面上的特色与丰富性，则表现出儒家伦理"在地化"的躬行践履与"贾而好儒"的精神形象。因此，正是有朱子学"尊德性"和"道问学"的深厚学理作为"徽学"名义的学术积淀，才使得今天的"徽文化"或"徽州学"

---

* 徐道彬，安徽大学徽学研究中心研究员、博士生导师，研究方向：经学、历史文献学、学术思想史。

具备了"学"的底蕴和内涵，且能够与外面的世界充分融合，获得当下大众社会的公认和赞同。相较于其他地域文化而言，无论是在器物层面、制度层面，还是在文化精神层面，"徽学"确乎具备了实在而丰富的地域特色，尤其富含了深厚而坚实的思想性与理论特征。

一 "徽学"的源头——朱子学

早在宋元时期，"徽学"即以"徽州府学"的简称而存在，是指州府官方机构经办的"府学"所在地，并非学科意义上的"徽学"。真正学术概念上的"徽学"当与朱熹两次（绍兴庚午、淳熙丙申）回乡省亲，并在当地传播学术有着密切的关联。特别是第二次婺源之行，朱熹在经历了岳麓"朱张会讲"、朱陆"鹅湖之会"及朱吕"三衢之辩"的激励和反思之后，自觉"恍然自失，似有顿进之功；若保持不懈，庶有望于将来"，表现出对"道问学"与"尊德性"关系的深入思考，随之有了超越性的思想认识和理论建构设想。随着朱子学思想体系的逐步建立，徽州本土的学术群体也逐步形成。其中包括其乡亲学友程先、程洵、祝穆、李绪等，入门弟子汪清卿、滕璘、滕琪、程永奇、金朋说、李季札、吴昶等，以及私淑弟子汪莘、谢琎、许文蔚、汪楚材等，师友渊源，英才辈出，从而生成"新安理学"一脉。因此，后人在整理和总结此一时期的徽州地域学术现象时，对于这位桑梓情深的徽州大儒的学识成就与后世影响，以及连带产生的学术群体的形成与发展，自然会有一个相对具体而明确的历史回顾，故而"徽学"理念的酝酿也应运而生。

"新安自徽国文公倡道，遂得称文献之地"，故文盛一郡，流衍百年，以道统归于朱子。翻检《宋元学案》及其补遗，徽州学者竟达百余位之多。虽然未必都是第一流的学者，但在群体和数量上相比于全国其他地区，占有相当的优势。至明代，更有理学家赵汸（1319~1369，字子常，休宁人）、程敏政（1445~1499，字克勤，休宁人）等徽人极力推崇朱子之学，并在徽州本土努力弘扬和传播，即"以郡先师子朱子为归，凡六经传注、诸子百氏之书，非经朱子论定者，父兄不以为教，子弟不以为学也。是以朱子之学虽行天下，而讲之熟、说之详、守之固，则惟新安之士为然"。① 自南宋以后，世人简称徽州人为徽人，如宋人洪适《盘洲集》、洪迈《夷坚志》等著述中多有如此称谓。明清时期，随着徽州人出外经商和科举的兴旺，徽人之称也更为普遍，见诸名人著述和史籍者不胜枚举。如程敏政《篁墩集》、李时珍《本草纲目》、沈德符《万历野获编》、顾炎武《肇域志》、张廷玉《明史》、李斗《扬州画舫录》等，其中徽人之名，已随处可见。随着程敏政《新安文献志》、赵滂《程朱阙里志》、程曈（1480～1560，号葳山，休宁人）《新安学系录》和韩梦鹏《新安理学先觉会言》等一批颇具学术谱系性质的明代徽人著作的出版，以及 "新安理学" 概念的提出，到了明末清初，"徽学" 一词应运而生。赵吉士（1627～1706，字天羽，休宁人）《寄园寄所寄》一书指出："文公为徽学正传，至今讲学遂成风尚。书院所在都有，而郡之紫阳书院、古城岩之还古书院，每年正八九月，衣冠毕集，自当事以暨齐民，群然听讲，犹有紫阳风焉。"②

通览《朱子全书》，可见朱熹素来自称 "新安朱熹"，早年还将长子朱塾送回婺源接续家族血脉，其拳拳桑梓之情宛然可见。朱子忆及与李绩的交往时曾言："吾先世家婺源，与公同县，而客居建阳也久。年二十余，始得归故乡，拜墓宗亲姻党，乃获识李公。中年复归再见，从游益亲，讲论道义，谈说古今，觞咏流行，屡移暑刻，间乃出其平生所为文词，使予诵之，则皆高古奇崛，而深厚严密如其为人。予以是心益敬公，而自恨不能久留，以日相与追逐于东阡北陌之间也"。③ 又朱熹《名堂室记》云："先君子故家婺源，少而学于郡学，因往游而乐之。既来闽中，思之独不置，故尝以'紫阳书堂'者刻其印章，盖其意未尝一日而忘归也。"④ 朱子的桑

---

① 赵滂：《商山书院学田记》，《东山存稿》卷4，《景印文渊阁四库全书》第1221册，台北：台湾商务印书馆，1986。
② 赵吉士：《泛叶寄》，《寄园寄所寄》卷11，宣统文盛书局本。
③ 《朱文公文集·跋李参仲行状》，《朱子全书》第24册，上海古籍出版社，2002，第3935页。
④ 朱熹：《名堂室记》，上海古籍出版社，2002，第3731页。

梓情结及与亲朋的真挚情感溢于言表。鉴于朱子的亲情与学问，李氏之子李季札与吴昶、金朋说等一帮徽州青年一起追随朱子到建阳，读书行路，近承謦欬。如此内外联合，朱子亲炙及私淑弟子逐渐汇成一个较大的学派。后世学者又将元明时期的徽州杰出学者接续其后，并附以徽学或新安理学之名。如赵吉士《寄园寄所寄》一书就列有朱熹、程大昌、吴儆、汪莘、程若庸、胡方平、胡炳文、陈栎、倪士毅、汪克宽、赵汸、潘荣、朱升、郑玉等，完成了由宋至明新安学术的代表人物系列，确定朱熹为此学统的创立者，即徽学宗主。事实上，赵氏所言乃是汇通《新安文献志》和《新安学系录》而成的徽州学统，由此而建构起具有学派性质且具学统风格的地域学术体系，并特为强调："新安自紫阳峰峻，先儒名贤比肩接踵，迄今风尚醇朴。虽僻村陋室，肩圣贤而躬实践者，指盖不胜屈也。"意在通过塑造"紫阳峰峻"，阐明朱熹为"徽学"开山之祖，"名贤比肩"者皆为"徽学正传"，后世学子自"宜读朱子之书，服朱子之教，秉朱子之礼，以邹鲁之风自待，而以邹鲁之风传之子孙也"。由此可见，朱熹回乡讲学授徒，引领学风，已将孔孟之道的儒家理念渗透到徽州社会生活的方方面面，"东南邹鲁"之名、"贾而好儒"之誉，更因乡梓大儒的经行过化而得以加强，即此传之后世，历久弥新。

然而，随着明代程朱理学的官学化及其内在原因所带来的诸多弊病，理学向"尊德性""心性化"一脉快速转化，陆象山的"存心""静坐"在新时期重新崛起，陈献章、湛若水、王阳明的"内圣""良知"等工夫论乘势风行。加之徽人素来能得时尚风气之先，徽州又在湛王之学的波及范围之内，"徽学"内涵也由此一变。

二 "徽学"进程中的"尊德性"——阳明心学

朱熹曾与浙江金华的吕祖谦、江西金溪的陆九渊及湖湘学的张栻等当时学术巨擘有过几次极为密切的交游和争议，成为中国哲学史上具有深远影响的几个重要学案。徽州学者在秉持朱子学的同时，也一直与外界学者保持着密切的学术交往，潜移默化之中也深受浙学 "事功" 和象山心学的深刻影响。特别是明代中后期，同为休宁人的程敏政与程瞳，围绕 "朱陆异同" 问题所展开的激烈争议与对立，拉开了从 "和会朱陆" 到 "朱陆早异晚同"，再到王文成的 "圣人之道，吾性自足" 的激荡与融合的序幕。而作为朱子学正统的 "徽学" 后劲，也在这一时期较多地接受了陆九渊与王阳明的心学内容，"随处体认天理"，从而进入一个新的意识形态范式——"心学" 阶段。

王阳明 （1472~1529，字伯安，名守仁，浙江余姚人） 在一生的治学修行和戎马生涯中，也曾二游九华山，同皖南池州和徽州的人与事有过密切接触，其弟子邹守益、钱德洪、王畿也曾陆续讲学于新安。此一时期，歙县洪启蒙、程大宾、郑烛、汪道昆，婺源江元衡、程文德、潘士藻、余孝甫，休宁汪功懋、邵继文、查汝明、程默，祁门陈少明、陈履祥，绩溪胡宗宪、葛文韶等都曾与王氏及弟子或交游，或论辩，或私淑，"远崇象山，近推阳明"，"艳慕阳明先生理学勋名"，甚或愿意 "执鞭弭以相从也"。如休宁汪循 （1452~1519，字进之，号仁峰），与阳明同朝为官，因互相欣赏而为文友。其所论学，共倡 "学贵实行而不事空谈"，故多有所合。但在 "心" 与 "理" 及朱子学的性质问题上，两者争议颇大，以至于汪氏在《仁峰文集》所载 "与王都宪" 信札中，屡责阳明有 "概掩朱子著述之功"，阻止王学在徽州蔓延之意充斥字里行间。但此一时期能如汪氏一般，有能力与心学抗衡者毕竟是少数，绝大多数学者和士绅都是顺应时势，既秉持朱子理学，同时也信奉陆王心学。特别是在官方层面上，更有正德七年 （1512） 徽州太守熊桂 （1464~1521，字世芳，号石崖，江西丰城人） 邀约同年进士王阳明，为其所纂《紫阳书院集》撰写序言。王氏也想借此传播 "知行合一" "致良知" 的思想，曰："豫章熊侯世芳之守徽也，既敷政其境内，乃大新紫阳书院以明朱子之学，萃七校之秀而躬教之。于是校士程曾氏采摭书院之兴废为集，而弁以白鹿之规，明政教也。来请予言，以谂多士。"① 并于文中阐

---

① 王阳明：《紫阳书院集序》，《王阳明全集》，上海古籍出版社，1992，第239~240页。

释其学术主张与教育理念，认为"君子之学，惟求得其心，虽至于位天地，育万物，未有出于吾心之外也"。孟氏所谓学问之道无他，求其放心而已矣者，一言以蔽之，心外无事，心外无理，故心外无学。"然而世之学者往往遂失之支离琐屑，色庄外驰，而流入于口耳声利之习，岂朱子之教使然哉？故吾因诸士之请，而特原其本以相勖，庶几乎操存讲习之有要，亦所以发明朱子未尽之意也。"王阳明努力淡化自己与朱子学之间的不同，而以朱子诤友的身份与新安理学者缓意磋商，坦言意在"发明朱子未尽之意"，是对朱子"尊德性"的继承与发展，是对理学的"接着讲"，非敢与宋儒分庭抗礼，故意"立异"，并称"喜朱子之先得我心之同然"，进而作有得意之文《朱子晚年定论》，借以淡化"朱陆异同"之争，使自己顺畅进入宋明理学的正统学术领地。

可以说，明季徽州乡绅和学者，在王学的浸染和冲击下，大多归属于陆王阵营，即使有个别中坚分子笃守正统朱子学，"餍沃紫阳之教"，暗然真修，对湛、王之学的蚕食鲸吞而牢骚满腹，但也是杯水车薪，无济于事。尽管有汪知默、胡渊、余懋衡、汪应蛟等卫道者，一生坚守朱子学，据"理"而力争，但已是"新建之说，沦人骨髓"了。因为"新安大会，自正德乙亥至天启辛酉，历百有七年。会讲大旨，非良知莫宗，主教诸贤，多姚江高座。及其流派，向往不分，故询谋佥同也"。[1] 事实上，若就阳明自称为"发明朱子未尽之意"而言，朱熹和王阳明都是宋明理学的代表人物，皆以性善论和仁礼之学作为儒家伦理思想的根本内核，无论是提倡天理，还是发明良知，就时代的发展需要而言，也可算作先后圣贤的学术联动、互为盐梅。正如时任休宁知县的祝世禄（1539～1610，江西鄱阳人）所言："新都自子朱子兴以理学，鸣者云集，称东南小邹鲁。五百年来羽翼斯绪，代不乏人。嘉靖间，湛增城（若水）、邹安成（守益）两先生先后临之，与诸人士盟。岁以秋九，轮修会事。余间辱席末，未尝不艳其斌斌盛也。"[2]

---

① 施璜：《紫阳书院志》所附"会纪"，黄山书社，2010，第295页。
② 《书六邑白岳会籍》，韩梦鹏辑《新安理学先觉会言》卷1，安徽通志馆抄稿本，安徽省图书馆古籍部藏。

若审读《新安理学先觉会言》一书之目录，便可明了那些自标为"新安理学"的数十人，尽可归为湛王心学一脉，即如钱德洪所称"与朱子无相谬戾，千古正学同一源"，此一学术风气，也是时代思潮的落地生根而已。换言之，就是阳明时代的徽州学者，无论是坚守朱子学，还是追随湛王之学，都是延伸和提升了朱子"尊德性"的一脉。虽因太过"内省"而遭"虚空"之横议，但仍可归属于新安理学群体，自然也属"徽学"阵营无疑，这也体现出徽州人所具有的中原儒家与山野土著相融合而生成的自由独立的思想和兼容并包的胸怀。表现在学术思想上，就是"不以人蔽己，不以己自蔽"，不存门户之见，折中于朱、陆、湛、王之间，以开放的心态来应付思想天地中的症结流弊，由一家以达于一邑一郡，终以和谐之风歆动于"东南邹鲁"。如以个人生存与社会实用意义而言，相比于程朱理学的"存理去欲"，心学的"良知""欲望"与"义利"之观，更有利于满足人性的需求和商业价值的追求，一定程度上正可为明清商人特别是徽商的生存发展和经营活动，提供伦理实证和思想支持。因此，阳明心学之所以能够在商业兴盛、思想开放的徽州迅速占有一席之地，就是因为它能够适时而及时地迎合人性欲望的需求、社会运作的法则和时代思潮的自由开放精神，这也正是陆王心学能够迅速施行于徽州地区，并使徽商得以兴盛成帮、徽学得以发展成派的理论基础和思想裨益之所在。

天地之道，物极必反。随着阳明心学的风靡与明末国家政体的颓败，王学也逐渐走向虚寂，王艮、何心隐等更失去为学之道，狂放不羁，几近于禅，在后人批判心学的声浪中，学人复归于朱子的"道问学"一路，"厌弃主观的冥想而倾向于客观的考实"。加之朝廷稽古右文，崇尚实学，士人也多舍弃《四书章句》而趋从经术实学，注重格物致知的汉学考据之风乘势而起，逐步成为一代学术主流。此时的新安理学一脉，较之宋元明时期已黯然无彰；同时，"皖派"朴学则在此时得风气之先，逐渐兴盛扩大起来，对当地的程朱理学和陆王心学的冲击也最为直接。在乾嘉汉学大环境的强势覆盖下，原来以理学作为内涵和背景的"徽学"之"义"也随之旁落；所剩"徽学"之名，也就逐步让位于"皖派"汉学。

三 "徽学"发展中的"道问学"——"皖派"汉学

"皖派"之名源于章太炎的《清儒》，其义则可追溯至江藩的《国朝汉学师承记》，这是清中叶以后学术界对于"经学之盛在新安"现象的一种普遍认同。它是以江永和戴震为核心，以徽州为发祥地，逐步向江浙燕冀之地扩散延伸而成的汉学研究群体。作为朱熹的乡邦后学，"皖派"学者确乎"从尊宋述朱起脚"，不仅着力于"道问学"，也同时铭记"尊德性"。他们继承宋儒疑古考实的人文统绪，注重客观实证，主张"故训明则古经明，古经明则圣贤之义理明；圣贤义理非他，存乎典章制度者是也"，由此而超越汉宋、陆王之辨，"舍名分而论是非"。随着江、戴弟子和私淑同道的与日俱增和四处扩散，及至《四库全书》开馆之时，"皖派"群众及其"渊乎古训，缜密严瑮"的学风，已蔚成规模，由乡野而登庙堂，成为乾嘉汉学的中坚力量。

民国时期的学者在回顾前朝学术时，对于"徽州之学"或"徽学"术语的使用已经相当普遍，在黄宾虹《与许承尧书》、孙海波《凌次仲学记》、钱海岳《南明史》等诸多杰出人物的著述文字中，诸如"徽学之关系于国粹者""徽学自成风尚""徽学声音训诂之盛"等表述已屡见不鲜，且其内容也基本集中在文字训诂和典章制度的汉学考据方面，以标识"徽学"的内涵与特色。其中，尤以1928年出版的钱穆《国学概论》及其稍后的《中国近三百年学术史》最称典型。两书所言"徽学"皆以江永（1681～1762，字慎修，婺源人）和戴震（1724～1777，字东原，休宁人）的"述朱而为格物"为思想立足点，认为"徽歙之间多讲紫阳之学，远与梁溪东林相通。（江）永盖承其绪风；东原出，而徽学遂大，一时学者多以治《礼》见称"；[①] 又称"徽学原于述朱而为格物，其精在《三礼》，所治天文、律算、水地、音韵、名物诸端，其用心常在会诸经而求其通"。可见钱氏已

---

① 钱穆：《国学概论》，商务印书馆，1997，第275页。

经明确地将"徽学"的名与义，从朱子学及新安理学笼罩下的概念，下移到"皖派"汉学的体系之中。他认为江、戴所属之"皖派"汉学，就是朱子学的"格致"一脉在新时代的继承与发展，以"述朱"为核心、为职志，而在新的时代里"补紫阳之未备"，即"徽歙之学原于江氏，胎息本在器数名物、律历步算，以之治礼而独精。然江氏之治礼，特以补紫阳之未备"。[①] 如果说，阳明曾以"发明朱子未尽之意"作为其承续朱子学的"尊德性"，那么，钱氏之"补紫阳之未备"，则以"皖南遵旧统，以述朱为正"的标准，来作为定义"皖派"在发扬朱子"道问学"一路的学术旨趣所在，其实质既包蕴有直接朱子的新安理学，也赋予偏重"器数名物、律历步算"的"皖派"为"视夫宋明而有所献替"，实际上就是把皖南的博物考证归属于朱子"道问学"，作为清代"徽学"名义的重心所在。

可以说，钱穆将赵吉士所谓的徽学之名，越过阳明心学，直接从朱子理学转移至"皖派"汉学，这是对"皖派"汉学传承"新安理学"的一次学理性的总结和概括，以"道问学"为钤键，淡化了后世学者耿耿纠结于戴震与朱熹之间的学术对垒，完成了"徽学"在近代学术进程中的自然转型。钱穆认为，"学术之事，每转而益进，途穷而必变"，穷则变，变则通，此亦事态之常。"今徽歙间学者，久寝馈于经籍之训诂考据间，还以视夫宋明而有所献替"，[②] 此言也如章学诚所称"戴君学术，实自朱子道问学而得之，故戒人以凿空言理，其说深探本原，不可易矣"。[③] 钱穆承章氏之意，认为"清代经学亦依然延续宋元以来，而不过切磋琢磨之益精益纯而已。理学本包孕经学为再生，则清代乾嘉经学考据之盛，亦理学进展中应有之一节目"，揭示出作为"皖派"汉学的徽学，实为"理学进展中应有之一节目"，这又与胡适所言"我国自十七世纪初期，其后凡三百年的学术研究，实在并不是反对朱熹和宋学；相反的，近三百年来的学者实是承继了朱子治学的精神"，若合符契。由此可见，钱氏将"新安理学"与"皖派"学术

---

① 钱穆：《中国近三百年学术史》，商务印书馆，1997，第547页。
② 钱穆：《清儒学案序》，《中国学术思想史论丛》第8卷，安徽教育出版社，2004，第358页。
③ 章学诚：《文史通义》内篇卷2《书朱陆篇后》，文物出版社，1985年影印本。

一脉相承地连成一个整体，正是将朱子学的"尊德性"与"道问学"分述于徽学发展的不同历史时期，承续了先贤时彦的共同理念，并推进一步，阐明了作为"皖派"汉学时段的"徽学"感应着时代的脉动，与时俱进，延续着根植于传统的文化自觉。如果从学术史层面放眼于徽州社会经济生活层面，则更可理解为何世人称颂徽州为"东南邹鲁"，"贾而好儒"，有"契约诚信"之心，说到底，无非就是孔孟之道与朱子理学"在地化"的遗存和体现。它标示着"徽学"在儒家"道统"的历史建构中所表现出的地域"学统"，正在通过一代代的学术积淀成为一种稳定的区域性学风，并在新的时代又以独特的形式而展示出新的文化属性，继续传衍着中华文化历久弥新的人文情怀。

四　包罗万象的当代"徽学研究"

当代"徽学研究"的诞生，与改革开放后传统学术的复兴，尤其是区域社会史研究的蓬勃兴起密切相关。作为地域文化研究的特色和重点，徽学研究的领域也随时代发展而逐渐扩大，已经涉及社会生活、思想文化、徽商经济、文学艺术、科技医药、历史人物等诸多方面，以求对这块传统中国的"典型标本"进行多角度、多层次的集中式探索，进而对古代中国社会发展的历史过程取得更为具体而深入的认识和把握。随着1999年教育部首批十五所人文社科重点研究基地之一的安徽大学徽学研究中心的成立，徽学研究获得了前所未有的支持和推动，成为地域文化研究的模范和样本，从而步入学科化的全面建设时期。然而，在各地"某某文化"或"某某学"遍地开花之时，人们对"徽学"这一概念的内涵和外延的争议，却一直未得消停。在2004年4月召开的"徽学的内涵与学科构建"学术研讨会上，栾成显先生认为：当代徽学作为一门学科和学问，应是20世纪70年代以后的事，它是以徽州文书档案、徽州典籍文献、徽州文物遗存为基本研究资料，以徽州历史文化为研究对象，进而探索中国传统文化的一门综合性学科。此论较为平正公允，基本上概括了当代徽学研究的诸多方面，但仍存在多元化与历时性的内在张力。首先，今天的徽学研究内容已涉及文史哲、经管法、理工农医及艺术宗教等所有学科，称之为"综合性学科"是恰如其分的；但如果在横向而多元的维度上，试图仅用一个概念为之规划范围和确切定义，就很难获得周全备至。其次，在历时向度和学理层面上，徽学之所以能够称为"学"，而不称为"徽文化"和"徽州学"，就是因为有了朱子学、新安理学和"皖派"学术作为"学"的学脉传承和理论支持，并加强了对"流动徽州人"的跟踪研究，突出徽商和徽州学者的传播活动和外在影响，以"大徽州"作为徽学研究的历史背景，努力走出区域社会史研究的视域，贯通多元文化的融合与发展。诚如张海鹏先生所言，今天的徽学研究理应涉及哲学、历史学、社会学、经济学、语言学、艺术学、教育学、谱牒学、建筑学、医药学、民俗学以及众多的交叉学科。因为有了乡邦大儒朱熹"以居敬穷理启迪乡人，由是学士争自濯磨以冀闻道，风之所至，田野小民亦皆知耻畏义"，故而徽州的人伦教化不仅与中原儒风一脉相承，而且有新的有别于其他地域文化的风格和特色。自朱子之后，徽州乃是名副其实的"彬彬乎文物之乡也"，其"典章文物"莫不抹了一道"朱子之学"的光环。① 由是观之，张氏所论之"徽学"，乃根植于本土，伸展于世界，其基因是中原儒家传统文化，其发展的催化剂是徽州商帮所创造的大量财富，而其内在的核心价值和文化属性，则在突出一个"学"字，即是那"一道朱子之学的光环"，它是连通"小徽州"与"大徽州"的重要媒介，也是使徽学研究在学理层面上有所突破的重要途径。唯其如此，海内外所颇为认同的"商成帮，学成派"的美誉，才能既具"商"的物态形式，又富"学"的思想内涵，以开放融合的胸襟，去开创新时代徽学研究的新气象。

诚然，若以朱子学思想体系的一脉，来称谓历史上的"徽学"，这与当代的新"徽学"在学科理念上有很大的不同，但我们又不得不承认两者在发展过程中剪不断的关系。可以说"徽学"一词开源于朱子学，朱熹

---

① 参见张海鹏《徽学漫议》，《光明日报·理论版》2000年3月24日。

"以继往开来之绪，学者仰之为泰山北斗"。时至今日，"徽学"之所以能冠以"学"字而不为世人所质疑，原因即在于此。可以说，自赵吉士视"徽学"为"新安理学"，到钱穆意定之为"皖派"汉学，再至今日包罗万象之"徽学研究"，在内涵和外延上，都是后者涵盖和包蕴了前者，颇具"层累地造成"之效，最终完成了其间的过渡与转化。其间，无论是阳明心学，还是"皖派"汉学，实际上都是朱子学在"尊德性"与"道问学"脉络上的强化与展示，即如歙县知县、耿定向弟子彭好古所言："新安为紫阳托迹之所，自宋至今，道脉在人心，昭揭如中天，而一线真传，缕缕如丝，几绝而复续。"① 以此可见朱子学丰富而清晰的历史脉络及其旺盛的生命力，一如历史长河中的源头活水。如果说，今天的徽学研究得益于丰富的民间史料、古迹遗存和风俗民情等物质和非物质的文化遗产；那么，赵吉士、钱穆、黄宾虹等先贤则将"徽学"在学问、学理和学说诸层面提升到一个学术的高度。总而言之，徽学的发展既有起始之源，也有今日高潮，这是一个学脉不断和积累发展的过程，历代的积累已使今天的徽学研究在"社会生活"、"文化艺术"及"学术思想"诸层面皆卓有建树，各具千秋。

综上所述，可知"徽学"概念既与地域名称有关，也与中国学术思想史的发展密切关联。今天的徽学研究正作为传承中国优秀传统文化的一个历史记忆和典型标本，向海内外传递着中国价值和中国经验，在世人关注的目光中已匆匆走过了四十年。作为研究对象，历史赋予"徽学"的遗产自然是综合的、长时段的，且具有无限的开放性和历史传承性。我们要关注"小徽州"的山水风物，更好放眼于"大徽学"的高远视野，正如当代浙学开拓者吴光先生所言：只有走出去，才能成其大。作为文化自信时代的研究者和传播者，应该融合现代与传统，不忘本来，才能开辟未来，对徽学涉及的各个方面与徽州当时社会的经济文化、价值观念加以深度挖掘

---

① 《书六邑白岳会籍》，韩梦鹏辑《新安理学先觉会言》卷1，安徽通志馆抄稿本，安徽省图书馆古籍部藏。

和总结，提炼其固有的文化内涵与基本属性，进而构成具有地域特色的学术理念，借以把握传统中国思想和文明演进的动力枢机，反映近世中国变迁在地域风俗习惯、伦理道德等方面的发展进程，这也是当下树立文化自信时代需要我们努力反思和探讨的议题。

解密徽派建筑

——徽州传统人居建设给我们的启示

刘伯山[*]

　　走进位于黄山脚下、新安江两岸的徽州，首先映入眼帘的是一个个清雅谐和的山区村落。村落里一栋栋特色鲜明的建筑，总是会给人以视觉和美感的强烈冲击。作为世界文化遗产地的黟县西递、宏村是如此别具风情，婺源的洪村、理坑村，歙县的北山村、桃山村，休宁的祖源村、石屋坑村，祁门的彭龙村、黄龙口村，绩溪的瀛洲村、仁里村，等等，莫不如此。古代徽州的社会是由一个个的村落组成，而徽州的村落又是由一栋栋的建筑有机组合而成。徽州的建筑由于特色的鲜明、内涵的丰富，被建筑与文化学界界定为"徽派建筑"，其营造技艺目前已被列入国家级非物质文化遗产。解密徽派建筑就是要努力地探寻徽派建筑的本质与特点，探究古代徽州人的人居建设在当下的现实意义和传承价值。

一　徽派建筑形成的前提条件

　　徽派建筑本质上是历史上徽州人的一种人居建筑形式，以及由这种建筑而构成的人居环境和空间。揭秘徽派建筑首先就要问及徽派建筑形成的前提与条件，了解和把握古代徽州人是生活在什么样的环境之中，这样的

---

　　* 刘伯山，安徽大学徽学研究中心研究员，博士生导师，研究方向：徽学。

环境有什么特点，与别的地方有什么区别。这实际上是要探讨古代徽州的州情，认识古代徽州自然与社会环境的特点。根据我的田野调查和案头研究，以下几个方面应该是我们要把握的。

第一，徽州在地理空间上具有介山临水的优越性。在行政区划上，徽州位于皖、浙、赣三省的交界处；在地理位置上，位于长江以南、黄山脚下、新安江流域，"东有大障山之固，西有浙岭之塞，南有江滩之险，北有黄山之阨"。四周高山壁立，环状延伸，地理环境相对封闭，尤其是黄山山脉，横亘于徽州的北部，既是地理生态气候的分水岭，也是文化的分水岭。但徽州又具有开放的内因：域内溪流纵横，四射的水系将徽州与外界相连。最著名的就是新安江水系，其源头是在休宁与婺源交界处的五龙山脉最高峰六股尖，流淌成大源河，至休宁的流口汇聚小源河成率水，流到屯溪汇聚发源于黟县的横江成浙江，流到歙县汇聚了丰乐河、徽水等之后成新安江。新安江流到浙江的桐庐为富春江，富春江再下去就是钱塘江。钱塘江注入东海，东海连接了太平洋，而到了太平洋也就能到全世界。

第二，徽州本土具有山多地少、地狭人稠的局限性。正如《徽州府志》所云："郡邑处万山，如鼠在穴，土瘠田狭。"[①] 俗称"八山一水一分田"。许多村落位于山谷之中、高山之上、溪涧之间，有的甚至就是直接壁挂在山崖上。严重的山多地少致使建筑的设计与营造空间不足，由之直接影响了徽州人的人居建设，从而在因素上导致和决定了徽州建筑在空间上的狭小和在形状上的不规则。

第三，徽州的社会是由移民形成的，具有典型的移民文化特质。古徽州的土著人是山越人，今天所谓的汪、黄、程、方、江、戴、洪、李、郑、许等姓氏皆是东汉末年以后由外地迁徙而来。考其历史上的移民，延续了一千多年，其中有三次迁入高潮，即魏晋时期的永嘉之乱、唐末的黄巢之乱、两宋时期的靖康南渡，尤以黄巢之乱为著，一次就迁入近20个氏族。

① 康熙《徽州府志》卷8《蠲赈·金声与徐按院书》，康熙三十八年万青阁刊本。

这些迁居来徽州的"客人"，先世多居中原，有些是直接从中原迁入徽州，有些则是先从中原迁到江苏、江西、浙江等地，然后二次或三次迁徙入徽州。他们大多是北方中原一带的世家大族，再迁者也多为仕宦之家，迁徙到徽州这个山区之后，既带来了中原的经济与文化，更带来了北方人的生活习惯和习俗，其内在包含了北方中原人的居住习惯和习俗。

第四，徽州社会具有宗族制特征。中原的世家大族在徽州定居以后，为了宗族的生存与发展，总是要聚族而居，努力将汉唐的世家大族式的宗族制度移植于徽州，维系原有的宗族组织不变，保持血统，强化宗谊，由之也就打造了徽州的宗族社会。《徽州府志》记载："家乡故旧，自唐宋来数百年世系比比皆是。重宗义，讲世好，上下六亲之施，无不秩然有序。"①清休宁进士赵吉士在《寄园寄所寄》中写道："新安有数十种风俗胜于他邑：千年之冢，不动一抔；千丁之族，未尝散处；千载谱系，丝毫不紊。主仆之严，虽数十世未改，而宵小不敢肆焉。"② 如此的习俗，在宋时就初步形成，至明清，徽州的宗族社会发展已是十分成熟，人们敬宗收族，建祠堂、置族产、修谱牒，所谓人各有姓，姓必有族，族必归宗。由之也就形成了徽州宗族的两大鲜明特点。其一，在宗族的自身关系上注重血缘性，正如赵吉士在《寄园寄所寄》中所说："新安各姓，聚族而居，绝无杂姓搀入者。其风最为近古，出入齿让，姓各有宗祠统之。"如此就区别于中国南方地区比如福建、广东的一些宗族，区别了"客家人"的宗族。其二，在宗族的社会关系上注重地缘性，人们总是安土重迁、"怀土重迁"，"一乡一曲之中，无一人不安土食粟者"。③ 即使"地狭薄不足以食，以故多贾，然亦重迁，虽白首于外，而为他县人者盖少"。④ 由之使得一姓一村、一村一姓的现象在徽州十分普遍。正如清代黟县人沈奎在《黟山杂咏》中所说：

---

① 嘉靖《徽州府志·风俗》，嘉靖四十五年刊本。
② 赵吉士：《寄园寄所寄》卷11《故老杂记》，康熙刊本。
③ 见明嘉靖四十五年菊月《歙县呈坎重修长春社记碑》，原碑现立于黄山市徽州区呈坎长春大社内。
④ 归有光：《震川先生集》卷18《例授昭勇将军成山指挥使李君墓志铭》，四部丛刊本。

"朱陈聚族古风存，一姓从来住一村。"清代乾隆年间歙县商人方西畴更是指出："相逢哪用通名姓，但问高居何处村。世家门第擅清华，多住山陬与水涯。到老不知城市路，近村随地有烟霞。"① 徽州宗族的地缘性特征在徽州的一些地名中得到直接的体现，村名以显姓，显姓亦村名，于是叫汪村、王村、胡村、江村、郑村、程村、许村、叶村的以及与姓氏相关联的村名、地名有很多。这些都会内在影响徽州村落的营造。

第五，徽州是重商主义的高移民输出地。正是由于徽州"山多地少土瘠人稠"，于是如许多方志所云："徽州介万山之中，地狭人稠，耕获三不赡一。即丰年亦仰食江楚，十居六七，勿论岁饥也。天下之民，寄命于农，徽民寄命于商。而商之通于徽者取道有二：一从饶州鄱、浮，一从浙省杭、严，皆壤地相邻，溪流一线，小舟如叶，鱼贯尾衔，昼夜不息。一日米船不至，民有饥色，三日不至有饿殍，五日不至有昼夺。"② "土瘠田狭，能以生业着于其地者，什不获一。苟无家食，则可立而视其死，其势不得不散而求食于四方，于是乎移民而出，非生而善贾也。而顾恋宗族坟墓，不能举家迁徙，复运所求于四方之食，食其父母妻子，于是乎移粟而入，非贩而求利也。虽挟赀行贾，实非已赀，皆称贷于四方之大家，而偿其十二三之息。但以运赀于其手，则俨若如其所有，而以为此民赀也。冤哉民也，是所挟之赀，非赀也。即如异郡之人所躬耕自食之田也，一朝而劫夺之，如田而陆沉于海矣。且实非其田，而赁于人之田也，一朝而劫夺之，而无以偿于其主，而身命与俱尽矣。不孝家居时与父老总计四乡之民，向之出而求衣食于四方，遭劫夺不能复出，而不得不坐于家者，盖十家七矣。既坐于其家，而无所借资收养，而相率立而视其死者，则什家而无一幸免也。"③ 千百年来，千千万万的徽州人都要为生存而积极努力，为生存而另辟道路——外出经商，以至于至少是在明代的时候，在整个的徽州乡村，"寄命于商"形成了一种社会风气。正如明代人王世贞所云："今新安多大

---

① 许承尧：《歙事闲谭》卷7《新安竹枝词》。
② 康熙《休宁县志》卷8《汪伟奏疏》，康熙二十九年刊本。
③ 康熙《徽州府志》卷8《蠲赈·金声与徐按院书》。

族，而其在山谷之间，无平原旷野可为耕田。故虽士大夫之家，皆以畜贾游于四方。倚顿之盐，鸟保之畜，竹木之饶，珠玑、犀象、玳瑁、果布之珍，下至卖浆、贩脂之业，天下都会所在，连屋列肆，乘坚策肥，被绮縠，拥赵女，鸣琴亭隍，多新安人也。""新安僻居山溪中，土地小狭，民人众，世不中兵革，故其齿日益繁，地瘠薄，不给于耕，故其俗纤俭习事。大抵徽俗，人十三在邑，十七在天下，其所蓄聚则十一在内，十九在外。"① 早期的徽州社会由高移民输入而形成，到了明代以后，为了生存，徽州又是高移民输出，甚至男丁劳力输出占 70%，长期留在家乡的主要是妇女、儿童和老人。这些都内在地影响徽州人居建筑的设计和建造。

以上五点应该就是徽州人居建筑的前提。古代徽州人在对上述五点的考量下思考自己居住房屋的形式，规划设计和建造自己的人居空间和环境。而恰是这五点，在当下与我们的人居建设相通：山多地少——土地珍贵、移民性质——生活习俗独特、聚族而居——群居社会、高移民输出——人口流动。当下我们的人居建设与规划设计，也大都要面对这些问题。

二　徽州村落形成的要点

传统的徽州社会是典型的大陆山区农村社会，村落是其基本的构成。

徽州村落的形成有着许多要点。第一个要点是选址，俗称"卜地""卜址"。对此，古代徽州人十分看重，认为这是直接涉及宗族的生存与发展的问题。"卜地"所注重的原则非常多，其中最基本的原则是基于对地理形势的考量而努力做到背山靠水、依山近水。这实际上也是一种人类最为普遍的建筑理念和原始的人文关怀。在选址之后，第二个要点是对村落进行整体的规划设计。尽管那个时候没有如现在的规划院、设计院，但各个宗族总是有着对自己村落的整体考虑，有着自成体系的各种规划。古徽州的村

---

① 王世贞：《弇州山人四部稿》卷 61《赠程君五十叙》，万历五年王氏世经堂刊本。

落星罗棋布，成千上万，但这些村落都不是散漫的，其中建筑也不是随意的。著名的世界文化遗产地西递村就是依照船的形状来规划设计的村庄；著名的呈坎村是依照八卦的形式而建。第三个要点是注重村落水系的设计和营造。现在最著名的是世界文化遗产地黟县宏村，它的水系是如此之美和完整，以至于有人说宏村的水系在徽州就是一绝，是绝无仅有的。实际上这是不对的。据我们的调查，宏村的水系仅仅是至今还保留完整的众多村落水系之一。在古代的徽州，各个村落都是存在水系的设计与建造的，类似于宏村的水系在古代徽州具有普遍性，如我们可以看到黟县卢村的水街、黄山徽州区唐模的水街、祁门榨里村的水系、休宁石屋坑的水系等。内在巧妙地利用自然的水系加以人工的引导和改造以为人服务，这在古代的徽州是普遍的。第四个要点是徽州的每一个村落都有个标志性的东西——水口。水口在徽州有特定的指谓和文化内涵，其功能至少有三。首先它是村的界线。水口总是有上水口和下水口之分，它们一般位于与村的民居建筑还有一段距离的地方，而这也就是村的界线了。其次是水口处总有水口林，而水口林具有隐蔽村落的功能：沿着水的方向和进出村路的方向，水口林将整个村落掩盖，远看只有群山和树林，走过水口才能看到隐藏在之后的村庄。最后一个功能是对村的风水保护、水土保持。大片水口林的存在本身就能涵养水土，人工营造一个好的生态环境。与此同时，古代徽州人还会对水口赋予风水上和文化上的意义，水口处往往有人工的建筑，有桥，有各式各样的楼台亭阁等，是为人造园林；风水上说"进水不可冲，去水不能急"，而水口的营造就是要使之落在实处。第五个要点是公共空间的存在。尽管徽州地狭人稠、空间狭小，每个村庄的建筑都很密集和拥挤，但公共空间还是要努力留存并且使之不断现代化，它们包括公共的建筑、坦地、园林、水域等。在众多的公共空间中，祠堂是徽州村落中最重要的。徽州的每个宗族都注重宗族的管理和族人宗族意识的培养，而祠堂就是宗族存在的象征，是宗族意识集中体现之所在地。因此徽州的各个宗族都非常注重祠堂的营建，所谓"举宗大事，莫最于祠，无祠则无宗，无宗则无祖"。休宁首村朱氏的文书记载："吾族创立宗祠始于明季崇祯二年，阖族批丁各出乐输，共建祠宇以尽人子报本之忱。"① 祠堂有总祠（即宗祠）与支祠之分。一族合祀者为总祠，分支各祀者为支祠，大的村落往往不是只建有一座祠堂，而是几座、十几座甚至几十座。如黟县西递明经胡氏宗族历史上在西递就建有祠堂 20 多座，至今保存完整的还有 3 座；歙县的呈坎（现归黄山市徽州区）历史上有祠堂 15 座，其中始建于明代嘉靖年间的罗东舒祠至今保存良好，系国家重点文物保护单位。祠堂既是宗族供奉祖先牌位、举办宗族祭祀的地方，也是加强和实践宗族统治的场所。徽州的各个宗族总是会在自己村中选取最佳、最中心、风水最好的位置来建祠堂，并不惜拿出最大的空间来建祠堂，因此，徽州祠堂一般都很宏伟，往往是村落中体量最大的建筑，在祠堂前面还会留出很大的空间场地。

上述徽州村落形成的要点，对现代人的生活，尤其是对当下正在开展的社会主义新农村建设、美丽乡村建设与规划的启示意义至少存在以下几个方面。

其一，人居建筑要关注人与自然的和谐。古代徽州人在处理人与自然的关系上，首先是尊重自然，其次选择自然，再次是师法自然，最后是利用自然，归根结底就是绝不任意破坏自然。位于屯溪郊区的花山一带有许多人造石窟，据说有 36 个，每一个都规模宏大。如此大规模的人工痕迹竟然查无任何史料记载。2001 年 5 月，时任中共中央总书记、国家主席的江泽民到此视察，并亲自题写了"花山谜窟"四个字，认为这确实是千古之谜！而实际上，据我的调查和了解，类似于花山谜窟的洞穴在徽州其他地方还有，并且很多。位于花山的人工石窟，我最早是在 20 世纪 80 年代中期实地考察过，之后，我还分别在休宁、黟县、祁门等地探寻过这样的石窟。无论花山谜窟的谜底到底是什么，有一个谜底总是存在的，即它是过去徽州人的采石场。人们建房子、建祠堂等就要取石料，在中国的其他地方，比如说在安徽省的北部，或许是人们太豪爽，问山取石就炸山，将山炸开，然后取石料。徽州人是不会这么干的。徽州人取石只是在山底掘一个小洞，

---

① 刘伯山编著《徽州文书》第 3 辑第 4 卷，广西师范大学出版社，2008，第 431 页。

然后自上而下地取，绝不轻易破坏山体和植被，如此这般就形成了类似于花山谜窟的石窟。徽州人的这种采石方式，既保证了自然生态环境的完整，又满足了人们取石的需求。当然，古代徽州人对人与自然关系的理解和处理往往受风水堪舆的影响和制约。古代没有环境科学、生态学，人们要处理人与自然的关系只能凭依堪舆学。通过查阅史料和开展田野调查，发现古代徽州人十分信奉风水堪舆，笃信风水在徽州蔚然成风，留下了很多风水堪舆的典籍与手抄本，如清代《徽郡地理勘记》等。由之带来的是看风水用的罗盘制造业的兴盛，从元代开始一直传承延续至今，最著名的就是休宁万安的吴鲁衡罗经，1915 年，获得巴拿马万国博览会金奖，现在被列入国家级非物质文化遗产。风水堪舆尽管有封建迷信的色彩，但内在本质是要解决人与自然的关系问题，以帮助人们与自然和谐共生。它实际就是中国古代版本的环境科学、生态学。古代徽州的教育十分发达，塾学林立，方志记载："十户之村，无废诵读。""自井邑田野，以至远山深谷，居民之处，莫不有学、有师、有史书之藏。"① 而据笔者的研究，古代徽州的许多乡村塾师，除了教书育人之外，往往还要兼当风水师，这些都表明风水堪舆在徽州之盛。

其二，人居空间要有一定的整体性。古徽州的每一个村落都是一个整体，有许多村落在古代如此，发展到当代也基本如此。以祁门黄龙口村为例，其乾隆年间的族谱上绘制有黄龙口村基图，村民依此规束自己的建筑，发展到 21 世纪的今天，该村的基本轮廓还能与乾隆年间的基图一致，由之可见几百年来黄龙口人对村的整体规划布局的认同与恪守。我们现在的小区开发也应该有一定的整体性以及在确定和规划出了整体性之后，对整体的长期认同和努力遵守，以此保证合理性与公正性。

其三，整体规划下的各个单体建筑应该有一定的自然性。重视整体规划并不是要求其中的各个单体建筑都以同一种样式机械呆板地排列组合，而是可以展现出一定的灵活性、可变化性和自然而然性，展示出一直生动

① 道光《休宁县志》卷 1《风俗》，道光三年刊本。

多样的风貌。

其四，古代徽州人在人居环境选择和营造上的一些经验与做法，还为我们提供了一条在人居环境选择上的"傻瓜"原则——住人住的地方，不住人不住的地方！

三　徽派建筑设计的原则、理念与要求

人们都说徽州的乡村很美，徽派的建筑很有特色，那么这些极具特色的徽派建筑在设计上有哪些具体的原则、理念和要求？通过大量的实地调研和深入研究，我们归纳了徽派建筑设计建造的一些基本规则。

1. 徽派建筑的设计原则

主要有二：一是"就地而型"。徽州的建筑空间十分狭小，并且平面呈现不规则状。对此，人们只能本着"就地而型"的原则，依据实际的空间大小和形状来进行建筑的设计，由之建成的建筑也往往不是单一的正方体和长方体，而是会出现多面体和三角体，形状各异，呈现出多样性。二是"自然裂分"。房子的续建与扩张不是呆板和平面的机械地简单增加，而是每一次都以某个建筑为中心的扩展，实现的是一种自然的裂分，就像细胞分裂一样，最终由群体的建筑呈现出一种极大的整体性，各个建筑单体之间存在有机的组合。以黟县关麓"八大家"为例。"八大家"建筑群始建于清顺治、康熙年间，竣工于咸丰、同治年间，前后经历 200 多年；"八大家"不是八大间，而是八大房，共有楼房 16 幢，四合屋 2 幢，学堂厅、书斋各 1 幢，占地约 6000 平方米；每一单元各有风格不一的正屋、偏厅、厨房及庭院，自成一体；但各单元之间又相互连通，楼上楼下均有门户串结，形成一个整体。这就是自然裂分的结果，村落的整体性也就内在于其中了。正是由于自然裂分的存在，在理论上，徽州的每一个村落都应该同根、同源和同构，一个村落往往就是最初的某一栋建筑长时段地逐次自然裂分的结果。

2. 徽派建筑的设计理念

对于设计理念，影响的因素很多，但以下几点是徽派建筑在设计时必须要充分考量并内在整合于其中的。第一，徽州作为一个移民社会，其移来之民原先多是北方中原一带的世家大族，他们普遍习惯的民居形式是四合院，它以正房、倒座房、东西厢房围绕中间庭院为布局，是中国北方最传统的住宅形式，在中国民居发展史上已有三千多年的历史，分布也很广，是汉族民居形式的典型。第二，徽州早期的土著人是越人，而越人居住的房屋以及在整个长江流域及以南地区最普遍的建筑模式是干栏式，生活在山区的人也只有居住在干栏式建筑中才最安全。第三，徽州人深受中国传统儒家文化的影响，热衷于追求"天人合一"的理念，并且还要努力地贯彻和体现到自己的民居建筑之中。第四，徽州人非常尊重自然，总要努力保持人与自然环境的和谐。第五，徽州地狭人稠，建筑上可供设计的平面空间小且呈现不规则状。第六，本着就地取材的原则，实现一种最经济节约的营造。以上六个方面的全面考量与整合，其内在地叠加就形成了徽派建筑的设计理念：既要充分考虑原本普遍习惯的四合院居住结构，又要充分考量徽州属于江南山区，所具备和能够提供的条件无法满足四合院的设计与建造，而南方山区最为安全、可靠的建筑形式是干栏式，剩下的问题就是思考如何在干栏式建筑的基础之上建造四合院。其路径只有一条：将两者内在地结合——徽派建筑本质上就是四合院建筑与干栏式建筑相结合的拓扑变形，在这个变形中，天井就是四合院的中间庭院，它也是天人合一的理念在民居建筑中的重要体现。

3. 徽派建筑的设计要求

设计理念突破以后，徽州人还要根据当地的自然与社会环境的特点，在建筑的形式上提出具体的要求。以下几点是古代徽州人特别重视的，也是徽派建筑在结构上的一些特点。

第一，注重防潮。南方山区林密潮湿，虫蛇很多，加上建筑多是就地取材，大量使用木材，因此防潮很重要，生活区与地面的隔离很重要。而徽派建筑一般就是多层结构的，在功用上，经典的徽派民居，其一楼一般是主人从事社会交往和生产劳动的区域，二楼才是主生活居住区；在清代之前，徽州民居的二楼空间总是比一楼大，到了清代中期以后，徽州的民居才越来越重视一楼，一楼的空间才开始变大。

第二，注重防火。徽州是山区，而山区的建筑又都是砖木的，因此防火十分重要。徽派建筑就特别注重防火，最基本的原则是努力做到木结构不外露。明代的徽派建筑堪称经典，其大门，木质的外面一定会再贴上门砖，既是为了加固也是为了防火；其二楼，木地板上一定会铺上地面砖，既是为了加固也是为了隔音、防震和防火。谈到徽派建筑的防火，功能最强也是表现最为典型的是马头墙。马头墙实际就是封火墙、防火墙。这里我介绍一桩自己亲历的事情。20世纪90年代中期一个初冬的下午4时，当时我还在黄山市委机关办公室工作，突然听到外面有急促的消防车声音，听着好像是朝屯溪老街方向去了。我心里顿时一惊：不好，老街失火了。那里都是民国年间再建的砖木结构的商业店铺，这一失火老街岂不是要毁于一旦。当时的黄山市委大院距离屯溪老街不远，我立马往老街走去，结果还没走到失火的地点，就看见消防车往回撤了，总共才半小时不到，火就已经灭了。第二天上午我不放心，就来到火灾现场，发现失火的地点正处老街中段，失火的是一栋徽派建筑，高墙内被烧成一片废墟，但隔壁的店面及对面的店面已经照常营业了——这就是徽派建筑的魅力，是马头墙的伟大功劳。徽派建筑，由于木结构力求不外露，单体失火的概率不大；即使是不幸失火了，又由于封火墙的存在，一般也不会殃及别家而形成一片火海。

第三，注重防偷防盗。徽州是一个高移民输出的社会，70%的男丁为了生计而远走他乡，外出经商，留在家里的主要是妇女、儿童和老人，因此，财产安全、人的安全就显得尤其重要。人身安全包括生命的安全和情感的安全两个方面。徽派建筑正是在这种安全性上给予了极大的关注：马头墙很高，既能防火也能防偷防盗；民居的窗户都很小，人的头伸不过去，所在位置也很高，想爬不容易，防偷防盗的功能很强。一栋徽派建筑的民居本身就是一个非常安全的堡垒，人生活在其中极有安全感。

第四，注重通达。按照通常的理解，具有安全感的房子往往也是很封闭的房子。徽派建筑却在营造上有一个重要的考量，那就是通达。这主要体现在两点上。其一是徽派民居的各栋建筑一般是遵循自然裂分的原则而形成，因此，它本来就是一个整体，裂分出的房子与房子之间是相通的，实现了一种通达。其二，徽派民居都是有两个门的，一个正门，一个后门。出于风水等方面的考虑，徽派民居往往是坐西北朝东南，则东南方有正门，西北方就一定有个小门。西北方的小门平时是不开的，我们可以理解它为消防门、逃生门。由之可见，徽派建筑非常具有人文关怀的精神。

徽派建筑的上述设计原则、设计理念和建造特点给我们的启示是多方面的，归纳起来至少有以下几点：第一，"四合院+干栏式"的建筑形制是中国传统民居建筑中的宝贵遗产，它是徽州人对中华民族文化的一大贡献，也是对世界文明的一大贡献，在当下仍然具有极大的传承意义。第二，土地的集约化和空间的有效利用，应该是我们从事建筑规划时必须秉持的基本原则。第三，安全性的全面考量应该是我们从事任何建筑规划设计时都要达成的基本要求。第四，人与自然的充分交融应该是我们在任何时候、任何地方都要努力做到的基本追求。十九大报告提出要"实施乡村振兴战略"，指出"文化自信是一个国家、一个民族发展中更基本、更深沉、更持久的力量"。"中国特色社会主义文化，源自于中华民族五千多年文明历史所孕育的中华优秀传统文化，熔铸于党领导人民在革命、建设、改革中创造的革命文化和社会主义先进文化，植根于中国特色社会主义伟大实践。"徽州传统人居建设的经验与做法在当代有直接传承与借鉴的意义。

回过头来，我们再来探讨一下徽派建筑的本质，发现这仍然是一个有趣的、至今尚未得到充分研究的问题。以下的几点或许能帮助我们探寻徽派建筑的本质特征。第一，实用性，这是徽派建筑的最基本体现；第二，安全性，人居于徽派建筑中会有相对全面的安全感；第三，灵活性，徽派建筑可大可小，可高可矮，可以是这样的形状也可以是那样的体量，可以做得俭朴也可以做得华富。总之，根本特点可归结为：它具有普遍适用的乡村民间性，具有广泛的群众性。徽派建筑最初只是徽州老百姓居住的房屋建筑形式，但很快成为全国许多地方老百姓居住的房屋建筑形式。徽派建筑被徽州人发明了之后，很快就在空间上表现出其极强的张力——不仅被徽州本土的老百姓普遍接纳，也被其他地方的人纷纷学习模仿，于是在吴越地区，在荆楚大地，在云贵高原，到处都有徽派建筑的身影；徽派建筑在时间上也表现出极大的持续性——明代时就在徽州六邑本土得到普及，之后一直延续到民国，一直传承到中华人民共和国成立以后，延续到现在，相信在未来，它仍然有继续传承延续的内在根据。而恰是这种在我们今天看来有非凡性和伟大创造性的建筑形式，以及由这种建筑而衍生出来的文化，根源是在徽州乡土，发轫是在徽州民间乡村社会，它是平凡的、默默不知名的徽州普通老百姓的一种创造。因此，也证实了毛泽东主席的一句话："人民，只有人民，才是创造世界历史的动力。"

湖湘文化研究

地域学术与湘学

朱汉民[*]

我们今天讨论的题目是"地域学术",首先需要明晰一下地域学术的概念。当我们讨论地域学术时,往往有两种说法。一种是当代学者提出和建立的"××学",他们是将某某地域作为研究对象而建立起来的一种学术,譬如将徽州的历史文化作为学术研究对象,那么就出现了所谓"徽学",将敦煌的历史文献、文物作为研究对象就形成和建立了所谓"敦煌学"。

还有一种地域学术的定义,也是我们今天重点讨论的地域学术,就是以历史上形成的地域化的学术形态、地域学派、地域学术思想为研究对象。这些地域学术的名称在历史上已经形成,譬如我们各自研究的"浙学""关学""湘学""蜀学"等,这些地域学术名称不是当今学者提出的,而是历史上已经形成的一种地域性学术称呼。

值得一提的是,今天的地域学术研究者在使用地域学术名称如"浙学""关学""湘学""蜀学"时,往往将其看作是某一个地域全部历史学术文化的统称,譬如将"浙学"看作是浙江地区古今学术的总和,将"蜀学"看作是四川地区古今学术的总和。其实,"浙学""关学""湘学""蜀学"这些概念在形成之初,并没有被当作某一地域学术从古至今的总称。譬如,宋代形成的"浙学""关学""湖湘学""蜀学"等地域学术,都是指具体

---

* 朱汉民,湖南大学岳麓书院国学院院长、教授、博士生导师,研究方向:中国思想文化史。

的学派和人物。而现如今出现的标示了某一地域学术史的"浙学""湘学""蜀学",往往是后来的学者立足本时期,将这些地域学派的脉络向前追溯,向后延伸得来的。我个人做湘学,也会常常想到地域学术研究中的一些普遍性问题,我觉得一定要以中华学术或者中华传统文化这样的大视野来看地域学术和地域文化。

今天我们讨论的地域学说如若向前追溯,可清晰地看到儒家、法家跟地域性关系密切。儒家产生于齐鲁,法家产生于秦晋。也就是说,当时的地域学说就表现出风格迥异、追求有自的特征。秦一统六国,与施行"富国强兵"的法家思想有关系。然而秦很快灭国,到了汉代以后开始推崇儒学,但也是儒法互补。可见,一个地域的学说有长处,也有局限。在两汉以后的国家治理上,儒家和法家都发挥了重要的作用。这就是说,中国地域宽广、文化丰富,为后来统一的中央政权,统一的中国文化、中国学术提供了非常丰富的资源,建立了非常好的基础。其实汉代的文化来源很广,作为其中主流的三大地域文化——齐鲁、秦晋还有荆楚,对整个汉代及以后的中国文化产生了十分深刻的影响。可见,对于地域文化如何变成全国性统一的文化、统一中国文化的地域化资源等问题,在今天这个学术峥嵘的时代进行探讨有着深刻的现实意义。

我们认为地域学术包括两个方面,一个是广义的,一个是狭义的。讲地方学术,无论是关学、蜀学,还是浙学、湘学,分成两层就可以了。所谓狭义的就是某一地域的具体学派,譬如,当我们讲狭义的蜀学时,一般就是讲苏氏父子;讲狭义的关学时,就是讲张载及其弟子;讲狭义的湖湘学时,就是讲胡氏父子和南轩及其弟子;讲狭义的浙学时,就是讲陈亮、叶适等。而一旦讲广义的关学、蜀学、浙学、湘学,实际上是指某一个地域的学术史,可以从先秦一直讲下来,讲到明清时期。湖南的叶德辉在讲湘学时,就追溯到了先秦的鬻熊、屈原,追得非常久远。所以我认为存在广义的地域学术通史和狭义的地域学术之分,地域学术通史指的是把历史上某一地域的学术全部列出来,而狭义的地域学术,通常指有非常明确的师承关系的、有代表性学术人物的某一些具体的人物和学派。比如北宋时形成的蜀学、关学、洛学等，均是这一种地域性学派。到了南宋更是学派林立，著名的地域学派有闽学、湖湘学、浙学、江西学等，这些学派之间既有学术交流，又有思想冲突。我们需要把广义的地域学术和狭义的地域学术分清楚，广义的地域学术可以看作是地域学术通史。所以，我们在讨论广义的关学、蜀学、浙学、湘学时，应兼具历史和发展的眼光，既要明晰其渊源和边界，又要向后延伸。当然在发展中，地域的学术传承、演变也各不一样，有些保持相对稳定，而有一些则变化很大，值得一提的是，这种变化不一定就是学派的延续，而应该将其看作是一种地域学术传统的变化问题。

这里，我重点谈谈湘学，特别是近代湘学。

应该说，"湘学"是一个历史形成的概念。宋代就出现了与"湘学"相关的"湖湘学""湖南派"的地域学派概念。黄宗羲、全祖望在编纂学术史名著《宋元学案》时肯定并沿袭了朱熹的"湖湘学""湖湘学派""湖湘学统"的称谓。到了清代、民国时期，一些学者在研究湖南地区学术文化史的时候，比较普遍地使用"湘学"概念，从而逐渐形成了中国学术史分支"湘学"。

关于湘学研究的历史已经很久。朱熹的《知言疑义》就是一部研究、评论湘学的著述。晚清时期，湘学人物受到学界的关注，留下一些文献与论著，如李肖聃《湘学略》、钱基博《近百年湖南学风》等。当代学界根据湘学的缘起、发展、衍化过程，将湘学的历史脉络分为楚汉渊源、两宋成型、清代发展、民国分化四个阶段，关于湘学的著作越来越多，出现了"湘学于近世纪争光"的局面。

从历史演变的过程和结果来看，近代中国儒学日渐式微，而作为儒学地域形态的湘学似乎是逆势上升。从表面的文化流动来看，近代中国是一个"西学东渐"的过程；但是从内在的文化建构来看，则是中华民族兼容并蓄、自主吸收外来文化而推动中国文化重建的过程。该过程的施力者是儒家士大夫，他们必须兼具中国文化的主体性及思想文化的开放性，才能够完成这一历史使命，从而最大程度地发挥学术对社会的作用。

其一，近代湘学对中国文化主体性的坚持。

"章士钊认为湖湘士人的特点：'好持其理之所自信，而行其心之所能安；势之顺逆，人之毁誉，不遑顾也。'这一句话形象地表达了湘学能够坚持中国文化主体性的两个因素：其一，具有对中国传统学术理想的把握和自信；其二，湘学学者具有坚持这一学术理想、价值理念的强悍意志。"[①]

湘学学者一直表达出强烈的"正学"体征，即对正统儒学的追求。理想范型的儒学应该是道、治、学的完备和统一，其中"道"是关于个人、社会、国家、天下的一整套价值与信仰体系，"治"是一种参与社会、实现理想人间秩序的实践活动，"学"是一套包括道与治在内并有一定自洽性、系统性的知识体系。湖湘学者坚持湘学学统的正统性，从宋代湘学形态的成型，到清代湘学的崛起，均追求合乎儒家理想范式的道、治、学的融通。[②] 学术史上的宋学常偏于"道"，今文经学常偏于"治"，古文经学常偏于"学"，晚清湘学包括三大主流儒学学派，但是在湖湘地域的宋学、今文经学、古文经学均坚持理想范型的儒学，即道、治、学的完备和统一。今文经学派魏源批判了"治经之儒与明道之儒、政事之儒，又泮然三途"的现象，希望完成"道形诸事谓之治""求道而制事""以经术为治术"的道、治、学的紧密结合。晚清受今文经学影响的谭嗣同也是如此，他在谈到《仁学》的学术旨趣时说："约而言之，凡三端：曰'学'，曰'政'，曰'教'。"谭嗣同的"学"具有格致之学的知识内涵，"政"具有"兴民权"的制度建设，"仁"则是代表儒家传统价值信仰的"教"，"仁"可以统摄三端。[③] 宋学派曾国藩的礼学、礼治、礼义，就体现出道、学、治贯通的儒家理想，他努力通过"礼"去实现道、学、治的贯通：他的礼学已经实践化为一种礼治的经世活动与制度建设，他的礼治又是以深厚的礼学为

---

① 朱汉民：《晚清湘学的学术追求》，《湖南社会科学》2018 年第 6 期。
② 朱汉民：《晚清湘学的学术追求》，《湖南社会科学》2018 年第 6 期。
③ 朱汉民：《晚清湘学的学术追求》，《湖南社会科学》2018 年第 6 期。

思想基础与学术依托，而他的礼义信仰又贯通在礼学与礼治之中。① 这样，曾国藩的礼学有了不同于其他礼学家的学术特色，他的礼治又有了不同于其他军政大臣的风貌，同时，他的礼义信仰则具有了坚实的学术基础和社会实践基础。② 古文经学王先谦就不仅仅局限于诂经考史的工作，同时坚持儒学的理想范型，即道、治、学的统一。

湘学学者具有对学术理想坚持的强悍意志。由于自然地理、血缘遗传、人文历史的综合原因，湖南地区形成一种特有的民性、民风。这就是历朝历代的历史典籍、地理方志等书上所描述的湘人的性格、气质，即所谓的民性、民风，史志上所反复说到的"劲直任气""人性劲悍""任性刚直""刚劲勇悍""其俗剽悍"等。③ 这种"民性"与"士习"的渗透与融合，使湖湘之地成长了一大批成功地将民性与湘学结合的湖湘士人，他们将儒家理想范型的追求渗透到其"南蛮"的心理气质层面。如曾国藩、左宗棠、罗泽南、郭嵩焘等湘军将领就以其"南蛮"的气质去实现儒家的道、治、学。曾国藩大讲所谓"书生之血诚""忠义血性""拙诚"，其"血""血性""拙"属于以生理心理为基础的南蛮气质，"诚""忠义"则是以儒家道德修身为基础的精神文化，两者的渗透与结合，就构成了湘军将领普遍追求、表达的"忠义血性"的精神气质。④

其二，湘学具有开放性。

湘学既坚持儒家正学的思想体系是道、治、学的统一，又特别强调这一个思想体系是开放而与时俱进的。"道"涉及"王道""大同"的价值理性，"治"表达"经世致用"的工具理性，为了推动中国文化近代化，湘学能够既以实用理性的态度引进西技、西术，又以价值理性的态度在吸收西学的基础上实现中华文化的主体性重建。⑤

---

① 朱汉民、吴国荣：《以学术为治术——曾国藩的礼治思想及其经世实践》，《中国文化研究》2007 年第 1 期。
② 朱汉民、吴国荣：《曾国藩礼学的学术旨趣》，《原道》2012 年第 2 期。
③ 朱汉民：《湖湘士人的精神气质与文化基因》，《求索》2014 年第 1 期。
④ 朱汉民：《晚清湘学的学术追求》，《湖南社会科学》2018 年第 6 期。
⑤ 朱汉民：《晚清湘学的学术追求》，《湖南社会科学》2018 年第 6 期。

湖湘文化的近代化，是由晚清湖湘的两个儒家学派和儒家士大夫群体开始的，即以魏源为首的晚清今文经学派与以曾国藩为首的理学经世派，尽管这两个学派的学术师承、学术宗旨各异，但是经世致用是这两个不同士大夫群体的共同追求，并且他们均是因为这种经世致用的实用理性而选择了对西方科技文明、物质文化的学习与引进。① 他们"以实事程实功，以实功程实事"的"实功"追求，能够从经世致用的社会功用、实用理性的角度，将西方坚船利炮汲收到传统中国的治术中来。他们以追求"永远之利"的实用理性精神，大胆推动中国近代化运动洋务运动发展。从追求实功的实用理性出发，引申出必然变法的要求，维新派也是从"政术""功利"的实用理性角度，来看待、评价西方的政治、经济、法律制度。革命派之所以选择革命道路，追求民主建国，主要不是因为对个人权利、个性自由等"天赋人权"的追求，而是因为将对民主、共和、宪制等政治制度的近代化追求视为实现民族自强、救亡图存的手段。②

湘学学者又以价值理性的态度倡导中华文化的主体性重建。两千多年以来，儒家士大夫追求的"天下有道"的价值体系，一直包含着理想与现实的两个不同层面。湖湘士大夫是推动中华文化近代化的主体力量和核心人物；他们不仅仅以实用理性的态度强调对西方文明的引进，同样坚持以价值理性的态度倡导中华文化的主体性重建。他们希望将近代化与中华文化的主体性建构联系起来。若说魏源倡"师夷长技"还是基于他们实用理性的话，他赞赏、推荐欧美的民主政治，则源于其对三代理想的价值理性的向往。魏源的胸中一直藏着这一"三代以上之心"，他说："君子之为治也，无三代以上之心则必俗，不知三代以下之情势则必迂。"郭嵩焘的近代化追求，还与政教风俗的制度文化、思想文化相关。他所倡导的中国文化近代化，是对"三代"的"有道之世"的文化回归，他将汲收、学习西方近代文化与中华文化的主体性重建结合起来。谭嗣同所追求的近代化目标，

---

① 朱汉民：《实用理性传统与中国文化近代化——以湖湘士大夫与湖湘文化为例》，《湘潭大学学报》（哲学社会科学版）2014 年第 4 期。

② 朱汉民：《晚清湘学的学术追求》，《湖南社会科学》2018 年第 6 期。

最终是回归到孔子的仁学、大同社会的中国士大夫的价值理想。这一理想就是尧舜时代人与人之间的平等自由，以及政治上的民主。晚清民初的许多湘学学者向往社会主义，他们在承担救国救民的社会责任与历史使命时，主张将社会主义追求与回归儒家理想的"三代""有道之世""大同"统一起来，最终解决中国近代化与中华民族复兴问题。[①]

除了厘清"湘学"的历史脉络，明晰它历久弥新的历史缘由外，更应该结合实际，观照当下，比如之前有后辈问我，中国地域广阔，差别较大，却在不同的城市精神中都发现有包容、创新、敢为人先等标签。其实，早些年各个地方在搞每个省份的精神，比如，北京精神、贵州精神，湖南、浙江也都有自己的精神。尽管每个省份都塑造了自己的地方精神，但是最后概括出来大家却不甚满意，有的省份做得好一些，有的省份却有些牵强附会，总体来看，实属地方性特色不足。这个不足的原因，与挖掘地方文化资源有关系，也与当时讨论地方精神的目标有关系，每一个地方都希望提出几个高屋建瓴、意义丰厚的词，但一讲都是一样的，没有多少区别。包括这些年大学都在概括自己的校训、校风等，也往往出现雷同性。

我认为应该从地方的学术传统里来挖掘，找到最能够代表地方学术思想的东西，不要从一般的概念出发，应完全从地方学术的传统里面来找。这样的话，就可以找到一些差别出来。事实上，每个地域同时代的大学者都有很大区别，比如清初三大儒，王船山、黄宗羲、顾炎武就有很明显的区别。中国幅员辽阔，如果我们把每个地方的特色挖掘出来，我们中华文化就更为丰富多彩了。春秋战国丰富多彩，就是因为各个地域产生了诸子百家不同流派，所以我们今天讨论这个话题是非常有意义的。

---

① 朱汉民：《晚清湘学的学术追求》，《湖南社会科学》2018年第6期。

论近代以来湖南与湖南人形象的构建

王继平[*]

30 年前，林增平先生就研究指出，在中国古代历史上，"湖南没有出现过几桩足以影响全国局势的大事，属于湖南籍的名人，寥若晨星"。[①] 唐宋时期，湖南还是朝廷流放异见人士的"宁古塔"。清末经学家皮锡瑞指出："湖南人物，罕见史传，三国时如蒋琬者，只一二人。唐开科三百年，长沙刘蜕始举进士，时谓之破天荒。至元欧阳原功、明刘三吾、刘大夏、李东阳、杨嗣宗诸人，骎骎始盛。"[②]

在经济方面，诚如王闿运所说："湖南自郡县以来，曾未尝先天下……至其财赋，全盛时才敌苏、松一大县。"[③] 据林增平先生的统计，《中国历代名人辞典》共收入历代名人 3755 人，鸦片战争之前为 3005 人，其中湖南籍者仅 23 人，只占同期全国名人的 0.77%。近代部分共收录名人 750 人，其中湘籍的 85 人，占同期名人总数的 11.33%。[④] 可见，在古代社会，湖南及湖南人"碌碌无所轻重于天下"，而"清季以来，湖南人才辈出，功业之盛，举世无出其右"，[⑤] 湖南及湖南人形象的建构始于近代。

---

* 王继平，湘潭大学历史系教授，博士生导师，湖南省重点社科研究基地湘学研究基地首席专家，研究方向：近现代思想文化史、区域历史文化。

① 林增平：《近代湖湘文化初探》，《林增平文存》，中华书局，2006，第 90 页。

② 皮锡瑞：《师伏堂未刊日记》，《湖南历史资料》1959 年第 1 期，第 105 页。

③ 王闿运：《湘军志·湖南防守篇第一》。

④ 林增平：《近代湖湘文化初探》，《林增平文存》，第 90 页。

⑤ 谭其骧：《长水粹编》，河北教育出版社，2000，第 270 页。

一　湘军构建了近代湖南及湖南人
"以天下为己任"的形象

辛亥革命时期，革命志士杨毓麟说："咸同以前，我湖南人碌碌无所轻重于天下，亦几不知有所谓对于天下之责任。知有所谓对于天下之责任者，当自洪杨之难始。"① 太平天国的兴起，为湘军的建立提供了契机，而湘军平定东南半壁河山的事功，乃是近代湖南崛起和湖南人形象构建的关键。晚清人士张集馨指出："楚省风气，近年极旺，自曾涤生领师后，概用楚勇，遍用楚人。各省共总督八缺，湖南已居其五：直隶刘长佑、两江曾国藩、云贵劳崇光、闽浙左宗棠、陕甘杨载福是也。巡抚曾国荃、刘蓉、郭松（嵩）焘皆楚人也，可谓盛矣。至提镇两司，湖南北者，更不可胜数。曾涤生胞弟兄两人，各得五等之爵，亦二百余年中所未见。天下事不可太盛，日中则昃，月盈则蚀，五行生克，四序递迁，休旺乘除，天地阴阳，一定之理，况国家乎？况一省乎？况一家乎？一门鼎盛，何德以堪，从古至今，未有数传而不绝灭者。吾为楚人惧，吾盖为曾氏惧也！"② 光绪七年（1881）王闿运撰写完《湘军志》，也很有感慨："湘军则南至交趾，北及承德，东循潮、汀，乃渡海开台湾，西极天山、玉门、大理、永昌，遂度乌孙水，属长江五千里，击析闻于海。自书契以来，湖南兵威之盛未有过此者。"③ 据统计，湘军将领官至督抚者达 27 人（总督 14 人，巡抚 13 人）。④ 湘军之提升湖南及湖南人形象，除了平定太平天国，挽救了清朝覆亡的危机，还更为深远地体现在以下几个方面。

使汉族士大夫势力崛起，改变了有清一代近两百年来的政治格局。防范和猜忌汉人，是清代的"祖制"。然而，太平天国农民起义的扫荡和西方

① 杨毓麟：《新湖南》，《杨毓麟集》，岳麓书社，2008。
② 张集馨：《道咸宦海见闻录》，中华书局，1981，第 377 页。
③ 王闿运：《湘军志·湖南防守篇第一》。
④ 林增平：《近代湖湘文化初探》，《林增平文存》，第 90 页。

坚船利炮的进攻，使得清政府的颠顸、腐败和无能暴露无遗。有识见的满族王公大臣也认识到了这一点："满人糊涂不通，不能为国家出力"，① "欲办天下大事，当重用汉人"，② "非重用汉人，不能已乱"。③ 与此同时，在镇压太平天国和与西方打交道的过程中，以曾国藩为代表的湘军人物不但表现出了优于满族官员的才能，更形成了不可忽视的势力，满族的朝廷似乎也离不开汉族大臣。因而，自咸丰末年开始，清廷不得不面对现实，大量地起用汉族士大夫。所以说，湘军集团的崛起，使汉族士大夫势力政治地位提高，从而改变了咸、同以后的政局，使同治年间出现了新的政象。

洋务运动，开启了早期中国现代化进程。湘军人物通过在镇压太平天国过程中对西方人、西方器物的认识，成为同治年间自强运动的主体。曾国藩、左宗棠、李鸿章等人，在与西方侵略势力打交道的过程中，逐步认识到世界格局的变化趋势，也认识到西方坚船利炮、声光电化所代表的物质文明的优越性，因而冲破顽固势力的重重阻挠，相继在中国建立起一批新式的军事企业和民用企业，创办了新式的学校，派遣了第一批出国留学生。这一切，都是中国现代化运动的起步。更为重要的是，这一切的活动，促使了社会观念的渐次转变，为现代化事业的推进奠定了基础。因此又可以说，中国现代化事业的肇始，也是湘军集团掀起的"同治中兴"的又一表现。④

湘军制度推进了晚清军制变革，成为晚清军制变革的中介。绿营、八旗曾经是满人入主中原的悍师，然而经过长期的承平时期，早已丧失了当年的彪悍之势，在太平军面前彻底崩溃。而湘军以新的军制、新的精神、新的装备乃至新的气势，在镇压太平天国的过程中充分展示了它崭新的姿态，因而成为同治时期清廷军制改革的参照系。从此时起至清末新军编练止，其间出现的练军、防军都是依据湘军制度建立起来的，是同治、光

---

① 薛福成：《庸庵全集·庸庵文续编》卷 1 下。

② 坐观山人：《清代野记》卷下。

③ 尚秉和：《辛壬春秋》卷 26。

④ 参见王继平《论湘军集团与晚清政局》，《湘潭大学社会科学学报》1999 年第 4 期。

绪年间清政府对内、对外战争的主要军事力量。所以，湘军制度影响了中国军事制度数十年。

湘军培育了大批人才，是晚清人才的渊薮。曾国藩编湘军首要目的是镇压太平天国运动，但是作为晚清重臣，他认为清朝腐败的重要原因之一是人才缺乏，所以"引出一班正人，转移一时风气"，即作育出一批为中兴清朝服务的经邦治国的人才，也是他编练湘军的目的。同治、光绪时期，政治、经济、军事、外交诸方面活跃的大批人才，大多是与湘军有联系的，或为湘军营伍出身，或曾为曾国藩幕府人物。李鸿章、左宗棠、沈葆桢、李瀚章、彭玉麟、李元度等封疆大吏，郭嵩焘、薛福成、容闳、黎庶昌、陈兰彬等外交使臣，李善兰、华蘅芳、徐寿等科学家，俞樾、王闿运、吴汝纶、吴嘉宾、王定安等文人学士，都是晚清社会的栋梁之材，均与湘军有着密切的关系。[1]

推动外交由朝贡体系向近代条约体系转变。鸦片战争以后，随着西方外交观念和近代国际关系理念的传播，清政府的传统朝贡体系被打破，取而代之的是所谓近代条约体系。湘军出身的官员，因为与西方打交道较早，故也较早被推出充任驻外使领，活跃于国际舞台，开始了中国的近代外交，如出使英国的郭嵩焘，出使英、法、意、比四国的薛福成，出使西班牙、德国的黎庶昌，出使美国的陈兰彬等，乃出入曾国藩幕，并得到提拔。这些驻外使领对于加强中西文化的交流，推进中国的近代外交，起到了一定作用。[2]

影响着晚清文化的发展。晚清众多的科学家中，有不少是出自曾幕或曾游幕。著名数学家李善兰就在曾幕8年，不但为曾国藩经营的江南制造局解决了许多实际问题，而且译著了许多数学著作，为中国近代数学事业的发展奠定了基础。华蘅芳也是如此，他译编的《代数术》《三角数理》在当时颇有影响。徐寿、徐建寅父子作为近代著名的物理、化学家，也为近代

---

① 参见王继平《论湘军集团与晚清政局》，《湘潭大学社会科学学报》1999年第4期。
② 参见王继平《论湘军集团与晚清政局》，《湘潭大学社会科学学报》1999年第4期。

中国的机械、化工的发展建立了功勋。在传统学术方面，以曾国藩为主体的"桐城派古文"的影响，乃是众所周知的，而湘军人物阐扬的"经世致用"思想，更成为晚清学术思潮变轨的一大契机。在文史方面，俞樾、吴汝纶、吴嘉宾、王闿运、王定安等人，也都是影响晚清文史发展的著名学者。

综上所述，湘军的事功及影响，深刻地改变了湖南和湖南人。湖南由"碌碌无所轻重于天下"的省份，一变而为"举世无出其右"的朝廷倚仗，湖南人也由"不知有所谓对于天下之责任"，变为"知有所谓对于天下之责任者"。因此，湘军确是近代湖南及湖南人形象构建的契机。

二　甲午战争使湖南人性格由保守向开放转变

湘军兴起使得湖南崛起，也成就了湖南人的仕途。但湘军的成功也强化了湖南人保守和骄虚的性格。

关于湖南人的性格，历史上的记载甚多。《史记》说湖南人十分剽悍，《隋书》谓其"劲悍决烈"，是已知较早有关湘人性格的记载。翻阅湖南地方志，形容湖南人性格的词语，诸如"劲直任气""人性劲悍""人性悍直""民好斗讼""率多劲悍""其俗剽悍""其民尤尚气力""其俗好勇""好武少文""人性刚直""赋性刁悍""刚劲勇悍""劲悍尚讼""悍直耿朴""好勇尚俭"……种种评语，不一而足，大多围绕着强悍的性格而言。① 近代以后，有关湖南的性格也多有相同的观点。湖南巡抚陆元鼎说"湖南民风强悍，素多伏莽"，② 朱克敬说"湖南民气刚强"，③ 章士钊也曾经说过："湖南人有特性，特性者何？曰：好持其理之所自信，而行其心之所能

① 邓运山：《湖南近代社会的人际关系》，硕士学位论文，湖南师范大学，2005；又见周秋光、张少利、许德雅、王猛《湖南社会史》，湖南人民出版社，2013，第 1008~1009 页。

② 中国第一历史档案馆、北京师范大学历史系编选《辛亥革命前十年间民变档案史料》，中华书局，1985，第 296 页。

③ 朱克敬：《瞑庵杂识》，杨坚点校，岳麓书社，1983，第 23 页。

安；势之顺逆，人心毁誉，不遑顾也。"① 湘籍辛亥志士杨毓麟认为，湘人
"风气稍近于云贵，而冒险之性，颇同于粤，于湖北与江西相似者甚少"。②
近人钱基博也认为："湖南之为省，北阻大江，南薄五岭，西接黔蜀，群苗
所萃，盖四塞之国，其他水少而山多（重山叠岭，滩河峻激。而舟车不易
交通。远见石赫土）。地质刚坚而民性多流于倔强，以故风气锢塞，常不为
中原人文所沾被。"③ 无论如何，由地理环境造成的"风气锢塞"即保守闭
关是其固有特征。而湘军的成功助长了湖南人一种"骄虚不可向弥之气"，
保守锢塞更为严重。时人描述曰：

> 自咸丰以来，削平寇乱，名臣儒将，多出于湘。其民气之勇，士
> 节之盛，实甲于天下，而特其忠肝义胆，敌王所忾，不愿师他人之长，
> 与异族为伍。其义愤激烈之气，鄙夷不屑之心，亦以湘人为最。④
> 湘人尚气，勇于有为，而气太盛，则不能虚衷受益。⑤
> 自鸦片战争至英法联军之役，中国所发生的"三千年变局"，湖南
> 人是无动于衷的。湖南人的守旧态度，有似一口古井，外在的激荡，
> 没有引起些许涟漪。所以当自强运动在沿海地区进展的时候，湖南人
> 仍在酣睡之中。三十余年的自强运动，于湖南人几乎完全是陌生的。⑥

彼时，对待西方物质文明，湖南人也表现出很大的排斥心理。即使像
安装电线、电杆这类现代通信设备，也遭到抵制：

> 湖南省人，向未知西法为天下之良法，更未知新法为今日之要法，
> 是以逞其私见，悉力拒之，甚至奉旨设立之电杆，竟敢拔而投诸之火，

---

① 章士钊：《刘霖（揆一）七十寿序》，《湖南历史资料》1981 年第 1 期。
② 杨毓麟：《新湖南》，《杨毓麟集》。
③ 钱基博：《近百年湖南学风》，岳麓书社，1985。
④ 国家档案局明清档案馆编《戊戌变法档案史料》，中华书局，1958，第 243 页。
⑤ 皮锡瑞：《师伏堂未刊日记》，《湖南历史资料》1958 年第 4 期。
⑥ 参见王继平《清季湖南忾案论略》，《湘潭大学学报》（社会科学版）1988 年第 2 期。

种种乖僻，皆自困之道也。①

甲午战争打破了湖南人的迷梦，也促使湖南人由保守转向开放。谭嗣同在反省湖南人觉醒的历程时说：

> 光绪二十一年，湘军与日本战，大溃于牛庄，湖南人始转侧豁悟，其虚骄不可向迩之气亦顿馁矣。②

由此可见，甲午战争乃是湖南人觉醒的契机。梁启超更认为它是唤醒中华民族的契机："唤醒吾国千年之大梦，实自甲午一役始也。"③ 历史事实的确如此，当时的《湘学报》撰文指出："自甲午一役，城下行成，割地偿金，数万万人正如酣睡至四鼓以后，蜀鸡一鸣，沉寝方觉。"④ 例如谭嗣同，甲午战败的消息传来，他"馈而忘食，既寝而累兴，绕室彷徨，未知所出"，与好友唐才常"两人对坐，彻夜不寐，热血盈腔，苦无籍手，泣泪数行"，并写下了"四万万人齐下泪，天涯何处是神州"的诗句，表达了强烈的忧国之情。⑤ 从此，谭嗣同开始了他的觉醒之旅。他自己曾经总结说："三十之年，适在甲午，地球全势忽变，嗣同学术更大变。"⑥ "平日于中外事虽稍稍究心，终不能得其要领。经此创巨痛深，乃始屏弃一切，专精致思。"⑦ "详考数十年之世变，而切究其事理……不敢徇一孔之见而封于旧说，不敢不舍己从人取于人以为善。设身处境，机牙百出。因有见于大化之所趋，风气之所溺，非守文因旧所能挽回者。不恤首发大难，画此尽变

---

① 《万国公报》第 90 卷，光绪廿二年六月。
② 《谭嗣同全集》（上），中华书局，1981，第 174 页。
③ 丁文江、赵丰田编《梁启超年谱长编》，上海人民出版社，1983，第 38 页。
④ 《湘学报》第 28 册，光绪廿四年二月初一日。
⑤ 参见王继平、张晶宇《论 1895 年——19 世纪末 20 世纪初中华民族意识的觉醒》，《湘潭大学学报》（哲学社会科学版）2016 年第 5 期。
⑥ 《谭嗣同全集》（上），第 259 页。
⑦ 《谭嗣同全集》（上），第 167~168 页。

西法之策。"① 由此形成了以《仁学》为核心的变法维新思想和激进的反对封建专制主义的初步的民主思想，并为变法献出了生命。②

维新志士唐才常，在甲午战争前也是"低首垂眉，钻研故纸，冥思苦索，自矜为孤诣秘理，沾沾自足，绝不知人间复有天雨，复有诟耻之事"。③甲午战败的消息传来，他与谭嗣同"两人对坐，彻夜不寐，热血盈腔，苦无籍手，泣泪数行"，从此与谭嗣同一样，开始思考拯救民族危机的出路，继而在浏阳兴算学、创办企业，从事开启民智的启蒙工作，与谭嗣同并称为"浏阳双杰"，最后发动自立军起义，血洒紫阳湖畔。

甲午战后觉醒的士人还有樊锥，曾就读于长沙城南书院，受业于儒学大师王先谦，立志"烂经煮史，抑尝为之，秦、汉众子，唐、宋盛集，七代鬼艳，灭不旅宜，考同异，闿条之，通巨谊，透微窥，耻研一字，恒发圣私。目穷黄河，弹指泰山，下及沟渎，旁收嵌巇，宵宵恍恍，漫漫泫泫，行如梗，坐如尸……生死不能夺其志，贵贱不足换其帜"，④ 颇有穷究学问的宏愿。在甲午战败的民族危机的严重形势下，乃投身于维新事业之中，积极参与南学会、时务学堂和《湘报》等维新活动，接受了资产阶级的社会政治学说。他在《湘报》发表文章，倡导向西方学习，发展资本主义商业，提倡资产阶级民权立宪思想。他指出，甲午战争之后，列强环伺，瓜分之说甚嚣尘上，千年古国面临"殄灭渐尽""蹈波兰、印度、阿非之覆辙"的危险，⑤ 保种、保教、保国的任务已迫在眉睫："中国一日存，吾一日必图以济之；黄种一日存，吾一日必图以济之；孔教一日存，吾一日必图以济之。"⑥ 欲图保种保教保国，舍变法维新无他途。必须应时势，"不穷则不变，不变则不通，不通则不久，不久则中国几乎绝矣，则

---

① 《谭嗣同全集》（上），第 168 页。

② 参见王继平、张晶宇《论 1895 年——19 世纪末 20 世纪初中华民族意识的觉醒》，《湘潭大学学报》（哲学社会科学版）2016 年第 5 期。

③ 《唐才常集》，中华书局，1980，第 160~161 页。

④ 《樊锥集》，中华书局，1984，第 58 页。

⑤ 《樊锥集》，第 1 页。

⑥ 《樊锥集》，第 2 页。

黄种几乎斩也，而孔教几乎灭也"，只有"新其所新""学其所学""政其所政"，"蹙然以振，翻然而悔，皇然以惧，奋然而起"，坚决地实行变法，才可以保国保种保教。① 显然樊锥的思想，已然接近文化意义上的民族意识了。②

士风的转变，也濡染了民风。梁启超曾描述湖南及湖南人的变化："湖南天下之中，而人才之渊薮也。其学者有畏斋、船山之遗风。其任侠尚气，与日本摩萨、长门藩士相仿佛。其乡先辈若魏默深、郭筠仙、曾劼刚先生，为中土言西学者所自出焉。近岁以来，官与绅一气，士与民一心，百废俱举，异于他日。其可以强天下而保中国者，莫湘人若也！"③ 湖南的变化，充分体现在维新运动和辛亥革命之中。

维新运动兴起后，湖南成为"全国最富朝气之一省"，学会如雨后春笋般兴起，尤其是南学会，颇具有地方议会的性质；时务学堂成为培养维新人才的学校；《湘报》《湘学新报》先后创办。维新人才谭嗣同、唐才常、熊希龄等崭露头角，成为百日维新的领袖人物。

孙中山创立兴中会之后，继起响应者首推黄兴和他所组织的华兴会。据林增平先生考订，参加1905年7月30日同盟会筹备会的共79人，居首位的是湖南籍志士，计20人；次为湖北，19人；再次为广东，16人；以下为广西、安徽等省籍人士。又据1905~1907年在东京加入同盟会的名册统计，湖南籍者为157人；次为四川，127人；再次为广东，112人；湖北106人。④ 在这众多的同盟会会员中，涌现了黄兴、宋教仁、蔡锷、陈天华、刘道一、禹之谟、蒋翊武、谭人凤、姚宏业、杨毓麟、焦达峰、陈作新等一大批资产阶级革命家。

清末留学运动中，曾经对郭嵩焘出使西洋、对曾纪泽乘坐火轮船回湘

---

① 《樊锥集》，第2页。
② 参见王继平、张晶宇《论1895年——19世纪末20世纪初中华民族意识的觉醒》，《湘潭大学学报》（哲学社会科学版）2016年第5期。
③ 梁启超：《饮冰室合集》第2册，中华书局，1989，第66页。
④ 林增平：《近代湖湘文化初探》，《林增平文存》，第90页。

大加嘲讽、咒骂的湖南社会，成为出洋留学的大省。1904 年《清国留日学生会馆第五次报告》记载中国留日学生 2395 人，湘籍 373 人；1919~1920 年，中国赴法勤工俭学者约 1600 人，湘籍达 346 人。①

从以上情况可以看出，甲午战争惊醒了曾经以湘军的事功骄虚于天下的保守自大的湖南人，他们开始回归魏源所倡导的开眼看世界的历程，勇于探索新事物，接受新思想，从而形成了以谭嗣同、熊希龄、唐才常为代表的湖南维新志士群体和以黄兴、宋教仁为代表的辛亥革命志士群体，他们代表了 19 世纪末 20 世纪初湖南人的形象。正是基于世纪之交湖南人的深刻转型，湖南人的形象得以提振，以天下为己任成为湖南人形象的内核。以下表达反映了湖南人此时的精神：

> 振"支那"者惟湖南，士民勃勃有生气，而可侠可仁者惟湖南。②
> 万物昭苏天地曙，要凭南岳一声雷！③
> 中国如今是希腊，湖南当作斯巴达，中国将为德意志，湖南当作普鲁士。诸君诸君慎如此，莫言事急空流涕，若道中华国果亡，除是湖南人尽死。④

因此，甲午战争使湖南人从湘军的神话传统中走出，与先进的中国人一道，融入中华民族觉醒和复兴的时代潮流之中。

三 马克思主义构建了湖南及湖南人的红色形象

新文化运动是中国文化转型进程中的重大事件，也深刻影响着中国政

---

① 姚曙光：《乡土社会动员——近代湖南的思潮丕变与社会救赎（1840~1927）》，南京大学出版社，2015，第 3 页。
② 《唐才常集》，第 178 页。
③ 《谭嗣同全集》（下），第 490 页。
④ 《杨度集》，湖南人民出版社，1986，第 95 页。

治的走向。马克思主义的传播则是新文化运动的必然趋势，并因此改变了中国历史的进程。就湖南而言，它深刻地影响了近代后期湖南及湖南人的形象构建和精神特质，开启了湖南与湖南人的红色之旅，并给予近代中国以巨大的影响。

世纪之交的湖南人在经历了辛亥革命的洗礼之后，探索新思想的脚步从未停歇。因缘际会，新文化的兴起，为彷徨中的湖南人提供了选择。其中，毛泽东创立的新民学会，聚集了一批忧国忧民的湖南知识分子，倡导"革新学术，砥砺品行，改良人心风俗"和"改造中国和世界"，讨论学术问题、思想问题和当前形势，主要成员有毛泽东、蔡和森、萧子升、萧子璋、罗章龙、张昆弟、何叔衡、李维汉、罗学瓒、周世钊等。新民学会还创办了《湘江评论》，在湖南传播新思想，其刊登的毛泽东的《民众的大联合》一文，是五四时期最重要的文献之一，胡适在《每周评论》上写文章推荐说，这篇文章"眼光很远大，议论也很痛快，确是现今的重要文字"。[①]新民学会在五四运动中，组织和领导湖南人民的反帝爱国运动，后又组织驱逐湖南军阀张敬尧的运动，成为中国共产党成立前湖南革命运动的核心。新文化运动时期湖南及湖南人追求真理的精神，在当时首屈一指，陈独秀发表《欢迎湖南人底精神》一文，他引用杨度的名句"若道中华国果亡，除非湖南人尽死"开头，探讨"湖南人的精神是什么"，他认为是"奋斗精神"。他用牺牲自我的蚂蚁造桥过河的寓言故事来歌颂湖南人卓立敢死、舍生取义、坚毅顽强、敢为天下先的"奋斗精神"，并表示："我们欢迎湖南人的精神，欢迎他们的奋斗精神，欢迎他们奋斗造桥的精神，欢迎他们造的桥比王船山、曾国藩、罗泽南、黄克强、蔡松坡所造的还要雄大精美得多。"[②]

在随后的马克思主义传播的初期，湖南人也发挥了重要的作用。1920年3月，李大钊与北京大学湖南籍学生邓中夏、何孟雄、罗章龙、缪伯英、

---

① 《毛泽东年谱（1893~1949）》上卷，中央文献出版社，1993，第44页。

② 陈独秀：《欢迎湖南人底精神》，《陈独秀文章选编》（上），三联书店，1984，第480页。

朱务善等人，组织了马克思学说研究会，这是全国最早研究马克思主义的团体。在上海的湖南人李达在 1919 年就翻译出版了《唯物史观解说》《社会问题总览》《马克思经济学说》三部著作，发表了《什么叫社会主义》《社会主义的目的》《陈独秀与新思想》等文章，对马克思主义在中国的早期传播做出了重要的贡献。马克思主义与中国工人运动相结合道路的代表人物是湖南知识分子邓中夏和罗章龙，他们创办了北京大学平民教育讲演团，经常深入农村和工厂讲演，在工农大众中传播马克思主义；同时还创办了马克思主义启蒙教育刊物《劳动者》和《工人月刊》，提供给文化程度不高的普通工人阅读。他们还在北京长辛店开办了劳动补习学校，成立了工人俱乐部。湖南本地的先进知识分子则在毛泽东的领导下，组织了马克思主义研究会，1920 年 8 月，毛泽东组织一些进步人士发起成立俄罗斯研究会，创办文化书社，向湖南各地销售各种宣传马克思主义和俄国十月革命的书刊。

马克思主义的传播为中国共产党的建立奠定了基础。在建党过程中，湖南人也起到重要的作用。蔡和森第一个提出"中国共产党"的名称；毛泽东第一次明确提出"唯物史观是吾党之哲学的根据"；据雷国珍的研究，"从党员人员来看，湖南党员人数在全国党员总数中占较大比重。中国共产党成立时，全党大约 50 多名党员，其中湖南人 20 多名，占全国党员 2/5 强"。① 在其他各地的中国共产党早期组织创建过程中，湖南也有程度不同的贡献。例如上海共产党早期组织成员中有湖南人李达、林伯渠、李启汉、李中、陈公培、李季等；北京共产党早期组织成员中有湖南人邓中夏、罗章龙、缪伯英、何孟雄、朱务善、李梅羹、吴雨铭等；湖南人林伯

---

① 他们是毛泽东、李达、邓中夏、蔡和森、何叔衡、林伯渠、何孟雄、缪伯英、李启汉、罗章龙、彭璜、贺民范、萧铮、陈公培、李中、朱务善、陈为人、李梅羹、李季、吴雨铭等。1921 年底入党的湘籍共产党员还有刘少奇、任弼时、罗亦农、李立三、向警予、李六如、夏明翰、易礼容、任树德、许抱凡、杨开慧、毛泽民、杨东莼、李庠、吴芳、余盖、陈昌、罗学瓒、贺恕、袁痴、夏曦、郭亮、唐朝英、黄静源、彭述之、蒋先云、蒋啸青、雷晋乾、彭粹夫、喻寄浑、王圭、王则鸣、史训川等（雷国珍：《论湖南对创建中国共产党的贡献》，《中共党史研究》2011 年第 7 期）。

渠、李季在广州中共早期组织的创立过程中发挥了重要作用。在法国勤工俭学的湖南人蔡和森、向警予、李维汉、李立三等人为创立法国中共早期组织做出了重要贡献。周恩来的入党介绍人之一刘清扬是新民学会的海外会员。中国共产党第一次全国代表大会的正式代表 13 人中有湖南人毛泽东、何叔衡、李达等。因此，中国共产党的成立深深地烙上了湖南的印迹。[①]

中国共产党成立以后，在中国革命的各个时期，湖南更是留下了深刻的烙印。国民革命时期，湖南农民运动兴起，成为全国农民革命的中心，有力地支援了北伐战争。

在大革命失败后，毛泽东创建了中共第一个革命根据地——井冈山革命根据地，开始了中国革命的星火燎原，嗣后相继建立了湘赣、湘鄂赣、湘鄂西、湘鄂川黔革命根据地。

在抗日战争时期，湖南先后进行了三次长沙会战、长衡会战、常德会战和湘西会战，占国民政府正面战场 22 次会战的约 1/4。

在近代后期，湘籍革命家、革命志士辈出，易永卿、陶用舒《现代湖南人才群体研究》一书根据 7 种资料统计的结果是：[②]

《中国现代史词典》共收现代湖南人才 184 人，其中无产阶级革命家人才有 145 人，占 78.80%。[③]

《简明中国近现代史词典》收现代湖南人才 59 人，其中无产阶级人才有 48 人，占 81.36%。[④]

《中国现代史名词解释》收现代湖南人才 85 人，其中无产阶级人才有 73 人，占 85.88%。[⑤]

---

① 雷国珍：《论湖南对创建中国共产党的贡献》，《中共党史研究》2011 年第 7 期。
② 易永卿、陶用舒：《现代湖南人才群体研究》，湖南人民出版社，2005，第 87 页。
③ 李盛平主编《中国现代史词典》，中国国际广播出版社，1987。
④ 北京师范学院历史系中国近现代史教研室编《简明中国近现代史词典》，中国青年出版社，1985。
⑤ 辽宁大学历史系中国现代史教研室编《中国现代史名词解释》，1982。

《中外历史人物词典》收现代湖南人才 96 人，其中无产阶级人才有 78 人，占 81.25%。①

《辞海·中国现代史分册》收湖南现代人才 62 人，其中无产阶级人才有 55 人，占 88.71%。②

《中国近代历史辞典》收现代湖南人才 136 人，其中无产阶级人才有 110 人，占 80.88%。

《中国现代史人物传》收湖南人物 49 人，其中无产阶级人才有 41 人，占 83.67%。③

将上述七种资料综合，共收录现代湖南人才 671 人次，其中无产阶级人才有 550 人次，占 81.97%。④

另外，上海人民出版社 1983 年出版的《中共党史事件人物录》共收 276 人，其中湖南 56 人，占总数的 20.29%。又中国人才杂志社出版的《中共党史人物简介》共列 495 人，其中湖南 89 人，占总数的 17.98%。又据红旗杂志出版社 1983 年出版的《中国共产党组织史资料汇编》，中共一大代表共 13 人，其中湖南籍 4 人，占总数的 30.77%；党成立时期，担任第一、二、三届中央委员会委员、候补委员的共有 11 人，其中湖南籍 5 人，占总数的 45.45%；中共七大是新民主主义革命时期最重要的一次党代表大会，选举产生政治局委员 13 人，其中湖南籍 5 人，占总数的 38.46%；中华人民共和国成立后，中共八大选举产生政治局委员 17 人，其中湖南籍 7 人，占总数的 41.18%。⑤

中华人民共和国成立后，在第一届中央人民政府的 52 名领导人中，湖南籍的有 10 人，占 19.23%。1955 年，给戎马倥偬、功勋卓著的军事领导

① 黄邦和、皮明庥主编《中外历史人物词典》，湖南人民出版社，1987。
② 《辞海·中国现代史分册》，上海辞书出版社，1980。
③ 王永均、刘建皋编《中国现代史人物传》，四川人民出版社，1986。
④ 易永卿、陶用舒：《现代湖南人才群体研究》，第 87 页。
⑤ 此处数据引自李惠康《论湘籍无产阶级革命家群体的特点》，《社会科学论坛》（学术研究卷）2007 年第 1 期。

人授勋典，在授予元帅的 10 人里，湖南籍的 3 人；授大将的 10 人里，湖南籍的 6 人；授上将的 57 人里，湖南籍的 19 人。①

由此可见，从鸦片战争到中华人民共和国成立的一百多年间，湖南及湖南人完成了自身形象的重塑。

---

① 林增平：《近代湖湘文化初探》，《林增平文存》，第 90 页。

◎ 吴越文化研究

湖丝映射的历史时空

熊月之[*]

佛家有言，一粒沙中看世界。湖丝有光泽，有质感，湖丝不是自然物，有历史，有文化。透过湖丝，人们可以看到中国与世界的联系，看到中国不同地域的环境变迁，看到江南的产业分工与工匠精神。

一 从湖丝看中国与世界的联系

先从大家比较熟悉的徐荣村的故事说起。

1851 年，英国举办第一届万国工业博览会。中国商人徐荣村，[①] 寄七里湖丝 12 包参展，获得博览会"制造业和手工业"奖牌。

这则故事连带出三个问题：第一，为什么是徐荣村寄丝参加世博会而不是别的什么人呢？第二，为什么提供给首届世博会的是湖丝而不是其他物品呢？第三，为什么是从上海而不是从广州等其他港口出发呢？

这三个问题其实是连在一起的。

自葡萄牙人在 16 世纪占领澳门以后，广东香山一带就处在中西文化交

* 熊月之，上海市社会科学院研究员、复旦大学暨华东师范大学历史学博士生导师，研究方向：中国近代思想文化史、上海史。

① 徐荣村（1822～1873）名瑞珩，字德琼，号荣村。广东香山县拱北北岭（今珠海市北岭村）人。少时好学，后外出经商，游历东南诸港。后在上海、江浙等地经营丝绸茶等商品，富甲一方。上海开埠后，在英商"宝顺洋行"（Dent & Company）任买办。徐以"货则上品，售之则上价"之道经商，其在沪所营丝绸、茶叶，蜚声海内外商界。

汇、融合的前沿，那里的中国人，对西洋文明接触最多，了解最切，知之最深。鸦片战争前后十多年间，对西方新生事物信息灵敏的，主要是这一带人，特别是奔走于中西之间的买办。近代买办有广东籍、江浙籍之分，但那时候江浙买办还没形成气候，活跃在洋行里的买办主要是香山人。徐荣村与他的哥哥徐钰亭，都是最早从广州转移到上海的香山买办。"湖丝甲天下。"湖丝以其细、圆、匀、坚、白、净、柔、韧等特点，远远超过其他地方所产蚕丝，在明清时期就世界闻名，明代开始就有外国人用外国商品交换湖丝。鸦片战争以后，湖丝在欧洲市场上更加受到欢迎，是中国最重要的出口商品。鸦片战争以前，中国对外贸易窗口主要在广州，那时丝、茶等商品主要从广州出口到西方。鸦片战争以后，五口通商，上海以其地处长江三角洲，与丝、茶等商品出产地联系更方便，交易成本更低，文化方面也比较开明，很快成为中国最主要的对外贸易窗口。

这就是为什么是香山人、为什么是湖丝、为什么是从上海出发的历史原因。

再看一个一般人不太知道的故事。

上海在 1843 年 11 月 17 日正式开辟为通商口岸。在此以前，已有中国商人向上海道台提出申请，要求开设商号，从事对外贸易。前些年，历史学家王庆成在伦敦英国国家图书馆，发现一份由中国商人张新贤向上海道台提出开设商号的禀帖，其中正式提到"湖丝"问题。这份禀帖对于研究湖丝贸易，具有重要价值。禀帖不长，原文如下：

商人张新贤为禀请开设敦利号以与英商贸易事

为开设丝茶两栈禀请转详关宪给谕，以便饬遵事。

敬禀者：窃职向在粤东贩运江浙各货，开设裕隆竹记字号。缘上年奉有五口通商谕旨，职在粤东有同业陈春圃、卞博山情愿合伙在上海开设敦利字号，招徕丝茶各商，遵奉新议章程，照则纳税，经理贸易事务。是以职等于今年七月来上，在台治西姚家弄、东姚家弄、王家巷、孙家巷以及前和典基、万瑞坊基等处租赁栈房，门前均贴敦利栈字样，以便招接各路商人，安顿货物，庶英国领事官到日，即可通商贸易。

惟湖丝一项，遵照新章补纳三关税银，已据监生沈浩开设通亿丝栈，禀请详充给谕在案。

伏查新议通商章程内载，英商与华商交易一款，现经议定英商到货后，自投商贾，无论与何人交易，听从其便等语。职等遵照新章，预为租赁栈房，不论湖丝、茶叶各货，均听英商自投栈号贸易。所有内地丝商应补三关税银，令其于成交后自投银号代纳。其茶叶一项，亦令英商于成交后即赴银号输纳税银。

惟职等租有各处栈房，应行禀明宪案，叩请转详关宪，以专责成而杜偷漏，实为德便。为此谨禀。①

这则禀帖中，有三点值得注意。

第一点是，鸦片战争以后，湖丝已是中外共同认可的最为重要的对外出口商品。事实上，明清时期，中国对外出口，包括出口欧洲、东南亚与日本，最主要的货物，一是丝绸，二是棉布，三是陶瓷，四是其他物品，其中尤其以生丝、丝织品最为重要。明代徐光启已称："有西洋番舶者，市我湖丝诸物，走诸国贸易，若吕宋者其大都会也，而我闽、浙、直商人乃皆走吕宋诸国。"② 16世纪后期，每年由葡萄牙人运往西方的生丝，有3000余担（150000余公斤），最多时有6000担（300000公斤）。乾隆二十四年（1759），两广总督李侍尧称："惟外洋各国夷船，到粤贩运出口货物，均以丝货为重。每年贩买湖丝并绸缎等项货，自十万余公斤至十六七万公斤不等。统计所买丝货，一岁之中，价值七八十万两或百余万两，至少之年，亦买价至三十余万两之多。其货均系江浙等省商民贩运来粤，卖与各行商，转售外夷，载运回国。"清道光十四年（1834）英国政府撤销了东印度公司

---

① 《商人张新贤为禀请开设敦利号以与英商贸易事》，王庆成编著《稀见清世史料并考释》，武汉出版社，1998，第30~31页。

② 徐光启：《海防迁说》，《明经世文编》卷491。

的对华专利权，中国丝的出口量激增。清道光十三年至十七年，每年达到10000 担（500000 公斤）。

第二点值得注意的是，中国商人在开埠初期的对外贸易中，作用非同一般。上述禀帖中言明，张新贤等人所设立敦利字号商行，是与同业陈春圃、卞博山等合伙，七月已经来到上海，租下至少 6 处栈房，可见规模不小。这三人，此前在广东贩运江浙各货，是颇有经验的商人。张新贤在禀帖中自称"窃职"，则表明他是有一定功名的，很可能是经商成功捐了"候补道台""候补同知"之类的虚衔。

第三点值得注意的是，鸦片战争以后，清政府对于湖丝出口，采取了一定的限制措施。按照《南京条约》及其相关的一系列条约，清政府为了保证税收，规定新设立的口岸关税，补交以前去广州旧道上本来应该缴纳的内地税。上述禀帖中说到的"所有内地丝商应补三关税银"，就是指如果走旧路，即走陆路而不是走海路，从上海到广州，应该经过三个内地关口，即北新、赣州与太平这三关。从这份禀帖，以及上海道台的批复中可知，英国曾要求免纳这一税款，但上海道台坚持不免，必须收缴。结果这一规定得到了实施，直到咸丰十一年（1861）以后才有所改变。① 鸦片战争以前，清政府对于湖丝出口，也有一定限制，比如禁止头蚕湖丝（细丝）的输出，而允许土丝和二蚕、三蚕丝出口。鸦片战争以后，限制的方式有了变化。

二 从湖丝看中国不同地域环境变迁

蚕桑并非江南特产，丝绸也不是江南独有。中国蚕桑已有五千多年历史，在华北、四川等地，植桑养蚕缫丝织绸，也都有悠久的历史。秦汉时期，这些地方都是丝绸出产地。南北朝时期，江南丝绸纺织技术仍不及华北发达，"河北妇人织纴组紃之事，黼黻锦绣罗绮之工，大优于江东也"。②

---

① 李侍尧：《奏请将本年洋商已买丝货准其出口折》，梁嘉彬：《广东十三行考》，广东人民出版社，1999，第 132 页。

② 参见王庆成编著《稀见清世史料并考释》，第 21~23 页。

直到唐宋时期，天下仍有三大丝织品中心，即华北、四川与江南。但是，南宋以后，特别是明清时期，华北、四川的蚕桑业趋于衰落。到了清初，山东、河北一带已绝少能够看到蚕桑连片的情况。而江南则更加发达，湖丝甚至成了中国丝绸的代名词。这是什么原因呢？

这主要有四大原因。其一，中国经济重心自唐代以后就逐渐南移，南宋以后就彻底转移到了南方。对于北方来说，粮食作为最重要的生活必需品，较之蚕桑，更为当务之急。其二，地球气候变化。据气象史学者研究，两宋时期是中国自西周以后的第三个寒冷期。[①] 1110 年，福州荔枝全部冻死，1111 年太湖曾全部结冰，冰上可以走人。[②] 气候变冷，使得原本在北方种植的喜温植物，比如水稻、蚕桑等的种植面积大幅缩减，但有利于原来仅限于北方的作物在南方种植。南宋时期，南方降水没有像北方那样减少，反而有所增加。其三，宋金时期，北方战乱不断，原始植被破坏严重，造成大面积水土流失，黄河泛滥，使得北方的天然湖泽陂塘缩减湮灭，导致土壤质量下降，这也使得北方成为水旱蝗灾多发地区。与此形成对照的是，南方天然水体则有所扩大，太湖面积在南宋时期达到最大规模，太湖流域自然生态保持较好。其四，棉花的普及。棉花在元代才成为人们日常生活用品。明太祖朱元璋大力推广棉花，规定可以花、布折纳税粮，促进了江南地区棉业的兴起。棉花比丝麻更高产，更廉价。丝绸较之棉布，消费门槛更高。南方较北方经济发达，消费水平更高，所以，北方人偏向于用棉布，南方的富裕人群则会消费丝绸。这四个因素的综合作用，使得北方蚕桑业不可挽回地衰落下去，南方的蚕桑业反而有了更大的发展。康熙南巡时说："朕巡省浙西，桑林被野，天下丝缕之供，皆在东南，而蚕桑之盛，惟此一区。"[③]

明清时期，江南蚕桑业发展不均衡，逐渐向湖州一带集中。桑树喜高平

---

① 颜之推：《颜氏家训》。

② 第一个寒冷期从公元前 1000 年到公元前 850 年，即西周寒冷期。第二个寒冷期从 1 世纪到 600 年，即东汉南北朝寒冷期。第三个寒冷期从 1000 年到 1200 年，即两宋时期。

③ 参见竺可桢《中国近五千年来气候变迁的初步研究》，《考古学报》1972 年第 1 期。

地带，不喜低湿之区，对肥力亦有较高要求，因此，即使在高平之处，亦宜培土深厚。唐宋时期，江南蚕桑以北部地区的润州、常州最为发达。宋元时期，太湖南侧发展迅猛，而北部呈衰落趋势，明代更加明显。明清时期，蚕桑区的中心，是苏州、湖州、嘉兴、杭州四府交界地区，尤其以湖州的乌程（归安）、德清，嘉兴的桐乡、石门和苏州的吴江等地，最为发达。湖州、嘉兴一带，土地肥沃，地势高爽，肥力与排水条件均较优越，最宜桑树种植；沿海滨江地区以及山区，虽然地势高爽，但肥力较差；苏州东部、松江西部，地势低洼，肥沃有余，但排水不畅。湖州地处水系上游，水质较好。蚕桑区最后落在四府交界区，落在湖州，是自然选择的结果，实非偶然。清初唐甄说：桑蚕集中于太湖南岸的湖州一带，"北不逾淞，南不逾浙，西不逾湖，东不至海，不过方千里"（《潜书》）。这一判断，基本合乎实际。

由此可见，湖丝的由来、演变历史，可以视为中国历史演变的浓缩版。

三　从湖丝看江南产业分工与工匠精神

丝绸较之麻布、棉布，对工艺要求要高出许多。麻布、棉布的原材料都是植物，而丝绸的原材料，是经过精心培育的专门食用桑叶的蚕吐出的丝，因此其原料的形成是植物（桑）与动物（蚕）双重作用的结果，其影响因子要复杂得多。就桑而言，就有选苗、栽树、浇水、施肥、松土、剪枝、采叶等环节；就蚕而言，则有选种、浴种、出蚁、喂叶、除粪、防病、治病、上蔟、采茧，然后再进入缫丝、漂染、纺织等环节。诸多环节，环环相扣，每一环节都很重要，都不能掉以轻心。

明清时期，江南地区人口密度高，在丝绸生产方面形成较为细密的分工，不但植桑与养蚕有分工，丝的生产与绸的生产亦有分工，而且每一阶段都有更细化的分工，形成了很长的产业链条，构成了很大的生产规模。众所周知，在生产领域，集聚促进分工，分工促进创新，创新促进进步。以桑叶市场为例，太湖流域在光绪年间已形成集散范围大约百里的桑叶市场，集中在嘉兴、湖州、苏州三府交界处，以乌镇的桑叶市场最为著名。

光绪年间，叶市甚盛，约有 10 万石出口，均由下乡蚕户来此采购。[①] 叶行上市，通宵达旦，采叶船封满河港。桑叶市场如此发达，促使有些农户从养蚕产业链中独立出来，专门种植桑树、生产桑叶、运输桑叶、销售桑叶，而不一定自己养蚕。至于缫丝、漂染、纺织、刺绣方面，分工更细，更为专业，这些环节，后来也都成了相对独立的行业。如湖州的归安和乌程蚕桑丝织业自明代起即形成地域性分工，"诸乡统力农，修蚕织，极东乡业强，南乡业桑……菱湖业蚕，捻绵为绸尤工"。[②] 这样，每个环节都会涌现出一大批体现今人所谓工匠精神的行家里手，正是由于集聚与分工，湖丝才成为举世闻名的标志性产品。

综合以上三个方面，我们可以看出，湖州盛产丝绸，湖丝如此世界闻名，实在是天时、地利与人和综合作用的结果。

---

① 《桑赋·序》，《皇朝经世文编》。
② 张海英：《明清江南商品流通与市场体系》，华东师范大学出版社，2002，第 100 页。

从浙学角度看中国地域文化

吴　光*

我认为地域文化研究确实像马大正先生讲的，过去有一种碎片化的情况，这也是学术研究必然的现象，开始是碎片化，到以后再把它聚起来，叫聚沙成塔、集腋成裘。从碎片化到整体化的研究，这是学术的进步。因此我也希望我们地域文化研究以此为契机，今后能够发扬光大，做得更好。从我个人来讲，自20世纪80年代在中国人民大学读研究生开始，也参与了20世纪80年代文化热的一些讨论，到20世纪90年代，再到现在新的国学热，甚至是阳明学热并成为一种显学，我都是参与其中的，也做了一些事情。

浙学不仅是从理论上、学术上对学术研究有所推动，而且对现实的经济、社会的发展也有推动，我之前谈过浙学和浙江精神，我认为浙学精神是学术的精神，但是浙江精神是一个政治的、创业的精神。浙江、浙学是有密切关系的，从改革开放以来，浙江经济发达，特别是民营经济，大家都从浙江的经济发展来总结背后的动力是什么，我们总结出来是一个浙学传统的人文精神，浙江的发展是一种民营经济的发展，动力来自民间，不是来自政府，政府是为民营经济的发展服务的。这些年浙江在全国的发展中是比较突出的，浙江经济社会的发展与浙江人文精神传统的具体关系还

* 吴光，浙江省社会科学院哲学研究所研究员、浙江省文史研究馆馆员、浙江省儒学学会会长，研究方向：儒学。

有待于深入研究。总的来说，浙学作为一种内涵深刻、充满活力的地域学术文化，凝聚了浙江地域的思想和人文关切，是中华文化的重要组成部分，它不但在历史上展现了浙江与中国的文明进步，而且至今都是推动浙江经济社会发展的强大的思想之源。我们认为通过对具体区域的学术文化传统做深入的剖析、细致的解读，提炼、传承和弘扬是跨越时空、超越国度，富有永恒魅力的。浙学是具有当代价值的一种文化精神，是当今推动学术繁荣、助力文化创新的一个重要途径。就浙学而言，它所蕴含的人文精神正是指导当代浙江继续干在实处、走在前列、永立潮头，并实现高水平发展，全面建成小康社会，高水平推进社会主义现代化建设，实现宏伟目标的一个方向性的引领。所以我觉得我们确实有必要对地域文化，尤其是各个地方所体现的文化精神加以深入的研究和发掘。

吴越文化溯源

赵　欣[*]

　　越文化，广义上又称吴越文化，是越族先民在吴越故地，即今长江下游一带创造的地域文化，是中华文明的重要组成部分。吴越文化的源头可以追溯到河姆渡文化、马家浜文化和良渚文化时期。越人是新石器时代中晚期河姆渡人、良渚人的后裔。吴越文化是在越族原始文化的基础上，吸收了中原商周文化的元素而发展起来的地域文化。著名的吴越文化学者董楚平指出："研究区域文化，首先要确定区域范围。"[①] 荀子曾说"居楚而楚，居越而越，居夏而夏"，[②] 明示地理环境对地域文化的形成有着重要的影响，而地域文化的形成也对人文环境的稳定起到了一定的促进作用，所谓"越人安越，楚人安楚，君子安雅（夏）"。[③] 因此，研究吴越文化首先要有相对明确的区域地理概念。一般而言，吴越文化是长江下游地区江浙一带的主流文化，所以也称为江浙文化。正如董楚平先生所言，文化区不同于行政区，不能像行政区一样有着清晰的边界线，[④] 其文化产生影响的地理范围只能大致地按地缘相邻、民族相近、民俗相似等显性因素以"文化带"来大致推定。显然，除了地理因素外，对特定文化带追根溯源更是深入研究地域文化的基石。

---

　　[*] 赵欣，吉林省社会科学院研究员，研究方向：历史地理、中外文化交流史。

　　[①] 董楚平：《吴越文化概述》，《杭州师范学院学报》（社会科学版）2000 年第 2 期。

　　[②] 《荀子·儒效篇》。

　　[③] 《荀子·荣辱篇》。

　　[④] 董楚平：《吴越文化概述》，《杭州师范学院学报》（社会科学版）2000 年第 2 期。

一 吴越文化萌生的地理环境

据地质学家考证，在距今 3.5 亿年的石炭纪，浙江地区的地面开始交替升降，上升的部分变为陆地，下降的地区则变成海洋，再以后长期稳步下沉，最终形成了一片温暖湿润的浅海区。约在 2.3 亿年前，海西构造运动时期开始，浙江地区原来在浅海区底部的沉积岩层，经受了挤压、褶皱、断裂和隆生等各种地质力的作用后，形成了一系列的褶皱构造，成为今天西湖群山浙东山区的雏形。① 而从全球范围考察，自从第四纪更新世晚期以来，地球上曾有过几次冰期、间冰期的交替过程，地理大环境的变化使浙江的地理环境也产生了剧变。当冰期来临的时候，大气环流的方向改变，气候带、生物带随之向南转移，海退发生，大陆架显露。而当间冰期来临时，气候带、生物带北移，海侵出现，沿海平原渐次成为浅海区域。因这个时期原始人类已在浙江大地上出现，故地理环境的剧变，直接影响了浙江文化的源流方向。

另据考证，自更新世晚期以来，浙江沿海地区曾发生过三次大海侵，依次为星轮虫（asterotalia）、假轮虫（pseudorotalia）和卷转虫（ammonia）海侵。② 星轮虫海侵发生在距今 11 万年，海退则发生在距今 7 万年，海侵持续了 4 万年，而海退（冰期）则持续了 2.5 万年。在长达 4 万年之久的星轮虫海侵时期，浙江沿海平原的大部分成为浅海，因此在浙江平原上很难发现这一时期的旧石器文化遗址。而地处浙西山地的建德，当时高出海平面，自然条件比较优越，适合动植物的陆地生存，故在那里发现了旧石器时代人类的犬齿化石，其时的原始人以发现地被命名为"建德人"。新近的研究表明，"建德人"远比以往认为的距今 5 万年要早，根据铀系列法所做的新的年代测定，其年代值有两个，一是距

---

① 阙维民编著《杭州城池暨西湖历史图说》，浙江人民出版社，2000，第 3 页。

② 转引自滕复、徐吉军、徐建春等编著《浙江文化史》，浙江人民出版社，1992，第 21 页。

今为 9.7 万 ± 0.8 万年，另一个是 10.8 万 ± （0.8～0.9）万年。[1] 可见"建德人"的生存时期（下文将"建德人"的生存时期简称为"建德"时期）与星轮虫海侵时期接近。

"建德"时期，在浙西山地的原始密林中，气候较温和，动植物种类也十分丰富，大熊猫-剑齿象动物群化石的大量存在表明当时的气候与四川相似。据考古学家测定，"建德人"其时居住在天然的岩洞中，过着渔猎采集的生活，并且已能使用火。[2] 考古学家对"建德人"研究的新发现表明早在 10 万年前，浙江的大地上就有人类栖居与活动。在较为暖湿的气候条件下，各种动植物都可以较为顺利地度过生命中的四季，因此在浙江大地上发现人类文明的源头应该是天时地利使然。

第二次海侵（假轮虫海侵）发生在 4 万年以前的第四纪更新世晚期，海退则发生在距今约 2.5 万年。经过 1.5 万年海水的侵蚀，浙江原陆地上的生物遭到了毁灭性的破坏。海退以后，浙江地带的气候骤然变冷，大片的原始森林枯萎，而大批的动物在海侵之前已逃离浙江，大举南迁。"建德人"或已消失在大海的怒涛中，或流徙异域他乡。"建德人"自身所携带的文明的火种是否燃烧到域外地区的原始人群中尚无从可考。浙江地域在二次海侵后海平面降低，海岸线延长，大片的海底陆地裸露，形成了浙东平原。舟山群岛亦变成稍高于海平面的低山丘陵，东海海岸线后退了 600 公里左右。[3] "杭州湾以南的岩石海岸……现在位于海拔 20～25 米、10～25 米的高度。"[4] 现在位于杭州西湖群山、面向东部杭州湾地段的海拔 10 米至 25 米的等高线上下有许多海蚀台阶，这就是浙江早期人类聚落的地址。

此时，由于第三季季风已形成，浙江地区深受季风气候的影响，夏

---

① 转引自滕复、徐吉军、徐建春等编著《浙江文化史》，第 22 页。
② 滕复、徐吉军、徐建春等编著《浙江文化史》，第 22 页。
③ 滕复、徐吉军、徐建春等编著《浙江文化史》，第 23 页。
④ 中国科学院《中国自然地理》编辑委员会：《中国自然地理·古地理》，科学出版社，1980，第 200 页。

季半年盛行湿润温暖的东南风，故气候变得暖热，雨量充沛；冬季盛行干冷的偏北风，降水较少，气温也低。但是因为"浙江最高峰为1921米，即使考虑到海平面下降，也未达到古雪线的高度，所以在整个第四纪，浙江地区从未受到过冰川的影响"。① 这一有利的气候条件使浙江地区物种的传承不会出现断裂的可能，因而某种生物的消失可以考虑到流徙的因素。

1985年，南京博物院等单位的人员在离浙江北部很近的江苏省吴县东山镇三山岛东泊小山青峰岭下，发现了旧石器时代的遗址，其文化遗物的分布范围有700多平方米。据考证，该遗址距今约有2万年。大量的削刮器、砍砸器及稻谷壳的出土，证明浙江地带的人类至少在2万年前甚至更早时期就已经进入了刀耕火种的最初的文明时代，而因第四纪海侵而消失的"建德人"的归宿也找到了可能的答案，即按照原始文化的地域流向，山麓文化走向河谷文化推理，"建德人"从山麓走向平原亦是自然选择和文明走向。这也从另一个侧面表明，浙江地域文化的源头最早可以追溯到旧石器时代的河姆渡文化。

在假轮虫海侵后的海退期间，浙江地域的海岸线延长，海平面降低，浙东平原与杭嘉湖平原形成。自然条件随着第三季季风的出现变得更有利于动植物的生存与发育，因海侵而流向山麓的"建德人"等原始人类从山地走向了平原，发展成为文明程度更高的越族人。河姆渡文化遗址中发现的大量谷壳和鱼骨表明，这些原始人类已开始了平原上刀耕火种的农业生活，兼以渔猎采集等生活方式。第四纪晚期，浙东宁绍平原的形成为越族人提供了一个可供其繁衍生息的基地。后来，宁绍平原自然环境恶化，第三次海侵迫使越族人进行了几次大规模迁徙。在距今约1万年的一次迁徙中，有一支越过了钱塘江进入了今浙西和苏南的丘陵地带，从此在这个地区繁衍生息，逐渐地创造了今天考古学界所谓的马家浜文化、崧泽文化和良渚文化，所以良渚人的祖先应是越族人。正式进入史籍记载的吴越国应

---

① 滕复、徐吉军、徐建春等编著《浙江文化史》，第23页。

该就是良渚人与吴越人有着某种关联的一种印证，与浙江更接近的原始文化便是新石器时代的良渚文化。① 杭州是良渚文化的最初发现地，其发现的具体地点，就在老和山的东南麓，即现在浙江大学玉泉校区一学生宿舍所在地。② 其后，在余杭吴家埠、汇观山、卢村、反山、梅园里、横山，海宁荷叶地、余墩庙，海盐县石泉高地，嘉兴大坟等地发现十余处良渚文化不同时期的遗址，这为深入研究良渚文化的渊源、流向和变异提供了珍贵的物证。

综上，良渚文化的发源地主要集中在浙江地区，其特征是一种以稻作为主的原始文化，因此研究良渚文化遗址出土的器物就可以大致了解当时浙江地区的社会生活状况。良渚文化遗址出土的生产工具主要是磨制精细的石斧、石钺、石锛、石凿、石镰、石犁、破土器等。这些器具的出土表明当时浙江的农业已相当发达，以种植水稻为主，以渔猎为辅。出土的农具表明，水稻的栽培已从耜耕发展到犁耕，且兼植桑麻、养蚕等副业，水上交通也较为发达。生活器具早期以泥质灰陶为主，晚期则盛行黑皮陶，采用轮制工艺，器表或打磨光亮，或刻装饰花纹，主要炊具有鼎、壶、罐、豆等，尤以鱼鳍形、圆锥形、丁字形足的夹砂陶鼎、贯耳壶和竹节形镂孔黑皮陶豆最具特征。玉器制作技术更达到极高水平，器形种类繁多，

---

① 1936年，西湖博物馆馆员施昕更在良渚镇首先发现一些破碎的陶片，考证为原始社会时期的产物。他据此写出《良渚——杭县第二区黑陶文化初步报告》，于1938年8月正式出版，"良渚"之名因此轰动了全国。1955年，浙江省文物管理委员会在良渚镇附近的朱村发掘出一大批黑皮陶；1956年对吴兴钱山漾遗址进行发掘，在地层学上取得了突破。1959年考古学家夏鼐在长江文物考古队长会议上，正式提出"良渚文化"的命名，经碳-14测定，距今约5000年至4000年。这是我国长江下游太湖流域新石器时代晚期的一支重要的古文化。20世纪60年代在吴兴邱城，杭州水田畈，上海青浦县崧泽、马桥，松江富林，江苏越城，吴江梅堰等处发掘，证明良渚文化主要分布于长江下游、太湖流域，向东延伸到东海之滨，西北至江苏镇江、常州一带。良渚文化是马家浜文化经过崧泽文化发展而来。浙江地域的良渚遗址群位于杭嘉湖平原的西南部，是天目山余脉的一块谷地，属余杭市良渚、瓶窑、安溪三镇所辖，面积约30万平方公里。20世纪80年代发现了吴家埠、反山、瑶山、庙前等遗址；20世纪90年代发掘了汇观山、莫角山、塘山等遗址，这些遗址中出土了大量珍贵的玉器、陶器及贵族墓葬和大型礼仪址等，成为良渚文化圈的中心地带。

② 转引自阙维民编著《杭州城池暨西湖历史图说》，第5页。

开了中国古代玉文化之先河。良渚文化晚期正处于原始社会向阶级社会过渡阶段，对研究吴越文化起源乃至整个中华文明的源流都具有极其重要的价值。

闻名于世的越族祖先——"建德人"是属于何种类型的原始人群尚不得而知，但他们在广袤的宁绍平原上生活了很长时间是不争的事实。他们在宁绍、杭嘉湖平原上辛勤劳作，创造了多元化的原始文明，为后世的考古发掘积聚了大量的宝藏。在距今约 1.2 万年，卷转虫海侵开始了，无情的海水再次席卷了越族人的家园。海岸线位于现在水下 110 米处，到了距今 1 万年，海平面上升了 40 米左右，达到了 7000~6000 年前的最高峰。[①]浙江沿海平原几乎全部成为浅海区。与此同时，自然条件迅速恶化，越族人也开始向高处迁徙。据考古学家考证，越人此时的迁徙出现了变化，他们由原来集中的单向性迁徙转变为复杂的多向性迁徙。其主要流向有二：一支向内陆迁徙，向南部丘陵高地转移，进入会稽、四明山区。这些流向了中原内陆地区的越族人，在海拔较高处逐渐建立了河姆渡、马家浜、罗家角、彭城、谭家湾、吴家浜等距今约 7000 年的原始聚落，成为《越绝书》中所称的"内越"，[②] 或称"于越"。另一支先民越过钱塘江迁徙到今浙西和苏南的丘陵区，史称"句吴"。于越与句吴是一个部族的两个分支，伍子胥、范蠡都曾指出吴越"为邻同俗""同气共俗"，[③] 他们在原始风俗文化方面具有共通性。处于东海大陆架附近的先民首先迁徙，以舟代车，顺流而下，乘独木舟漂洋过海，漂向琉球群岛、日本列岛、南洋群岛、中南半岛，即所谓的"外越"或"东海外越"。[④] 越族人迁徙方式的变化折射出他们改变自然环境的能力有所提高，原始文明在不断地向更高阶段演进。按照近年来的多数考古学家的共识，浙江原始社会文明区可概

---

① 滕复、徐吉军、徐建春等编著《浙江文化史》，第 24 页。
② 滕复、徐吉军、徐建春等编著《浙江文化史》，第 24 页。
③ 《越绝书》卷 6《越绝外传记策考》、卷 7《越绝外传记范伯》。
④ 《越绝书》卷 2、卷 8《越绝外传记地传》。

括地分为四个阶段，即河姆渡文化→马家浜文化①→崧泽文化②→良渚文化，这些都属于新石器时代的文化层。迄今为止，浙江省境内已发现了百处以上的新石器时代遗址。它们的共性在于，这些遗址大都处于水网地带或河流湖泊的阶地、台地上。③ 遗址的近水域性表明了浙江原始人类与海洋生活的密切关系。吴越地区居水临海的地理条件，拥有"鱼盐之利"和水陆交通之优势，与域外商贸往来便利，双向文化互动频繁，且大海具有浩渺宽阔的水域，近吞内陆百川，远接异国他乡，烟波氤氲，造就了吴越人外向、重商、开拓的性格；吴越文化呈现出鲜明的海洋文化特征。

二 吴越文化的族源与特征

越族是居于我国东南和南部地区的古老民族。由于其族团支系众多，分布范围甚广，因此史称"百越"。《汉书·地理志》颜师古注引臣瓒曰："自交趾至会稽，七八千里，百粤杂处，各有种姓。"④ 这里的"粤"即指越族。另据清《四库提要·百越先贤志》所载："南方之国，越为大，自勾践六世孙无彊为楚所败，诸子散处海上，其著者东越无诸，都东冶，至漳泉，故闽越也；东海王摇，都于永嘉，故瓯越也；自湘漓而南，故西越也；

---

① 1959 年初春，嘉兴南湖乡天带桥马家浜地方居民在沤肥挖坑中发现大量兽骨和古代遗物。马家浜遗址位于嘉兴西南 7.5 公里，面积约 15000 平方米，发掘区在遗址的中部，共布探方 5 个，计 213 平方米。表土层下文化层分上下两层；上层以灰黑色黏土为主，并有红烧土层和淤泥层，厚达 12~80 厘米，包含物有兽骨、石锛、砺石、骨镞和各种质地的陶片，还有建筑遗迹；下层为含有大量腐烂的兽骨碎片的黑色黏土，厚达 15~75 厘米，包含的兽骨比上一层更多，还有骨管、骨锥、骨针、骨镞以及石斧、砺石和陶片等。

② 崧泽文化距今约 5800~4900 年，属新石器时期母系社会向父系社会过渡阶段，以首次在上海市青浦区崧泽村发现而得名。而浙江的南河浜遗址位于嘉兴市大桥乡，1996 年在配合沪杭高速公路取土工程的考古调查中发现。发掘面积约 1000 平方米。共清理良渚文化墓葬 4 座、崧泽文化墓葬 92 座，以及崧泽文化祭台 1 座、灰坑 24 个、房屋 7 座，出土玉、石、陶器等遗物 700 余件，为研究崧泽文化提供了丰富的资料，参见浙江省文物考古研究所编《浙江考古精华》，文物出版社，1999，第 10~29 页。

③ 《浙江航运史》编辑委员会编《浙江航运史》（古近代部分），人民交通出版社，1993，第 2 页。

④ 又见杜佑《通典》卷 184。

牂牁西下邕雍、绥建，故骆越也。统而名之谓之百越。……百越先贤……兼及会稽，以勾践旧疆，自南越北，尽会稽故也。"由此可见，吴越文化主要起源于春秋吴越国时期，其文化核心地带是在浙江绍兴（绍兴古称会稽）一带。根据分布地区的不同，越族又有不同的具体族称，如"于越""句吴""闽越""瓯越""南越"等。"于越"也称"於越""大越""内越"，是百越中比较发达的一支，分布在以会稽为中心的浙江一带。关于于越的族源，学术界众说纷纭，莫衷一是，主要有以下几种说法：（1）夏人苗裔说；（2）楚越同源说；（3）三苗集团后裔说；（4）南太平洋马来人种说；（5）江、淮徐族后裔说；（6）于越是土著族等。①

因海侵而被迫迁入山区后的于越部族，社会经济发展缓慢，长期停滞在刀耕火种的迁徙农业和狩猎阶段。据传，于越部族的最早首领是无余。《越绝书》载："昔者，越之先君无余，乃禹之世，别封于越，以守禹冢。"②《吴越春秋》载："越之前君无余者，夏禹之末封也。""禹以下六世而得帝少康。少康恐禹祭之绝祀，乃封其庶子於越，号曰无余。"③ 无余定都会稽山地，一说坤中（今诸暨市），一说嶕岘（今绍兴县）。"人民山居，虽有鸟田之利，租贡才给宗庙祭祀之费。乃复随陵陆而耕种，或逐禽鹿而给食。无余质朴，不设宫室之饰，从民所居，春秋祠禹墓于会稽。无余传世十余，末君微劣，不能自立，转从众庶为编户之民，禹祀断绝。"④ 这些零星的记载反映了越国初创期不设宫殿，与民同处，生活条件艰苦，其封建王朝的王位相承制却十分明显。

无余以后的二三十世越王，一面艰难地发展经济文化，一面加强与中原西周王朝及周边诸侯国的接触。据今本《竹书纪年》载，周成王二十四年（约公元前11世纪）"於越来宾"，始向中央周王朝朝贡。越国到允常执

---

① 参见陈国强、蒋炳钊、吴绵吉、辛土成《百越民族史》，中国社会科学出版社，1988，第121~132页；滕复、徐吉军、徐建春等编著《浙江文化史》，第40~41页。

② 《越绝书》卷8《越绝外传记地传》。

③ 赵晔著，徐天祜音注《吴越春秋》，江苏古籍出版社，1999，第10、93页。

④ 赵晔著，徐天祜音注《吴越春秋》，第101、102页。

政时期，逐渐强盛起来，真正成为春秋时期的一个诸侯国。越王允常为开拓疆土，扩大权势，曾与吴国进行过几次战争。公元前 497 年（周敬王二十三年），越王允常卒，勾践即位，迁都平阳（今绍兴平水镇平阳），向会稽平原地区发展。翌年，吴王阖闾乘允常之丧伐越，勾践出兵与吴军交战于檇李（今嘉兴西南），吴兵败，阖闾被射伤中毒而死。公元前 495 年，吴王夫差即位，为报父仇，于公元前 494 年再度伐越，败越于夫椒（太湖椒山），勾践带残兵五千，退守会稽山，向吴屈辱求和，"入臣于吴"，为人质3 年。公元前 490 年，勾践被释放回国。回国后，勾践"卧薪尝胆"，奋发图强，推行一系列社会经济改革，经过"十年生聚，而十年教训"，国力逐渐恢复，由弱变强。公元前 478 年，越王勾践趁吴王夫差率军北上争霸、国内空虚之机，向吴发动攻击，越军水陆并进，攻陷吴都姑苏（苏州），吴被迫求和。公元前 475 年，越再次发起攻击，围吴都 3 年，迫吴投降，吴王夫差自缢身亡。公元前 473 年，吴亡。

越灭吴后，勾践"乃以兵北渡淮，与齐、晋诸侯会于徐州（山东滕县）致贡于周。周元王使人赐勾践胙，命为伯"。[①] 同时，勾践由会稽迁都到山东琅琊，领土已过淮水以北，与鲁国接壤。越已成为春秋末期霸王、东南大国。

公元前 465 年（周贞定王四年），越王勾践卒。勾践后，历八代。前四代时越国尚强，消灭了滕、郯、缯几个小侯国。但是由于内部宫廷的斗争，国力迅速衰弱，公元前 379 年，越国由琅琊迁都吴（今苏州市）。接着宫廷内讧加剧，几年内，三个王被谋杀。到末代王无疆时，内乱不止，越国大势已去。公元前 334 年，楚军大败越兵，杀无疆，夺占吴故地，直至浙江（钱塘江）越国被楚灭。但无疆失国后，越国并未完全消亡，如《史记·越王勾践世家》指出："越以此散，诸族子争立，或为王，或为君，滨于江南海上，服朝于楚。"直到公元前 222 年，秦始皇派大将王翦灭楚平江南之地

---

① 《史记》卷 41《越王勾践世家》，中华书局，1959，第 1746、1751 页。

时，"降越君，置会稽郡"，① 越国最终灭亡。

考古资料也进一步印证，于越与句吴皆是越族流迁中的两个分支，有着同一的原始文化源。虽然随着历史的演进，在中原华夏民族的影响下，于越和句吴以不同的模式组建了吴、越两国，在春秋战国时期称王争霸，相互厮杀，战争不断。然而，"吴与越同音共律，上合星宿，下共一理"，②"同气共俗"，"为邻同俗"。他们在承继共同的原始文化的基础上，在太湖周围、杭州湾一带地域拓展了吴越文化区，形成并丰富了吴越文化。

几十年来，学术界对吴越文化的地方特征进行了深入的研究，提出了颇有见地的观点，我们根据学者们的研究成果，③ 对吴越文化的显性特征从两个方面加以概括。

第一，吴越文化物质层面的主要特征有：（1）以种植水稻著称，是中国及亚洲的水稻重要发源地之一，是稻作文化的中心地域。（2）吴越地区是世界上养蚕缫丝业的发源地。（3）几何形印纹陶器原始青瓷和有段石锛的普遍使用和流传。（4）青铜冶炼有着深厚的基础，尤其是青铜宝剑的铸造技艺极为精湛。（5）善于使楫驾舟，造船业发达。越国时在造船方面已有相当基础，有造船基地，能造楼船、戈船、翼船等各种类型舟船，大型战船有楼船、戈船，还有"桴"（即"筏"）、"方舟"（两船合并连接而成）、"下濑船"、"大翼"、"中翼"、"小翼"等不同类型的战船。④ 造船业的发展，拓展了航海活动领域，从近海交通扩大到远洋交通，从军用扩大

---

① 《史记》卷 41《越王勾践世家》、卷 6《秦始皇本纪》，第 1751、234 页。

② 赵晔著，徐天祜音注《吴越春秋》，第 86 页。

③ 主要参照吴越文化研究会《吴越文化论丛》，上海文艺出版社，1990；林惠祥《中国民族史》（上），上海书店，1984；浙江省社会科学院国际越文化研究中心、中国百越民族史研究会编《国际百越文化研究》，中国社会科学出版社，1994；陈国强、蒋炳钊、吴绵吉、辛士成《百越民族史》，中国社会科学出版社，1988；林华东《河姆渡文化初探》，浙江人民出版社，1992；浙江省文物局、浙江省文物考古研究所、河姆渡遗址博物馆编《河姆渡文化研究》，杭州大学出版社，1998；李学勤、徐吉军主编《长江文化史》，江西教育出版社，1995；董楚平《吴越文化新探》，浙江人民出版社，1988；滕复、徐吉军、徐建春等编著《浙江文化史》；方杰主编《越国文化》，上海社会科学院出版社，1998。

④ 林华东：《吴越舟楫考》，《东南文化》1986 年第 1 期。

到海上运输、海外贸易，发展了同邻近地区民族、国家的往来。（6）习于"巢居"，住干栏式房屋。（7）饮食上除了以稻米为主食外，还喜食鱼、龟鳖、蛤、螺、蚌等水生食品。

第二，在语言文字、宗教信仰、风俗习惯等非物质层面的显性特征有：（1）语言的独特性，越族语言是黏着语，一字数音，不同于汉语的孤立语，一字一音。（2）文字上虽与古代中原人使用的篆书一样，但在每字之旁附加鸟形纹饰，故称"鸟篆"，所以，一般人认为越人使用"鸟书"。（3）蛇图腾崇拜、鸟图腾崇拜普遍存在。吴越文化中的鸟图腾也从侧面说明了其文明具有"萨满主义"的文化基质。[①] 其鸟虫书的文字，也与其对鸟和蛇的图腾崇拜有密切关系。宋人田锡曾说："江南岁多不稔，农鲜服勤，信卜筮而佞鬼神，弃耕桑而从网罟，是以民无土著，家无积储。"[②] 这说明吴越文化中存在佞神的倾向，宗教祭祀过频过重，以至于误了稼穑农耕。（4）有断发文身习俗。"断发"即剪短头发，不束发加冠，明显不同于中原商人、周人束发加冠的装束习惯；文身，即在身体表皮上用墨刺出各种永久性图案。（5）未发现重男轻女现象。吴越文化可贵的一面是男女平等。勾践返国后，范蠡声言"同男妇之功"；勾践奖励生育，"生男给犬，生女给豚"；女性也同男性一样习武弄剑，表现出了吴越文化对女性社会角色的认可与重视。（6）吴越文化有轻死易发的民风，缺少对生命的敬畏和对百姓的仁爱。勾践的三百死士，受辱即殉道，殉葬墓的长期存在，乃至勾践的卧薪尝胆也都从另一个侧面反映了吴越文化中这种单一轻死重义的情结，且逝者多使用石室墓。

三　吴越文化的传承与转型

吴越文化区形成后，一段时期内保持着稳定的发展态势，使吴越文化深深地植根于当地百姓的意识形态中。然而，随着政治环境的变迁，

[①] 陶磊：《萨满主义与吴越文化：理解吴越的一种方式》，《浙江社会科学》2013 年第 2 期。
[②] 《太平令贾昭伟考祠》，《全宋文》卷 88。

吴越文化区几易其主，与中原华夏文化以及毗邻的楚文化被动地发生了交流与融合，经历了几个关键的转型期，使吴越文化的内核发生了质的变化。

公元前222年（秦始皇二十五年），秦派大将王翦消灭楚国，降服越君，平定江南，置会稽郡，辖24个县，属今浙江地区的计14个县。为加强对越故地的控制，秦政权强制迁徙越民到浙西余杭、乌程等山地。同时，徙天下有罪谪吏民置会稽地带。《越绝书》记载："是时，徙大越民置余杭、伊攻、口故鄣。因徙天下有罪适（谪）吏民，置海南故大越处，以备东海外越，乃更名大越曰山阴。"① 以后，到汉武帝平讨闽越时，又把东瓯（越）、闽越徙迁到江淮一带甚至更远地区，分而治之，使东瓯人、闽越人逐渐与汉人同化融合。再有东晋时期发生"永嘉之乱"，朝廷迁至吴越地区的建康（南京），为避战祸，大量汉人随之迁入吴越地区。华夏民族在这几个朝代中的被动迁徙使吴越地区由原来的以夷越文化为主导转变为以汉族文化为主导的区域文化，由春秋战国时期的尚武型转为汉代以后的崇文型，是为吴越文化的第一次转型。

秦、汉、晋时期统治者施行这些政治措施的目的在于巩固封建专制统治，但在客观上促进了吴越地区的经济开发，加速了民族融合。秦汉时期的浙江经济，虽然仍比中原地区落后，但随着中央集权的封建国家的建立与统治机器的加强，长期混战状态逐渐结束，社会日趋稳定，经济有了缓慢的发展。关于当时的社会状况，《史记·货殖列传》有载："楚越之地，地广人希（稀），饭稻羹鱼，或火耕而水耨，果隋嬴蛤，不待贾而足，地执饶食，无饥馑之患，以故呰窳偷生，无积聚而多贫，是故江淮以南，无冻饿之人，亦无千金之家。"② 农业的进步是秦汉经济发展最主要的表现。封建土地制度的确立、佃耕制的实行，刺激了农民生产的积极性，农业生产工具不断改进发展，铁制农具进一步推广。绍兴漓渚出土的许多铁锄、铁

---

① 《越绝书》卷8《越绝外传记地传》。
② 《史记》卷129《货殖列传》，第3270页。

犁，表明这个地区使用铁制农具已很普遍。在耕作技术上，牛耕已很普遍。兴修水利，灌溉农田，促进了农业产量的提高。东汉光武帝（25～57）登位不久，在今慈溪鸣鹤（汉属句章）修治了杜湖、白洋湖等湖泊，蓄水灌溉农田。东汉顺帝永和五年（140），会稽太守马臻在会稽郡山阴县界筑塘蓄水，兴建镜湖，旱时泄湖灌田，涝时排水入海，消除旱涝灾情。东汉灵帝熹平二年（173），余杭县令陈浑筑南上湖、南下湖，沿苕溪一带增建塘堰陡门数十处，灌溉农田1000余顷，7000余户受益。在农业发展的基础上，城市手工业得到了发展，行业种类繁多，有的已达相当规模。盐、铁是两汉手工业的重要部门，由政府控制，郡县设"盐官""铁官"。据《汉书》记载，全国有"盐官"35处，会稽郡的海盐就是其中之一。[①]秦汉时，造船业进一步发展，造船技术大幅度提高，多桅多帆的木帆船已经出现，楼船已具有帆、舵、碇等设备。会稽及其南部的平阳、福建沿海一带成为造船业的重要基地。铜镜制造业发达，铸造技术、艺术都超过了吴越时代；会稽制造的车马镜等造型别致、花纹精美。陶瓷业亦普遍发展，在上虞、余姚、宁波、永嘉等地发现多处两汉（主要是东汉时期）的陶瓷窑址。上虞上浦乡发现的小仙坛青瓷窑址，是迄今世界上发现最早的青瓷生产地。小仙坛古窑烧制的青瓷器，釉色青绿，晶莹靓丽，胎质细腻坚硬。宁波江北区的郭塘岙、八字桥，鄞州的九缸山，慈溪上林湖等地发现的青瓷，都证明浙东一带是中国青瓷的故乡。纺织业普遍发展，东汉时，会稽一带织造的"越布"闻名全国，光武帝刘秀"见而好之"，就把越布列为贡品。

隋唐时期，随着大运河的开凿，洛阳与杭州两个极点上的工商业得到了空前发展。"杭州为东南名郡……咽喉吴越，势雄江海，国家阜成兆人，户口益增……水牵卉服，陆控山夷，骈樯二十里，开肆三万室"，[②]商业的繁荣由此可见一斑。大运河开通后，浙江整个地区的经济都呈现出良好的

---

① 《汉书》卷28上《地理志》，中华书局，1962，第1591页。
② 李华：《杭州刺史厅壁记》，《全唐文》卷316。

发展势头，商业繁荣，人口增加，余杭、会稽、东阳、永嘉、遂安五郡计有73341户。① 吴越地区水路交通十分发达，西可至杭州进入运河北上京都，或入钱塘江南下，东至明州可出海，向北可跨杭州湾到达嘉兴，占尽了交通优势，商业极为兴隆。以杭州为例，地处江南运河与钱塘江、浙东运河之交汇点上，杭州城发展成为城周70里、人口20多万的区域中心城市。浙中南部的婺、衢、台、温、处五州秉承传统的地区优势，共有389176户，超过了北部和东部的杭、越、湖、明、睦五州和嘉兴、海盐二县的368665户。② 而这一时期，吴越地区的丝绸纺织技术达到了炉火纯青的地步，为该地与域外文化交流提供了充足的物质支持。越州素来丝织业极发达，是向唐政府贡赋丝绸的重地。唐政府为加强对越州贡品的管理，在中唐时于越州设观察使，越州成为江南丝绸贡品的中心，每年向朝廷进贡的除了传统的文梭白纱外，"别进异文吴绫及花鼓歇单纱、吴绫、吴珠纱等纤丽之物，凡数十种"。③ 越州"机杼耕稼，提封七州，其间茧税鱼盐，衣食半天下"。④ 丝织品种类繁多，织工精美，宝花罗、花纹罗、白编绫、交梭绫、十样花纹绫、吴绢、花纱等名目各异。⑤ 水路交通的发达带动了商业繁荣与精细型手工业的发展，进一步强化了吴越人的"水柔"特性和缜密细腻的文化传统。

唐朝中后期，"安史之乱"使大量汉人避乱迁入江南吴越旧地，中原文化再次对吴越地区形成了一定的冲击。唐朝之后，杭州人钱镠建立了吴越国。"吴越国"的名称一方面使吴越文化区有了与行政区划相重合的明确划分；另一方面不自觉地在当地百姓的心理上强化了吴越文化的地域特征。吴越国在其极盛之时所辖领土包含了13个州和1个军，13个州包括杭州、湖州、温州、越州、台州、明州、处州、衢州、婺州、睦州、秀州、苏州

---

① 据周峰主编《隋唐名郡杭州》（修订版）（浙江人民出版社，1997）第33页统计。
② 《旧唐书》卷40《地理志三》。
③ 《元和郡县图志》卷26《江南道二·越州》。
④ 《樊川文集》卷18《李讷除浙东观察使兼御史大夫制》。
⑤ 陈炎：《海上丝绸之路与中外文化交流》，北京大学出版社，1996，第56页。

以及福州，1 个军是指安国衣锦军，① 都城为杭州，所辖囊括了今天的浙江全省、江苏省的西南部和福建省的东北部。在面积方面，吴越国较五代十国的诸多国家而言，是个当之无愧的小国。然而，吴越国——这个并不被世人所看重的东南小国，却以其发达的文化和开放的经济在中国历史上写下了浓重的一笔。

吴越国政府实施保境安民的怀柔政策，为江浙地带的经济繁荣与吴越文化的发展提供了优良的政治环境。（1）钱氏政权自始至终都在执行"善事中国"的政策。所谓"善事中国"，就是向中原朝廷进贡金银珠宝，用金钱来维系与中原的和平关系，以使吴越国在乱世之中能够"独善其身"。同时，积极出台与民休息的政策，大力发展本国经济，手工业和农业都有了长足的进步。（2）积极拓展海外贸易，加强与东南亚、东亚等国家的经贸往来与文化交流。吴越政权充分利用先朝建设的水上交通系统，完善浙江地区港口的设施，杭州、明州、温州等港在这一时期得到扩建。吴越国的统治者们还在明州等重要港口设立了管理对外贸易活动的专门机构——博易务。在博易务的统辖下，吴越国有序地开展了与日本、朝鲜、大食等国的政治经济贸易往来，建立了密切的文化互动关系，促进了吴越地区的经济发展和文化流动。据《新五代史》记载，925 年，吴越国"遣使册新罗、渤海王，海中诸国皆拜封其君长"。② 吴越国还多次主动派员使往日本求贸易文化互通，日本的僧侣进入江浙地带，与号称"东南佛国"的吴越国进行了佛教文化的多元交流。（3）审时度势，避战图存。弘俶太平兴国三年（978），为使境内黎民百姓免遭涂炭，吴越国末代国王钱弘俶将吴越国所辖之地悉数献与赵宋王朝，存续 72 年的吴越国由此寿终正寝。这进一步表明了吴越人对战争的排斥和对和平的渴望，充分展示了其文化的水柔特性。

---

① 唐末五代时期，营、城、军等都是一种地方行政单位，三者之中，军的级别最高。安国衣锦军的产生过程如下：唐光化二年（899）改临安县安众营为衣锦营，天复元年（901）升衣锦营为衣锦城，天祐四年（907）又升衣锦城为安国衣锦军。另外，在《吴越备史》《新五代史》《十国春秋》等史籍中都可以见到安国衣锦军的相关内容。

② 见《新五代史》卷 67《吴越世家》。

然而，"靖康之难"使南宋政治中心被迫迁至临安（杭州），北方文人学士以及大量的汉人移民再次随君南下，入主吴越旧地，致使吴越最繁华的都城杭州的本土文化再次受到了中原文化的强烈冲击。官方通用语由吴语改为北方官话，杭州话夹杂着外来语也变成了与吴侬软语区别很大的语言；崇文轻武、科举取士成为吴越文化的精粹；儒家学说中的程朱理学成为正统思想，吴越文化完成了第二次转型。范成大《吴郡志·风俗》中载："本朝文教渐摩之久，如五月斗力之戏亦不复有。惟其所谓尚礼、敦庞、澄清、隆洽之说则自若，岂诗所谓美教化、移风俗者与?"① 从南宋开始，吴越地区一跃而成中国经济文化的中心，吴越文化也成为当时最发达的地域文化，这种情况一直延续至今。吴越成为国人称羡的"东南财富地，江浙人文薮"。明洪武四年（1371）至万历四十四年（1616）的 245 年间，共出状元、榜眼、探花和会元计 244 人，其中以江南为主的吴越故地人计 215 人，占 88%，整个北方地区计 25 人，仅占 10%。清代 114 名状元中，江浙两省共有 69 人，占全国的 61%。②

第三次转型发生在鸦片战争后。鸦片战争绝不是普通的军事战争，而是中西方两种异质文化、不同价值观念的直接冲突。妄自尊大、封闭落后的中国传统文化遭到了突飞猛进、具有崭新世界观的西方文化的强烈冲击。《南京条约》的签订使吴越文化区的核心地带上海、宁波成为最早遭受西方社会文化、价值观冲击的前线，带动了吴越文化区的第三次转型，即吴越文化从传统步入了近代。其主要变化体现在物质文化方面和精神文化层面。伴随着大量舶来品的入市，大量的西方科技文化、商业理念和应用人才涌入上海、宁波等口岸城市，吴越地区的人们最早感受到了异质文化的强势入驻和西方先进科技所带来的令人惊诧的生活巨变。坚船利炮、蒸汽动力、机械化生产等一系列目不暇接的现代科技使聪颖内敛的吴越人开始反思自身的狭隘和自大，之后迅速进行学习和效仿。吴越人快速向上海、宁波等

---

① 范成大：《吴郡志》卷 2，江苏古籍出版社，1999，第 8 页。
② 参见靳怀堾《水与中华区域文化——以吴越文化为例》，《河海大学学报》（哲学社会科学版）2008 年第 4 期。

口岸集聚，通过各种手段赚取财富，形成了无数个大大小小的商会，在李鸿章、张之洞、张謇等政府官员的带动下，效法西方开办轮渡公司、洋行、军械厂、轮船厂、蒸汽机厂，掀起了一场轰轰烈烈的洋务运动，成就了一大批吴越商人和企业家。随着商品交换与工业的发展，西方的科技人文思想也在吴越旧地产生了重要的影响。早在明末清初，善于接受新生事物、具有宽广海洋文化特征的吴越人中就涌现出了与早期入华传教士产生密切接触的近代科学家上海人徐光启、杭州人李之藻等"西学派"领袖，开自然科学研究之先河。鸦片战争后，"西学东渐"热潮迅速在吴越地区成为主流。中国西学派领袖李善兰（海宁人）、王韬（吴县人）、徐寿（无锡人）、华蘅芳（无锡人）、冯桂芬、薛福成、马建忠等都是吴越人。他们既通经史，又重视天文数学、盐铁河漕等多种科技实用知识，主持筹办了上海墨海书馆、江南制造局翻译馆等近代印书、译书机构，出版了一系列西方科技人文图书。同时，他们还与西方传教士等合作创办中英文报纸，筹建新式学堂。这些西方译本、报纸与学堂共同宣传新思想、新科技，一时间吴越地区民风大开，吴越子弟迅速脱离了传统私塾教育，走进新式学堂学习西学。西学的广泛流传使吴越地区的文化内涵焕然一新，新型知识分子在中西学相结合的基础上，产生了许多新的政治经济理想，并将之付诸实践。如张謇在南通试行地方自治，张元济罢官后在上海搞文化维新事业。义和团运动时期，吴越地区奉行"东南互保"而免遭涂炭。这些新思想和新举措既体现了吴越文化审时度势、随机应变的潜能，更进一步体现了吴越文化中的水柔特性，即重商崇文而轻农恶武。

四　吴越文化的海外传播及其影响

　　吴越文化不仅在青铜冶炼铸造、玉器雕琢、丝绸纺织等方面对中原文化地区产生了重要的影响，而且因其本身外向型的海洋文化特征，远被东南亚、东亚甚至欧洲大陆。远在距今 7000 年，越族先人为逃避卷转虫海侵的侵袭，一支向内陆丘陵高地流散，另一支则利用原始航行工具，漂洋过海，流迁到了日本列岛、南洋群岛、中南半岛。留在内陆高地的人群经过几千年的历史积淀，到了商周、春秋战国时期，入主江南之地。三国激烈争霸，形成了楚、吴、越三国相互残杀的历史局面。越人深受战祸之苦，一部分人无奈逃生海外。公元前222秦王翦灭越后，又发兵攻岭南，强制徙民数十万，越人被迫再次远离故土逃亡海外，太平洋周边地域成为其迁徙的主要方向。越国被灭后，越人向南方及沿海岛屿迁徙，深入中印半岛，或跨越南海到达南洋群岛；或由东南沿海一带渡海到台湾，经台湾再渡海到菲律宾及南洋群岛，就这样把吴越文化带到了东南亚，而古越族也就成为东南亚民族的族源之一。从越南、菲律宾、马来西亚、印度尼西亚等地的考古资料看，其新石器时代的石锛、有段石锛和几何形印纹陶器，都与我国福建、台湾出土的相似。从民族的精神文化分析，东南亚一些民族还保留蛇图腾、文身、断发、喜食海产、住干栏式房屋等习俗，这些都表明其受吴越文化的持久影响。古代越人擅长航海，他们流徙到南洋群岛后，穿越于太平洋一带的岛屿之间，夏威夷、波利尼西亚（意即"多岛群岛"）等地的考古资料表明，有段石锛的分布很广，新西兰也发现这类石锛，这就为越文化远播南太平洋、大洋洲提供了佐证。越人在加强民族融合的过程中，也广泛传布了吴越文化，给环太平洋地域各部族、民族以很大影响。

经过汉初的休养生息，到汉武帝时期，社会经济迅速发展。汉武帝为联络大月氏夹攻匈奴以清除匈奴的威胁，拓展西部疆域，在公元前138年（建元三年）和公元前119年（元狩四年）先后两次派张骞出使西域，历时长达17年，行程万余里，终于打通了从长安开始一直绵延到地中海东岸的陆上交通线。东汉时，随着迁都洛阳，丝绸之路的东端延伸至洛阳。丝绸之路不仅促进了内地与新疆各族的友好和睦，而且加强了中西方的经济文化交流。张骞通西域后，中西陆路畅通，驼铃悠悠，中外使节、商贾往来络绎不绝。吴越旧地的丝绸，通过这条大通道，源源不断地运往中亚以及地中海沿岸一带，因此，后人把这一通向西方的交通大动脉称为丝绸之路。几乎与开通陆上丝绸之路同步，汉武帝在发展近海航运的基础上，积极拓展海外交通线，开辟了海上丝绸之路。秦汉以后，海上交通可分为东洋航线（或称北航线）以及南洋航线，前者由中国沿海港口经东海、渤海、黄海抵达朝鲜、日本；后者由东南沿海港口经南海，到达东南亚，再进入印度洋，到达波斯湾、阿拉伯半岛和非洲东岸。浙江位于东海之滨，正处于我国海岸线中部，是东洋航线和南洋航线的交会点，也是两条航线的重要始发港口，在开辟海上丝绸之路上占有重要地位。1世纪，一位居住在亚历山大操着希腊语的船长或商人，以其长期航行于印度洋海岸的经历，撰写了《厄立特里亚海航行记》，第一次提到了"秦尼"的名称，勾勒出了陆地和海上丝绸之路。"经过这一地区（恒河—金州）之后，就已经到了最北部地区，大海流到一个可能属于赛里斯国的地区。这一地区有一座很大的内陆城市叫做秦尼（Thinai）。那里的棉花、丝线和被称为 Serikon（意为丝国的）的纺织品被商队陆行经大夏至婆卢羯车（Bary Gaza），或通过恒河而运至利穆利。要进入该国（赛里斯国）并非易事，从那里来的人也极为稀少罕见。"① 而这里的丝国中心即是吴越旧地，沟通海内外贸易的丝绸之路之丝绸即为吴越地区主要的手工艺品——丝绸。吴越文化以丝绸为纽带，向世界各地辐射。随着海陆两条丝绸之路的通畅，丝织品外销不断增加，进一步带动了浙江丝绸业的发展。据《后汉书》载，东汉名臣朱俊是会稽郡上虞人，"少孤，母尝贩缯（丝绸）为业……时同郡周规……假郡库钱百万……俊乃窃母缯帛，为规解对"。② 一位寡妇经营丝绸贸易，被儿子偷去的丝绸价值百万，转手出售，为其友还债，可见当时丝绸贸易市场的繁荣。产于会稽的"越布"、铜镜等物也远销日本、南洋和西域各地。西域和南洋各地的物品也陆续传入浙江，丰富了人们的物质生活。从宁波汉墓中出土的水晶、玛瑙、琥珀等饰品，"经考证系舶来之物，证明这一时期已有外国商船往来"。③

　　南洋航线的开通进一步促进了吴越文化的远播及其对域外文化的影响。南洋航线沿粤闽海岸延伸，与东洋航线衔接，东瓯、句章就成了交会点，

---

① 戈岱司编《希腊拉丁作家远东古文献辑录》，耿昇译，中华书局，1987，第18页。
② 《后汉书》卷71《皇甫嵩朱俊传》，中华书局，1965，第2308页。
③ 宁波市交通志编审委员会编《宁波市交通志》，海洋出版社，1996，第5页。

更进一步促进了浙江海外贸易的发展。隋唐以来，由于京杭大运河的开通，内陆地区与海外贸易更加繁荣，得天独厚的吴越海港愈加繁忙。江浙地区的丝绸品、瓷器、铜器、漆器还远销至地中海沿岸，罗马更是江浙丝绸的主要销售地。南亚和西方各国的珠宝、香料、琉璃、玛瑙、水晶、象牙、犀角、玳瑁、皮毛等珍宝奇兽也传入中国。为了满足海外贸易的大量需求，浙江手工业、商业得到了进一步的发展，会稽（绍兴）、句章（今宁波西）、回浦（今台州）、东瓯（今温州）成了重要的贸易港口，内外商品多在附近交换。从宁波市郊、鄞州、慈溪、象山等地出土的汉墓随葬品看，发现很多铜镜等青铜器皿，主要是会稽漓渚制造品，可见商品交换已有相当规模。在与海外国家进行频繁贸易往来的同时，吴越文化也乘风破浪，远渡重洋，在域外地区生根发芽。陆上、海上丝绸之路的开拓，为吴越与域外文化的互动和传播创造了有利条件，并使吴越文化打上了鲜明的海洋文化烙印，使外向型传播成为其首要主体特征。

因地域相邻、地质变迁等多重因素，台湾是卷轮虫海侵时越族祖先选择南向迁徙的首要目的地。吴越人利用独木舟或竹筏等工具，直接出吴越至台湾，或辗转陆路先至福建，再至台湾。台湾的大坌坑文化、凤鼻头文化等都带有明显的良渚文化特征。公元前 437 年（周考王四年），越国攻灭吴国。前 334 年（周显王三十五年），越国又被楚所灭。"越以此散，诸侯子争立，或为王，或为君，滨于江南海上，朝服于楚。"[1] 这里的"滨于江南海上"应当包括台湾、澎湖。秦汉时期，因战争之需，吴越地区的人民或被动地被迁徙至台湾、澎湖一带，或主动地避战乱流徙至台湾。沈莹的《临海水土志》就记载了东吴孙权征伐夷州之事，所谓"夷州"即是指台湾，白鸟库吉、林惠祥、凌纯声等学者分别从地理、气候、物产、风俗、文物等方面论证了《太平御览》等古籍中所说的"夷州"即指台湾。另，史书所载的夷州世居居民（高山族的祖先）与古代越族亦有诸多相似之处，如断发文身、蛇图腾、巢居、犬祭等，这至少说明夷州世居居民极可能是

---

① 《史记》卷 41《越王勾践世家》，第 1751 页。

越族人的一支。①

    日本是吴越一衣带水的近邻，亦是越人迁徙的主要目的地，深受吴越文化的影响。如前所述，根据日本的考古资料，日本的稻作文化源于中国江南的吴越地区，而且，很有可能吴越文化从杭州湾或浙东沿海经海路直接传播到日本九州地区。中国稻作文化的传入，使日本由采集渔猎为主的绳文时代转变到以农耕为主的弥生时代。在物质文化方面，除农耕技术、农具等弥生时代的器物外，其他的物质生活器材如玉石器、漆器、木器等，都与河姆渡文化、良渚文化时代的器物相似。弥生时代的日本人食稻米，住干栏式房屋，喜吃生鲜水产品，物质生活习惯近于吴越地区。在精神文化方面，古代日本人的蛇、鸟图腾崇拜，文身习俗，占卜崇巫，服饰头饰，乃至使用木棺、石棺及坟丘墓等丧葬习俗，都与吴越文化有着深厚的渊源关系。② 东汉时，会稽的越布（葛布）和越窑生产的青瓷器已开始外销到亶洲（今日本西南部各岛屿）和南洋各地。《汉书·地理志》云："会稽海外有东鳀人，分为二十余国，以岁时来献见云。"③ 《后汉书》说："会稽海外有东鳀人，分为二十余国。又有夷洲及澶洲。传言秦始皇遣方士徐福将童男女数千人入海，求蓬莱神仙不得，徐福畏诛不敢还，遂止此洲，世世相承，有数万家。人民时至会稽市。会稽东冶县人有入海行遭风，流移至澶洲者。"④ 学者认为亶（澶）洲是指今日本列岛。这说明，日本人在秦汉之际来会稽郡鄞、郯、句章贸易已较频繁。《后汉书·东夷列传》中的"倭"专条明确记载了倭人与汉王朝通交情况："倭在韩东南大海中，依山岛为居，凡百余国。自武帝灭朝鲜，使驿通于汉者三十许国。"⑤ 可见，汉与"倭"的交往，除直接渡海到九州一带外，大都由东洋航线经循朝鲜半岛沿岸到日本。浙江在东洋航线的主干线上。隋唐时期，前往吴越地进行贸易

---

① 参见徐建春《吴越文化对台湾的影响》，《浙江学刊》1993 年第 5 期。
② 安志敏：《从日本吉野ク里所看到的中国江南文化》，《国际百越文化研究》，第 404～406 页；徐逸樵：《先史时代的日本》，三联书店，1994，第 129～139、151～161 页。
③ 《汉书》卷 28 下《地理志》，第 1669 页。
④ 《后汉书》卷 85《东夷列传》，第 2822 页。
⑤ 《后汉书》卷 85《东夷列传》，第 2820 页。

和文化交往的商客、僧侣更是络绎不绝，日本的天台宗、净土宗等佛学流派就是此期从吴越地流入日本的。后来唐朝鉴真东渡、明季朱舜水东渡、雪舟西来等文化交流更是层出不穷。

越南是中国南方近邻，古代南方百越族的一支——南越族的栖居之地。"安南自古交通中国"，"民文身，效吴越之俗……暑热好浴于江，故便舟善水"，[①] 习俗类同越国。公元前 334 年，楚灭越后，服朝于楚，越族"以此散"，[②] 被迫离开故园，散走各地，有一部分到了东南亚一带。公元前 214 年，秦统一了岭南百越之地后，设桂林、南海、象郡三个郡。象郡的范围包括今越南中部、北部和我国广西南部一部分。秦从中原徙大批人口到岭南与越人杂居，同时委派任嚣为南海郡尉，赵佗为南海郡龙川县令。公元前 207 年，秦亡。公元前 204 年赵佗按任嚣的密谋，"击并桂林、象郡，自立为南越武王"，[③] 建南越国，定都番禺（今广州）。汉朝建立初，汉高祖刘邦派陆贾使南越，仍册封赵佗为南越王。赵佗向汉王朝称臣纳贡，保持友好的臣属关系。赵佗统治南越期间，积极发展农业生产，输入中原地区的先进生产技术，引进铜、铁、田器，马、牛、羊，广泛应用铁制农具和牛耕，发展煮盐、纺织、制陶、冶铜、漆器、造船等手工业。赵佗推行汉化政策，倡导使用汉字，仿效汉律，尊重汉室委派的官吏。赵佗的政治措施促进了南越国社会经济的发展，推进了汉越两族人民的友好交流。另据考古发现，在马来半岛南端柔佛河流域遗留的波浪纹青瓷器是上虞小仙坛东汉瓷窑的产品。在西婆罗洲的三发，还发现了汉代越窑的青釉龙柄魁。[④]

吴东晋南朝时期，浙江地区与朝鲜半岛的高句丽、百济、新罗也都有贸易往来。江南的织锦作为名贵奢侈品，也传入了高句丽。在 1972 年发掘

---

① 黎崱：《安南志略》，武尚清点注，中华书局，1995，第 12~13、41 页。
② 《史记》卷 41《越王勾践世家》，第 1751 页。
③ 《史记》卷 123《南越列传》，第 2967 页。
④ 绍兴市外经委经贸志办公室编《浙江省绍兴市对外经济贸易志》，中国大百科全书出版社，1993，第 69 页。

的吉林集安地区长川 2 号墓中出土了一块织锦残片，组织致密，据专家考证，这是江南地区的产品。[①] 而浙江地区的一些佛教流派，如天台宗、净土宗等也很早就传入了新罗。

至隋唐时期，吴越文化对域外地区的影响更是达到了顶峰。考古实物印证，当时越窑青瓷以其精良遍及朝鲜、泰国、越南、柬埔寨、印度、伊朗、巴基斯坦、斯里兰卡、菲律宾、印度尼西亚、伊拉克、埃及、苏丹、叙利亚、沙特阿拉伯、南也门、埃塞俄比亚、索马里、肯尼亚、坦桑尼亚、西班牙等国家和地区，[②] 甚至还远播至大秦（古罗马）。

自古以来，具有明显外向型海洋文化特征的吴越文化跨越了水域的阻隔，远播至北太平洋周边的朝鲜、日本，甚至远播到南太平洋各群岛、大洋洲和美洲西海岸临太平洋地区，对域外文明产生了影响，促进了浙江地区与域外经济文化的交流与融合，给吴越文化注入了持久的外向动力和新鲜血液。

---

① 《吉林集安市长川二号封土墓发掘纪要》，《考古与文物》1983 年第 1 期。
② 《浙江航运史》（古近代部分），第 60 页。

◎ 巴蜀文化研究

蜀学简议

舒大刚[*]

在祖国大西南的古巴蜀大地（约今四川、重庆和汉中等地），自古演绎着一支学术，历史上称为"蜀学"。蜀学有着与中原文化并驾齐驱、自成体系的学术传承，也有着自身的文化特征和独特的贡献。

巴蜀地当北纬 25~35 度，东经 100~110 度，秦岭、岷山、大巴山横亘其北，岷江、金沙江、沱江、涪江、嘉陵江、乌江、汉江等河流纵贯全境，最后汇成滚滚长江奔腾向东。从天文上讲，巴蜀地当井络、参宿之墟；从卦位上看，巴蜀又属于"西南得朋"的坤维范围。

这里山川秀丽，特产丰富，气候宜人，历史悠久。考古发掘已经表明，早在 203 万年前这里就生活着巫山人，5 万年前后生活着资阳人；大约 5000 到 3500 年前的古城遗址，遍布成都平原。《蜀王本纪》《华阳国志》等记载了蚕丛、鱼凫、柏灌、杜宇、开明以及廪君、巴曼子等古国的君臣事迹；《山海经》及《禹本纪》等记载了"大禹兴于西羌""生于广柔"的传说。此地文明早启、文化灿烂，呈现出与中原颇不一样的气象。班固《汉书》说，巴蜀自文翁兴学宫办教育、司马相如以文辞显赫以来，"后有王褒、严遵、扬雄之徒，文章冠天下"。谢无量《蜀学原始》曾经说："蜀有学，先于中国（中原）。"都表明巴蜀地区是中华学术文化的又

---

[*] 舒大刚，四川大学国际儒学研究院院长、古籍整理研究所所长、教授、博士生导师，研究方向：历史文献、儒学文献、巴蜀文献。

一个发祥地。

从传说来看，巴蜀早期形成了独特的"三皇五帝"信仰和概念，与本地流行的"三才合一"和"五行相生"等观念基本一致。蜀人以"天皇、地皇、人皇"为三皇，以"青帝、赤帝、白帝、黑帝、黄帝"为五帝，与三星堆出土的青铜神坛（天界、人界、地界合体）和《洪范》所述大禹"五行说"十分契合。蜀王自蚕丛至开明"五主"相继出现的历史，与夏、商、周的时代大致相当。"禹兴于西羌"的系列传说，在一定程度上奠定了中华民族的人文底蕴。《论语》载孔子称赞大禹："禹，吾无间然矣。菲饮食而致孝乎鬼神；恶衣服而致美乎黻冕；卑宫室而尽力乎沟洫。禹，吾无间然矣！"可见，奉天法祖、慎终追远的孝道伦理，勤俭节用、重视礼乐的文化特征，尽力治水、发展农业的治国策略，都奠定于大禹之时。《山海经》佚文还说夏后氏得"河图"以演《连山》，奠定了"三易"（《连山》《归藏》《周易》）以阴阳为元素的哲学基础；纬书又说禹因"洛书"著《洪范》，其内容则见于《尚书》中箕子所述的《洪范》"九筹"之中。

中国是农业古国，历法素来是农业生产首先考虑的要素。巴蜀大地自古发达的农业催生了古老的历法，从三星堆考古发掘来看，青铜神树结构（上、中、下三层，每层三枝，枝立一乌）揭示出上古"十日历"和"后羿射日"神话的本相；金沙出土的"太阳神鸟"，也预示了四季十二月的阴阳合历。至于三星堆和金沙遗址出土的大量青铜器、金器等文物，无论是制造工艺，还是造型艺术，都达到同期人类科技最高峰，体现出高超的冶炼技术、深厚的美学造诣和精神诉求。东周时期，老死于巴蜀资中的苌弘，曾经传乐教于孔子；流放于蜀的尸佼，也是法家鼻祖商鞅的老师。这些都远在秦统一巴蜀之前发生，可见巴蜀人士对于儒、法二家的产生和形成，都是"但开风气不为师"的存在。

公元前316年，秦灭巴蜀，相继设立侯国和郡县，接着李冰治水，巴蜀人力、物力得到更大程度的开发，号称"天府之国"，成为秦统一中国的重要基地。西汉建立后，这里是汉室车官、锦官所在地，负责中央王朝衣服、出行工具的制作。汉景帝末年，庐江舒城人文翁为蜀守，在成都修起学宫，传授儒家"七经"，用文化知识来造就和选拔人才，实现了儒家"建国君民，教学为先""学而优则仕"的理想。从此之后，蜀士欣欣向学，史称蜀人"学于京师者比齐鲁焉"。自是巴蜀人才辈出，儒风浩荡，号称"西南邹鲁"，《三国志》遂有"蜀学比于齐鲁"的说法。在汉代，巴蜀地区在许多文化领域都处于全国领先地位，如汉赋四大家，有两家（司马相如、扬雄）出于巴蜀；汉朝曾推"八士"、表彰"四义"，巴蜀人才都占其中一半。此后，蜀学虽因时代盛衰而时有起伏，但整体来讲还是绵绵不绝，高峰迭起，大师辈出，成果丰硕。

大致而言，蜀学在历史上经历了七个重要的发展和演变时期：除了曙光初见、独具特色的先秦外，还有人才居国之半、文章独领风骚的两汉时期，学术持续发展、政治三分天下有其一的魏晋南北朝时期，文学异军突起、经济扬一益二的隋唐五代时期，三教诸学并盛、文化世家绵延不绝的两宋时期，文教不绝如线、学术相对沉寂的元明清初时期，蜀湘双峰并峙、人物再领风骚的晚清民国时期。七期当中，以成果较多、影响较大的先秦、两汉、两宋和晚清民国时期最具特色。

巴蜀学术人物，先秦时期有大禹（其妻涂山氏制"南音"）、彭祖（为殷太史）、尹吉甫（出将入相，作四诗见于《诗经》）、苌弘（传孔子音律）、臣君子（道论）、尸佼（法家鼻祖）等外，还有两汉的司马相如、卓文君（女文学家）、文翁（开石室学宫）、落下闳（制《太初历》）、胡安（易学，司马相如师之）、张叔（文翁弟子，首撰《春秋章句》）、王褒（辞赋）、严遵（治《易》《老》，扬雄师之）、扬雄（创"玄"学、善辞赋）、赵典（通《七经》）、涪翁（御医）、李尤（文学）、张陵（入蜀学道、创道教）、姜诗（孝道，二十四孝）等，魏晋南北朝时期有谯周（经学、史学，著作甚多）、诸葛亮（政治家）、秦宓（博学）、李譔（古文经学）、陈寿（史学）、常璩（方志学）、范长生（易学）、李密（孝道）、卫元嵩（易学）等，隋唐五代的武则天、陈子昂、赵蕤（博学，李白师之）、李白、李鼎祚（易学）、马祖道一（佛学）、宗密（佛学）、昝殷（医学）、彭晓（道学）、毋昭裔（刻蜀石经）、花蕊夫人（文学）、黄荃（画家）、王著（书法，编《淳化阁帖》）等，宋代则有"眉山三苏"（苏洵、苏轼、苏辙）、"阆中四陈"（陈省华、陈尧叟、陈尧佐、陈尧咨）、"华阳范氏"（范镇、范百禄、范祖禹、范冲）、"铜山三苏"（苏易简、苏舜钦、苏舜元）、"井研四李"（李舜臣、李心传、李道传、李性传）、"绵竹二张"（张浚、张栻）、"丹棱三李"（李焘、李壁、李埴）、"蒲江魏高"（魏了翁、魏文翁、高定子、高斯得）等家族，以及文同（书画）、唐慎微（医学）、龙昌期（易学）、张商英（三教）、秦九韶（科学）等，元明清初有虞集（"元诗四家"之首）、黄泽（经学）、邓文原（文学）、杨廷和（内阁首辅）、杨慎（状元）、陈以勤、陈于陛（俱大学士）、任瀚（文学）、熊过（易学）、来知德（易学）及清初"遂宁张氏"（张鹏翮、张问陶、张问安、张问彤）、"丹棱彭氏"（彭端淑、彭肇洙、彭遵泗）、"新繁费氏"（费经虞、费密、费锡璜、费锡琮）、"罗江四李"（李化楠、李调元、李鼎元、李骥元）等，晚清民国有吕吴调阳（博学）、刘沅（博学、道学、理学）、杨锐、刘光第（杨刘俱属"戊戌六君子"）、廖平（经学）、宋育仁（文学）、吴之英（蜀学）、张森楷（史学）、刘咸炘（史学）、尹昌衡（思想）、吴虞（思想），近代有谢无量（博学）、郭沫若（博学）、蒙文通（史学）、李劼人（文学）、李源澄（史学）等著名人物，真是名家大师，代有其人。

从学术成就来讲，巴蜀学人在历史长河中做出了许多不朽的成绩和贡献。首先是敢于制度创新：西汉有兴文重教的文翁石室；东汉有信仰、知识并重的周公礼殿；五代有规模最大的《蜀石经》，确立了全国地方官学、庙学合一、经典体系等范式，当时领先全国，对后世的教育制度、祭祀制度和经典体系都影响甚大，被宋人吕陶、席益等称赞为"冠天下而垂无穷"的创举。

其次是学术造诣突出。在经学领域有"易学在蜀""麟经在蜀"之说，在文学领域有"蜀儒文章冠天下"之称，在史学领域有"唐后史学莫隆于蜀"之评。比如《易》学上，西汉有胡安（授相如）、赵宾（授孟喜)、严遵(传扬雄,有《易注》《老子指归》)、扬雄(仿《易》作《太玄》);东汉有任安(传"孟氏易")、景鸾(传"施氏易");晋有范长生(著《蜀才易传》);北朝有卫元嵩(仿《易》撰《元包经》);唐有李鼎祚(著《周易集解》);宋有龙昌期(会通三教,著《周易注》《周易绝笔书》)、苏轼(著《东坡易传》)、谯定(传程氏《易》)、冯时行(传谯定之学)、张浚(著《易传》)、张栻(著《易说》)、张行成(著《皇极》诸书)、房审权(辑百家易说为《周易义海》,李衡删存为《撮要》)、李舜臣(著《易本传》)、李心传(著《丙子学易编》)、魏了翁(著《周易要义》《周易集义》);元有黄泽(著《易学滥觞》)、王申子(著《大易缉说》)、赵采(著《周易程朱传义折中》);明有熊过(著《周易象旨决录》)、杨慎(著《经说易说》)、来知德(著《周易集注》),以上《易》著多收入《四库全书》;清有李调元(有《古周易》)、刘沅(有《周易恒解》)、何志高(有《易解》)、范泰衡(有《易注》)、杨国桢(有《周易音义》)等;民国以来有尹昌衡(有《易鈇》)、廖平(有《易生行谱》)、刘子华(有《周易与天文学》)、郭沫若(有《周易的构成时代》)等,皆各有《易》著,蔚然大观。

文学上,从汉代开始即有"文章冠天下"之说(《汉书·地理志》)。涂山氏"南音"开启《二南》《楚辞》体裁,司马相如、王褒、扬雄则为"汉赋三家";东汉有文史兼优的李尤和杨终;唐代有诗歌巨擘陈子昂、李白;唐宋古文八大家有"三苏";南北宋之交有"小东坡"唐庚;元代有"诗歌四大家"之首的虞集;明代有"记诵之博、著述之富"第一的杨慎;清代有诗词戏论俱优的李调元,与袁枚、赵翼唱酬齐名的张船山(问陶);到近世,巴蜀文学在"鲁郭茅、巴老曹"六大家中,占据两席——郭沫若、巴金,此外还有号称"中国的左拉"的文学家李劼人(著《大波》《死水微澜》等)。

史学也是蜀人所擅长的,汉有扬雄《续史记》和《蜀王本纪》,晋有陈寿《三国志》、常璩《华阳国志》,其后有五代孙光宪(《北梦琐言》),宋苏洵（《谥法》《太常因革礼》）、勾延庆（《锦里耆旧传》）、张唐英（《蜀梼杌》）、范祖禹（助编《资治通鉴》，撰《唐鉴》）、苏辙（《古史》）、费枢（《廉吏传》）、王称（《东都事略》）、李心传（《建炎以来系年要录》《朝野杂记》《旧闻正误》《总类国朝会要》等）、李焘（《续资治通鉴长编》）、杨仲良（《续通鉴长编纪事本末》）、王当（《春秋列国诸臣传》）、杜大珪（《名臣碑传琬琰集》）、吴缜（《新唐书纠谬》《五代史记纂误》）等。尤其是对宋代历史的记录和研究，蜀人贡献独多，故刘咸炘说："唐后史学，莫隆于蜀。"

此外，蜀学还尝试构建起经典体系、信仰体系和核心观念：文翁石室首先在汉廷"五经"基础上形成"七经"（《易》《书》《诗》《礼》《春秋》《论语》《孝经》），五代后蜀在唐廷"九经"（《易》、《诗》、《书》、"三礼"、"三传"）基础上形成"十三经"（"九经"加《孝经》、《论语》、《尔雅》、《孟子》）。"七经"在东汉得到承认，"十三经"更成就了后世儒学经典的基本格局。北宋初年，张崇信等人在成都刻成的《开宝大藏经》，奠定了中华大藏经的基本规范。

在信仰领域，巴蜀在中原三人皇（伏羲、女娲、神农）之外形成"三才皇"（天皇、地皇、人皇）；在中原五人帝（黄帝、颛顼、帝喾、尧、舜）之外崇奉"五色帝"（青帝、赤帝、白帝、黑帝、黄帝）等，对道家神系形成具有推动作用。"蜀学"还将道家与儒家结合，形成"道德仁义礼"核心价值观念。王褒《四子讲德论》称"冠道德，履纯仁，被六艺，佩礼文"。严遵《道德指归》提出："虚无无为，开导万物，谓之道人；清静因应，无所不为，谓之德人；兼爱万物，博施无穷，谓之仁人；理名正实，处事之义，谓之义人；谦退辞让，敬以守和，谓之礼人。凡此五人，皆乐长生。"扬雄《法言》问道："夫道以导之，德以得之，仁以人之，义以宜之，礼以体之，天也。合则浑，离则散。"其后唐赵蕤著《长短经》，宋张商英传《素书》，都在此基础上有所发展，实现了道家与儒家、形上与形下、理论与实践、务虚与务实、本体与实用的统一。

此外，巴蜀在历史上还是一个移民安置地，许多重要历史人物入蜀后成就或奠定了一生功业。历史有明文记载的，如东周苌弘入蜀，天文学、乐学也传入巴蜀；秦国派司马错伐蜀，其后人之杰出者有司马相如；秦始皇时，文信侯（吕不韦）门客千家安置蜀中，儒学与杂家学术也传入巴蜀。汉代山东富豪迁蜀，卓文君就是入蜀富商卓王孙的女儿；扬雄的先辈，也是晋国杨侯后人从长江中游逐渐迁来。《蜀王本纪》还记载，老子西出关后，来到成都隐于青羊肆，将哲理性道学带来蜀中；后有张陵"入蜀学道"，创立道教。唐代，玄奘入蜀，在成都慈恩寺接受具足戒；一代女皇武则天，也是其父任利州（治广元）刺史时所生；杜甫入蜀，获得更多诗歌灵感，平生诗作以蜀中诗占绝大多数。宋代，欧阳修生于绵州；司马光少年时代也是在郫县度过；周敦颐入蜀作合川县令，与蜀中人士交游，得陈抟"先天太极图"，遂开启"宋易"先声；张载少年侍父于涪州，受蜀中儒道合流、三才合一的学术气氛感染；"二程"少年随父入蜀，得见蜀中易学高人，故生"易学在蜀"之叹，晚年解《易》颇多蜀易色彩。及至晚清，一代名臣张之洞入蜀，创办尊经书院，系统形成"自小学入经学""中体西用"等教育理念；号称"千年国粹、一代儒宗"的马一浮，是其父在成都任官时所生，对于蜀中尊道贵德、兼收并蓄的学风颇为熟悉。

巴蜀学术，源远流长，人才辈出，成果众多，内涵丰富。蜀人著作见于著录的不下 5000 种，其收入正续编《四库全书》者 500 余种；其人物在经学、史学、文学、医学、科技、道教、佛学等领域，都有广泛影响。特别是蜀人经典化的"阴阳""五行""三才"等观念，"三才皇""五色帝"等信仰，南音、辞赋、唐诗、古文、宋词等创作，文翁石室、周公礼殿、蜀刻十三经、蜀刻大藏经等规制，都对全国性文化学术产生了重要影响。在价值观的凝练上，蜀人构建"道德仁义礼"的五德体系，与孔子"仁智勇"、孟子"仁义礼智"、董仲舒"仁义礼智信"等，相映成趣，可以互补。认真研究和汲取这些成果，对繁荣当代学术、重建当代文明，都具有重要参考价值。

附：蜀学小赋

岷山巍巍，上应井络；蜀学绵绵，下亲坤维。

蚕丛与鱼凫，开国何茫然？《山经》及《禹纪》，叙事多奇幻。往事渺渺，缙绅先生难言；先哲谭谭，青衿后学乐道。班孟坚谓："巴蜀文章，冠于天下。"谢裔庵言："蜀之有学，先于中原。"言似夸诞，盖有由焉。若乎三皇开运，神妙契乎天地人；五主继轨，悠久毗于夏商周。天皇地皇人皇，是谓三皇；青赤白黑黄帝，兹为五帝。三才合一，上契广都神坛；五行生克，下符《洪范》八政。

禹兴西羌，生于广柔，卑彼宫室，而尽力于沟洫；菲吾饮食，而致孝乎鬼神。顺天因地以定农本，报恩重始而兴孝道。复得河图演《连山》，三易因之肇始；又因洛书著《洪范》，九畴于焉成列。夏后世室，以奠明堂之制；禹会涂山，乃创一统之规。是故箕子陈治，首著崇伯；孔子述孝，无间大禹。

若乎三星神树，明寓十日秘历；金沙赤乌，已兆四时大法。苌弘碧珠，曾膺仲尼乐问；尸佼流放，尝启商君利源。及乎文翁化蜀，首立学校，建国君民，教学为先；治郡牧民，德礼莫后。蜀士鳞比，学于京藩；儒风浩荡，齐鲁比肩。七经律令，首先畅行蜀滇；六艺诗骚，同化播于巴黔。相如、子云，辉映汉家赋坛；车官、锦官，衣食住行居半。君平市隐，《老子指归》遂书；儒道兼融，道德仁义礼备。往圣述作，孔裁六艺经传；后贤续撰，雄制《太玄》《法言》。"伏栖之易，老子之无，孔子之元"，偕"扬雄之玄"以成四教；"志道据德，依仁由义，冠礼佩乐"，兼"形上形下"而铸五德。落下主《太初》之历，庄遵衍浑天之说。六略四部，不乏蜀人之文；八士四义，半膺国士之选。涣涣乎，文章冠冕天下；济济焉，人才充盈河汉。

自是厥后，蜀学统序不断，文脉渊源赓连。两汉鼎盛，可谓灵光鲁殿；魏晋弘宣，堪比稷下学园。隋唐五代，异军突起；天下诗人，胥皆入蜀。两宋呈高峰之状，三学数蜀洛及闽。蒙元兵燹，啼血西川；巴蜀学脉，续衍东南。明有升庵，足以振耻；清得张（问陶）李（调元），可堪不腼。泊乎晚清民国，文风丕振，教泽广宣。玉垒浮云，变幻古今星汉；锦江风雨，再续中西学缘。尊经存古，领袖群伦；中体西用，导引桅帆。于是乎诵经之声盈耳，文章之美绍先。蜀学七期三峰，无愧华章；蜀勒六经七传，播名国典。

蜀之人才不愧于殊方，蜀之文献称雄于震旦。言经艺则有"易学在蜀"之誉，言史册而有"莫隆于蜀"之称，言文章则赞其"冠于天下"，言术数则号曰"天数在蜀"。人才不世出，而曰"出则杰出"；名媛不常有，犹称"蜀出才妇"。至若文有相如、子瞻，诗有太白、船山，历有落下、思训，易有资中、梁山，史有承祚、心传，书有东坡、啬庵，画有文同、大千。博物君子，则如李石、杨慎；义理哲学，当数子云、南轩。开新则有六译、槐轩，文献则有了翁、调元，宏通有若文通、君毅，道德则有子休、正元。方技术数，必称慎微、九韶；道德文章，首举昌衡、表方。才士尤数东坡、升庵，才女无愧文君、花蕊，世遂谓"无学不有蜀，无蜀不成学"矣！宋人所谓"蜀学之盛，冠天下而垂无穷"云云者，亦有以哉！

蜀之经籍无虑万千，蜀之成就充斥简编。石室礼殿，立我精神家园；蜀刻石经，示彼经籍典范。三皇五帝，别中原自为一篇；道德仁义，合礼乐以裨五典。谈天究玄妙之道，淑世著实效之验。显微无间，体用一源。

至乎身毒偎人爱人，已见《山经》；佛法北道南道，并名《丹铅》。蜀士南航，求佛法于瀛寰；玄奘西来，受具足于慈殿。若夫蜀人一匹马，踏杀天下；禅门千家宗，于兹为大。开宝首雕，爰成大藏之经；圭峰破山，肇启独门之宗。菩萨在蜀，此说佛者不可不知也。

至若神农入川，本草于焉始备；黄帝问疾，岐伯推为医祖。涯涯水涘，云隐涪翁奇技；莽莽山峦，雾锁药王仙迹。经效产宝，首创始于昝殷；政和证类，卒收功乎时珍。峨眉女医，发明人工种痘；天回汉简，重见扁鹊遗篇。雷神火神，既各呈其神通；川药蜀医，遂称名乎海外矣。

又有客于此者，亦立不世之名，而得终身之缘。老子归隐青羊之肆，张陵学道鹤鸣之山；女皇降诞于广元，永叔复生乎左绵；司马砸缸以著少

年之奇，濂溪识图而结先天之缘。横渠侍父于涪，少成民胞物与之性；蠲
叟随亲诞蜀，得近尊道贵德之染。是皆学于蜀者大，入于蜀者远也。

系曰：巴山高兮蜀水远，蜀有学兮自渊源。肇开郡学兮启儒教，化育
万世兮德音宣。我所思兮在古贤，欲往从之兮道阻艰。仰弥高兮钻弥坚，
候人猗兮思绵绵。

◎ 滇黔文化研究

地域学术与黔学

张新民[*]

我想先谈一下地域学能否成立，成立的依据是什么的问题，然后再以此为宏观背景，简单介绍一下黔学的发展情况。

司马迁在《史记·货殖列传》中，就特别主张"善者因之，其次利导之，其次教诲之，其次整齐之，最下者与之争"。实际就是强调应该针对物产的丰歉多寡、习俗的良窳好坏，因地制宜地加以治理。读《汉书·地理志》即可知道，汉成帝时已将全国划成不同的区域，并特别注意相关区域的习俗差异，目的仍然是如何针对地方实际开展合理有效的治理。在这一整体背景和致思脉络下，区域学的研究及相关成果的积累，就不能不成为一种历史的必然，越到后期成果内容就越显得丰富。根据《汉书·地理志》的记载，我们可以清楚地看到，即使儒学也是在一定的地域范围内慢慢发展起来的。严格说，当时只有鲁地"好学犹愈于它俗"，齐地"土多好经术，矜功名"，其他地区或"高富下贫"，或"俗夸奢，上气力"，或"薄恩礼，好生分"，按照儒家的价值标准，都有因势利导或移风易俗的必要。可证儒家早期也是作为一个地域学派发展起来的，最初主要集中在鲁齐两地，以后再逐渐向各地传播渗透，即使在上升为国家意识形态后，也经历了很长一段时期，才成为跨地域的全国性思潮。

---

[*] 张新民，贵州大学中国文化书院荣誉院长、教授，研究方向：中国思想文化史、中国史学史。

以儒学不断发展、传播和扩大的整体历史进程为范例，似可断言任何学派的早期发展都不可能没有地域性。至于以后传播速度、流行范围，则取决于自身学说的理论圆足性与实用有效性，当然也关涉文化心理认同的具体程度，需要社会历史条件的适当配合。但无论如何，一地的学术思想如果传入另一地，必然会在传播过程中嵌入当地的社会历史经验内容。这就是所谓的历史性和具体性，历史性和具体性也可称为在地性。我们固然应该重视学术发展自身固有的内在理路或发展脉络，但也有必要关心其与地方社会结合后所产生的经验形态或变化方式。在这一意义脉络下，地域学的产生显然是必须和必要的。无论着眼于实然还是应然层面，地域学的存在及发展都是不可否认的客观历史事实。地方历史文化的存在就是地域学产生和发展的客观现实根据，离开了地方历史文化的客观存在就谈不上地域学的产生和发展。

学术思想的产生和发展既然不能排除地缘因素的影响，地域学的形成与发展必然也会受到地方习俗文化的浸淫或制约。因此，如何自觉主动地了解地方民情风俗，将其提炼上升为国家治理经验，从而成为政府部门决策施政的依据，就不能不成为国家制度建构必须考虑的问题。缺少了地方史的国家史将会显得空洞，抽离了国家史的地方史也会显得狭隘。区域学的建构不仅有地方性的意义，而且也有国家性的价值，宏观固然可以包容微观，微观显然也能彰显宏观。如同国家与地方之间存在互动关系一样，地方与地方之间当然也有明显的互动关系。这就决定了任何地域学都只能是开放而非封闭的。

现代地域学区别于古典地域学，我以为其发轫当可溯自 20 世纪初。当时梁启超为了建构他所说的"新史学"，主张分省分区地研究整体性意义上的中国。也就是说，认识整体性意义上的中国必须从地方开始，只有一个地方一个地方地认识清楚了，我们才能建构更大范围的整体分析框架，从而全面准确地认知或了解中国。至于爱国家也必从爱乡邦始，如果连自己的乡邦都不爱，又遑论什么爱国。同样的道理，如果连自己的国家都不爱，又奢谈什么爱人类。所以，理解或解释好地方便是理解或解释好中国的一条方法论路径，理解或解释好中国也是理解或解释好世界的一条方法论路径。反过来，我们也有必要以世界性的眼光来观察中国，以全国性的眼光来了解地方，透过整体和局部、宏观和微观或明或暗的循环解读，真正建构起必要的地方学术传统，形成异彩纷呈的地域学繁荣局面。正是有了新的方法论的高度自觉，尤其是研究典范的突破性转化，才形成了与古典地域学明显有别的现代地域学，新旧之间并非完全对立，古典与现代之间仍有密切的联系。

黔学的提出相对较晚，大概延至民国年间才有人提出黔学这一概念。20世纪90年代，我们开过有关贵州学的学术研究会，也有一些专题研究论文发表。近十年来，关注的人越来越多，成立了不少黔学研究机构，有官方的，也有民间的。但是如何定义黔学，学界的讨论仍很模糊。主要原因是贵州文化比较特殊，世居民族数量众多，多元性特征较为突出。我想或许可以用"大传统"与"小传统"来做适当区分，狭义的黔学主要指属于"大传统"的学术研究及其传承，经史子集的文献历代积累很多；广义的黔学则应同时兼顾大、小两种传统，我们当然不能将地方族群或民间社会的研究排除在外。

黔学概念虽然到民国年间才产生，但绝不等同于之前的黔地就无学术文化的研究与传承。以"大传统"即儒、道、释三家的视域观察，贵州学术显然可追溯至汉武帝时期的舍人。读一下历代史志目录及朱彝尊的《经义考》即不难知道，他是为《尔雅》作注的第一人，也可视为贵州经学研究的开山者。稍后则有盛览，他曾跟司马相如学赋，司马相如告诉他："赋家之心包括宇宙，总览人物，斯乃得之于内，不可得而传。"他撰有《合祖歌》《列锦赋》，不仅为崛起于边地的一代赋家，而且开了广义的心学传承的先河。再即为东汉时期的尹珍，曾北上中原跟许慎学古文经，又从应奉学今文经，学成后即返乡办教育，传播儒家思想和价值。他们都是最早传播儒家价值的重要人物。两汉时期儒家思想已在西南、岭南地区渐次传播，不妨看成是国家经营战略的一件大事。

魏晋以迄唐宋，国家对今贵州地区的控制，无论羁縻还是经制，可说都十分松散，但南宋时播州杨氏已开始建孔庙，并延经师课读子弟，我们判断程朱理学当已在贵州传播，尽管他们的信仰世界明显杂有释、道两家的成分，并非由儒家管控的一元的单纯的天下。

明代贵州儒家的发展开始步入高峰，主要得力于科举制度在地方的推行，也与大量汉族移民的进入有关，同时也离不开地方官员的热心倡导。与程朱理学并峙的是阳明心学，正德三年（1508）才开始传播，铸就了一批心学人物，形成了黔中王门学派。清代则有考据学的兴起，主要传承汉代经学。我们看汉三贤祠的兴建，为什么要特别祭祀舍人、盛览、尹珍三人，主要原因就是经学运动唤醒了他们的汉代记忆，同时也是为了争取更多的正统资源，从而壮大地方学术的声势，所以清代贵州的经学著述，数量也相当可观。

儒家的重要学术流派，在贵州都有不同程度的传播。具体可概括为四类：一是汉代经学，二是程朱理学，三是阳明心学，四是乾嘉考据学。分别体现了不同的意义模式，代表了不同的诠释进路，构成了地方性的文化传统，反映了内地化的发展大势，当然也是黔学必须关注的内容。无论明代的王学还是清代的汉学，后来都有不同学派的分化和发展，明代的黔中王门与清代的沙滩学术，我以为都是值得重视的地域学派。清代贵州大儒郑珍曾有诗句："师法千年来，儒者各涵咏。"可见儒学的传播必须透过"千年之眼"才能观察清楚，各种思想资源相互交会碰撞，当然也有了综合的发展取向，获得了明显的地域性经验形态。

儒家思想经过多方面的渠道，特别是科举制度的推行与各类学校的创办，也不断向民间社会或民族社区渗透，影响遍及百姓日常生活的各个方面，形成了大、小传统长期复杂互动的有趣景观，发挥了维系或稳定乡村社会秩序的重要作用，当然也表现出多种文化因子混杂组合的地缘形态，实际已形成一个地域性的文明体系。这是广义的黔学必须如实加以研究的，我们不能只盯着"大传统"而遗忘了"小传统"。

地域学尽管不能等同于地方文化，但它仍应以学理的方式来展示一方文化的精神品质。现在问黔学的精神品性是什么，贵州文化的地缘特征应该如何归纳，我们看清初学者陈法的《黔论》已有了很好的概括。作为一位有着强烈本土意识的贵州学者，陈法经过深刻的反思，概括黔地或黔人有"五病""八便"。其中"八便"即居黔的八种好处，如"无大荒镬""无祁寒盛暑""风俗简朴""奇山水可供游观""山多林木，养生丧死无憾""山洞可以避秦"等，有些我们今天仅凭直观即可客观感受。"五病"则为黔人的五种弊端，每一种都用一个字来代表：陋、隘、傲、暗、呆。他认为除了"呆"以外，其他四种毛病都是可以改变的，如"陋者宜文之，隘者宜广之，傲者宜抑之，暗者宜通之"，只有"呆"字应该珍惜，不能用"巧滑"来加以改变。为什么这样说呢？因为"呆"即"朴实而不知变诈，谨伤而不敢诡随"，最能表现做人的"直道"，显示做事的"实心"。前人认为"黔人不好夸饰，故不为外人所知"，这当然就是"呆"或质朴的表现。

黔地学风质朴笃实，当然也有山的风骨。曾担任中宣部部长的朱厚泽先生，就认为黔地多山，山必有山的风骨，所以贵州人不缺钙。"不缺钙"即意味着坚毅质朴，说明贵州人生活在大山之中，始终拥有山的精神。山在中国文化语境中又象征着仁爱精神，体现了坚忍不拔的人文气象。所以，完全可以用坚毅质朴来表现贵州文化的地域特点，展示黔学的学风气象。

一地之学必对一地之文化有所影响，当然也必对一地之文化展开研究；反之，一地之文化也必对一地之学术产生影响，需要通过一地之学来加以提炼和升华。二者长期良性循环并互构互动，才能更好地推动社会的进步和发展。

现在我们一谈到什么"学"，就必须用西方的概念来定义，甚至套用自然科学的现成方法，似乎人文学的任何研究都必须清晰地加以界定。其实与哲学、史学、文学等专业分科学科不同，地域学的概念是比较松散的，凡涉及一地之山川、历史、人物、文化等都应该研究，也都是可以纳入其范围，它是宽泛意义上的学问而非专门性的学科，因而很难以单一学科的概念来加以严格界定。但既为地域学则不能不受到地理空间的限制，不能说它完全没有规范，只是说它很难建立严密的理论体系。而一地之文化只有经过知识学的严格处理，才更容易学习、接受、掌握和传播，所以地域学也不能放弃知识化、学术化的发展取向，必须积累能回应各种现实挑战的地方性知识，它的存在永远都为生活世界所必需。

历史上的确产生了不少的地域学派，当然需要以最有代表性的人物来作为符号象征。例如湘学的船山、闽学的朱子、关学的张载、浙学的王充等，他们既是一地文化地灵人杰的代表，也是一方学术创论立说的象征。刚才我们讲到黔学，黔学便颇受湘学、蜀学、浙学的影响，最明显的便是沙滩文化，不仅长期受到湘学、蜀学的影响，甚至浙学的影响也不可忽视。贵州禅学之兴盛，溯其渊源，考其终始，则主要传承于浙江天童圆悟一系的法脉，而遵义恰好为禅宗最活跃的地区，何况抗日战争时期浙江大学迁入，也对当地产生了重大文化影响。

郑珍、莫友芝、黎庶昌等一大批学者，他们都是沙滩文化的杰出代表，是否形成了学派尚可以讨论，但学术贡献的巨大当是无可置疑的。例如，郑珍早期研究程朱，也就是所谓的宋学，后来潜心经学，当然就更重视汉学，尤其擅长"三礼"研究，经学成就也十分突出。他之所以由宋学转向汉学，主要是受了安徽名儒程恩泽的影响。他与程恩泽在湖南相处一年多时间，与湘中学者交往颇多，他的名字"郑珍"是程恩泽所起，又字"子尹"，就是表示要效法东汉先贤尹珍，并特别推崇汉儒许慎、郑玄的学问，显然是清代汉学的重要发扬者。但我们也不能断言他就完全放弃了宋学，尊重朱子可说贯穿了他的一生。晚年他曾有撰写《危语》表彰宋学的想法，只是因为逝世太早，所以未能留下任何文字。他不是心学阵营中的人物，但对阳明本人十分推崇。

我们回顾以郑珍为代表的沙滩学者，可说他们已在从事综合各家各派，以求折中一是的工作，尽管时局动荡造成了很大的限制，但他们仍表现出一种集大成的学术气象。有趣的是，无论地缘环境还是政治地位，郑珍生前均长期处于边缘，但他用生命积累起来的学术成就，却在身后不断从边缘走向中心。显然，边缘与中心是可以互动的，边地未必就不能回应全国性的大问题，只是如何坚忍不拔地守住寂寞，沙滩学者已做出了很好的示范。他们是古典黔学的重要发扬者和总结者，代表了古典黔学最后的灿烂霞光。

除郑珍的经学成就极为突出之外，莫友芝的版本目录学也在学界产生了重要影响。他与黎庶昌都做过曾国藩的幕僚，受湘学的影响很深。莫氏曾受曾国藩的嘱托，遍访江南藏书，他的《宋元旧本书经眼录》《郘亭知见传本书目》，历来为学者所称道。黎庶昌是散文大家，与同时的薛福成有"南黎北薛"之称，文风新颖醇厚，为桐城派重要人物。沙滩学者的成就是多方面的，我们当然应该推尊他们为黔学的代表。

最后，我想说的是，沙滩文化这一概念的最早提出者，其实不是贵州人，而是浙江大学的学者。抗战期间浙大南迁遵义后，张其昀曾主编《遵义新志》一书，便有了专门介绍沙滩文化的文字，是沙滩文化概念的最早提出者。沙滩文化当然不能等同于贵州文化，沙滩学者的成就也不能等同于黔学的成就，但以它作为标志性符号，象征黔学成就或黔人精神，我以为是完全能够成立的。他们继承了传统中国多方面的思想资源，代表了一个久远的人文传统，是崛起在黔中大地上的学术文化群体，不仅具有地域性特征，更具有全国性意义，完全可以作为更大范围的黔学的突出代表。

关于黔学的重要成就，学界一般认为有以下四点。

一是方志学成就。贵州自明代以来，前前后后共编纂了近三百部方志，集中反映了黔学发展的一个面相。其中最具典范意义的便是郑珍、莫友芝合纂的《遵义府志》，梁启超称其为"天下府志第一"，张之洞认为"灿然可列著作之林"。与郑、莫先后同时，贺长龄聘湖南学者邹汉勋入黔，先后编纂了《贵阳府志》《大定府志》《安顺府志》，与《遵义府志》一样，也都是上乘之作。大家知道，邹是著名舆地学家，曾与魏源一起撰写《海国图志》，他编纂的《大定府志》，林则徐曾给予很高的评价。张之洞的父亲张锳所修的《兴义府志》，也是一部值得称道的名志。贵阳青岩人周钟瑄在台湾诸罗县任上，也主修了一部名志——康熙《诸罗县志》，香港著名地理学者陈正祥誉其为"天下县志第一"。贵州学者能在方志学领域拿到两个"第一"，不能不视为黔学的骄傲。

二是禅学成就。陈援庵（垣）先生撰写《明季滇黔佛教考》，便特别表彰了滇黔两省的禅学成就。他的这部著作主要叙述自天启至永历一段的佛教史迹，实际已涉及入清以后的历史，但书名之前仍冠以"明季"两字，即是为了表彰固守人格气节的遗民，尊重他们的政治立场和身份选择。晚明时期中原佛教已经衰颓至极，西南独能承接东南禅风的波动，特别是南明政权恰于是时驻跸贵州，文人雅士纷纷逃禅，禅宗的兴盛可谓空前。我过去曾主持整理"黔灵丛书"，即收录了大量禅宗语录，提供了不少佛教发展的有用资料，集中反映了贵州禅学方面的成就。陈先生的这部《明季滇黔佛教考》则全面介绍了禅宗兴盛一时的情况，当为最具代表性的黔学经典著述。

三是诗学成就。明代贵州就有谢三秀、杨龙友、周渔璜等一批著名诗人，清代的诗家更受到世人的广泛关注，最具代表性意义的作品便是郑珍的诗歌创作。四川大儒赵熙评价郑珍的诗，以"绝代经巢第一流"许之。今人钱仲联也有"清史三百年，王气在夜郎"的评语。以郑氏为清代诗坛的"宗祖"，当是晚清以来多数学人的共识。大约八年前，我接待了加拿大学者施吉瑞，他是叶嘉莹先生的学生，研究工作刚从唐宋转入清代。他就认为郑氏在诗史上的地位，当不亚于大诗人杜甫。去年他的大作《诗人郑珍与中国现代性的崛起》出了中译本，书中不仅将郑珍拔高到可与陶渊明、李白、杜甫、苏轼相媲美的程度，而且更将其视为现代性大变局的早期源头。他的评价正确与否，我们暂不置论。但可以断言的是，历代贵州诗家，他们不仅用自己的作品营造了一个情感的诗化世界，而且也铸就了一个赓续不断的人文传统。

四是心学成就。阳明"龙场悟道"后即开始传播他的心学思想，讲"知行合一"及"心即理"等学说，培养了一批黔中弟子，因而黔中王门的学术成就也不可轻易忽视。最具代表性的学者就是大儒孙应鳌，他的《易》学和《四书》学成就都十分突出。刚才我们讲到明清易代之际，儒家学者为坚守气节而纷纷逃禅，其中就有不少心学人物，当然服膺程朱学的学者也不少。陈寅恪为《明季滇黔佛教考》撰序，便明言"明末永历之世，滇黔实当日之畿辅，而神州正朔之所在"。他认为时当明清大变局之际，贵州

"以边徼一隅之地，犹略能萃集禹域文化之精英"，实为中国文化史上的一件大事。陈援庵先生也认为，"明季中原沦陷，滇黔犹保冠带之俗，避地者乐于去邠居岐"。可见僻处西南边陲的云贵两省，当时已成为华夏正统的象征。与《明季滇黔佛教考》类似，陈寅恪先生的序言也是黔学研究的纲领性文献。

以上只谈到方志学、禅学、诗学、心学等方面成就，实际可向大家介绍的还很多。地域学是包容性很大的学问，黔学当然也不可能例外。

道光年间滇南土司地区社会乱象
与国家治理

——以《滇事杂档》史料为中心

李良品　翟　文*

　　《滇事杂档》是清末胡启荣、黄中位辑录的道光年间云南临安府、普洱府、顺宁府、永昌府、腾越厅五个行政区土司的相关史料。在《滇事杂档》所载史实中，所有档案材料已认可且证实社会乱象是客观事实，凸显社会乱象的词语俯拾皆是，如"逆猓作乱""播乱""扰乱""争乱""搅乱"等叙述当时社会乱象行为和方式，"乱抢乱杀""大乱之际""边隅紊乱""镇康之乱"等陈述社会乱象基本事实，"地方恐乱""人心惶乱""民心甯乱"等反映当地民众对社会乱象的厌恶心态，以及"拨乱反正""正乱之气象各得其所"等表达朝廷命官对滇南土司地区社会乱象予以治理的期盼。

　　清道光年间，随着英国的侵略和《南京条约》的签订，地处中越、中老、中缅交界的滇南土司地区出现了性质各异、规模较大和影响恶劣的社会乱象。从现有研究看，以行省和府州县档案为依据研究清代地方社会乱象的成果不胜枚举，但从云南边地少数民族地区档案入手研究滇南土司地区社会乱象与国家治理问题的成果却极为罕见。本文以《滇事杂档》所载史料为中心，运用"底层历史"文献资料，采取"自下而上"的研究路径，

---

　　* 李良品，长江师范学院重庆民族研究院教授，研究方向：西南民族历史文化；翟文，吉首大学历史与文华学院民族学研究生，研究方向：西南民族历史文化。

印证"区域社会的历史脉络，蕴含对国家制度和国家话语"① 的观点。深刻认识和揭示道光年间滇南土司地区社会现实，为当下国家治理能力现代化与社会传统控制提供了新的阐释空间。

一 道光年间滇南土司地区社会乱象表征

透过对道光年间滇南土司地区社会乱象表征的分析，可以更加深刻地体会社会转型给各族民众带来的巨大创痛。

（一）匪患频繁

"匪"在清朝乾隆年间前后的意涵是不同的。在这之前，清政府没有将对手称为"匪"；康乾盛世时期的"匪"多指土匪、盗贼一类的人；乾隆之后的"匪"大多指农民武装势力；嘉庆和道光年间的"匪"在官方文献中则属于反政府武装势力。《滇事杂档》中"匪"字使用多达数百次，或以民族或族群划分，如猓匪、猓黑匪徒、夷匪、回匪等；或以地域划分，如湖匪、楚匪、川匪、挝匪（即当时猛赖土司刀克明所管夷民为乱者，在今越南北部莱州境内）、内地逃匪、莽匪（指骚扰滇南地区的缅甸人）；或以性质划分，如游匪、野匪、外匪、匪徒、匪棍、祸匪、逆匪、匪逆、贼匪、巨匪、匪党、匪犯、奸匪等；或以数量多少划分，如夥匪、余匪、匪众、各业匪、匪类等；或以官职或地名划分，如目匪（即土司下属小官为匪之人）、丛匪、地匪等。无论属于什么类型的"匪"，他们绝非完全以抢劫、勒赎为生之人。《滇事杂档》中不乏"匪患"的记载，如《办理纳楼土司与木梳贾夷民拘衅卷》中有"匪党四路邀截，捕缉良民，飞刑搞磕，要银取赎，无银即杀，又活捡苗居解营，捆绑树上用枪打死""又挖沟决水，践踏秧苗，砍伐棕园，入寨淫辱妇女，日夜轮奸，烧房掘墓，无恶不作"② 等的

---

① 陈春声：《走向历史现场》，《读书》2006 年第 9 期。
② 胡启荣、黄中位辑《滇事杂档·办理纳楼土司与木梳贾夷民拘衅卷》之"木梳贾夷民禀"条。

记载。正因为各类"匪"徒"无恶不作"，所以难以具体分类。他们主要涉及抢劫、勒索、捕缉、滋扰、行凶报复、攻打寨堡、奸淫妇女、杀人、烧房、掘墓等恶性事件。总之，众"匪"丛生，反映出滇南地区社会极不稳定、匪患频繁出现的严酷现实。

（二）土司滋事

据《滇事杂档》所载，道光年间滇南地区土司制造事端，屡见不鲜。

第一，土司纠结挞匪滋事。如"溪处已革土舍赵为藩，纠匪肆抢，滋扰夷地，地方受害者纷纷逃散"① 已能说明问题。特别是《临安府任办理猛丁土舍卷》中有"猛丁土舍禀"一条，对猛喇掌寨刀阿文、族舍刀有贤等无恶不作有详细记载：

> 奉批确查，系猛喇掌寨刀阿文、族舍刀有贤等，纠结挞匪施放枪炮，杀毙李老五等三人，掳去妇女五口，带伤数人，挖抛祖茔……刀阿文带领八寨族舍练头并挞匪，茨桶坝掌寨李士珍等沿寨抢杀至卜龙寨，土职带练堵御，两下对敌，被伊枪毙雇练三人，带伤五人……刀有贤等带领挞匪百余人，沿寨抄抢什物牛马，奸淫妇女，所有等项被抢一空。②

同时，猛喇掌寨刀阿文和刀有贤等，纠结挞匪，他们沿寨抢杀，并放火将土司衙署及民房烧毁，将猛丁掌寨张国珍的高曾祖、祖父母、父母等共十二冢挖毁，抛去尸骨，抢掳保山寨、大塘寨、坝列寨、安家寨等十五处村寨民众。③ 透过对猛喇掌寨刀阿文和刀有贤等纠结挞匪抢劫、攻打寨堡、奸淫妇女、杀人、烧房、掘墓等事件复原，再现了当时滇南地区民众处于水深火热之中的残酷现实。

---

① 胡启荣、黄中位辑《滇事杂档·办理溪处围捕土舍赵为藩卷》之"会镇出示十四丛"条。
② 胡启荣、黄中位辑《滇事杂档·临安府任办理猛丁土舍卷》之"猛丁土舍禀"条。
③ 胡启荣、黄中位辑《滇事杂档·临安府任办理猛丁土舍卷》之"猛丁掌寨禀"条。

第二，土司间互相攻讦。如"因李开元、赵为藩图管十四丛地方，互相争斗"，①"业已数年"，当时当地的粮务经历传羹梅对此有详细记载。据载，赵为藩和李开元都是由赵为藩之父赵国樑抚养成人。赵国樑于嘉庆年间承袭溪处土司，道光十三年（1833），由于赵国樑在处理初浦寨民用火架烧赵萨者"力不能阻"，其族弟赵国平开始怂恿赵白氏向赵国樑求赏银六两安埋，后来又控告"赵国樑起意烧死良民，止给银两六两买和，向搕银三百两，赵国樑不允，赵国平即领赵白氏赴府控，奉差提赵国樑到案质审"。②在这之前，赵国樑听说李开元之妹"尚有姿色"，"意欲做妾"，后"要进署内察看，人未稳妥，仍旧送回"，李开元认为赵国樑"戏弄伊妹，挟恨在心"。又有前土司赵理之子赵平安"觊觎于土司一官，见赵国樑犯事，即同李开元等串谋"。事后，李开元"复串匪棍多名，控词讦讼，以致赵国樑在案三年不能审结，十六年亏容土司孙汉，商同赵国平等，以溪处无官，地方恐乱，禀奉委令孙汉代办"，③"此后孙汉屡次潜帮李开元粮食子药，攻劫寨民"，后因溪处代理撤委，而"李开元曾为土目，发给戳记，令征钱粮，谁知十六年钱粮例外浮征，而竟不缴纳，当提李开元到案监追，并以年老废弛，将赵国樑革职，令其子赵为藩承袭土司。十七年李开元越监而逃，当给赵为藩土司札记，令整地方，并另札饬拿李开元务获解究，李开元从此纠聚夷匪获身，借据良民拷搕，并有外来棍徒附和，渐肆抢劫，烧寨杀人，民遭涂炭，赵为藩遵札集练攻拿，互有杀伤"，④于是地方民人不能安业栽种。道光十七年到道光十九年在钱粮未能全部征收的情况下，赵为藩俱自清纳。后来由于李开元"欺主为仇，忘恩负义，既害其父，复害其身，愤恨已极"，于是起了"报仇之志"，赵为藩集结本地土民"奋力追杀，破一寨，复夺一寨，杀至李开元无地容身"⑤的境地。道光二十二年，李开元

① 胡启荣、黄中位辑《滇事杂档·办理溪处土舍卷》之"札纳楼土司"条。
② 胡启荣、黄中位辑《滇事杂档·办理溪处土舍卷》之"溪处所闻记"条。
③ 胡启荣、黄中位辑《滇事杂档·办理溪处土舍卷》之"溪处所闻记"条。
④ 胡启荣、黄中位辑《滇事杂档·办理溪处土舍卷》之"溪处所闻记"条。
⑤ 胡启荣、黄中位辑《滇事杂档·办理溪处土舍卷》之"溪处所闻记"条。

"勾结长毛外匪多人"，"一日连攻三寨，烧房抢掳，伤杀殊多"，[①] 自此之后，李开元、赵为藩"各纠各众，各占各寨，从李则赵攻烧，从赵则李抢杀，各欲灭此朝食，誓不两立，而攻力悉敌，不能遂心，复各斗各智，赵则用苦肉计，殴至遍体鳞伤，而驱之投李；李则重购亡命之徒，设计投赵，以期行刺，而各能识破机关"。[②] 后溪处头人李开元与已革土舍赵为藩因为争管十四丛地方，互相争斗，不仅多年不能完缴中央政府规定的钱粮，而且"夷民被其扰害，流离困苦"。

第三，土司额派生乱。如临远府纳楼土司属木梳贾等寨所谓"刁民听唆，背主抗粮"[③] 就是其中一例。《滇事杂档》载，纳楼土司普永年的叔父普世恩在木梳贾等十八寨地方恶索多端，按月一次，其"额外加派各款：大粮银每寨八两，差发银每寨四两，租谷每寨三石二斗，年例银每寨五两九钱，火耗银每寨五两，差马银每寨二两八钱，灰斤每寨二十斤，月例猪每寨一口，月例鸡每寨二十支，棉花每寨七十斤，荞每寨二斗，豆每寨二斗"。[④] 在这种情况下，"木梳贾夷民李朝阳等聚集伙党数百，各处扎营，苛虐附近村寨盐粮银两"，并"将土司所扎营盘攻破，放火烧毁如心寨之中牛马衣服，抢掳一空"。[⑤] 朝廷命官的态度十分明确："土司各寨夷民食毛践土，每年应纳差发秋米等款，上供朝廷经费之需，下资土司办公之用，向有额例，由土司征收转解，岂容族舍头目任意加收？"[⑥] 可见，族舍头目任意加收差发秋米，而土司未能及时果断地加以干涉和阻止，这无疑是民众生乱的主要原因。

---

① 胡启荣、黄中位辑《滇事杂档·办理溪处土舍卷》之"溪处所闻记"条。
② 胡启荣、黄中位辑《滇事杂档·办理溪处土舍卷》之"溪处所闻记"条。
③ 胡启荣、黄中位辑《滇事杂档·临安府任办理纳楼土司与木梳贾夷民拘衅卷》之"纳楼土司禀"条。
④ 胡启荣、黄中位辑《滇事杂档·临安府任办理纳楼土司与木梳贾夷民拘衅卷》之"木梳贾夷民波戛等禀"条。
⑤ 胡启荣、黄中位辑《滇事杂档·临安府任办理纳楼土司与木梳贾夷民拘衅卷》之"木梳贾夷民波戛等禀"条。
⑥ 胡启荣、黄中位辑《滇事杂档·临安府任办理纳楼土司与木梳贾夷民拘衅卷》之"木梳贾夷民波戛等禀"条。

二 道光年间滇南土司地区国家治理路径

众所周知，封建社会中始终存在一定的反社会力量，清代道光年间也不例外。而在半封建半殖民地社会形成的特殊时期，反社会力量或分散，或聚合，有时甚至形成合力彻底爆发，其本质在于破坏或颠覆当时正常的社会秩序。滇南土司地区基层社会作为一个有机共同体，当各方面的矛盾累积到一定程度之后，就必然失去平衡而出现利益诉求发酵下的匪患频繁与土司滋事等不利于清王朝统治的社会乱象。清政府针对滇南土司地区的社会乱象，从三条进路进行治理，并形成了决策（中央）、执行（地方）、协同（民间）三级治理体系。

（一）政治体制与土司权力的一体性

针对滇南土司地区而言，这里的"体制"主要指土司制度，其决策者无疑是以皇帝为核心的朝廷，即中央机构，这是国家治理的最高层次，皇帝处于国家治理的塔尖，是各种政策的最终决策者。在土司制度下，清政府将权力下放给行省和府州厅县以及土司机构，以便让各级机构代行地方管理的权力，最终实现在国家主导下政治体制与流官、土司的实际保有权力的一体性。虽然滇南地区土司政权与流官政权之间始终存在博弈或冲突，但清政府在滇南地区的治理中一直占据主导地位，起着决定性作用。

"体制"一词在《滇事杂档》中出现 28 次，强调地方土司不能做"与体制不符"之事，足见道光年间地方流官对中央按照政治体制管理滇南地区土司，让其有效实施权力的高度重视。如该史料在道光十三年迤南道前道台胡某办理车里宣慰卷中云："伏思边吏治边，固以协体制为急务；而尤首以安边为急务，盖协体制犹虚而安边乃实也。若边不安而尚有何体制之可协乎？盖各边情形不同，总须因地制宜，宜则边安，不宜则边不安也。故有不能不协体制以安边者，亦有不必尽言体制而边始安者。……然则边吏治边总以安边为主，而安边尤以因地制宜为主。有不能不协体制以安边者，即以协体制为安边也；有不必尽言体制而边始安者，即以安边为协体制也。"① 这主要凸显了朝廷命官对体制与治乱安边的认知。

从《滇事杂档》可见，并非每个土司衙署都设置有宣慰司、宣抚司、土州、长官司、舍目、寨长、夷目等官职，而是根据土司制度的相关规定对某个具体土司政权依据职级高低、权力大小而设定其官职和权限。如车里宣慰司的最高领导人为召片领，召片领之下有召勐、召陇、火西、曼等五级。② 车里宣慰司等滇南土司拥有较高的政治地位："土司虽小，却也是官，在威信里者，俱属土司百姓，百姓与官斗，便是叛逆。"③ 流官对土司的地位也是高度认可："朝廷设官分职，流土各有等次，敬土司即以是遵朝廷也。"④ 无论是土司衙署的行政权力，还是土司家族的内部权力，基本上是按照土司制度中的职官制度设置官职，各种官职各拥其权，各司其职。

清政府有效控制滇南土司承袭，确保国家在这一地区权力的延伸与下沉。其具体举措是对土司承袭程序、制作承袭文书、限制土司承袭次序、赐予土司信物等方面予以管控，以充分体现国家主导和国家利益至上的原则。这些规定无疑是控制土司承袭的制度设计，目的在于使国家权力地方化。《滇事杂档》之"会禀刀绳武之子不应承袭始终缘由"中论及思茅厅属车里宣慰司承袭一事，不乏"刀氏宗图""合例承袭""取具宗图册结""颁给印信、号纸"等词句，⑤ 临安府知府更是一语道破其体制："土司掌寨袭职，例有明条，应以长枝承袭，长枝无人，以次枝继袭，如无次枝，择

---

① 胡启荣、黄中位辑《滇事杂档·照抄前道胡办理车里宣慰卷》之"照抄禀覆中丞稿"条。
② 胡启荣、黄中位辑《滇事杂档·照抄前道胡办理车里宣慰卷》之"粮储道徐、本镇张，本道王，告谕复立车里宣慰刀士宛及十二版纳土弁夷民人等知悉"条。
③ 胡启荣、黄中位辑《滇事杂档·办理云州属猛麻土司卷》之"抄移云州信"条。
④ 胡启荣、黄中位辑《滇事杂档·照抄前道胡办理车里宣慰卷》之"粮储道徐、本镇张，本道王，告谕复立车里宣慰刀士宛及十二版纳土弁夷民人等知悉"条。
⑤ 胡启荣、黄中位辑《滇事杂档·照抄前道胡办理车里宣慰卷》之"会禀刀绳武之子不应承袭始终缘由"条。

其昭穆相当者承嗣继袭，焉可妄行谋夺？"① 说明土司承袭程序必须合法，承袭文书必须具备，承袭次序必须合规，这不仅凸显了国家管控滇南地区土司有序，而且彰显了中央政府治理土司的能力逐渐加强，国家治理土司的体系逐渐完善，有利于确保国家权力在滇南地区管理中的落实。

（二）地方流官与滇南土司的共治性

中央政府通过行政区划、行省以及府州县、土司等地方官员分层分级管理地方事务，这是国家治理滇南土司地区的主要执行者。清代云南行政官员设置和国家治理的惯例，是采取分层分级形式，分为云贵总督、巡抚、布政使和按察使、府州厅县流官、土司，计五个层级。云贵总督是云南的最高行政长官，掌管云贵两省的军政大权，道光十三年至道光二十七年，云贵总督一职历经阮元、伊里布、桂良、贺长龄、李星沅等人。云贵总督之下设置有云南巡抚，为云南行省的最高行政长官。巡抚之下是云南布政使、云南按察使等官员。其下是府州厅县流官和土司。《滇事杂档》所载车里军民宣慰使司等 10 余个土司，均隶属于云南行省，置于府州厅县流官管辖之下。查阅谭其骧先生的《中国历史地图集》第 8 册可知，《滇事杂档》所载车里军民宣慰使司等 10 余个土司分布在清代云南临安府、普洱府、顺宁府、永昌府和腾越厅这五个行政区划之内，其中临安府管辖纳楼、思陀、猛喇、纳更、溪处、瓦渣、稿吾、猛丁等土司，普洱府管辖车里宣慰司，顺宁府管辖耿马、猛麻土司，永昌府管辖镇康土司，腾越厅管辖南甸土司。② 这些地区的土司大多邻近越南、南掌（今老挝）、缅甸等国，属于云南沿边土司。即便到了道光年间，土司势力依然强大，国家对该地区的基层社会乱象，只能依靠行省及之下的府州厅县流官与滇南土司的共同治理。

临安府、普洱府、顺宁府、永昌府、腾越厅等地流官作为治理地方社会

---

① 胡启荣、黄中位辑《滇事杂档·临安府任办理猛丁土舍卷》之"示刀秉锐等"条。
② 谭其骧：《中国历史地图集》第 8 册，中国地图出版社，1987，第 48~49 页。

乱象的执行者，他们在执行王朝政策和法规的同时，不仅要求滇南土司必须效忠供职，自觉肩负起抚夷安边的职责，而且强调滇南土司必须肩负起与地方流官共同治理地方社会乱象的责任。临安知府认为："设立土司土舍，原为约束夷民，干御边圉，该土舍所属夷民不能差遣，安用土司为耶？"① 换言之，边疆地区的土司，对外要拱卫王朝、捍卫边隅；对内要安抚夷民、缉匪捕盗、收纳钱粮，遇到不法行为和社会乱象，必须共同治理，实现"变乱为治"的目标，以充分体现其共治性。道光二十三年，针对"镇康太爷又将勐捧、邦东数户，私许送与莽戛，招兵数千抢杀自家百姓，不分皂白，不管客家，乱抢乱杀"以及"景星潜逃入境"的情况，永昌府移请镇康土州转"饬令耿马土司就近查拿务获解府"一事，② 更说明了地方流官期望镇康土司和耿马土司与流官共治乱局，以达"拨乱反正"之目的。

　　土司与地方流官之间存在博弈是十分正常的现象。道光年间滇南地区流官面对诸如猛喇掌寨刀阿文和刀有贤等结匪抢劫、攻打寨堡、烧房掘墓、奸淫妇女等乱象，深感治乱过程困难重重。又如溪处头人李开元与已革土舍赵为藩因争管十四丛地方互相争斗而多年不能完缴中央政府规定的钱粮一事，③ 由于土司土舍赵登科在当地仍然有一定的影响力，在"十四丛夷民无主"的情况下，官府竟然"令其回归"，临安知府更是明确表达"本府一俟差发秋米完竣，即将赵登科交令该头人等获送回归，安抚地方可也"。④ 在纳楼土司额外加派木梳贾等村寨钱粮时，临安知府又有"岂容族舍头目任意加收"的表态。⑤ 从滇南土司的角度看，他们身处其境，表面上既要有尽职尽责、抚夷安边的动作，又要表达不忘国恩、效忠朝廷的假意。因此，在与地方流官的书札往来中，无不体现出相互博弈的关系，正如思陀土司李绍先在给临安知府的信中所说："窃土职受君恩宪德，抚驭夷众，务要夷

---

① 胡启荣、黄中位辑《滇事杂档·临安府任办理思陀土司卷》之"札落恐土司舍"条。
② 胡启荣、黄中位辑《滇事杂档·札耿马土司送镇康土司回州卷》之"永昌府陈移"条。
③ 胡启荣、黄中位辑《滇事杂档·办理溪处土舍卷》之"示溪处夷民"条。
④ 胡启荣、黄中位辑《滇事杂档·办理溪处土舍卷》之"溪处夷民禀·批"条。
⑤ 胡启荣、黄中位辑《滇事杂档·临安府任办理纳楼土司与木梳贾夷民拘衅卷》之"示木梳贾等十八寨"条。

众遵服，乃为无忝厥职，则生前可以对朝廷，即死后亦可以见祖宗。至于暴戾各情，万不敢妄行分毫。"① 可以说，地方流官与滇南土司就是在这种博弈中实现对滇南土司地区基层社会共同治理的目标的。

（三）团练、乡约与宗族组织的联动性

任何一个基层社会为了乱象治理，都必须在基层社会中寻找有助于治理的可靠元素。基于国家治理的实践逻辑，基层社会利益最大化是最有助于国家治理基层社会的要素。道光年间的滇南土司地区，无论是流官、土司还是基层社会民众，寻求自身利益最大化对各方都起着导向作用，三者的最大利益就是共同维护地方社会稳定。当时团练、乡约与宗族组织等基层社会组织相互联动、协同治理，共同构成基层社会治理的主体，以具体落实朝廷制定的各项制度。

从《滇事杂档》所载内容看，除流官和土司之外，官方基层组织主要是团练。滇南地区的团练化使得滇南地区军事化，这在一定程度上改变了清代传统的权力结构。在《滇事杂档》中，"团练防堵""土弁团练严拿防守""团练防堵挐匪"等词句常出现在官方信札里，足见滇南土司地区建有团练组织。该史料载，云州州府在收到《下七村民人陈体学等呈（八月初三日）》文后，批文（初四日）中有"查魏前府谕令尔等立团，原是编查保甲之古法，专为稽查奸宄，严防盗贼而设，并非使其纠众逞凶，抗官滋事"② 一段文字，说明当时这一地区仍在施行保甲法。团练的职能与保甲有相通、互补之处，其行使权力者是里团正、保长、甲长、练长等，这些基层官员是"准基层行政组织"的负责人和具体执行者，他们不仅是基层社会的实际控制者，而且是国家治理滇南土司地区的重要助手。

清代乡约是官民共建的一种基层社会组织形式，是邻里乡人互相劝勉共同遵守、以相互救济为目的的一种制度。乡约的宗旨就是宣讲圣哲、劝

---

① 胡启荣、黄中位辑《滇事杂档·临安府任办理思陀土司卷》之"思陀禀"条。
② 胡启荣、黄中位辑《滇事杂档·办理云州属猛麻土司卷》之"下七村民人陈体学等呈"条。

善教化、惩恶扬善。《滇事杂档》中多次提及的"沈乡约""乡约苏三"等人，应是乡约组织及官员中的代表。他们是在不违背皇权统治、不违背圣意的前提下，保证宗族家长的绝对权威，维护纲常伦理，最终目的是维护封建统治。因此，道光年间的乡约是维系国家与乡村社会的一种纽带，这体现了在国家认可下乡约的自治功能。

宗族组织是我国传统社会一种最重要的，以宗亲血缘为纽带的基层组织。在《滇事杂档》中，既有族众、族人、族党、本族、族中、合族、同族等涉及宗族范围的词语，又有族祖、族叔、族弟、族长、土族、族弁、族舍、族目、庶族目等显示宗族内部关系的词语，也有"不遵族命""协衷办理，睦族安民""带领族目，安辑民心"等彰显官府对当地某宗族组织成员予以警示和提出期望的语句。特别是纳楼应袭土司普永年承袭职位后，竟然出现"族目普世恩私设衙署，造立刑法，统率头目陈明、管正等任意加派滥收，稍不遂意，即行拴锁吊打，逼索银两"① 的事情，临安府针对纳楼土司"故纵族舍，蹂躏地方，以致夷民等不复顺从"的情况，强烈要求土司普永年必须"加意抚恤夷民，务将该族舍等严加约束，毋得令其再生事端，以靖边隅，而安善良，倘该土司仍欲与夷民等为仇，及再任族舍等苛虐地方，一经发觉，定即详革究办不贷"。② 这是流官利用宗族组织内的等级性、土司机构的权威性以及执法的严肃性等特点，使宗族组织不仅成为使基层社会有效运行的社会组织，而且成为国家治理滇南地区和维护宗法秩序的有力工具。

结　语

道光年间，滇南土司地区虽然出现了匪患频繁、土司滋事等社会乱象，但清王朝仍在推行土司制度的过程中期盼将原有的间接统治变为直接统治，

① 胡启荣、黄中位辑《滇事杂档·临安府任办理纳楼土司与木梳贾夷民拘衅卷》之"木梳贾夷民续禀"条。
② 胡启荣、黄中位辑《滇事杂档·临安府任办理纳楼土司与木梳贾夷民拘衅卷》之"札纳楼司"条。

实现边疆与内地的一体化。在官场腐败、国力渐衰、社会发展不协调而导致社会矛盾日益突出、社会乱象未能得到彻底治理的情况下，清王朝虽然构建了中央与地方、国家与基层社会的治理网络体系，但终因国家、地方、民间社会三者之间未能真正构建起命运共同体和利益联合体，决策者（国家）、执行者（地方）、协同者（民间）三级治理体系采取的所有应对危机的措施均无济于事，致使国家对滇南土司地区治理效果不彰、收效甚微。运用《滇事杂档》留存的历史碎片，如果以区域社会的历史发展脉络作为研究视域，我们就会发现滇南土司地区的社会乱象蕴含着恢宏叙事和宏大历史。

第一，国家社会形态的突变。由于英帝国的入侵，清国门洞开，中国由典型的封建社会向半殖民地半封建社会逐渐转型。正是由于国家社会形态的突变，在清政府面对内忧外患的同时，国家、地方和民间这三级治理体系的治乱无法达到理想效果。滇南土司地区民族众多，且与缅甸、老挝、越南等国的关系错综复杂，在清政府加速推进内地与边疆一体化以及中华民族共同体从"自在"向"自觉"逐渐形成过程中，其发展极不平衡。加之国内反政府、反社会力量异常强大，内地游民的不断涌入、移民的大量增加、不法商人和外来矿丁的快速增多、汉夷之间的交往，导致国内社会矛盾不断累积，清政府对滇南土司地区的治理往往是鞭长莫及、力不从心。因此，《滇事杂档》中载有烧房、杀人、劫掠、掘墓、抛尸、攻打寨堡、奸淫妇女等大量事件，这是国家社会形态突变过程中产生的必然结果。

第二，王朝权威的下降。滇南土司地区民众对以道光皇帝为核心的清王朝权威的认同度与清王朝的控制力成正比关系。影响滇南土司地区民众对道光王朝和官方权威认同的主要是府州厅县各级流官。在滇南地区土司势力十分强大以及当地民众只知有土司不知有皇帝（流官）的情况下，府州厅县流官虽然有对"协体制以安边"[①] 的强调，有"宪台、抚宪，心

---

① 胡启荣、黄中位辑《滇事杂档·照抄前道胡办理车里宣慰卷》之"照抄禀覆中丞稿"条。

中颇觉忐忑"① 之言辞，有调集并督促耿马、镇康、湾甸三土司在"红泥塘会盟……一体协力相助"② 的举动，但大多是"饬令""劝令""妥速办理""各宜禀遵""遵办""据实禀报""具禀""查核""毋违""定行提府""押追不贷"等官话十足的语言，如"劝令刀土州加意招抚夷众，各守疆界，俾安边围，毋再滋生事端"③ 之类的语言俯拾即是。即便纳楼土司与木梳贾夷民构衅进而造成"淫辱妇女，日夜轮奸，烧房掘墓，无恶不作"④ 的严重后果，临安府的批示也大多是"本应严惩，姑从宽宥，着即各归农业，毋得再行捏渎"⑤ 等，就虚避实，没有从根本上治理社会乱象。事实证明，中央政府控制力强则权威性高，中央政府控制力弱则权威性大幅度削弱。

第三，滇南土司乘机生乱。自雍正年间实施大规模"改土归流"以来，清政府加大了对各地土司整治管理的力度，中央王朝的权力逐渐向该地区延伸和扩张。因此，土司逐步丧失权力，地方影响力被削弱，原有相对独立与封闭割据的局面逐渐被打破。在不满意中央政府削弱其行政权力和地方影响力的情势下，滇南土司对于府州县官员的"上何以对君父，下何以对兆民"⑥ 等告诫以及"饬令""劝令""遵办""查核""毋违"等劝谕基本上是熟视无睹、置若罔闻，仍然我行我素，他们不仅没有真正成为当地社会乱象的有力治理者，而且还有意无意地制造恶性事端，乘机为乱。因此，《滇事杂档》所载滇南地区土司纠结挂匪滋事、土司间互相争斗以及额外加派钱粮而导致杀人夺物、烧房掘墓、攻打寨堡、奸淫妇女等事件不胜枚举，这无疑成为当地社会乱象的重要根源。可见，在社会乱象频发的道

---

① 胡启荣、黄中位辑《滇事杂档·照抄前道胡办理车里宣慰卷》之"会禀两院宪"条。
② 胡启荣、黄中位辑《滇事杂档·札耿马土司送镇康土司回州卷》之"耿马土司禀"条。
③ 胡启荣、黄中位辑《滇事杂档·札耿马土司送镇康土司回州卷》之"札耿马土司"条。
④ 胡启荣、黄中位辑《滇事杂档·办理纳楼土司与木梳贾夷民构衅卷》之"木梳贾夷民禀"条。
⑤ 胡启荣、黄中位辑《滇事杂档·办理纳楼土司与木梳贾夷民构衅卷》之"木梳贾夷民禀"条。
⑥ 胡启荣、黄中位辑《滇事杂档·照抄前道胡办理车里宣慰卷》之"会禀刀绳武之子不应承袭始终缘由"条。

光年间，一部分土司不愿服从流官管理、自觉维护当地社会秩序，而是乘机生乱，成为滇南土司地区基层社会正常秩序的"破坏者"。正是由于滇南土司乘机生乱，频生事端，官方支持的保甲、团练等武化组织逐渐实现了对基层社会各族民众的有效整合，当地土司在武化组织社会整合中未能很好地发挥作用而残酷地"被整合"，使土司的行政权力和地方影响力发生了"渐进的嬗变"。

第四，国家、地方和民间三级治理体系融合不够。道光年间，滇南土司地区社会是否稳定与国家、地方和民间三级治理体系是否融合、有机整合密切相关。匪患的大量存在，一方面破坏了当地的社会稳定，另一方面促进了国家、地方和民间三级治理体系的融合。只有国家、地方、民间三者之间构建起命运共同体和利益联合体，才能真正实现国家主导、政府负责、社会协同、族群参与的国家治理格局的目标。频繁和长期的社会动乱虽然给滇南地区基层社会各族民众带来巨大的肉体伤害和心灵创伤，但国家与滇南土司地区基层社会的距离被悄然拉近，中央政府控制社会权力的底层化和基层社会日常事务的国家权力场域化在控制与自治过程中得到了融合。匪患之所以在当时十分猖獗，原因在于国家社会形态的突变、治理能力的削弱，这无疑为匪患提供了社会舞台。滇南土司的无所作为，民间力量的逐渐修复，虽然推动了决策者（国家）、执行者（地方）、协同者（民间）三者共同参与国家治乱，促进国家、地方与民间三者的融合，但国家、地方、民间三级治理体系融合不够，治乱效果不明显。

◎ 岭南文化研究

论岭南诗派"雄直" 诗风的形成

王富鹏[*]

在中国文学史上，岭南地区长期以来都较少受人关注。实际上，自唐代张九龄之后，岭南诗坛代不乏人。元末明初"南园五先生"之后，岭南诗派已经引起了研究者的重视。明代万历年间浙江学者胡应麟说："国初吴诗派昉高季迪，越诗派昉刘伯温，闽诗派昉林子羽，岭南诗派昉于孙蕡仲衍，江右诗派昉于刘崧子高。五家才力，咸足雄据一方，先驱当代。"[①] 至明末清初，岭南诗坛更是异军突起，走上了巅峰。胡氏所谓的"岭南诗派"，作为一个地域诗派的名称逐渐得到了学界的认可。

胡应麟所谓"岭南诗派"是就地域进行的区分，泛指岭南（此特指广东，下文依习惯亦称岭南）地区诗歌创作的一个群体。尽管胡氏并非从风格学的意义上进行命名，但"岭南诗派"既然作为一个地域性诗派为学界所认可，它一定有着不同于其他诗派的特征。"岭南诗派"整体上到底有着怎样的风格特征呢？因为所谓的"岭南诗派"是泛指广东地区的诗人群体，所以这里论述"岭南诗派"的风格，实际上也就是对岭南诗坛、岭南诗歌整体风貌进行论述。

明末清初，岭南诗人辈出，产生了一批在全国有较大影响的诗人，岭南诗派以其突出的成就和独特的诗风备受关注。清代中期著名诗人洪亮吉

---

* 王富鹏，广州大典研究中心教授、广州大学广府文化研究中心研究员，中山大学博士，研究方向：明清文学。

① 胡应麟：《诗薮续编》卷1，少室山房刻本。

云："尚得昔贤雄直气，岭南犹似胜江南。"① 清末诗人沈汝瑾《国初岭南江左各有三家诗选阅毕书后》云："鼎足相诗笔墨酣，共称诗佛不同龛。珠光剑气英雄泪，江左应惭配岭南。"清末学者程秉钊《国朝名人集题词》云："浩瀚雄奇众妙该，遗民谁似岭南才？"陆蓥《问花楼诗话》卷3云："国朝谈诗者，风格遒上推岭南，采藻新丽推江左。"② 陆蓥之"遒上"、程秉钊之"雄奇"与所谓"雄直"之意相距不远。近代人汪辟疆《近代诗派与地域》云："雄直二字，岭南派诗人当之无愧也。"③ 由此看来，岭南诗坛不同于其他地区的"雄直"诗风基本上得到了普遍的认可。现代学者陈永正、吕永光、郭培忠、刘斯奋、杨权、左鹏军等先生以及吾师吴承学先生也有类似的看法。温柔敦厚、雅正和平是中国的传统诗教。"宽柔以教，不报无道，南方之强也，君子居之。衽金革，死而不厌，北方之强也，而强者居之。"朱熹注曰："南方风气柔弱，故以含忍之力胜人为强，君子之道也。""北方风气刚劲，故以果敢之力胜人为强，强者之事也。"④ 远在南部边裔的岭南诗坛却形成了"雄直"的诗风，显然与人们的常识相左，事实是否如此？其背后又有着什么样的原因呢？

一　岭南诗派的雄直一脉

汉代和帝时，岭南人杨孚作《南裔异物赞》，可以说是最早的岭南诗歌。屈大均云："亦诗之流也。然则广东之诗，其始于孚乎？"⑤ 大多数岭南诗人，包括屈大均，仍然普遍把唐代的张九龄看作岭南诗歌的真正开端：

---

① 洪亮吉：《道中无事偶作论诗截句二十首》其五，《洪亮吉集》，刘德权点校，中华书局，2001，第1244页。
② 陆蓥：《问花楼诗话》卷3，郭绍虞编选《清诗话续编》，富寿荪校点，上海古籍出版社，1983，第2312页。
③ 汪辟疆：《近代诗派与地域》，《汪辟疆说近代诗》，上海古籍出版社，2001，第40页。
④ 朱熹集注《四书集注·中庸》，《四部备要·经部》。
⑤ 屈大均：《广东新语》，人民文学出版社，1996，第312页。

"吾粤诗始曲江,以正始元音,先开风气。"① 张九龄是岭南地区公认的文学宗主,他的出现为岭南文学树立了一个良好的形象和开端。

张九龄之后的一个时期岭南文学比较沉寂。北宋时期,余靖(1000～1064)又为岭南文学增添了光彩的一笔,其诗"清劲幽峭、质朴疏朗,一洗西昆铅华,与张九龄并称岭南二诗宗"。② 他对岭南文学的发展也产生了一定的影响。南宋名臣崔与之(1158～1239)少卓荦有奇节,他力图扭转南宋政局的颓势,知其不可为而为之。其诗抒发政治理想,沉郁深挚、苍劲激昂。梁善长《广东诗粹》评曰:"七言古体,宋崔菊坡(与之)高华壮亮,犹有唐人遗音。"③ 李昴英(1201～1257)生于官宦之家,深受崔与之器重。他多次弹劾权臣,"直声动天下"。宋理宗云:"李昴英,南人,无党,中外颇畏惮之。"其诗刚直激昂、奇崛遒健,其门人李春叟在《重刻李忠简公文溪集序》中评曰:"刚方正大之气,蟠郁胸次。泄而为文,光芒自不可掩。"崔与之、李昴英生逢末世,其诗同属"雄直"一路,而又各具特色。宋代的余靖、崔与之和李昴英的诗风一定程度上可以说是对自张九龄开始的岭南诗歌传统的继承和发展,同时也对后来者产生了不小的影响。

岭南诗派常常于狂澜既倒的末世表现得最为慷慨悲壮。南宋末年,岭南为抗元的最后据点。宋朝行将覆亡之际,在岭南涌现出一批慷慨抒情的诗人。赵必瓛(1245～1294)为宋太宗十世孙,因祖父任粤盐官,落籍东莞。宋末曾参与粤中军事。国变后,每望厓山,伏地大哭,设文天祥画像于堂朝夕泣拜。晚年与陈庚、陈纪、黎献、李春叟等故宋遗民交游。"宋亡隐居终身,故其发为诗歌,多愤懑激烈、黍离麦秀之致。诗见言外。"④

李春叟于宋末亦曾参与粤中军务,其诗沉雄劲健,深挚悲壮。陈纪于宋亡之后与兄陈庚偕隐居家,与赵必瓛、赵时清等遗民交游唱和。其诗借景

---

① 屈大均:《广东文选自序·附凡例之六》,《翁山文外》卷2,康熙刻本。
② 陈永正主编《岭南文学史》,广东高等教育出版社,1993,第348页。
③ 梁善长:《广东诗粹·例言》,乾隆十二年达朝堂刻本。
④ 胡濙:《覆瓿集叙》,赵必瓛:《秋晓先生覆瓿集》卷首,台北:新文丰出版公司,《丛书集成续编》133-29影印诗雪校刊本。

抒怀，寄托亡国之痛，风格雄浑悲慨，沉郁苍凉。这一时期，在岭南地区形成了一个为数颇众的遗民诗人群体。亡国之痛、遗民之恨自是其诗所抒写的重要主题。其诗虽时有哀叹感伤，但难掩其沉痛苍凉、慷慨悲壮的风格。这批诗人"形成独特的风格，实开岭南诗派之源"。① 这种风格的形成应该说与其人生选择和不屈的心态有着密切的关系。他们对后世岭南诗人的影响主要不是在艺术层面，而是在人格和精神上的感召。南宋末年岭南这群遗民诗人，代表了这一时期岭南诗派创作的主体，并对岭南诗派乃至岭南诗风产生了一定的影响。

陈永正先生对岭南文学有广泛的研究，认为"岭南诗歌'雄直'之气，在唐代已露端倪……余靖诗继承了张九龄、邵谒的传统，体现出幽峭傲兀、苍劲朴老的风骨……崔与之和李昂英二家诗，健笔凌云，体现了岭南诗歌'雄直'的本色。宋末的爱国诗人区仕衡、赵必瓛、李春叟、陈纪等均遵循岭南诗歌的传统进行创作"。② 不能否认的是，这些诗人确有部分这样的诗作，他们对之后岭南诗人也有一定的影响，但在全国的影响，除张九龄之外还十分有限。而这种诗风成为岭南诗派的主导风格并被普遍认可，还有一段比较曲折漫长的过程。

胡应麟《诗薮》云："张子寿（九龄）首创清淡之派，盛唐继起，孟浩然、王维、储光羲、常建、韦应物本曲江之清淡，而益以风神者也。"③ 胡应麟的这一说法为众人所认可。陈永正先生在《岭南文学史》中也说曲江诗"清淡蕴藉"，并引用胡氏"首创清淡之派"④ 的观点，但同时又认为"岭南诗歌'雄直'之气，在唐代已露端倪"。这里所谓的唐代，实际上指的就是张九龄时期。从表面上看前后矛盾，如果仔细分析，却可以发现两者有相通之处，因为张九龄诗在清淡之中透露出雅正、劲秀，乃至兀傲之气，这一特点与"雄直"当中的"直"有着内在的关联，而由"直"到

---

① 陈永正主编《岭南文学史》，第 348 页。
② 陈永正：《岭南诗派略论》，《岭南文史》1999 年第 3 期。
③ 胡应麟：《诗薮》，上海古籍出版社，1958，第 35 页。
④ 陈永正主编《岭南文学史》，第 44、46 页。

"雄"不但跨度不大，而且"雄"也是"直"的一个自然指向。因此，说岭南诗派的"雄直"之气于张九龄就已初露端倪，是有一定道理的。再者，一个有成就的诗人，其诗风往往也不是单一的。两宋时期的余靖、崔与之、李昴英、区仕衡、赵必瓈、李春叟、陈纪等虽然各有其特点，但如陈永正先生所论，也数量不等地创作出这类作品，不同程度地表现出"雄直"之气。

元末明初，诗人孙蕡、王佐、赵介、李德、黄哲结社于广州南园抗风轩，称"南园五先生"。孙蕡七古笔力雄健，意态横肆；王佐诗作清圆流走，雄俊丰丽；李德炼气归神，静穆淡远；黄哲用笔清劲，颇有气骨。五子之中孙蕡成就最高。"孙蕡之诗，既有'气象雄浑'的一面，又有'清圆流丽'的一面，直接继承张九龄、邵谒的传统。""南园五子一反元诗的浅薄靡弱，上追三唐。"① 其流风余韵，在当地影响甚远。丘濬为诗"格律精严，不失矩度"（程克勤语）；陈献章为明代著名哲学家，其诗超妙冲淡，清新自然。明嘉靖时期，岭南诗派再度活跃起来。朱彝尊说："岭表自'南园五先生'后，风雅中坠，文裕力为起衰，如黎惟敬、梁公实辈，皆其弟子。嘉靖中'南园后五先生'，二子与焉。盖岭南诗派，文裕实为领袖，不可泯也。"② 所谓"南园后五先生"一般是指黄佐门下的欧大任、梁有誉、黎民表、吴旦、李时行等数位诗人。黄佐为陈献章门人，诗作风格雄直奇丽，壮浪恣肆，后人尊为"吾粤之昌黎"。欧大任气韵沉雄，宏阔高华；黎民表感慨殊深，深秀庄严；李时行"栖踪霞外"（文徵明语），"格高调逸"（檀萃语）；吴旦婉曲有致，清新俊逸；梁有誉诗才秀出，"学诗于泰泉，又与乡人结社……所得于师友者深，虽入王、李之林，习染未深"。③ 区大相生当万历衰世，关注现实，摆脱复古思潮的影响，"力祛浮靡，还之风雅"。屈大均《广东新语》云："明三百年岭南诗以海目为最。"王士禛也说："粤

---

① 陈永正：《岭南诗派略论》，《岭南文史》1999 年第 3 期。
② 朱彝尊：《静志居诗话》，黄君坦校点，人民文学出版社，1990，第 297 页。
③ 朱彝尊：《静志居诗话》，第 388 页。

东诗派，皆宗区海目（大相）。"①

以上所述比较著名的岭南诗人，不但各人有各人的风格和特色，单就诗人个体来说，其作品也不是仅仅如上述之单一风格。整体来看，岭南诗坛在千年的发展过程中，比较偏于雄直一路，雄直一脉如草蛇灰线，虽时隐时现，却贯穿始终。时至明清鼎革前后，"雄直"诗风开始大盛，才真正成为岭南诗歌的主导风格而被普遍关注，并在全国产生了重要影响。

明代末年政乱国危，岭南诗坛涌现了一大批慷慨悲歌的诗人。这批诗人在岭南文学史上有很高的地位，其人生选择和诗歌创作对之后的岭南诗人产生了更为直接的影响。他们当中比较突出的有所谓的"岭南前三家"：邝露、黎遂球和陈邦彦。黎遂球（1602~1646）于甲申之变后，积极抗清，清顺治三年（1646）任南明隆武政权兵部职方司主事，率两广水陆义师驰援江西赣州，与清兵苦战三日，入城与督师阁部杨廷麟会师，合力拒守。城破，率师巷战，中箭而死。黎氏于诗歌创作较有成就。崇祯初年自北京落第南归，行至扬州，参加江淮名士举办的"黄牡丹会"，即席赋诗十首，名列第一，被誉为"牡丹状元"，诗名大噪。其后，与陈子壮等十一位诗人倡复南园等诗社，世称"南园十二子"。其诗雄直痛快，高华俊爽，清人温谦山谓之"粤中李白"。康熙十六年（1677）屈大均访黎遂球之子延祖、彭祖于番禺板桥之荫园，拜黎遂球像。延祖、彭祖兄弟二人于国亡之后隐居不仕。

明清鼎革之际，以陈邦彦、陈子壮、张家玉等为代表的岭南士人，揭竿而起，一定程度地改写了清军征服岭南的历史。陈邦彦（1603~1647）"性刚正果毅，慷慨喜任事，识见通敏，穿穴古今"。②南明弘光初北上南京，上《中兴政要书》三十二策，不为所用。隆武时为大学士苏观生所荐，授监纪推官，未赴，旋中广东乡举，晋兵部职方司主事，监粤西"狼兵"，

① 王士禛：《渔洋诗话》，王夫之等撰，丁福保辑《清诗话》，上海古籍出版社，2015，第206页。
② 阮元等修《广东通志》，上海古籍出版社，1990，第4921页。

入赣作战。隆武政权倾覆后，返回岭南，寻机而动，顺治四年七月与陈子壮、张家玉等互为掎角，会攻广州，以牵制清军快速西追永历皇帝。攻广州失利，转战三水、高明、新会、香山，一月十余捷。复应驻守清远的南明卫指挥使白常灿之邀，合兵拒守。九月城破，陈邦彦巷战被执，腰斩于广州，全家被祸，唯长子陈恭尹逃匿得免。陈邦彦诗法杜甫，笔力老健，感慨深沉，在明清之际影响很大，其风格慷慨苍凉，被称誉为"粤中杜甫"，① 著有《雪声堂集》十卷。屈大均、薛始亨、程可则等皆出其门下，梁佩兰也自称私淑弟子。邝露（1604～1650）狂傲不羁，出处行藏迥异世俗，因避祸出走广西。后度桂岭，入湖南，泛洞庭，出九江，至江浙，北上京师，复南行至安徽。沿途历览山川，广交朋友，意欲共纾国难。清军入关后，赴南京进光复之策，至九江，因南京陷落而折回。清顺治三年清军攻广州，守城激战中痛失长子。顺治七年奉使还广州，清军再攻广州，邝露与城中诸将勠力守城十月余。城破，他整肃衣冠，怀抱古琴，环列古玩图书于身旁，端坐就戮，年仅四十七岁。他在岭南诗歌史上有着很高的地位，有"旷世未易之才""旷代仙才"之誉，著有《峤雅》二卷。其诗意境深窈，词采华茂，悲劲苍凉，被誉为"粤中屈原"。② 屈大均和陈恭尹在作品中多次咏及邝露。

　　在这一过程中，岭南士人虽然遭到残酷的镇压，但以屈大均和陈恭尹等为代表的清初岭南士人受其遗风鼓荡，他们用行动、用诗歌继续着自己的反抗。屈大均诗云："慷慨干戈里，文章任杀身。尊周存信史，讨贼托词人。"③ 这一时期屈大均、陈恭尹、陈子升等一大批志士、遗民毋庸赘述，即便是后来入仕清朝的诗人如梁佩兰、程可则、方殿元等，其诗也颇具风力，有雄直之气。梁佩兰前期的作品词锋显露，风格雄健，意概恢宏。程可则"其为诗取材于《选》，取法于唐"，④ 施闰章序其诗云："腾踔奋伟，

---

① 温汝能纂辑《粤东诗海》，中山大学出版社，1999，第964页。
② 温汝能纂辑《粤东诗海》，第978页。
③ 屈大均：《春山草堂感怀》，《屈大均全集》第1册，人民文学出版社，1996，第286页。
④ 冼国干等：《南海县志》卷12，《广州大典》第272册，广州出版社，2015。

熊熊有光焰。"① 沈德潜评曰："湟溱诗俊伟腾踔，声光熊熊。"② 方殿元少时与屈大均等游，诗源古乐府，于竞尚苏、黄时独操唐音。沈德潜云："九谷（方殿元）雄长南粤……诗文集鸿丽浑厚，苍然蔚然。"③ 颜鹤汀云："九谷乐府寄托遥深，节韵苍峭。"④ "其乐府节韵尤苍峭入古。"⑤ 再有此时岭南的大批诗僧如函可、函昰、澹归、阿字、成鹫等，他们的诗也颇具风骨。

岭南诗派"雄直"一脉传承千年，至明末清初因着岭南地区特殊的时代背景得以光大，"雄直"于是真正成了岭南诗派的主导诗风。

二　岭南遗民精神对岭南诗风的影响

这一脉"雄直"诗风相传千年，有其内在的原因。岭南地域诗学的两个核心是"曲江规矩"和"宗法汉魏"。无论是曲江之诗，还是汉魏之诗都有内在的风骨。"曲江规矩"是指张九龄在融汇汉魏、楚辞和初盛唐基础上形成的诗歌规范。曲江诗透露出的刚正不阿的骨鲠之气，与汉魏的质直和风骨一脉相承。岭南诗派的"雄直"诗风，一定意义上就与其诗学的这两个核心有关。岭南诗派"雄直"诗风的形成，除了自唐代张九龄以来的诗歌传统之外，还有其他因素的影响，其中岭南人强烈的遗民精神也是一个非常重要的因素。

中国历史上有明确记载的遗民当数商周之际的伯夷、叔齐，而岭南遗民群体的出现却是发生在宋末元初。遗民意识和遗民精神在岭南的群体性生成，也应该发生于此时。左鹏军教授《厓山记忆与岭南遗民精神》一文说："这场惨烈的战争（厓山战役）导致了对于南宋王朝而言灾难性的后

---

① 施闰章：《海日堂集序》，程可则：《海日堂集》，广西师范大学出版社，2012，第40页。
② 沈德潜：《清诗别裁集》，上海古籍出版社，1984，第109页。
③ 沈德潜：《归愚文钞》卷13，清乾隆刻本。
④ 转引自温汝能纂辑《粤东诗海》，第1232页。
⑤ 凌扬藻编《国朝岭海诗钞》卷2，清刻本。

果……遂使厓山具有了昭示民族精神、反映历史兴亡的特殊的象征意义，成为宋代及其后绵延不绝的岭南遗民精神的寄托与象征，成为岭南历代文化记忆中一个具有特殊政治内涵与历史意味的标志，甚至是岭南遗民精神、不屈意志的一个精神原点。"① 屈大均《广东新语》卷2《地语》专设"厓门"一条："厓门在新会南，与汤瓶山对峙若天阙，故曰厓门。自广州视之，厓门西而虎门东，西为西江之所出，东为东、北二江之所出，盖天所以分三江之势，而为南海之咽喉者也。宋末，陆丞相、张太傅以为天险可据，奉幼帝居之，连黄鹄、白鹞诸舰万余，而沉铁碇于江，时穷势尽，卒致君臣同溺，从之者十余万人，波涛之下，有神华在焉。"② 清邵廷采《明遗民所知传》指出："两汉而下，忠义之士至南宋之季盛矣……此则天运，非人力可及焉。"③ 宋元之际，岭南涌现了一批遗民诗人。清末民初陈伯陶辑录南宋遗民，仅在东莞一邑即得二十七人，成《宋东莞遗民录》一书。可以想象当时岭南地区南宋遗民之多。遗民精神在当时一定程度地成了岭南人的集体意识。在遗民精神的感召之下，此时出现了一些比较著名的遗民诗人如赵必豫、赵时清、陈庚、陈纪、黎献、李春叟等。他们是当时岭南地区有相当影响的诗人，代表了当时岭南诗派的主体。其诗虽时有哀叹感伤，但难掩其沉痛苍凉、慷慨悲壮之气。这一批诗人"形成独特的风格，实开岭南诗派之源"。④ 这些诗人对岭南遗民意识和遗民精神的群体性生成，应该说产生了一定的影响。

明代中期著名的思想家岭南人陈献章表现出对南宋末年宋元大战的发生地厓山的浓厚兴趣，并创作大量有关厓山的诗作。⑤ 他与广东右布政使刘大夏率先提议在厓山于大忠祠近处建慈元庙（又名全节庙），并撰写《慈元庙记》。记云："弘治辛亥冬十月，今户部侍郎、前广东右布政华容刘公大

---

① 左鹏军主编《岭南文献与文学考论》，中山大学出版社，2016，第1页。

② 屈大均：《广东新语》，第31页。

③ 邵廷采：《明遗民所知传》，《思复堂文集》，浙江古籍出版社，2010，第194页。

④ 陈永正主编《岭南文学史》，第348页。

⑤ 见张大年选编《厓山诗选》，香港：香港广角镜出版社，1991。

夏行部至邑，与予泛舟至厓门，吊慈元故址，始议立祠于大忠之上。""宋室播迁，慈元殿创于邑之厓山。宋亡之日，陆丞相负少帝赴水死矣。元师退，张太傅复至厓山，遇慈元后，问帝所在，恸哭曰：'吾忍死，万里间关至此，正为赵氏一块肉耳，今无望矣。'投波而死，是可哀也。厓山近有大忠庙，以祀文相国、陆丞相、张太傅。"①"可以说，在此之前，还没有任何一位诗人像陈献章这样如此周详全面、如此满怀深情地记载厓山、歌咏厓山。厓山的思想内涵和精神象征由于陈献章着意进行了'厓山诗史'书写而变得空前深刻辽远。""在厓山象征与岭南遗民精神的形成过程中，明代江门的陈献章起到了至为关键的作用。"②

南园五先生之后，岭南诗坛一度沉寂，至理学名家陈献章才又重新振起。以理学名世的陈献章创立了岭南学派，亦称"江门学派"。据张诩《白沙先生行状》记载，其时四方学者致礼于门，"自朝至夕，与门人宾友讲学论天下古今事"。③"自此粤士多以理学兴起，肩摩踵接，彬彬乎有邹鲁之风。"④陈献章提倡"自然为宗"和"自得之学"，学风开放，以疑为贵，独立思考，对岭南学术和岭南诗界都产生了重要的影响。与白沙先生一样，其门下弟子，既修习理学，也不废吟咏，因此，其弟子既有理学名家如湛若水，也有名传后世的诗人如黄佐。"甘泉尝撰《白沙诗教》以惠学者。"⑤南园五子之后，再次使岭南诗坛为世所重的是南园后五子，而他们均出于黄佐门下。其中的李时行更同时师事黄佐和湛若水。在黄佐和南园后五子的影响之下，岭南诗人结社吟咏，蔚然成风。这批诗人基本上都是白沙先生的弟子和再传弟子，"白沙诗教"和他推崇的"厓山精神"通过他们在岭南得以广泛传扬。

左鹏军教授《厓山记忆与岭南遗民精神》一文说：

① 《陈献章集》，孙通海点校，中华书局，1987，第50页。
② 左鹏军主编《岭南文献与文学考论》，第14、11页。
③ 《陈献章集》，第870页。
④ 屈大均：《广东新语》，第7页。
⑤ 屈大均：《广东新语》，第315页。

没有其他任何地域的诗人可以像岭南诗人那样如此直接，如此近距离地感受、体会甚至见证厓山的厮杀呐喊、血雨腥风，品味与反思厓山战役之后的兴亡成败、王朝更替。因此，古今遗民思想中临大节而不可夺的信仰、忠义精神、英雄气概、烈士情怀等等，在岭南诗人的厓山书写中得到了空前充分、空前深入的表现……从南宋末年开始，特别是到了明代前中期以后，随着汉族统治的日益稳固，汉族江山的逐渐恢复，厓山与厓山故事越来越深入地进入岭南诗人及其他人士的心灵。在许多岭南人的思想意识中，厓山已经成为岭南诗人的一种文化符号和精神象征，成为承载和传达民族意识、烈士精神、不屈意志、故国情怀的一个重要的文化符号。在这种连续性的文化感知、思想反思和文学表现中，厓山逐渐成为岭南遗民文学的一个精神原点，厓山象征直接促成了岭南遗民精神的形成，并由此向其他地区、向后世传布和延伸开来，产生了极其深远的历史影响。[1]

毫无疑问，白沙先生所推崇的厓山精神对岭南人的遗民精神和其后的岭南诗歌都产生了很大的影响。"通过诗文创作褒扬南宋英烈，推崇危难存节、反抗异族的崖山精神"，"陈献章的'崖山情结'对后代岭南文人影响深远"。[2]

在厓山象征意义的发掘与建构和岭南遗民精神的发现与形成过程中，明末世乱之际出现的一批岭南人士发挥了至关重要的作用。从岭南思想文化史的角度来看，这批杰出人士的出现，不仅使厓山书写得到进一步丰富，使厓山记忆和厓山象征得到了更加充分的彰显，而且将岭南遗民精神与世变之际的政治选择、人生命运空前紧密地联系在一起，从而使这种文化精神获得了具有理想追求色彩的实践品格，也使岭南文化精神中的英雄气概、烈士情怀、报国激情得到了一次空前

---

[1] 左鹏军主编《岭南文献与文学考论》，第10~11页。
[2] 李婵娟：《清初岭南遗民诗人集结的文化因素考察》，《五邑大学学报》（社会科学版）2015年第1期。

绝后的展示，将岭南遗民精神提高到了一个全新的思想高度。①

明清鼎革之际，岭南士人的表现堪称惊天地，泣鬼神。岭南士人在这次陵谷位移之际的表现，是宋末以来岭南遗民精神和白沙先生刻意建构的"厓山精神"在新的变局中的一次集体飙发。相对于宋末元初，这一次遗民群体更为庞大，更充分地彰显了岭南的遗民精神。

明末清初以陈邦彦、陈子壮和张家玉为代表的岭南士人，发动的明知不可为而为之的抗清军事行动，不但一定程度地改写了清军征服明朝的历史，而且也极大地激发了岭南士人不屈的精神。岭南士人的遗民精神实际上就是这种不屈精神的体现和延续。入清之后，"不服清"一词长期流行在岭南某些地区。可以肯定的是，岭南诗派的"雄直"诗风与岭南人这种抗志不屈的遗民精神有着直接的关联。因着岭南遗民精神在鼎革之际的这次集体飙发，"雄直"也才真正成为岭南诗派主导的诗风，并在全国产生重要的影响。

三　明末清初自抒性情的岭南诗人

诗歌的本质特征即是抒写性情。"诗言志""诗缘情"是中国诗学最基本的原则。不过，诗歌的发展又常常因一时的观念、好尚等的影响出现偏离这一基本原则的现象，明代中期的七子派即是如此。明代中期之后的某些岭南诗人如梁有誉等就曾受时风影响，倡言秦汉盛唐。不过，岭南远离中原，僻处岭海之间，粤人之诗"不在天下风气之内"，② 能"自抒声情，不与时为俯仰"。③

明末清初的山海巨变，使人们的身心都遭受了巨大的创伤。秋夜虫唱、清风残月式的幽人独怀，温柔细腻、煦暖平和的君子之思，显然不是这一时期诗文所要表达的主要情感。这一时期，诗文所表达的情感内容主要是

---

① 左鹏军主编《岭南文献与文学考论》，第 16~17 页。
② 梁佩兰：《东轩诗略序》，《六莹堂集》，中山大学出版社，1992，第 420 页。
③ 陈恭尹：《征刻广州诗汇引》，《独漉堂集》，中山大学出版社，1988，第 754 页。

痛苦的呻吟、悲恸的呼号、愤怒的呐喊以至绝望的诅咒等。这一时期人们心中所积郁的情感过于浓厚激烈，发而为声、为言、为歌、为诗，都难以做到温柔敦厚、雅正和平。天地间的巨大变故，使人们内心的剧痛、悲苦、愤怒一时间都无法掩饰地迸发出来，因而也就使诗歌创作迅速向抒写性情的本质特征回归。无论七子之斤斤秦汉、寸寸唐宋，还是竟陵之幽情单绪、孤怀独寄，都已无暇计较。

　　明清鼎革之初，虽然没有哪一位领袖人物真正主导诗歌的发展走向，但综观诗坛生态，可以清楚地看出当时诗歌创作上的两个主要趋势：抒写性情和以诗存史。这两者都是当时诗歌创作自然形成的整体取向。当时的诗坛之所以形成这两种主要的倾向，与鼎革之初以遗民和志士为主体的诗坛格局直接相关。钱谦益《爱琴馆评选诗慰序》云："夫诗者，言其志之所之也。志之所之，盈于情，奋于气，而击发于境风识浪奔昏交凑之时世。"[1]"古之为诗者，必有深情蓄积于内，奇遇薄射于外……于是乎不能不发之为诗，而其诗亦不得不工。"[2]顾炎武说："诗主性情，不贵奇巧。"[3]其"以性情时事为诗，故质实而有余味"。[4]黄宗羲云："诗之为道，从性情而出。性情之中，海涵地负。古人不能尽其变化，学者不能窥其隅辙。"[5]毛先舒云："诗以写发性灵耳，值忧喜悲愉，宜纵怀吐辞，蕲快吾意，真诗乃见。"[6]申涵光云："诗以道性情，性情之事，无所附会。盛唐诸家，各不相袭也。"[7]不可否认的是，这一时期的诗歌所抒写的感情多为绝假纯真的悲哀、怨痛之情。"《黍离》之大夫，始而摇摇，中而如噎，既而如醉，无可奈何而付之苍天者真也。汨罗之宗臣，言之重，辞之复，心烦意乱，而其词不能以次者，真也。栗里之征士，淡然若忘于世，而感愤之怀，有时不

---

① 钱谦益：《有学集》，钱曾笺注，钱仲联标校，上海古籍出版社，2003，第713页。
② 钱谦益：《初学集》，钱曾笺注，钱仲联标校，上海古籍出版社，2003，第923页。
③ 顾炎武：《日知录》，严文儒、戴扬本校点，上海古籍出版社，2012，第800页。
④ 潘德舆：《养一斋诗话》，转引自刘世南《清诗流派史》，人民文学出版社，2004，第48页。
⑤ 黄宗羲：《南雷文定》，《四部备要》，中华书局，第86页。
⑥ 郭绍虞编选《清诗话续编》，第12页。
⑦ 王云五主编《聪山集》，《丛书集成初编》，商务印书馆，第2页。

能自止而微见其情者,真也。"① 这些引文讲"感愤之怀""写发性灵""纵怀吐辞",又强调时世、时事和奇遇,显然在这里,性情关联着当时的历史,关联着乱世中个人的悲愤和苦思。

岭南诗坛也不例外。这一时期成长起来且在此之后长期主持岭南风雅的著名诗人论诗也多主性情。他们的诗论思想对岭南诗派的影响是直接的。屈大均说:"今天下善为诗者多隐居之士,盖隐居之士能自有其性情,而不使其性情为人所有。"② 此所谓"隐居之士"即指遗民。梁佩兰在一些文章中强调诗写真情:

> 诗以自道其情而已矣。情之所至,一唱三叹而已矣……性情勃然而兴,跃焉而出,激发焉而不能自禁。故夫天地、日月、风雨、露雷、山川、草木、动植,鸟兽飞走、鱼龙变化,无一而非吾性情之物。而吾之喜怒哀乐,或则言笑,或则歌舞,或则感慨,或则幽咽,一一见于讽咏之间,而诗成焉。此天地之真声也……故夫情之不真,非诗也,团土刻木而已矣……夫性情,无所谓庸与奇也。诗亦如是而已矣。予尝持此说以与诸子论诗,莫不以为然。③

比较而言,在岭南诗人中,陈恭尹论述诗主性情的文字最多。

陈恭尹在其所有的论诗文字中,始终强调诗歌抒写性情的功能。陈恭尹代表了明末清初最堪悲悯的一类。以诗文自现的他,流露出身世之悲是自然的,在诗文中抒写这种悲情与他性情论的诗歌主张也是一致的。其《初刻自叙》云:"余自志学以往,皆为患难之日,东西南北不能多挟书自随,而意有所感,复不能已于言,故于文辞,取之胸臆者为多。"④ 这是他于康熙十三年(1674)四十四岁时汇刻诗集时所写。康熙二十年,陈恭尹

① 顾炎武:《日知录》,第 748 页。
② 屈大均:《见堂诗草序》,《翁山文外》,人民文学出版社,1996,第 79 页。
③ 梁佩兰:《金茆山堂集序》,《六莹堂集》,第 415~416 页。
④ 陈恭尹:《独漉堂集》,第 6 页。

在《梁药亭诗序》中详细地阐述了他的诗文主张:"诗有意于求工,非诗也。古之作者必不得已而后有言,其发也,如涌泉出地,若有物鼓籥之……故性情者,诗之泉源也……泉之真者,味之轻重,品之高下,各各不同,而皆具有生气。诗之真者,长篇短句,正锋侧笔,各具一面目,而作者之性情自见。"① 陈恭尹的论断是非常明确的:诗之泉源,乃是性情。并认为作诗是情之所迫,不得已的事情。这是他诗论的核心。

陈恭尹还特别强调悲哀、郁愤、离乱之情在诗歌中的作用。"诗者,发愤之所为作,外物之感,哀乐有动于中,勃然而赴之,不自知其言之工耶否耶,上也;称情而出之,和比其音律,引伸其物类,以副吾之所怀,次也。"② 在这段文字中他又强调了悲哀、郁愤之情作为诗歌内容的重要性。陈恭尹在不少作品中都对悲哀郁愤之情、家国兴亡之感、遭忧罹难之痛有所强调:"古之作者皆以其经天纬地之才,悲悯时俗之心,超轶古今之识,不得已而寓之文章。"③ 他认为积郁在英雄烈士、忠臣孝子心中的感时伤乱之悲,一旦与外物相遇,即激成变风变雅之作。诗论如此,其诗也多变风变雅之作。王煐《岭南三大家诗选序》云:"元孝(陈恭尹)诗……时或呻嘤,若伸所痛,则亦《小弁》之怨,孔子不删,未足病也。"④

岑征是清初比较著名的岭南遗民诗人,其诗亦多变风变雅之作。陈恭尹序其诗云:"余少与岑子霍山读书七十二峰间,时边烽日警,四郊多垒,俱不屑于经生帖括之言,每酒酣击案,切齿于失机误国之傅,而引断以古今成败,仰天号叹,至为泣下,其壮心热血亦足观矣。既而事已大定,余避地江楚,霍山继至,其生平游览凭吊、寄怀赠送,未免有辞。"岑征诗文多节士家国之悲,作品虽然不多,"然此数帙亦足传矣"。⑤

---

① 陈恭尹:《独漉堂集》,第 690~691 页。
② 陈恭尹:《张菊水诗序》,《独漉堂集》,第 708 页。
③ 陈恭尹:《朱子蓉诗序》,《独漉堂集》,第 689~690 页。
④ 见王隼选《岭南三大家诗选》卷首。
⑤ 陈恭尹:《选选楼集序》,《独漉堂集》,第 889~890 页。

陈子升为著名的遗民诗人，其"为诗多悲慨，为变《雅》之音"。① 王隼出生于顺治元年，虽然不算遗民，但受其父邦畿影响，抱有强烈的遗民情怀。梁佩兰肯定王隼之才，同时又指出他"以凄思苦调为哀蝉落叶之词，致自托于佳人、君子、剑侠、酒徒，闺阁、边塞、仙宫、道观，以写其呵壁问天、磊落扼塞、怫郁佗傺、突兀不平之气"。王隼诗"犹庶几于《匪风》《下泉》《繁霜》《楚茨》《板》《荡》，变风变雅之遗也"。②

顺治初年，清军破广州，黎遂球以身殉国，并题绝命诗以明志。屈大均击节赞赏："以视李都尉兵尽矢穷，委身降敌，韦韝椎结，对子卿泣下沾襟，相去何啻天壤哉！"③ 可以想象，其诗绝非温柔和平之作。岭南诗僧函可遭清代文字狱第一案，被发往东北酷寒之地，不废吟咏，并组织诗友结冰天诗社。屈大均评其《剩诗》云："其痛伤人伦之变，感慨家国之亡，至性绝人，有士大夫之所不能及者。"④

岭南是明末清初抗清最为惨烈的地区之一。清军南下广东时，大局已定，瓯越一隅已不堪固守，但仍有大批志士，破家殉身，慷慨赴死。这一时期反清抗清、拒仕清朝成了岭南地区士人的主要取向，成了岭南士风的主旋律。这一时期岭南诗人普遍强调自抒性情，而所抒之情也主要是悲愤激荡的民族情感。在波谲云诡的时局和这种诗歌观念影响之下，"雄直"之气也就成了岭南诗派的主导风格。

四　特殊的地域环境对岭南诗风的影响

岭南诗派"雄直"这一风格的形成，除以上提到的几种因素之外，应当还与其特殊的地域环境有一定的关联。地域环境影响文学风格是一个客

---

① 薛始亨：《陈乔生传》，陈子升：《中洲草堂遗集》卷首，《丛书集成续编》第151册，第273页。
② 梁佩兰：《大樗堂初集叙》，《六莹堂集》，第408页。
③ 屈大均：《广东新语》，中华书局，1985，第349页。
④ 屈大均：《广东新语》，第351~352页。

观存在的事实。中国文学史的早期就有以地域进行文学风格研究的传统。《诗经》中的十五国风即是以地域分布进行编排的。《左传·襄公二十九年》记载吴公子季札观乐，能很准确地分辨出各地音乐风格的不同。诗歌编辑本身也是文学研究。《诗经》的编纂者以地域分布进行编排，即应该考虑到了十五国风音乐和文学风格的地域性差异。

　　《诗经》时代出现的地域环境影响文学风格这一文学思想，在批评史上不断被后人重复和丰富。西汉人把屈原、宋玉等人的作品编集在一起，名曰《楚辞》，与《诗经·国风》的编辑一样，透露了编者对文学风格与地域环境关系的关注。东汉史学家班固在《汉书·地理志》中以《诗经》为例，论述了地域环境与文学创作的关系。秦地"迫近戎狄"，故《诗经·秦风》多言战备。秦地特殊的地理位置使得秦地人时常处于战备之中，所以"高上气力"。①"卫地有桑间濮上之阻，男女亦亟聚会，声色生焉。故俗称郑卫之音。"② 建安时期，徐干受齐地风俗影响，时常呈现舒缓的文风，因而遭曹丕"时有齐气"③ 之讥。明代人唐顺之认为，"西北之音慷慨，东南之音柔婉，盖昔人所谓系水土之风气……若其音之出于风土之固然，则未有能相易者也"。④ 清人孔尚任说："盖山川风土者，诗人性情之根柢也。得其云霞则灵，得其泉脉则秀，得其冈陵则厚，得其林莽烟火则健。凡人不为诗则已，若为之，必有一得焉。"⑤ 沈德潜说："余尝观古人诗，得江山之助者，诗之品格每肖所处之地。永嘉山水明秀，谢康乐诗肖之；夔州山水险绝，杜少陵诗肖之；永州山水幽峭，柳仪曹诗肖之：彼专于其地故也。"⑥"是江山之助，果足以激发人之性灵者也。"⑦ 近人刘师培论柳宗元时说："子厚与昌黎齐名，然栖身湘、粤，偶有所作，咸则《庄》《骚》，谓

①　《汉书》，中华书局，1962，第1644页。
②　《汉书》，第1665页。
③　曹丕：《典论·论文》，萧统编，李善注《文选》，上海古籍出版社，1986，第2270页。
④　唐顺之：《东川子诗集序》，《荆川先生文集》卷10，《四部丛刊》本。
⑤　孔尚任：《古铁斋诗序》，《孔尚任诗文集》，中华书局，1962，第475页。
⑥　沈德潜：《芳庄诗序》，《沈德潜诗文集》，人民文学出版社，2011，第1526页。
⑦　沈德潜：《盛庭坚〈蜀游诗集〉序》，《沈德潜诗文集》，第1348页。

非土地使然与?"① 由以上这几个例子可以看出，自中国文学的发生期到近现代，这一理论一直为诗人理论家们所认同，并在数千年间不断地被丰富和发展。

吾师吴承学先生说："从行为感应地理学的角度看，自然地理环境的气候、温度、山川、水土、物产，影响着人的气质、感觉、情绪、意志乃至个性。""自然可以划分为各种类型，有平易，有奇险，有秀美，有雄壮……某一地域的人，生于其中，长乎其中，受其感召，潜移默化。在审美过程中，心物交融，物我同一。"② 地域环境通过对人审美心理和性格的潜移默化进而影响文学风格，应该是顺理成章之事。

相同的理论和思想也出现在西方一些哲人的著作当中。孟德斯鸠《论法的精神》是"一部美妙的著作"，③ 认为地域环境一定程度地决定了人的性格和思想。黑格尔对孟德斯鸠"地理环境决定论"进行了发展和超越，强调"人民的类型和性格"与其所处的地域环境有密切关系。尽管某些具体论述未必恰当，但其基本思想无疑是正确的。

中外的理论和文学史都证明了地域环境影响人的性格和文学风格这一现象。岭南诗派作为一个地域诗派之所以形成"雄直"的诗风，并长期保持这一风格，应当也与其特殊的地域环境有一定的关系。唐人魏徵云："自岭以南二十余郡……其人性并轻悍，易兴逆节，椎结跣踱，乃其旧风。其俚人则质直尚信，诸蛮则勇敢自立，皆重贿轻死，唯富为雄。巢居崖处，尽力农事。刻木以为符契，言誓则至死不改……俗好相杀，多构仇怨，欲相攻则鸣此鼓，到者如云。"④ 宋人祝穆"俗陋而荒，民骄以悍"⑤ 的描述虽带有贬义，却更简洁地概括了山地、海滨之人性格的一个侧面。岭南人背倚南岭、面海而居，周边非山即海，平原狭窄，群山和大海深刻地影响

① 刘师培：《南北文学不同论》，舒芜等编选《中国近代文论选》，人民文学出版社，1959，第576页。
② 吴承学：《中国古代文体学研究》，人民出版社，2011，第199、202页。
③ 黑格尔：《哲学史讲演录》第4卷，贺麟、王太庆译，商务印书馆，1978。
④ 《隋书·地理志》，中华书局，1973，第887页。
⑤ 祝穆撰，祝洙增订《新编方舆胜览》，施和金点校，中华书局，1991，第712页。

着他们的心理，也塑造了他们的性格。古代由于大山的隔阻，在当地许多居民的意识中，他们离"中国"远，离南洋近；离岭北远，离大海近。南洋似乎就是他们的一家亲戚。跋涉山涧、拨船下海，是他们的日常生活。他们看惯了深山幽谷、大海波峰。山、海的形象和性格已经内化到当地人的心里。山风劲吹，大海咆哮；时风激荡，人们应时而鼓舞。"岭南滨海之人，狎波涛，轻生死，嗜忠义若性命。"① 屈大均《梅花滠水》云："梅花滠水地，幽绝可逃秦……人人持鹿铁，处处见熊伸。" 这首诗描述的正是这里独特的地理环境对当地人性格的塑造。《广东新语》卷2云："自乳源治北行，出风门，度梯上、梯下诸岭，磴道嵚巇，尺寸斗绝，民悬居崖壑之间，有出水岩、双桥、梅花、滠水四处尤险。其险皆在石，石之气，使人多力而善斗，跳荡而前，无不以一当十。以石为盾，火为兵，虽猺蛮亦畏惮之，勿敢与争。子生八九龄，即以鸟枪、鹿铁教之，发必命中。"② 山、海染成的性格对岭南诗派雄直诗风的形成应该说有着潜在的影响。

岭南人虽然认同中原文化，认同中国的文化传统，但温柔敦厚的传统诗教，传至岭南也难免发生一些变化。连绵的五岭隔阻了岭南与中原的交通，同时也减弱了中原和其他地区的文学风气对它所造成的影响和冲击。正如潘耒《羊城杂咏》之六所云："地偏未染诸家病，风竞堪张一旅军。"③ "王士正尝语程可则曰：'东粤人才最盛，正以僻在岭海，不为中原、江左习气熏染，故尚存古风耳。'"④ 岭南地区地域上的相对封闭性，使之更容易区别于中原、江南而独立发展，更容易形成自己的特色。山西人张晋《仿元遗山论诗绝句》之五十二云："瘴雨蛮烟海尽头，岭南三老尽风流。"⑤ 也许正是这海尽头的"瘴雨蛮烟"为他们提供了孕育其"雄直"诗风的独特的地域环境。

---

① 邓之诚：《清诗纪事初编》卷2，《清代传记丛刊》，台北：明文书局，1985年影印本。

② 屈大均：《广东新语》，第41、42页。

③ 潘耒：《江岭游草》，《遂初堂诗集》卷7，康熙刻本。

④ 钱林：《文献征存录》卷10，《清代传记丛刊》。

⑤ 转引自陈永正主编《岭南文学史》，第353页。

"文化交流也反映在文学风格的地域性上，与外界文化交流较少的地域，往往能较久地保持着独特的风格。以岭南文化为例，山河之隔，交通之阻，曾经严重地影响了岭南人与外界的交流。正如自然界北方寒冷的空气难以穿透千里延绵的南岭，中原或江南流行的文风、诗风也难以跨越南岭，因此，岭南诗歌长期保持着'雄直'的地域风格……岭南诗歌多意境雄直、气势劲厉、音调高亮。唐宋以还，岭南诗多宗曾南迁的韩愈与苏轼。由于地域的特殊性，岭南人较少与江南和中原人士接触，所以往往受各个时期文风的影响小，从而保持了独特的地域风格。"① 岭南地区地理上的相对独立性，显然有利于形成其不同于中原、江南的独特诗风。对于这一点，岭南人自己也有所检讨。梁佩兰说："予粤处中原瓯脱，人各自立，抒其性情。"② 陈恭尹也有同样的看法："百川东注，粤海独南其波；万木秋飞，岭树不凋其叶，生其土俗，发于咏歌，粤之诗所以自抒声情，不与时为俯仰也。"③ 又云："简讨吟诗地，江门匹海涛。渊源洙泗远，磊落楚云高。近世无真气，斯人亦自豪。文章本情性，笑汝小儿曹。"④ 陈恭尹在《岭南五朝诗选序》中说得更为明白："五岭之南，山川盘郁，别为结构……于地理家为南龙之外支，不与中土山川同其流峙，故其人大抵尚闲远而薄声利，每于天下所（群）趋者，必居人后；而其所自守者，亦往往执而不移，地气使然也。诗所以自写其性情，而无与于得丧荣瘁之数者也，故不以时代而升降。"⑤

由以上所述可知，学界公认的岭南与中原、江南明显不同的"雄直"诗风，一定程度上得益于其相对封闭的地域环境。但是"我们不应该把自然界估量得太高或者太低"。⑥ 客观地说，岭南诗派的"雄直"诗风是多方

---

① 吴承学：《中国古代文体学研究》，第 207 页。
② 梁佩兰：《六莹堂集》，第 415~416 页。
③ 陈恭尹：《征刻广州诗汇引》，《独漉堂集》，第 754 页。
④ 陈恭尹：《漫兴》，《独漉堂集》，第 134 页。
⑤ 陈恭尹：《岭南五朝诗选序》，《独漉堂集》，第 891 页。按："群"，据黄登《岭南五朝诗选》康熙三十九年刻本补。
⑥ 黑格尔：《历史哲学》，王造时译，上海书店出版社，1999，第 85 页。

面因素综合影响下的结果。岭南诗坛之所以长时间延续,并在明末清初形成占主导地位的"雄直"诗风,不但与其传承千年的诗歌传统、诗学好尚、遗民精神和相对封闭的地域环境有关,更与明清鼎革之际发生在岭南的那段特殊的历史、与岭南士人的个性和这段特殊的历史所导致的个人遭际等有着密切的关联。

虽然岭南诗派的"雄直"诗风由来有自,但是这一诗风至晚明之前并未大张,只是时隐时现地存在。整体而言,这一诗风明显地呈现出强劲的势头,成为岭南诗派最突出的特征并引起诗坛的重视,还是在明末清初岭南屈大均、陈恭尹等一大批诗人出现之后。不过,清代中期之后,"雄直"之风有所减弱。近代岭南人屈向邦曾感叹:"自近世趋向宋人艰涩一路,而雄直之诗,渺不可复睹矣。"①

---

① 屈向邦:《粤东诗话》卷1,诵清芬室。

◎ 闽台文化研究

地方传统民俗文化中的两岸连接

——以闽台东石元宵灯俗为核心的考察

刘智豪[*]

前　言

在汉人传统的社会组织中，地缘和血缘组织被视为是组成族群的基本概念。地缘组织大部分是以最初某一地域范围内人群的结合为基础，以村庄为最小单位，或以神祇信仰为名义的社会组织。其中包括村庄内各种民间信仰寺庙组织，或在一定地域范围内的神祇信仰及各种祭祀的宗教活动组织。以父系家族关系为基础所形成的血缘组织，则包括家庭、家族或宗族、宗祠组织。在以往的研究成果中，大部分提出海外华侨、华人与祖籍地之间的地缘、血缘关系，对于其历史记忆的塑造起到相当大的作用，其中同乡会或同乡联谊会性质的社团建立，将其与原乡的联系视为延续传统，在功能上产生了对故土文化的认同并增强其凝聚力。^① 近年来，闽台原乡信仰习俗交流频繁，神缘关系是体现两岸同乡同族共同情感的特点之一，共

---

  * 刘智豪，泉州师范学院历史系副教授、中国社会科学院民族学与人类学研究所博士后，研究方向：华侨华人民间信仰、闽台文化、文化遗产保护与利用。

  ① 黄英湖：《地缘血缘观念与海外华侨华人》，《亚太经济》2012 年第 6 期；俞云平：《五缘文化与泰国华侨华人社会》，《八桂侨史》1998 年第 3 期；陈衍德：《欧洲福建籍华人地缘性社团的个案研究》，《华侨华人历史研究》2000 年第 3 期；童家洲：《日本、新加坡华侨地缘社团的发展演变及其比较研究》，《福建师范大学学报》（哲学社会科学版）1995 年第 3 期。

同祭拜天地或崇拜相同神祇，只有在神缘组织的基础上才能做更大范围的人群结合，甚至可超越地域及社会阶级。

刘仲宇对闽台神缘网络进行了细致的描述与分析，注意到神缘网络的各种文化功能及中介功能在海内外华人的交往中扮演的角色，已超出狭义的信仰范围，在搭起政治交往、经济和教育文化交流平台的过程中提供了很大的帮助。① 林国平等在闽台家族移民和神缘交流的细节与内容上做出系统性的讨论。② 范正义等则是较系统地介绍了闽台民间信仰的源流关系，同时也对闽台神祇的分灵与进香做深入的讨论。③ 上述神缘的相关议题，在学界目前皆已进行了不少的基础性研究，取得了相关的突破与进展。本文所要聚焦讨论的是福建晋江东石蔡氏在移居台湾后，如何将原乡的文化惯习、宗教信仰融入日常生活之中，并逐渐形成一个原乡信仰的丛结关系。闽台东石蔡氏的原乡信仰习俗在两岸文化交流研究中有其独特的地位和价值，但是长期以来，较少被学界关注研究。本文试图通过考察福建晋江东石蔡氏在闽台社会地缘和血缘上结合之特殊属性，揭示其神缘的原乡信仰习俗的文化共同体联结。本文拟先探讨福建晋江东石蔡氏在台湾的发展，之后再考察闽台东石九龙三公信仰及数宫灯活动，以进一步分析闽台东石元宵灯俗在两岸之间的文化传承。

一　闽台东石蔡氏原乡信仰习俗发展

晋江东石位于福建省南部沿海丘陵台地。相传汉代前后东石为畲族聚

---

① 刘仲宇：《神缘网路与当代文化生态》，《海峡两岸五缘论：海峡两岸五缘关系学术研讨会论文集》，福建省五缘文化研究会，2003。

② 林国平、陈静：《闽台民间信俗的文化内涵与现代价值》，《福建师范大学学报》（哲学社会科学版）2014 年第 1 期；林国平：《论闽台民间信仰的社会历史作用》，《福建师范大学学报》（哲学社会科学版）2002 年第 2 期；林国平、范正义：《福建祖庙金身巡游台湾的文化现象探析——以湄州妈祖金身巡游台湾、金门为例》，《东南学术》2013 年第 3 期；林国平、范正义：《闽台家族移民与保生大帝信仰的传播》，《福建师范大学学报》（哲学社会科学版）2010 年第 1 期。

③ 范正义、林国平：《台湾民间信仰现状与发展趋势》，《海峡两岸五缘论：海峡两岸五缘关系学术研讨会论文集》。

居地，建有"畲家寨"。东晋升平元年（357），尚书林开基卜居于该寨东侧，称"东石寨"，"东石"因此得名，并沿用至今。宋时属于安仁乡仁和里。元、明、清属十都、十二都。① 东石南面濒海，海域开阔，当地居民有以海为田的传统，渔业与盐业为该地重要经济来源。此外，晋江东石宗族组织非常兴盛，周围有檗谷和紫云黄氏、世美叶氏、萧下萧氏、玉井和西霞蔡氏及刘氏、孙氏、周氏等，先后于宋至清代从各地移居于此。明末，不少东石人跟随郑成功挥师收台后定居于台湾；清康熙年间，施琅收复台湾后，又有不少东石人渡台谋生并于此定居。这些移民怀念故土，遂以亲族姓氏或原乡祖籍为其在台的居住地命名，如东石白沙周氏一族开拓台湾嘉义县布袋嘴，以布袋嘴周氏命名；东石郭岑以嘉义县布袋嘴郭岑寮命名。以原乡晋江东石村祖籍地为名的有彰化县鹿港镇的东石里、嘉义县的东石乡以及屏东县恒春镇的白砂和麦园等地，如此的原乡延续命名使得闽台东石两地产生了紧密的联系。② 其中，台湾嘉义县布袋镇蔡氏聚居地至今仍保留原乡分香的九龙三公信仰，并传承了与原乡相似的正月十三日往庙里挂宫灯的数宫灯习俗。

福建晋江东石九龙三公作为当地重要的"挡境神"，也是晋江东石蔡氏家族渡台屯垦定居的乡土守护神及祖先神。九龙三公庙（又名嘉应庙）位于今福建省晋江市东石镇的龙江东路（东石旧街）街尾，为晋江东石历史悠久的著名庙宇。目前以董事会的制度管理。嘉应庙所供奉的主神为"九龙三公"又称为"三公爷"，其原身是宋代魏府三代忠良魏了翁、魏国佐、魏天忠三人。在福建晋江东石嘉应庙（以下简称晋江东石嘉应庙）碑志中记载，魏了翁生于宋端平元年（1234），字鹤山，四川蒲江人，任资政殿学士、同签书枢密院事，于江淮抗金兵时殉难；其子魏国佐生于宋淳祐元年（1241），字延龄，宝庆间进士，任江西潭州和漳州推官，宋元之战时，授云黔五军都使，血战元兵于江右；其孙魏天忠，南宋德祐元年（1275）进

---

① 晋江市地方志编纂委员会编《晋江市志》，上海三联书店，1994，第24页。
② 《晋江市志》，第1266~1227页。

士，授为御史，元军侵入，南宋都城陷落，魏天忠等人护端宗及皇族迁移，最后至漳州彰浦县白水营，受到元军阿剌军围困，元军遣使迫端宗服毒自尽，魏天忠请帝脱袍以身代主饮鸩殉节，周围山村人感念其忠烈，将魏天忠葬于九龙溪畔虎头山虎眼穴，并建"魏公墓"。[①] 明太祖感念魏府三代忠良，特追封其三代为九龙三公。除了九龙三公外，嘉应庙正殿左右还祀奉顺府千岁、土地公、观音等神明。

依据晋江东石嘉应庙的碑志记录，该庙建立时间可追溯至唐开元六年（718），晋江市定制十六乡仙迹乡境主宫。现今嘉应庙是明洪武元年所建，相传明初某年九龙溪畔虎头山虎眼穴山洪暴发，将"魏公墓"冲毁，虎眼穴的"虎眼石"随波逐流漂至东石海面，某日一位苏氏渔民在东石海域捕鱼，有一浮石一连三次入网，苏氏认为此浮石有灵，便将浮石带回置于海头宫。有一回乡里孩童在海头宫嬉戏，一位孩童在嬉戏中手指受伤流血并触碰浮石，随后念出九十九枝签诗，乡人感到浮石奇异，将其放置于境主宫内鸠资建宫。明洪武三年嘉应庙竣工，浮石置于魏公神像腹中一直至现今。后在明正德、嘉靖年间，遭倭寇焚毁。明万历年间，里人黄守用倡修。清代至民国则多次修葺竖新碑。抗日战争时期，日机炸毁四周屋舍，中华人民共和国成立后则作为供销社农具场，而神器则失之无踪，大殿也倾斜日趋颓废，后于 1980 年依原规模重新修缮。[②]

晋江东石嘉应庙的建筑与镌刻颇具特色，主殿的左右壁镌刻有多首题壁诗，墙面还嵌有一篇清道光二十八年（1848）重修时的碑记。石柱上所刻对联内容也呈现闽台两地的关联，例如主殿石柱对联云"嘉孝褒忠三世殊勋光史志，应时济物千秋庆泽播闽台"，正殿前石柱对联云"龙江紫气接澎台，虎眼灵光昭海峡"，"神威显赫香火布闽台，节烈昭明英风垂宇宙"。这些石柱对联的独特之处，在于其多数是由台湾嘉义布袋镇与福建晋江东石蔡氏后裔一起敬献。另外，还保有一座明万历年间由本境东苏户敬献的

---

① 参见晋江东石嘉应庙九龙三公碑志，笔者于 2018 年 10 月 23 日晋江东石嘉应庙调研所得。
② 参见晋江东石嘉应庙九龙三公碑志，笔者于 2018 年 10 月 23 日晋江东石嘉应庙调研所得。

石香炉。建筑外观以闽南红砖外墙和红瓦设计为主，主体坐北朝南，山门朝向东南。庙宇分前后两殿，中间为天井。前殿屋顶为重檐歇山顶，后殿为单檐硬山顶。其前后殿正脊、戗脊为闽南独特剪黏工艺制成，有双龙戏珠、双龙戏珠护塔、历史人物及鱼类装饰。前殿正脊下方各种鱼类色泽艳丽、曲线柔和，表达出晋江东石海洋文化的地域特性。此外，山门与庙宇之间分上、下庙埕，下层用围墙圈出一片庙埕，有山门，西建喷水池、九龙壁，而围墙内外则是镶嵌众多碑刻，其中山门上正中石匾额"仙洲古地"是世界佛教会华僧会荣誉主席瑞今法师所题。上层庙埕东侧建有一琉璃瓦六角亭，内立两座文物保护碑。① 除了该文物保护碑之外，东侧有一栋六层高的嘉应楼。嘉应楼是2015年由文化部、晋江市相关部门、海内外乡亲和东石镇及周边地区民众捐资修建，历时一年多建成。现嘉应楼一层为高甲戏戏台，二到四层用于办公，五层与六层则作为闽台东石灯俗文化的传习所和展示厅。

晋江东石嘉应庙与台湾各地的嘉应庙将农历五月初四魏天忠殉节日作为九龙三公的圣诞日，当天两岸嘉应庙都会举办隆重的祭祀活动。目前晋江东石习俗最著名的是数宫灯，该习俗入选第二批国家级非物质文化遗产名录。数宫灯最特殊的地方在于闽台两庙共数一宫灯习俗。晋江东石数宫灯活动为期三天，于正月十三至十五。每年正月十三开始，会将上一年新婚新娘所陪嫁的宫灯挂到晋江东石嘉应庙里，参加数宫灯活动。除了新婚夫妻送来的宫灯外，还有一盏公共的大红绣球挂在正中，连续三晚，民众聚集在庙里尽情地欣赏五彩缤纷、争奇斗艳的宫灯，或猜灯名、听南音来祝贺新春。有些老人会默默点数挂在庙中的宫灯，并同去年的宫灯数比较，看看比去年增加多少，子孙繁衍了多少，这就是东石数宫灯的习俗。每年元宵节会邀请台湾乡亲组团回乡参与数宫灯活动。2012年成立福建晋江闽台东石灯俗文化研究会，进一步加强了晋台两地的民俗文化交流。

---

① 笔者于2018年10月23日晋江东石嘉应庙调研所得。

二 闽台东石元宵灯俗在两岸之间的文化认同与传承

闽南沿海宗族组织非常兴盛，渡台之初，面对复杂的社会生态环境，多数会同乡同族结伴而行，或先渡台的同乡同族相互帮助。① 因此，人群和祖籍是早期渡台先民结合的基础原则，也是血缘和地缘组织的依据。这种依据可以分几个层面探讨，首先是渡台先民能在新环境中有共同的认知，共同的方言与习俗提供了先民在新社会的生活意义。其次是先民将在原乡祀奉神祇的香火放进一个四方小红布袋内，而这些被携带而来的香火袋同时可放入数种不同的神祇香火，作为崇拜神祇具体表征的护身符，移民原乡所祀奉的神祇成为移民屯垦定居的乡土守护神，也作为先民与原乡情感的连接点之一。

以往台湾学者通过台湾冠籍和冠姓地名来说明村落的地缘及血缘，早期村落以祖籍和姓氏得名，但当时台湾还是移民社会，加上动乱频繁，社会不安，聚落的垦户或垦丁时常发生械斗，因此无法对人群和祖籍的姓氏做出详细统计。如在同一地域有相同姓氏的居民有可能来自不同的人群或有不同的祖籍，虽然其具有共同血缘的表征，却无血缘宗族关系之实。此外，不同人群渡台所携带的原乡守护神，也成为不同人群祀奉的祖先神。例如开漳圣王为漳州祀奉的神祇，在台则演变成陈氏祖先神。② 而本文所述的九龙三公为晋江东石祀奉的神祇，在台则演变成嘉义东石蔡氏祖先神。实际上，宗族的血缘关系在现今台湾社会中仍具有相当重要的功能，其或许未能达到在原乡宗族社会作为当地组织的核心功能的高度，但在当地举办一些习俗活动中仍是较大的主导与参与群体。晋江东石蔡氏有珠泽、玉井、西霞等三房十柱份，其中，玉井房族谱记载大批亲族移居台湾，以及先后有三兄弟家族成员移居嘉义布袋嘴，构成一个传统的亲属性部落社会。

① 郑振满：《明清福建家族组织与社会变迁》，中国人民大学出版社，2009，第151~152页。
② 施振民：《祭祀圈与社会组织——彰化平原聚落发展模式的探讨》，叶涛、周少明主编《民间信仰与区域社会：中国民间信仰研究论文选》，广西师范大学出版社，2010，第90~93页。

而蔡氏先民在渡台时，多数选择亲族移居地，形成区域性地缘组织。以台湾地区嘉义新塭嘉应庙（以下简称嘉义新塭嘉应庙）信仰习俗为例，该庙至今仍延续蔡氏亲族每年冬至于庙宇内进行祭祖的传统。通过庙宇内的祭祖仪式，当地蔡氏族人从移民历史经验的反溯和集体记忆的唤起与重塑中，可能达成移民族人与原乡族人关系的再现与强化。[①] 另外，嘉义新塭嘉应庙除了祀奉原乡九龙三公外，还配祀多尊地方保护神"王爷"。因此在新环境下产生"冲水路，迎客王"的习俗活动，此活动在台湾已经有二百多年历史。活动中最为特别的是以宋江阵、龙凤及星牛阵为代表的民俗阵头，其与晋江的"做醮"巡境民俗极为相似，是两岸民俗相同的佐证之一。[②] 简言之，这些民俗阵头所反映出来的不仅有移民社会中既有的原乡信仰特点，而且有在新的环境下演变出的当地特点。

近年来，嘉义新塭嘉应庙多次组织亲族回祖庙谒祖及参与数宫灯中的博灯活动。这些活动有一种团圆的意味，如祖庙与子庙的连接，等于是创造出这种团圆的场合。因此，嘉义东石蔡氏亲族认同九龙三公祖庙，并至福建晋江东石祖庙认祖归宗，实际上是借九龙三公神缘的联系来加强闽台东石蔡氏亲族之间的亲密感情，这也是九龙三公信仰在现代的一种重要社会功能。此外，闽台东石嘉应庙的数宫灯习俗也是一种文化，例如早期嘉义新塭嘉应庙有挂灯习俗，会把挂灯数量回报原乡嘉应庙，同时原乡也会将挂灯的数量回报给在台族亲，表现出闽台蔡氏亲族的紧密关系。由此可见，闽台东石蔡氏宗族通过数宫灯习俗这条坚强的纽带而紧密地连接在一起，使得数宫灯习俗具有文化认同的社会功能。笔者认为嘉义新塭嘉应庙的庙宇内祭祖仪式是一种"集体性通过仪式"行为，参与数宫灯可以让闽台两地东石蔡氏族人重拾从前相关宗族记忆，进而有重组这些记忆的可能性。可见，闽台东石的地方知识凝聚与历史记忆延续或许暂且还要依赖蔡氏原乡信仰习俗。

---

① 林美容：《妈祖信仰与台湾社会》，台北：博扬文化事业有限公司，2006，第424页。

② 蔡尤资：《台湾嘉应庙"冲水路 迎客王"民俗》，《福建史志》2015年第6期。

结　语

通过对闽台东石蔡氏宗族的个案研究，可知闽台东石蔡氏家族信仰是以九龙三公为主体，而当地的数宫灯习俗也成为闽台东石共同的传统。闽台东石最特殊的地方在于在晋江东石九龙三公是当地祀奉的神明，而台湾嘉义新塭嘉应庙则是将九龙三公视为先祖来祭祀。闽台东石蔡氏的原乡信仰习俗本身有其发展的历史，把它放在社会史的脉络中来观察探讨，可了解其形成与存在的历史意义。而这个历史意义是可以从闽台宗族社会的发展及族群关系的历史互动中探究闽台东石蔡氏的原乡信仰习俗。然而，欲全面而细致地理解闽台东石蔡氏原乡信仰习俗的历史记忆与文化传承意义，上述的讨论显然还有不足之处。因此，后续将在本文讨论的基础上，持续对闽台东石蔡氏在集体性通过仪式、香火延续性、地方和地方性生产之间的关联性做讨论。期望通过更多新资料的铺陈来深化资料与理论性的反省。

论清代台湾的迎春仪

谢贵文[*]

前　言

中国以农立国，农业运作与时节气候关系密切，因而发展出二十四节气及有关仪式，作为农民按时耕作的依归，也形成了常民生活的规律与节奏，并衍生出多彩多姿的民俗节庆。这些节气仪式不仅隐含先民的智慧与宇宙观，也反映国家与地方社会的交流互动，更是体现传统农业社会稳定运行的文化遗产，即使面对现今社会转型与科技发展，仍深具保存与研究的价值。

一年之计在于春。春天不仅是一年之始，也是万物滋生的季节，决定全年农作收成的丰歉，也因此最受官方与民间重视，因而形成在立春日举行的迎春仪式。迎春仪最初见于《礼记·月令》，其记载孟春之月"立春之日，天子亲率三公、九卿、诸侯、大夫以迎春于东郊"。而载季冬之月"出土牛，以送寒气"。显见先秦时期已有迎春及出土牛的仪式，但两者的举行时间与目的不同。汉代则将出土牛融入迎春仪式中，并推广至全国各地方，如《后汉书·礼仪志上》记载立春之日"京师百官皆衣青衣，郡国县道官下至斗食令史，皆服青帻、立青幡，施土牛、耕人于门外，以示兆民"。另

---

* 谢贵文，台湾高雄科技大学文化创意产业系教授，研究方向：民间信仰、俗文学、闽台文化。

将出土牛改为"策土牛",亦即"鞭春牛",以示劝耕之意。这项迎春仪式为其后历代所延续。南宋将上古的春神句(勾)芒转化为"芒神",取代耕人或策牛人,成为土牛以外的另一重要元素。民间除热烈参与官方的迎春仪,而有"摸春""打春""抢春"之举外,也发展出"接春""演春""作春福""咬春""尝春"等各种习俗,成为一种官民共享、举国同欢的节令活动。①

台湾于康熙二十三年(1684)后,各府、县、厅也皆依祀典举办迎春仪,民间参与的情形亦颇热烈,不仅方志多有记载,官员与文人也留下不少诗文,为此一随着清朝消失的官方仪式留下珍贵的见证。有鉴于目前学界虽不乏研究历代迎春仪式及各地立春习俗之论著,② 但尚无针对台湾一地者,实有必要加以补足。本文即在前人的研究基础上,分析有关的文献史料,探讨清代台湾迎春仪如何进行,与祀典规定有无差异,芒神、土牛的形象及作用为何,与古代或大陆有无不同,官方与民间对此一仪式的态度如何,双方有何互动,期待能借此掌握本地迎春仪的完整样貌及特色,并从中观察国家祀典制度在地方执行的情况。

一 仪式程序

清朝虽以满人入主中原,但在礼制上多沿袭明朝,对于与农业有关的节气与仪式亦甚为重视,在中央与地方皆须依定制举行迎春仪。顺治初年即规定京师所在的顺天府,立春前一日要在东郊迎春祭拜,再将芒神、春牛抬至礼部供奉,立春当日进呈给皇帝、皇后阅览,最后再抬回举行鞭春

---

① 有关古代迎春仪式及习俗的发展与变迁,可参看闵宗殿《古代的劝农备耕民俗——迎春》,《古今农业》2004年第1期。

② 除上述闵宗殿一文外,尚有简涛《立春风俗考》,上海文艺出版社,1998;杨东妹《从文献史料中探寻迎春(立春)民俗及风俗礼仪》,《河南图书馆学刊》2011年第1期;雷伟平《立春习俗中"春牛"的民俗谱系》,《广西民族大学学报》(哲学社会科学版)2018年第6期;等等。

牛仪式。① 而地方层级的迎春仪流程，《钦定大清通礼》（以下简称《通礼》）亦有详细的规定：

> 直省迎春之日，先立春日，各府、州、县于东郊造芒神、土牛。……届立春日，吏设案于芒神、春牛前，陈香、烛、果、酒之属。案前布拜席，通赞、执事者于席左右立。正官率在城文官属以下，朝服毕诣东郊。立春时至，通赞赞："行礼。"正官一人在前，余以序列行就拜位。赞："跪、叩、兴。"众行一跪三叩礼。……乃异芒神、土牛，鼓乐前导，各官后从，迎入城，置于公所。各官执采杖环立，乐工击鼓，击土牛三，乃各退（按：此即鞭春）。②

各府、州、县早在立春日之前，须先将芒神与土牛制作完成，再于当日安置于城东郊，并备妥供品及拜席，各级文官在此整装就位。待立春时辰一到，官员先行祭拜礼，而后于鼓乐前导下，将芒神与土牛迎请入城，安置于公所之前，再由官员执杖击打土牛三次，此谓"鞭春"，才完成整个迎春仪式。由此来看，迎春仪与其他祀典有两大不同之处：一是每年须先制作芒神、土牛两祭祀物，与一般固定的神位或神像者不同；二是仪式涵盖城外东郊及城内公所两个场地，且两处之间有一公开流动过程，与一般只固定在某一祭坛或祠庙中举行不同。

在此一定制下，台湾的迎春仪是如何进行的呢？以行政层级最高的台湾府为例，王必昌《重修台湾县志》（以下简称《王志》）有详细记载：

> 立春前一日，设酒席于东郊外春牛亭，知府、知县暨僚属具朝服、盛仪从，到亭上席酒三巡，起。赞礼生导诣芒神香案前。赞："就位。"（各官俱就拜位）赞："上香。"（长官上香）赞："跪，三叩首，兴。"

① 王洪兵：《清代进春仪式与国家重农意识探析》，《农业考古》2012 年第 3 期。
② 转引自陈淑均编纂《噶玛兰厅志》，台北：台湾银行经济研究室，1963，第 92 页。

（众官皆同）赞："献爵。"（长官三献）赞："读祝文。"（读毕）赞："跪，三叩首，兴。"（众官皆同）赞礼生唱："起春。"（执事人等高声齐应）鼓乐导土牛前行，芒神次之，属官又次之，长官在后。从大东门进城，由各衙门穿辕门过，迎至本府仪门外，置土牛南向，奉芒神西向，陈设供品。本日各官具朝服。赞礼生导至芒神香案前，行礼如前仪；复导至土牛前，唱："鞭春。"属官各执彩鞭，排立两傍（鼓手进鼓），长官击鼓三，遂擂鼓（鼓手自擂）。属官随长官绕牛加鞭：正鞭二遍，旋鞭一遍。每遍换一鞭，掷于地。赞礼生仍导至芒神前；揖，平身。礼毕。[1]

此大致可分为两阶段，一是立春前一日在东郊的迎春，二是立春当日在官署前的鞭春。虽然《通礼》规定整个迎春仪是在立春当日举行，且须俟立春时辰到，再开始正式进行各项礼仪；但因每年立春时辰不一，或在清晨，或在午后，若须依时辰举行，官员或参与民众皆甚不便。因此，就仪式流程与场地进行了调整，立春前一日先于东郊行礼祭拜，再将芒神与土牛迎回官署定位，当日由官员直接就定位鞭春，这显然是比较方便及顺畅的做法。

依规定，迎春仪式在东郊举行，这与古代的五行观念有关。《周礼·春官·大宗伯》记载以玉石制成六种礼器，祭祀天地及四方神灵，其中"以青圭礼东方"，东汉郑玄注曰："礼东方以立春，谓苍精之帝，而太昊、句芒食焉。"此将青帝、东方、立春、句芒联结成一个系统，故自古迎春于东郊，并有皇帝在立春日祭青帝、句芒之规定。清代台湾也大多依制在东郊迎春，有的城东门即命名为与春季或农业有关的"迎春""乐耕"等，东门外也有春牛埔、作牛埔、青牛埔等地名，祭祀农业之神的先农坛亦多设立于此。

先农坛与迎春仪同为国家祀典，且皆有劝农之目的，故两者关系密切，

---

[1] 王必昌纂辑《重修台湾县志》，台北：台湾银行经济研究室，1961，第206~207页。

通常即在该坛附近迎春。不过，因应现实的城区环境，有的先农坛未能建在东门附近，而使迎春仪并非在东郊举行，如噶玛兰厅之先农坛建于南门外，其右有一五谷神祠，又名"迎春亭"，每年迎春仪即在此举行。[1] 又乾隆十九年（1754），台湾知县章士凤曾因将先农坛的神位改祀于离北门较近的万寿宫，一度将迎春仪移至北郊举行；但至乾隆二十三年，台湾知府觉罗四明即又谕令改回东门外举行。[2] 这些都说明各地方虽可因应实际状况而调整迎春地点，但官员仍会尽可能奉行东郊迎春之定制。

《王志》记载行迎春仪之前，官员会在东郊事先备妥的酒席饮酒三巡，此称为"春宴"。春宴有庆贺春到人间之意，但并非迎春仪之必要程序，如蒋毓英《台湾府志》（以下简称《蒋志》）记载各府、县的经费，皆列有鞭春、春牛、芒神、春花、彩杖等费用，但台湾县、诸罗县尚包括春宴，台湾府、凤山县则无。[3] 又据余文仪《续修台湾府志》记载迎春仪，是在行礼祭拜完毕后，再"上席，酒三巡"，可见春宴的时段并不固定。此外，该书记载春宴之前"各官俱簪花"，[4] 即戴春花，乃清代官员迎春之明显标志。春宴与戴春花原为民间习俗，后来皆为官方礼仪所吸收，显示双方在礼俗上的交流与融合。

迎春仪现场虽有土牛及芒神，但仅"诣芒神香案前"上香，可见祭拜对象是芒神。不过，如与性质相近的耕耤礼相比较，耕耤礼在官员行九推之礼前，同样要祭祀先农之神，"一切礼仪，悉照春秋祭社稷之例"，须陈设"制帛一、白磁爵三、羊一、豕一、铏一、簠二、笾四、豆四"，并行三跪九叩及初献、亚献、终献的三献礼；[5] 但祭祀芒神仅"陈香、烛、果、酒之属"，行一跪三叩及三献爵而已。又祭祀芒神虽有读祝文，但祝文内容未如其他礼仪载于志书中。这些都说明芒神的祭祀仪式简单许多，其位阶不

---

[1] 柯培元：《噶玛兰志略》，台北：台湾银行经济研究室，1961，第60页。

[2] 余文仪修纂《续修台湾府志》，台北：台湾银行经济研究室，1962，第313页。

[3] 蒋毓英修纂《台湾府志》，台北：台湾银行经济研究室，1977，第176、178、181、183页。

[4] 余文仪修纂《续修台湾府志》，第313页。

[5] 王必昌纂辑《重修台湾县志》，第208、232~233页。

仅远低于社稷、先农，亦不及于同属自然神的火神、龙神、风神等。

祭祀仪式后，再进行"起春"，将芒神、土牛迎入城内官署。虽然《通礼》《王志》皆仅言迎请过程以鼓乐前导，但实际的阵仗不止于此，如《蒋志》有载："有司迎春，仪仗、彩棚、优伶前导。"① 蒋镛《澎湖续编》记载迎春时，"各营队目、妈宫街盐馆铺户及各乡耆民皆备彩旗、抬阁，鼓吹，先后集会随春牛芒神而行"。② 柯培元《噶玛兰志略》则载当地迎春有铺户公办的"抬搁杂戏"。③ 这些都显示起春过程除有官方的鼓乐、仪仗、彩棚外，尚有民间参与的优伶、抬阁、杂戏等。其中仪仗、彩棚当即是上述《蒋志》所载迎春经费中的"彩杖（仗）"，此为古代帝王、官员外出时仪卫人员所持的彩饰仪仗，用以展现其威仪，有时神明出巡亦可见之，如郡、邑厉坛的祭祀，"用彩仗迎城隍主祀"；④ 而新官上任，"鼓乐彩仗，吏胥人役引导至衙"，⑤ 则在威仪之外，又增添喜庆之气，迎芒神过程亦如是。

在鼓乐、彩仗的前导下，整个迎春队伍依"以位为序，尊者在后"⑥ 之原则，以土牛、芒神、属官、长官之排序由东门入城。周玺《彰化县志》载："凡有市肆者皆曰街：阛阓嚣尘，居处丛杂……。郊野之民，群居萃处者，曰村庄，又曰草地。"⑦ 城内外的居民因经济与文化的差距，而形成两个不同群体，如连横所言："府治人谓乡村曰草地，草地人多耕城中业户之田。"⑧ 府治人居于城内，包括拥有土地的业户；草地人居于城外，多为佃耕业户田地之农民。因此，迎春仪在东郊举行，一方面因城外多为自然田园，可体现春天万物滋长之意；另一方面则因农民多居于城外，最能达到

---

① 蒋毓英修纂《台湾府志》，第 103 页。
② 蒋镛：《澎湖续编》，台北：台湾银行经济研究室，1961，第 59 页。
③ 柯培元：《噶玛兰志略》，第 60 页。
④ 高拱干纂辑《台湾府志》，台北：台湾银行经济研究室，1960，第 181 页。
⑤ 陈文达编纂《台湾县志》，台北：台湾银行经济研究室，1961，第 173 页。
⑥ 陈文达编纂《台湾县志》，第 172 页。
⑦ 周玺纂辑《彰化县志》，台北：台湾银行经济研究室，1962，第 39 页。
⑧ 连横：《台湾诗乘》，台北：台湾银行经济研究室，1960，第 137 页。

劝农之目的。而将土牛、芒神迎入城内，除让城内居民同享春天到来的喜气外，也借此将府治人、草地人联结在一起，双方在喜庆氛围中互动交流，减少城乡差距与文化隔阂，亦发挥整合群体的作用。

《王志》又载迎春队伍由东门入城后，往台湾府署前进，沿途行经各衙门，皆穿其大门外的东西辕门而过，这有让各官署同享春天喜气之意。抵达府署后，将土牛、芒神安置于仪门外的中庭，土牛南向，芒神西向。仪门为官署大门内的第二重正门，门前为典礼、庆贺、祭拜之重要场所，新官上任要先"祭仪门，具朝服，望阙谢恩"，再入堂视事。[①] 因官署通常坐北朝南，土牛南向有驱策其出外耕作之意；而芒神由东迎来，奉于西向有使春天喜气向前开展之意。在此举行鞭春仪式，让民众进到森严的官署观礼，可借此展现亲民之风，拉近官民之间的距离，亦深具意义。

关于立春当日的鞭春仪，《通礼》仅简单记载官员执彩杖环立，在乐工击鼓下，击土牛三次，即告完成。《王志》的记载则较为详细。首先，官员须依前一日的形式祭拜芒神。接着移步至土牛两旁，各官员手持彩鞭就位，长官先击鼓，再绕牛鞭之，属官随后，共鞭牛三次，每次换一新鞭，将旧鞭掷于地。最后再次到芒神案前行礼，结束整个仪式。根据日人铃木清一郎对台湾迎春仪的记载，官员鞭春时，书吏会在旁念"风调雨顺，国泰民安，禄位高升"的吉祥话，每抽一鞭念一句；鞭春完后，小孩会一拥而上，抢夺土牛身上的土，拿回去撒在牛稠或猪圈里，可避免家畜生病，保佑其长大繁衍。[②] 这种情形在大陆亦颇常见，有的还会将春牛碎块及彩鞭当作吉祥物馈赠上官及乡贤。[③] 由此可知，鞭春虽以劝农为主要目的，但官员与民众也将其视为一种祈福仪式，不仅借此祈求国家与个人的好运，连鞭春的器物也成为吉祥物，实表现出国家祀典与民间信仰的交融。

---

① 陈文达编纂《台湾县志》，第173页。

② 铃木清一郎：《台湾旧惯习俗信仰》，冯作民译，台北：众文图书公司，2000，第466～467页。

③ 杨东妹：《从文献史料中探寻迎春（立春）民俗及风俗礼仪》，《河南图书馆学刊》2011年第1期。

二 芒神与土牛

在清代台湾的迎春仪中，芒神与土牛无疑是最重要的两个元素。芒神即是上古时期的神话人物"句芒"，古籍中有不少记载，因此被赋予多重神格。如《淮南子·天文训》曰："东方，木也，其帝太皞，其佐句芒，执规而治春。"是以句芒为管理春天及执规造物之神。《山海经·天文训》曰："东方句芒，鸟身人面，乘两龙。"乃塑造句芒为东方之神，具有鸟身人面的形象。《礼记·月令》曰："其帝大皞，其神句芒。"郑玄注："句芒，少皞帝之子，曰重，为木官。"则以句芒为五行中的木官之神。

句芒既是主管春天的春神，又是掌管万物滋生的木神与造物神，故在东汉的立春迎气礼中，亦成为皇帝祭拜的对象。如《后汉书·祭祀志中》记载："迎时气，五郊之兆。……立春之日，迎春于东郊，祭青帝、句芒。车旗、服饰皆青。"此为东汉明帝即位后所行迎气礼，除立春外，尚有立夏、先立秋十八日、立秋、立冬等日，其迎气方位、祭祀对象与所用颜色皆依五行而定，迎春于东郊，也符合句芒为东方之神的属性。后来此一迎气礼逐渐衰微、废止，句芒也一度消失于迎春仪式中；而上述东汉各地官员于立春日"施土牛、耕人于门外，以示兆民"之做法，则为其后历代所延续，土牛反而成为迎春仪中的主角。

迄至南宋，句芒才重回迎春仪的舞台，但此时句芒称为芒神，昔日为太皞的佐官及原有春神、造物神、木神、东方之神等神格已被淡化，而转化为几乎与土牛平起平坐的俗神。[1] 明代正式将芒神纳入礼制中，如《大明会典》卷74记载鞭春仪，曰："永乐中定每岁有司预期塑造春牛并芒神。立春前一日，各官常服、舆迎至府州县门外。土牛南向，芒神在东、西向。至日清晨……各官执采杖排立于土牛两傍。赞长官击鼓三声。擂鼓。赞鞭春。各官环击土牛者三。"清代大抵延续此制，芒神也与土牛成为该仪式的

---

① 刘锡诚：《春神句芒论考》，《西北民族研究》2011年第1期。

两大元素。

句芒以芒神的形象，重回迎春仪的舞台，乃与该仪式的"占春"功能有关。上述东汉京师及各地官员"施土牛、耕人于门外"的迎春形式，后来将耕人改为策牛人，除彰显鞭春劝农的意义外，也借由其与土牛的相对位置，呈现春季到来的迟早，以使农民掌握耕作时间，并预卜收成的丰歉。五代丘光庭《兼明书》卷1解释《礼记·月令》中"出土牛以示农耕之早晚"之意，即有曰："以立春为候也。立春在十二月望，即策牛人近前，示其农早也。立春在十二月晦及正月朔，即策牛人当中，示其农事也。立春正月望，即策牛人近后，示其农晚也。"[①] 此一占春做法也延续至清代，只是策牛人改为芒神，如《通礼》所载："立春在十二月望后，芒神执策当牛肩；在正月朔后，当牛腹；在正月望后，当牛膝。示民农事早晚。"[②] 由此可知，芒神即是由策牛人转化而来，虽仍保有部分句芒的内涵，但已与上古多重神格的原型相去甚远，这也是前面提到其位阶不高的原因所在。

除了以芒神与土牛的位置来占春外，芒神的造型也有象征意义，用以呈现立春日的时辰及对应的五行，同样有预卜该年农事之意。每年芒神的造型不一，但各地皆同，主管天文、气候、历法的钦天监，于每年六月依干支推算出次年的色彩与形象，再下达各地方层级依式制作。《王志》载芒神的公式，曰：

> 芒神身高三尺六寸（按三百六十日）。服色：用立春日支辰受克为衣色，克衣辰为系腰色（如立春子日属水，衣取土克水，用黄色；系腰取木克土，用青色。余日仿此）。头髻用立春日纳音为法（金日：平梳；两髻在耳前。……）。罨耳用立春时为法（从卯至戌八时，罨耳用手提；阳时左手提，阴时右手提……）。鞋袴行缠，以立春纳音为法（逢金、木系行缠、鞋、袴。金：行缠左阙，系在腰左……）。老少以

---

① 转引自陈梦雷编纂《古今图书集成》第16册，台北：鼎文书局，1977，第46页。
② 转引自陈淑均编纂《噶玛兰厅志》，第92页。

立春年为法（寅申巳亥老，子午卯酉壮，辰戌丑未幼）。①

由此来看，对芒神的造型有极烦琐的规定，不仅规格有象征一年三百六十日的意义，衣服与系腰的颜色、头髻的梳法与前后、罨耳的提或戴、鞋袴行缠的有无及位置，甚至连芒神的老幼形象，都需依立春对应干支及五行来决定，实为一项体现时节系统知识的精密设计。不过，此一芒神造型已明显非上古神话的"鸟身人面，乘两龙"，而是完全的人格化与世俗化，甚至还会出现幼童的形象，也因此清代台湾俗称之为"春牛娴"，②"娴"在闽南语中是指服侍主人的婢女或丫鬟，显然民间将其比拟为照顾春牛的牧童，此符合上述由策牛人转化之来历，亦可见其神格位阶确实不高。

清代各地对芒神有不同的称呼，大致分为两类，一是与句芒有关的"青帝""太岁"；二是体现占春功能的"拗神""拗木郎""拗貌""拗春童"等，乃因人们能从其衣着服饰得出与现实相反的推测，故以"拗"称之。这些称呼以"太岁"最值得注意，因其与芒神的关系较为复杂，各地方志所记载的迎春仪，或以太岁即是芒神，或仅出现太岁，或以两者为不同神明，或谓官方祀芒神、民间祀太岁。③清代台湾各方志对芒神并无其他称呼，仅清末《安平县杂记》有载"芒神者，值年太岁也"，④显然亦以芒神即是太岁。

太岁本为星名，乃一与木星（岁星）运行方向相反的假岁星。木星由西而东运行，与日月及其他星辰的方向相反，绕行太阳一周为十二年。古人为方便纪年，乃造一由东而西、运行轨迹同木星的假星，又将其绕行一周分为十二段，以地支纪年而称为十二辰。学者研究指出，"太岁"之名产生于春秋中期，最初与"岁星"并用，至汉代才逐渐成为一独立观念，并

---

① 王必昌纂辑《重修台湾县志》，第 207~208 页。
② 《安平县杂记》，台北：台湾银行经济研究室，1959，第 18 页。
③ 周慧清：《清代地方迎春礼中的勾芒神》，《神州民俗》（学术版）2010 年第 3 期。
④ 《安平县杂记》，第 18 页。

且被神格化，具有占验、信仰、风水之意义。① 道教将十二辰对应十二生肖，使太岁成为一种"本命神"。又配合天干与地支，每六十年为一大循环，每年有一神煞领导，即是民间所言"值（流）年太岁"。

从古文献及祭祀礼仪中，可以看出句芒与太岁的关系密切，如西汉《淮南子·天文训》曰："东方，木也，其帝太皞，其佐句芒，执规而治春；其神为岁星。"《旧唐书》记载唐代的礼仪，亦曰："每岁立春之日，祀青帝于东郊，帝宓羲配，勾芒、岁星、三辰、七宿从祀。"此"岁星"当即是具有神格的太岁。明清时期，太岁被纳入国家祀典，在北京山川坛（先农坛）内建有太岁坛（殿），统治者视太岁为"天神"与"时神"，既可兴云播雨、发育万物，又可调节雨旸，使农时不误。② 由于太岁自古即与句芒属同一系统，又是与农业有关的神灵，因此在具有劝农目的的迎春仪中，出现同时或单独祭祀太岁者，或是如台湾将芒神视为值（流）年太岁。

与芒神相较，土牛虽非神灵，仅为一种象征物，但在迎春仪中却扮演了更核心的角色，不仅是外界关注的焦点，鞭春牛也几乎成为后人对此仪式的仅存记忆，迄今仍有许多地方保有此习俗。土牛的造型也如芒神一般，由钦天监于前一年依干支推算出来，再交各地方制作。《王志》亦详载土牛的公式，曰：

> 土牛胎骨用桑拓木，身高四尺（按四时），长三尺六寸（按三百六十日），头至尾长八尺（按八节），尾长一尺二寸（按十二月）。鞭用柳枝，长二尺四寸（按二十四节气）。牛色以本年为法。头、角、耳用本年天干；身用本年地支；蹄、尾、肚用纳音（天干：甲乙属木，色青；……）。笼头以立春日日干为色（说见上）。杓：用桑拓木。索：孟日用麻（谓寅申巳亥日），仲日用苎……。造牛以冬至节后辰日，于

---

① 郑芷芸：《从"岁星"到"太岁"——考汉代太岁信仰思维之建构》，《古典文献与民俗艺术集刊》2013 年第 2 期。

② 蔡宛平：《明清北京太岁坛与先农坛关系探析》，《文化学刊》2016 年第 8 期。

　　岁德方取水土（甲年东方甲位……）。①

　　此一规定亦甚细密，除土牛的内在骨架固定用桑拓木外，其身形规格及鞭长都有时节与月日之象征意义，而头、角、耳、身等各部位颜色，亦皆依当年的干支而定。更特殊的是，牛索之材质依立春的日支而定；敷牛的水土则依当年的天干决定何方取用。这些都在呈现本年及其立春日的干支与五行，以使百姓掌握农时，亦具有占春的功能。不过，各地方官府在制作土牛时，是否皆会依此烦琐之规定，仍存有不小疑问，如《安平县杂记》言其春牛"用布袋糊泥成一牛样，按年运五行金、木、水、火、土分五色"。② 似乎仅用布袋做成牛形，再于上面涂泥，颜色依该年五行而定，但并未细分各部位，规格与材料亦不讲究，显较公式简化许多。

　　芒神因是神灵，不仅在迎春仪中须加以祭祀，仪式后亦有所安置，如周钟瑄《诸罗县志》言其"附祀于土地神"，③ 亦即供奉于土地庙内；但因芒神每年造型不同，需要重新制作，故最多应只供奉到年底，即须汰旧换新。而土牛只是象征物，主要用于鞭春，故《安平县杂记》载其处理方式为"将春牛鞭破焚，又定例烧"。④ 亦即鞭春时须将土牛击打至仆倒毁坏，再于某固定时间烧化，可能此时芒神亦一并处理，以符合两者的紧密关系。虽然土牛的地位远不及芒神，但在民间受欢迎的程度却显有过之，除上述会将其身上的土块当作吉祥物外，在迎送过程中也会争相触摸，如连横《台湾通史》所言："春牛过处，儿童争摸其耳，或鞭其身，谓可得福。"⑤ 尤其俗称芒神为"春牛娴"，有将其当成照顾春牛的仆人之意，两者之高下不言而喻。

---

① 王必昌纂辑《重修台湾县志》，第207页。
② 《安平县杂记》，第18页。
③ 周钟瑄修纂《诸罗县志》，台北：台湾银行经济研究室，1962，第64页。
④ 《安平县杂记》，第18页。
⑤ 连横：《台湾通史》，台北：台湾银行经济研究室，1962，第598页。

三 官民态度

迎春仪与其他祀典不同之处，在于后者大多为官员的行礼如仪，场面庄严肃穆；而前者则有许多民众参与，且充满欢欣喜庆的气氛。事实上，东汉在皇帝的迎气礼之外，尚规定立春之日，京师与各地官员"施土牛、耕人于门外，以示兆民"，此即是一种公开向民众展示的仪式，地点在城门外的开放空间，并非封闭的祠庙或坛壝，且设有农村生活常见的土牛与耕人，都显示亲民的色彩。尤其立春与新正（元旦）的日期接近，习俗也颇为相似，如清道光《厦门志》记载："立春日，各以小红纸书'春'字或'福寿'字，粘门窗牖间。"[①] 此即如新正之贴春联一般。因此，在立春日举行迎春仪，如正逢新年期间，则民众参与度更高，也更有年节的喜气，如《台湾通史》所言："迎春如在岁首，尤形闹热，宛然太平景象也。"[②]

由于迎春仪乃立春之特有仪式，且有许多民众共同参与，故有部分方志将其列于《风俗志·岁时》之中，视为一项岁时节庆活动，如《诸罗县志》所载："立春前一日，有司迎春东郊，仪仗、彩棚前导；市中市春花、春饼之属。"[③] 民间在立春有戴春花、吃春饼的习俗，官方也受其影响，如前述迎春仪中"官员俱簪花"，即是戴春花；而台东直隶州知州胡传在其日记中记载光绪十八年（1892）十二月十七日"立春，臬道宪招吃春饼"，[④]显示官员亦有吃春饼之习。这些都说明对于立春的仪式与习俗，官方与民间并无明显的区隔，而是共有共享、相互交融的。

不过，有方志编纂者认为不应将迎春仪载于《风俗志》，而应列入《祀典志》方合体例。周玺《彰化县志》即有曰："诸罗志于岁时记内，收入迎春一条，似属未当。盖迎春劝农而省耕以示惠，犹霜降讲武而大狝以示威。

---

① 周凯纂辑《厦门志》，台北：台湾银行经济研究室，1961，第641页。

② 连横：《台湾通史》，第598页。

③ 周钟瑄修纂《诸罗县志》，第151页。

④ 胡传：《台湾日记与禀启》，台北：台湾银行经济研究室，1960，第174页。

二者本属政典，不可混入风俗。"① 其认为迎春仪乃在提醒及鼓励农民努力耕种，以使民生富足，如同霜降日祭祀代表军队的旗纛，也在展示强盛武力，以威吓外敌。这些都是关乎国防、民生之大事，本即属于国家政典，岂可因于特定节气举行而视为风俗？此一说法虽然无误，但忽略了各个祀典的属性及民众参与的程度。为何迎春仪会被视为风俗，而祭旗纛则无？乃因前者的场地、流程及象征物，本即有相当程度的开放性与亲民性，加之在开春喜庆氛围中举行，民众的参与度自然很高，乃至成为一种官民同欢的例行活动，故将其列入《风俗志》亦无不可。

事实上，被史家认为是清代台湾方志典范的《诸罗县志》，不仅在《风俗志》中记载迎春仪，《祀典志》中亦有载"勾芒"，曰："立春，祀勾芒也。前一日，正印官于东郊行四拜礼，迎勾芒至仪门，西向。立春候，县官吏具公服礼勾芒，以彩仗鞭牛者三，劝耕也。礼毕，附祀于土地神。"② 其不言"芒神"而言"勾芒"，并多次提到官员祭祀、迎请及礼拜勾芒，最后还须将其附祀于土地庙，却几乎未提及土牛，显然将迎春仪的重点放在祭祀勾芒上，且是上古神话的春神，而非后来世俗化、人格化的芒神，这与民间将焦点集中在土牛，甚至视芒神为"春牛娴"，实有明显的差别。

由于迎春仪有鞭春牛的动作，且民众会围观及争抢土块，故有方志编纂者指其近乎戏剧表演，但也是在奉行古制，如陈文达《台湾县志》曰："春至时，鞭土牛以毕寒气，礼勾芒以示农祥。事虽近戏，夫犹行古之道也。"③ 其提到鞭土牛是在送走寒气，又指出礼拜的是掌管万物滋生的勾芒，这些确实是较符合古制意义。一般官员多会注意到迎春仪的古制及原始意义，如清康熙年间任台湾知府的齐体物，有组诗《东郊迎春》曰：

> 物候临烟岛，年华处处同。灵旗迎帝子，瑽佩响春风。淑气归青柳，余寒付朔鸿。况逢晴此日，相庆卜年丰！

---

① 周玺纂辑《彰化县志》，第7页。
② 周钟瑄修纂《诸罗县志》，第64页。
③ 陈文达编纂《台湾县志》，第173页。

> 春自荑阶发，趋跄鸑鸶行。明堂居左个，青玉祀勾芒。未耜先民
> 力，羲和驭日长。微臣天万里，何以颂陶唐？
>
> 衰草含生意，郊原气自新。愿教青帝力，俾我有年春。不侈污邪
> 望，惟祈雷雨匀！大田幸多稼，宁止乐吾民？①

诗中"灵旗迎帝子""青玉祀勾芒""愿教青帝力"等句，都用到上述周礼"以青圭礼东方"；立春之日，东汉皇帝于东郊迎时气，祭祀青帝、勾芒；勾芒为东方之神、少皞帝之子等，却全然未提土牛，显然亦将迎春仪的重点放在勾芒上。而整组诗营造大地回春、生意盎然的气氛，并有祈求风调雨顺、物阜民丰之意，也表现出官员看待迎春仪的态度。

相较于官方重视迎春仪中的勾芒，强调其劝农及预卜丰年的意义，民间关注的焦点则是土牛，并把整个仪式当作一种热闹、娱乐、祈福的年节活动。是以在迎请芒神与土牛进到城内官署的过程中，迎春队伍前导除有官方的鼓乐、仪仗、彩棚外，民间也会准备优伶、抬阁、杂戏等表演，以增添热闹喜庆的气氛。这种情形在大陆亦可见之，根据清代四川会理州的档案文书记载，官府会派春役准备迎春仪的各项社火，春役再持公文请各行业提供春抬节目，亦即由二至四人装扮成戏曲故事中的人物，坐在由人抬着的台阁上表演。②此一表演形式也常见于清代台湾的迎神赛会，如朱景英《海东札记》所载："又出金佣人家垂髫女子，装扮故事，异游于市，谓之'抬阁'，靡靡甚矣。"③而从上述澎湖、噶玛兰的方志记载来看，这些抬阁也是由各行业铺户出资办理的。

迎春队伍中除有抬阁外，尚有优伶、杂戏的表演，清末台湾道兼台南知府唐赞衮有曰："台南郡城好尚鬼神，遇有神佛诞期，敛费浪用。当赛会之召时，往往招携妓女，装扮杂剧，斗艳争妍。迎春，大典也，而府县各

---

① 高拱干纂辑《台湾府志》，第 286~287 页。

② 陈翔：《从档案看民间的迎春仪式——清末四川南部县和会理州迎春档案释读》，《中国档案》2008 年第 2 期。

③ 朱景英：《海东札记》，台北：台湾银行经济研究室，1958，第 29 页。

435

书差亦或妓装剧，骑而前驱，殊属不成事体。……余莅府任后，即出示严禁。"① 可见这些优伶、杂戏，乃是由官府书差召请妓女装扮演出的。这种情形当已成惯例，一般官员多默许之，但仍有少数认为不妥而加以禁止者，由此可看出官员对于迎春仪的微妙态度，有时视之为与民同欢的节庆活动，有时又坚持国家祀典的立场，必须维持应有的庄严性。

又值得注意的是，四川会理是派春役准备迎春仪的各项社火，台南府也是由书差"召妓装剧"，显示衙门吏役在其中扮演重要角色。这种情形也出现在明清时期城隍的"三巡会"节庆中，其本为官方每年三次城隍至厉坛主祭的仪式，后来转变为民间迎城隍神的巡会，提倡者即是衙门的吏役，神前的仪仗队伍亦由其装扮，各土地神也会随之出巡，场面十分热闹。② 由此来看，这些吏役介于官员与民众之间，一方面奉官员之命办理祀典的有关事务，另一方面也与地方民众相配合，在祀典中加入民间信仰的元素，使得某些官方仪式的世俗化，成为一种礼俗交融、官民共享的活动。

迎春过程有熟悉亲切的土牛，又有热闹的鼓乐、抬阁及杂戏等，犹如迎神赛会一般，也吸引许多民众沿途观看，如《蒋志》所载："看春士女，蜂出拥集，填塞市中。"③ 连横《雅堂文集》亦曰："春牛过处，男女杂观，衣香旗影，相错于途，亦太平乐事也。"④ 两者皆特别提到男女夹杂观看，这显然有违当时男女有别的社会风气，但也可看出是女性难得的娱乐。清末来台客居的徐莘田，作《基隆竹枝词》亦提到此一现象，曰："两扇朱门八字开，浓妆深坐复徘徊；忽惊厅署三声炮，争看迎春太守来。"⑤ 徐氏诗作多写烟花之景，此浓妆者当为青楼女子，由其期待又争看迎春的情景观之，亦可知该仪式深受民间各性别、阶层的喜爱，这也是其他祀典所少见的。

---

① 唐赞衮：《台阳见闻录》，台北：台湾银行经济研究室，1958，第 145 页。
② 巫仁恕：《节庆、信仰与抗争——明清城隍信仰与城市群众的集体抗议行为》，《中央研究院近代史研究所集刊》第 34 期，2000 年。
③ 蒋毓英修纂《台湾府志》，第 103 页。
④ 连横：《雅堂文集》，台北：台湾银行经济研究室，1964，第 198 页。
⑤ 台湾银行经济研究室编《台湾诗钞》，台北：台湾银行经济研究室，1970，第 232 页。

鞭春牛是民众参与迎春仪的另一高潮，前已述及民众除会围观鞭春外，尚会在礼成后争抢土牛身上的土块，以为驱邪祈福之用。官员对此亦都默许，但仍有视之为愚蠢者，如唐赞衮《春牛》一诗曰：

> 抟泥刻画强逼真，峥嵘头角庞然身；古人出汝送寒气，我来率属为鞭春。芒神酒醴已荐享，彩鞭交下飞缁尘；头蹄脊尾恚然解，耆童攫取喧城阑。得之者喜失之愠，相传卜岁由来神。我谓尔众亦愚甚，力田只在雨泽均；区区土块讵足异，神若有知还尔瞋！[①]

此诗前半段对鞭春仪有详细的描写，可与前述土牛乃"用布袋糊泥成一牛样"、鞭春前要先祭拜芒神及"将春牛鞭破焚"等说法相印证。后半段则对民众热烈争抢土块之行为有所批评，认为丰年有赖风调雨顺、用力农事，岂是区区土块所能决定的？连同上述对迎春过程"召妓装剧"的禁止，唐氏显然是站在官方的立场，重视祀典的原始意义、目的及庄严性，但对民间的参与行为则不过度干涉；而这也是大多数官员所持的态度，因此才能让这项仪式不仅深受广大民众的喜爱，而且能够长久而稳定地运作，乃至成为风俗的一部分。

结　语

本文透过文献史料，探讨清代台湾迎春仪的整体流程及芒神、土牛两大核心元素，也论及官方与民间看待此一活动的态度。研究发现该仪式大多是依制度在城东郊举行，且与先农坛多所联结。立春前一日，迎春现场备有事先制作的芒神与土牛，官员向芒神简单祭祀后，再将两者迎入城内官署，沿途有官方的鼓乐、仪仗、彩棚前导，及民间参与的优伶、抬阁、杂戏等表演，充满开春喜庆之气。立春当日进行鞭春，由官员持彩鞭鞭打

---

① 台湾银行经济研究室编《台湾关系文献集零》，1972，第 173 页。

土牛三次，书吏在旁配合念吉祥话。礼成之后，围观民众会争抢土牛身上的土块，当作驱邪祈福的吉祥物。

芒神本为上古的神话人物句芒，具有造物神、东方之神、木神等多重神格，曾是东汉皇帝在立春迎气礼所祭祀的对象，后来一度消失，南宋时以芒神形象重回迎春仪，与土牛同为仪式的两大元素。芒神扮演策牛人的角色，具有"占春"的功能，每年造型皆依对应的"干支"与"五行"而定，台湾民间有视之为值年太岁，亦有称之为"春牛娴"，神格地位较低。土牛最初见于先秦送寒气的仪式，东汉始成为迎春仪的主角，具有劝农的目的。清代土牛的造型规定亦甚烦琐，但实际制作上简化许多。虽然其并非神灵，但在台湾民间受欢迎程度更胜芒神，鞭春及迎春过程中皆是关注的焦点。

由于迎春仪本身的开放性与亲民性，加之举行日期与新年相近，形成一种民众热烈参与的节庆活动，故有些清代台湾方志即将其载入《风俗志》中，但多数仍列在《祀典志》中。官员较重视迎春仪的古制与原始意义，强调其劝农及预卜丰年的目的；而民间则将其当作热闹的年节习俗，衙门吏役会请铺户配合准备优伶、抬阁、杂剧，甚至会召妓装扮演出，成为一种不分性别、阶层的娱乐活动。多数官员一方面坚持祀典的定制与庄严性，另一方面不过度干涉民众的参与行为，这也是迎春仪能长久维持，又能融入民俗的原因所在。

总之，迎春仪作为一项国家祀典，地方官员皆会依制度执行，并因应各地实际状况，而在细节上有所调整，但对整体的进行程序、外在形式及内在精神，仍是有相当程度的把握。迎春仪作为一项开春劝农的活动，本即具有与民同欢的性质，尤其台湾处于大清的边陲，民风粗犷而浮动，民间参与的热度亦更高，且会出现不合礼制的行为与解读，这些也多为官员宽容以待，而成为最受本地民众欢迎的官方仪式。由此可见地方官员执行祀典制度的原则与弹性，也呈现官方与民间在礼俗认知上的分歧、交流与融合，有助于更深入了解中央统治下的地方社会。

后　记

　　《地域文化研究》杂志创刊以来，在吉林省社会科学院（省社科联）党组的正确领导下，编辑部同仁齐心协力，不断探索办刊之路，先后推出了特色鲜明的各地域文化研究的专栏，如"江河文化研究""丝路文化研究""中原文化研究""东北文化研究""关陇文化研究""晋文化研究""燕赵文化研究""徽文化研究""湖湘文化研究""吴越文化研究""巴蜀文化研究""滇黔文化研究""岭南文化研究""闽台文化研究"等。目前已累计刊发600余篇论文，有着良好的学术影响力与社会声誉。

　　在杂志创刊5周年之际，我们组织编辑《中国地域文化研究》一书，一方面是对过去工作的总结和回顾，另一方面也是为了进一步促进我国地域文化研究的开展。

　　在主管主办单位吉林省社会科学院领导关心和指导下，我们拟订了目录，并就此与拟入选作者进行沟通，本刊新老作者的大力支持，坚定了我们做好此事的信心。

　　在此书编辑过程中，吉林省社科联专职副主席，吉林省社会科学院党组书记、院长王颖研究员多次给予帮助和指导；吉林省委宣传部有关部门给予了大力支持；社会科学文献出版社郑庆寰先生多次提出宝贵建议；还有许多为此书出版付出艰辛努力的同仁，在此，一并表示谢忱！

　　由于时间仓促，编者水平有限，书中难免会有这样那样的纰漏，敬请广大作者、读者和学界同仁批评指正。

编　者

2022 年 9 月

图书在版编目（CIP）数据

中国地域文化研究／史守林，祝立业主编 . --北京：
社会科学文献出版社，2023.3
ISBN 978-7-5228-1551-0

Ⅰ.①中⋯　Ⅱ.①史⋯ ②祝⋯　Ⅲ.①地方文化-文
化研究-中国　Ⅳ.①G127

中国国家版本馆 CIP 数据核字（2023）第 048319 号

中国地域文化研究

主　　编／史守林　祝立业

出 版 人／王利民
责任编辑／郑庆寰
文稿编辑／侯婧怡
责任印制／王京美

出　　版／社会科学文献出版社·历史学分社（010）59367256
　　　　　地址：北京市北三环中路甲 29 号院华龙大厦　邮编：100029
　　　　　网址：www.ssap.com.cn
发　　行／社会科学文献出版社（010）59367028
印　　装／三河市龙林印务有限公司

规　　格／开本：787mm×1092mm　1/16
　　　　　印 张：28.25　字 数：401 千字
版　　次／2023 年 3 月第 1 版　2023 年 3 月第 1 次印刷
书　　号／ISBN 978-7-5228-1551-0
定　　价／99.00 元

读者服务电话：4008918866